Hess
Last Minute für Steuerfachangestellte

AF899144

Zusätzliche digitale Inhalte für Sie!

Zu diesem Buch stehen Ihnen kostenlos folgende digitale Inhalte zur Verfügung:

@ Online-Version

Die digitale Version dieses Buches finden Sie mit vielen hilfreichen Verlinkungen zur komfortablen Recherche in mein**kiehl**.

Schalten Sie sich das Buch inklusive Mehrwert direkt frei.

Scannen Sie den QR-Code **oder** rufen Sie die Seite mein.kiehl.de auf.
Geben Sie den Freischaltcode ein und folgen Sie dem Anmeldedialog. Fertig!

Ihr Freischaltcode

XEDF-VUPD-XZPP-TCYP-IQSY-E

www.kiehl.de

Last Minute
für Steuerfachangestellte

Von
StB Ernst Hess

kiehl

Bildnachweis Umschlag: © Sebastian Kaulitzki – stock.adobe.com

ISBN 978-3-470-**11251**-0 – 1. Auflage 2025, 1. unveränderter Nachdruck 2025

www.kiehl.de

Kiehl ist eine Marke des NWB Verlags

NWB Verlag GmbH & Co. KG
Eschstr. 22
44629 Herne
service@nwb.de

Satz: PMGi Agentur für intelligente Medien GmbH, Hamm
Druck: Elanders Waiblingen GmbH, Waiblingen

Um eine gute Lesbarkeit zu gewährleisten, verwenden wir in Fachtexten in der Regel geschlechtsspezifische Personenbezeichnungen. Selbstverständlich sind damit alle Menschen gleichermaßen gemeint.

Feedbackhinweis
Kein Produkt ist so gut, dass es nicht noch verbessert werden könnte. Ihre Meinung ist uns wichtig. Was gefällt Ihnen gut? Was können wir in Ihren Augen verbessern? Bitte schreiben Sie einfach eine E-Mail an: steuerfachangestellte@kiehl.de

VORWORT

Die Prüfung zum/zur Steuerfachangestellten gehört zu den anspruchsvollsten Abschlussprüfungen aus den kaufmännisch geprägten Ausbildungsberufen. Das liegt u. a. an der umfangreichen Stoffmenge. Im wichtigsten Bereich, der **Steuerlehre**, werden die Einkommensteuer, Umsatzsteuer, Körperschaftsteuer, Gewerbesteuer und die Abgabenordnung in ihren Grundzügen behandelt. Das **Rechnungswesen** ist der zweite Prüfungsschwerpunkt. Es beinhaltet, wie z. B. Ausgaben und Einnahmen eines Unternehmens so zusammengefasst werden, dass steuerliche und handelsrechtliche Gewinne und Verluste ermittelt werden können. Auch die Grundlagen der Personalwirtschaft, der Finanzwirtschaft und betriebswirtschaftlichen Auswertungen sind ein, wenn auch kleiner, Bestandteil aus dem Rechnungswesen. Die **Wirtschafts- und Sozialkunde** umfasst den dritten Prüfungsteil. Hier werden die rechtlichen Rahmenbedingungen der Wirtschaft behandelt, aber auch die Grundzüge des Arbeitsrechts sowie des Handels- und Gesellschaftsrechts und der Investition und Finanzierung.

Das vorliegende Buch geht über eine bloße Wissenskontrolle deutlich hinaus, denn es orientiert sich an den Abschlussprüfungen der letzten Jahre. Die Inhalte zu den „klassischen“ Prüfungspunkten werden systematisch aufbereitet, erläutert und dabei auf das Wesentliche beschränkt. Auf diese Art können Sie sich in kompakter Weise den Lernstoff aneignen bzw. wiederholen mit der Sicherheit, sich auf dem Niveau einer Abschlussprüfung zu befinden. Zur Leistungskontrolle dient eine Vielzahl von Übungsaufgaben. Aber beim Lösen der Übungsaufgaben ist Ehrlichkeit geboten! Deshalb die dringende Empfehlung: die Aufgaben sind ohne vorherigen Blick in die Lösung zu bearbeiten. Leider wird diese Empfehlung allzu gerne ignoriert („Im Prüfungsfall hätte ich das eh gewusst“).

Nicht zu unterschätzen ist neben der Stofffülle auch ein gewisser Zeitdruck beim Lösen der Aufgaben. Nach über 10-jähriger Tätigkeit als Dozent musste ich immer wieder feststellen, dass nicht alle Aufgaben, trotz guter Vorbereitung, in der vorgeschriebenen Zeit gelöst werden. Das kostet zwar nicht die Prüfung, aber ein sehr gutes Prüfungsergebnis. Dazu kann Ihnen dieses Buch behilflich sein, denn es liefert neben den Übungsaufgaben auch wertvolle Prüfungstipps und Merksätze.

Zum Schluss möchte ich mich insbesondere beim Verlag für die gute und geduldige Zusammenarbeit bedanken.

Ich wünsche allen angehenden Steuerfachangestellten viel Erfolg! Und nicht vergessen: Nach der Prüfung ist vor der Prüfung. Die Ausbildung zum Steuerfachangestellten bietet eine hervorragende Ausgangsposition für weitere Fortbildungen.

Stöttwang, 10.03.2025 Ernst Hess

INHALTSVERZEICHNIS

ABKÜRZUNGSVERZEICHNIS

A

Abs.	Absatz
Abschn.	Abschnitt
abzgl.	abzüglich
AdV	Aussetzung der Vollziehung
AEAO	Anwendungserlass zur Abgabenordnung
a. F.	alte Fassung
AG	Aktiengesellschaft
AktG	Aktiengesetz
AN	Arbeitnehmer
AO	Abgabenordnung
ArbZG	Arbeitszeitgesetz
AStG	Außensteuergesetz

B

B2B	Business-to-Business (Unternehmen zu Unternehmen)
B2C	Business-to-Consumer (Unternehmen zum Verbraucher)
DBA	Doppelbesteuerungsabkommen
BBiG	Berufsbildungsgesetz
BEEG	Bundeselterngeld- und Elternzeitgesetz
BetrVG	Betriebsverfassungsgesetz
BFH	Bundesfinanzhof
BMG	Bemessungsgrundlage
bspw.	beispielsweise
Buchst.	Buchstabe
BUrlG	Bundesurlaubsgesetz
bzgl.	bezüglich
BZSt	Bundeszentralamt für Steuern

D

d. h.	das heißt

E

ELStAM	Elektronische Lohnsteuerabzugsmerkmale
ESt	Einkommensteuer
EStDV	Einkommensteuer-Durchführungsverordnung
EStG	Einkommensteuergesetz
EStR	Einkommensteuer-Richtlinien
EU	Europäische Union
EUSt	Einfuhrumsatzsteuer

F

FA	Finanzamt

G

GbR	Gesellschaft bürgerlichen Rechts
gem.	gemäß
GewStDV	Gewerbesteuer-Durchführungsverordnung
GewStG	Gewerbesteuergesetz
GewStR	Gewerbesteuer-Richtlinien
GmbH	Gesellschaft mit beschränkter Haftung
GmbHG	Gesetz betreffend die Gesellschaften mit beschränkter Haftung
grds.	grundsätzlich
GrEStG	Grunderwerbsteuergesetz
GuV	Gewinn- und Verlustrechnung
GWG	Geringwertiges Wirtschaftsgut

H

HB	Handelsbilanz
HGB	Handelsgesetzbuch

I

i. d. R.	in der Regel
i. H. v.	in Höhe von
inkl.	inklusiv
InvZulG	Investitionszulagengesetz
i. S. d.	im Sinne des (der)
i. V. m.	in Verbindung mit

J

JArbSchG	Jugendarbeitsschutzgesetz
JVEG	Gesetz über die Vergütung von Sachverständigen, Dolmetscherinnen, Dolmetschern, Übersetzerinnen und Übersetzern sowie die Entschädigung von ehrenamtlichen Richterinnen, ehrenamtlichen Richtern, Zeuginnen, Zeugen und Dritten

K

Kap.	Kapitel
KapESt	Kapitalertragsteuer
Kfz	Kraftfahrzeug
KG	Kommanditgesellschaft
KM	Kilometer
KStG	Körperschaftsteuergesetz

L

LSt	Lohnsteuer

M

Max.	Maximal
Mio.	Million(en)
MoPeG	Gesetz zur Modernisierung des Personengesellschaftsrechts

N

NachwG	Nachweisgesetz
n. F.	neue Fassung
Nr.	Nummer

O

OHG	Offene Handelsgesellschaft

P

p. a.	per annum (pro Jahr)
ParteiG	Parteiengesetz
PartG	Partnerschaftsgesellschaft(en)
PartGG	Partnerschaftsgesellschaftsgesetz
PflegeZG	Gesetz über die Pflegezeit
Pkw	Personenkraftwagen

R

RG	Rechtsgeschäft

S

s.	siehe
SGB	Sozialgesetzbuch
SolZ	Solidaritätszuschlag

U

UG	Unternehmergesellschaft
usw.	und so weiter
USt	Umsatzsteuer
UStAE	Umsatzsteuer-Anwendungserlass
UStDV	Umsatzsteuer-Durchführungsverordnung
UStG	Umsatzsteuergesetz

V

VA	Voranmeldung
VAZ	Veranlagungszeitraum
vGA	Verdeckte Gewinnausschüttung
Vgl.	Vergleiche
VSt	Vorsteuer
VZ	Vorauszahlung

Z

z. B.	zum Beispiel
ZPO	Zivilprozessordnung
zzgl.	zuzüglich

A. Prüfungsteil Steuerrecht

I. Einkommensteuer

1. Allgemeines zum Prüfungsteil „Einkommensteuer“

Der Prüfungsteil „Einkommensteuer“ ist der Gewichtigste. Er macht nahezu die Hälfte der Gesamtpunktzahl aus (ca. 40 - 50 Punkte von 100). Dementsprechend ausführlich fallen die Erläuterungen hierzu aus. Die Prüfung besteht i. d. R. aus folgenden Fragestellungen:

Typische Fragestellung	Zuordnung	Berechnungstabelle (EStR)
Berechnung von Einkünften aus einer bestimmten Einkunftsart (z. B. Einkünfte aus Kapitalvermögen).	Berechnung des zu versteuernden Einkommens	R. 2 Abs. 1 EStR
Berechnung des Gesamtbetrags der Einkünfte für einen vorgegebenen Veranlagungszeitraum.	Berechnung des zu versteuernden Einkommens	R. 2 Abs. 1 EStR
Berechnung des Maximalbetrags der abziehbaren Sonderausgaben.	Berechnung des zu versteuernden Einkommens	R. 2 Abs. 1 EStR
Berechnung von Steuerermäßigungen.	Ermittlung der festzusetzenden Einkommensteuer	R. 2 Abs. 2 EStR

2. Persönliche Steuerpflicht

In § 1 EStG wird geregelt, welche Person mit ihren Einkünften der inländischen Einkommensteuer unterliegt. Die persönliche Steuerpflicht kann sich auf eine

- unbeschränkte und
- beschränkte Steuerpflicht

erstrecken.

Unbeschränkte Steuerpflicht

Der Hauptfall der unbeschränkten Einkommensteuerpflichtig ergibt sich aus § 1 Abs. 1 Satz 1 EStG. Demnach sind natürliche Personen, die im Inland einen Wohnsitz (§ 8 AO lesen!) oder ihren gewöhnlichen Aufenthalt (§ 9 AO lesen!) haben, unbeschränkt einkommensteuerpflichtig. Unter die unbeschränkte Einkommensteuerpflicht fallen **alle** Einkünfte aus dem In- und Ausland („Welteinkommen“).

DBA

Allerdings sorgen sogenannte Doppelbesteuerungsabkommen (DBA) zwischen Deutschland und anderen Staaten dafür, dass ausländische Einkünfte nicht zweimal besteuert werden, also im Inland nach dem Welteinkommensprinzip und im Ausland nach den Steuergesetzen des ausländischen Staats.[1]

BEISPIEL

A hält sich an 90 Tagen im Jahr in Namibia auf und geht dort einer selbstständigen Tätigkeit nach. Den Rest des Jahres wohnt er in München und bezieht dort auch Einkünfte aus selbstständiger Arbeit. Nach Art. 14 Abs. 1 DBA Namibia vom 09.08.1994 erfolgt die Besteuerung dieser Einkünfte als Gesamtheit in Deutschland, da A sich in mehr als 183 Tagen in Deutschland aufgehalten hat.

Beschränkte Steuerpflicht

Nach § 1 Abs. 4 EStG sind natürliche Personen, die im Inland weder einen Wohnsitz noch ihren gewöhnlichen Aufenthalt haben, beschränkt einkommensteuerpflichtig, wenn sie inländische Einkünfte i. S. d. § 49 EStG haben.

BEISPIEL

V hat seinen Wohnsitz in den USA. Er vermietet in Berlin eine Wohnung an B. V unterliegt der beschränkten Steuerpflicht in Deutschland im Rahmen seiner Einkünfte aus der Vermietung der Berliner Wohnung.

1 Mit einem DBA soll nicht nur die doppelte Besteuerung vermieden werden, sondern auch eine doppelte Nichtbesteuerung.

3. Übersicht über die Einkunftsarten

Das Einkommensteuergesetz (EStG) kennt insgesamt 7 Einkunftsarten. Die Aufzählung ist abschließend. Das heißt, dass Einkünfte, die den 7 Einkunftsarten nicht zugerechnet werden können, nicht der Einkommensteuer unterliegen. Mit anderen Worten: das EStG erfasst keine Vermögensmehrungen, die nicht unter eine der aufgezählten 7 Einkunftsarten fallen. So fallen Einnahmen aus Erbschaften, Gewinne aus Lotterien oder Preisausschreiben, Privatverkäufe außerhalb der Spekulationsfristen oder Schenkungen nicht unter das EStG.

Nichtabziehbare Ausgaben

Daneben dürfen gem. § 12 EStG bestimmte Ausgaben weder bei den einzelnen Einkunftsarten noch vom Gesamtbetrag der Einkünfte abgezogen werden. Diese setzen sich zusammen aus:

- Aufwendungen für die Lebensführung (§ 12 Nr. 1 EStG),
- Freiwillige Zuwendungen und Unterhaltsleistungen (§ 12 Nr. 2 EStG),
- Nichtabziehbare Steuern (§ 12 Nr. 3 EStG) und
- Geldstrafen und ihnen gleich gestellte Rechtsfolgen (§ 12 Nr. 4 EStG).

AUFGABE

Die Steuerpflichtige S arbeitet als Angestellte in einer Arztpraxis. Sie möchte in ihrer Steuererklärung die Aufwendungen für den Kindergarten und Kinderpflegerin geltend machen, da die Betreuung ihrer Kinder Voraussetzung ist, damit sie ihrem Beruf nachgehen kann. Weiterhin möchte sie den Aufwand für bestimmte Kleidung ansetzen. Die Leitung der Arztpraxis schreibt nämlich eine bestimmte Kleiderordnung vor, die S privat niemals tragen würde. Außerdem möchte S die gesamten Kontoführungsgebühren ihres Girokontos geltend machen, da sie dieses führen muss, damit ihr das Gehalt überwiesen werden kann. Kann S diese Aufwendungen geltend machen und wenn ja in welcher Höhe?

LÖSUNG

Die Aufwendungen zur Betreuung von Kindern sind nach Rechtsprechung durch den BFH[1] auch dann nicht als Erwerbsaufwendungen abziehbar, wenn die Betreuung Voraussetzung für die Berufsausübung eines Elternteiles ist. Die Aufwendungen für die (Dienst-)Kleidung (Anschaffung und Instandhaltung) sind grundsätzlich durch die Lebensführung veranlasst. Das gilt auch dann, wenn die bürgerliche Kleidung ausschließlich im Beruf getragen wird. Kontoführungsgebühren dürfen nicht vollständig als Aufwand angesetzt werden. Sie sind so aufzuteilen, dass nur der Teil, der auf die Gutschrift von Arbeitslohn oder auf beruflich veranlasste Überweisungen entfällt, zu berücksichtigen wäre. Das Finanzamt erkennt ohne Nachweis (bis zu) 16 € pro Jahr an.

Summe der Einkünfte

Die Einkunftsarten bestehen aus

- Gewinneinkunftsarten und
- Überschusseinkunftsarten.

Bei den Gewinneinkunftsarten bezeichnet man das Ergebnis **Gewinn oder Verlust**. Das Ergebnis bei den Überschusseinkunftsarten bezeichnet man als **Überschuss** der Einnahmen über die Werbungskosten (oder umgekehrt). Die Summe der Einkünfte setzt sich folgendermaßen zusammen:

	a)	Gewinneinkunftsarten
+		Einkünfte aus Land- und Forstwirtschaft gem. § 13 EStG
+		Einkünfte aus Gewerbebetrieb gem. § 15 EStG
+		Einkünfte aus selbstständiger Arbeit gem. § 18 EStG
	b)	Überschusseinkunftsarten
+		Einkünfte aus nichtselbstständiger Arbeit gem. § 19 EStG
+		Einkünfte aus Kapitalvermögen gem. § 20 EStG
+		Einkünfte aus Vermietung und Verpachtung gem. § 21 EStG
+		sonstige Einkünfte i. S. d. § 22 EStG
=		Summe der Einkünfte gem. § 2 Abs. 2 EStG

Bedeutung der Zuordnung

Die richtige Zuordnung von Einnahmen und Ausgaben in eine der sieben Einkunftsarten ist in vielerlei Hinsicht wichtig.

1 Diese BFH-Rechtsprechung wird durchaus in der Literatur kritisch gesehen. Ein schönes Beispiel, wie man gegenüber dem Finanzamt bei bestimmten individuellen persönlichen Verhältnissen zugunsten des Steuerpflichtigen argumentieren könnte.

So wird bspw. der Altersentlastungsbetrag gem. § 24a EStG bis zu einem Höchstbetrag im Kalenderjahr als nach einem Prozentsatz ermittelter Betrag des Arbeitslohns und der positiven Summe der Einkünfte, die nicht solche aus nichtselbstständiger Arbeit sind, ermittelt. Bei der Bemessung des Betrags bleiben Versorgungsbezüge i. S. d. § 19 Abs. 2 EStG (Versorgungsbezüge) und diverse Einkünfte i. S. d. § 22 EStG (sonstige Einkünfte) außer Betracht.

Mit der Einkunftsart hängt auch die Steuerbelastung zusammen, so z. B. ob der Steuerpflichtige der Tarifbelastung oder der Abgeltungsteuer unterliegt.

Ebenso stehen Freibeträge, Steuerbefreiungen, Verlustausgleich und Verlustabzug im Zusammenhang mit der Einkunftsart.

4. Die Einkunftsarten im Einzelnen

4.1 Einkünfte aus Land- und Forstwirtschaft

Einkunftsart nicht gesetzlich definiert

Welche Einkünfte konkret unter die „Land- und Forstwirtschaft" fallen, geht aus § 13 EStG nicht eindeutig hervor. Es gibt hierzu keine gesetzliche Definition. In § 13 EStG werden die Einkünfte aus Land- und Forstwirtschaft durch beispielhafte Aufzählungen umschrieben. Darunter fallen Einkünfte aus dem Betrieb von Landwirtschaft, Forstwirtschaft, Weinbau, Gartenbau, Obstbau, Gemüsebau, Baumschulen, aus der Tierzucht usw.

Voraussetzungen für die Erzielung von Einkünften aus Land- und Forstwirtschaft sind, analog zu den Einkünften aus Gewerbebetrieb (§ 15 EStG), dass der Steuerpflichtige mit Gewinnerzielungsabsicht unter Beteiligung am allgemeinen wirtschaftlichen Verkehr nachhaltig eine selbstständige Tätigkeit ausübt, die die Voraussetzungen des § 13 Abs. 1 und 2 EStG erfüllt.

Im Einzelnen kann sich die Abgrenzung zu gewerblichen Einkünften als schwierig erweisen. So erzielt bspw. eine landwirtschaftlich geprägte GmbH keine Einkünfte aus Land- und Forstwirtschaft. Alle ihre Einkünfte gelten als solche aus Gewerbebetrieb.

Weist die Tätigkeit eines Land- und Forstwirts sowohl land- und forstwirtschaftliche als auch gewerbliche Merkmale auf, müssen land- und forstwirtschaftlichen und gewerblichen Einkünften voneinander abgegrenzt werden.

TIPP

Einkünfte aus Land- und Forstwirtschaft sind bei Abschlussprüfungen eher selten anzutreffen. In aller Regel dürfte die Einkunftsart „Land- und Forstwirtschaft" als solche im Sachverhalt eindeutig bezeichnet sein. Eine Differenzierung zu anderen Einkunftsarten ist damit entbehrlich.

Gewinnermittlungszeitraum

Nach § 4a Abs. 1 Satz 1 EStG ist bei Land- und Forstwirten der Gewinn nach dem Wirtschaftsjahr zu ermitteln. Das Wirtschaftsjahr umfasst gem. § 4a Abs. 1 Satz 2 EStG den Zeitraum vom 1. Juli bis zum 30. Juni und weicht damit vom Kalenderjahr ab. Bei Land- und Forstwirten ist nach § 4a Abs. 2 Nr. 1 EStG der Gewinn des Wirtschaftsjahres auf das Kalenderjahr, in dem das Wirtschaftsjahr beginnt, und auf das Kalenderjahr, in dem das Wirtschaftsjahr endet, entsprechend dem **zeitlichen** Anteil **aufzuteilen**. Das heißt der Gewinn eines Wirtschaftsjahrs wird **halbiert** und dem Veranlagungszeitraum (Kalenderjahr) zugeordnet. Allerdings werden **Veräußerungsgewinne** dem Gewinn des Kalenderjahres hinzugerechnet, in dem sie entstanden sind.

AUFGABE

Landwirt L betreibt eine Milchwirtschaft im Allgäu. Das Wirtschaftsjahr geht vom 1. Juli bis zum 30. Juni. Für das Wirtschaftsjahr 2023/2024 erzielte er einen Gewinn von 90.000 € und für das Wirtschaftsjahr 2024/2025 von 140.000 €. Im Wirtschaftsjahr 2024/2025 hat er durch die Veräußerung eines Teilbetriebs 20.000 € Gewinn gemacht. Der Gewinn ist am 01.09.2024 entstanden. Wie hoch ist der steuerliche Gewinn für den Veranlagungszeitraum 2024?

LÖSUNG

Der Gewinn aus dem Wirtschaftsjahr 2023/2024 ist zu 50 % dem Veranlagungszeitraum 2024 zuzurechnen (45.000 €). Der Gewinn des Wirtschaftsjahres 2024/2025 wird um den Veräußerungsgewinn gekürzt, da dieser nur dem Veranlagungszeitraum 2024 zugeordnet werden darf. Es verbleiben also 140.000 € abzgl. 20.000 € = 120.000 €. Davon wird die Hälfte (60.000 €) dem Veranlagungszeitraum 2024 zugeordnet. Der steuerliche Gewinn 2024 beträgt also:

aus Wirtschaftsjahr 2023/2024	45.000 €
aus Wirtschaftsjahr 2024/2025	60.000 €
Veräußerungsgewinn	20.000 €
Ergibt den steuerlichen Gewinn 2024	**125.000 €**

Freibetrag

Gemäß § 13 Abs. 3 EStG steht dem Steuerpflichtigen ein Freibetrag bis zu 900 € zu. Der Ansatz dieses Freibetrags kommt jedoch nur infrage, wenn die Summe der Einkünfte den Wert von 30.700 € nicht übersteigt. Im Fall der Zusammenveranlagung von Ehegatten verdoppeln sich **beide** (Vorschrift genau lesen!) Beträge. Das heißt der Freibetrag beträgt dann 1.800 € und die Einkunftsgrenze 61.400 €.

4.2 Einkünfte aus Gewerbebetrieb (§ 15 EStG)

In § 15 Abs. 1 EStG ist geregelt, welche Einkünfte unter die Einkünfte aus Gewerbebetrieb fallen. In erster Linie sind dies die **laufenden Gewinne** aus einem gewerblichen Unternehmen.

AUFGABE

U betreibt einen Fachhandel für Sportartikel mit Sitz Dortmund. Er ermittelt seinen Gewinn nach § 5 EStG. Sein Buchhalter B stellt zum 31.12.2024 einen vorläufigen handelsrechtlichen Gewinn von 89.380 € fest. Allerdings sind folgende Sachverhalte von B wie folgt behandelt wurden:

- U hat für private Zwecke 3 Trikots des örtlichen Fußballclubs entnommen. Diese werden pro Stück für 210 € verkauft. Der jeweilige Teilwert beträgt zum Zeitpunkt der Entnahme 190 €, die Anschaffungskosten 195 €. Der Geschäftsvorfall wurde von B noch nicht berücksichtigt
- Aus betrieblichen Mitteln wurde eine Spende von 2.000 € an die Universität Dortmund überwiesen. B hat diesen Geschäftsvorfall noch nicht verbucht.
- U hat dem Betrieb für das gesamte Geschäftsjahr eine Lagerfläche für 2.000 € pro Monat zur Verfügung gestellt. B hat diese Geschäftsvorfälle als Mietaufwand gebucht.

Wie hoch sind die Einkünfte aus Gewerbebetrieb?

LÖSUNG

Einkünfte aus Gewerbebetrieb		**Hinweise**
Vorläufiger Gewinn	89.380 €	
+ Privatentnahme Teilwert, 3 Trikots zu 190 €	+ 570 €	Die Bewertung von Sachentnahmen ist in § 6 Abs. 1 Nr. 4 Satz 1 EStG geregelt. Danach sind Entnahmen grundsätzlich mit ihrem Teilwert im Zeitpunkt der Entnahme zu bewerten.
+ Spende	0 €	Die Spende wäre keine Betriebsausgabe, sondern würde in der persönlichen Steuererklärung des U als Sonderausgabe berücksichtigt werden. Da der Aufwand nicht gebucht wurde, ergibt sich kein Korrekturaufwand.
+ Mietaufwand Lagerfläche	+ 24.000 €	Die Vermietung der Lagerfläche sind für U Sonderbetriebseinnahmen.
Einkünfte aus Gewerbebetrieb	113.950 €	

Veräußerungsgewinne

Zu den gewerblichen Einkünften gehören aber auch die Gewinne aus der Veräußerung eines Gewerbebetriebs und der Veräußerung einer Beteiligung von mindestens 1 % an einer Kapitalgesellschaft. Der besondere steuerliche Umgang mit Veräußerungsgewinnen wird in den §§ 16 (Betrieb/Teilbetrieb/Mitunternehmeranteil) und 17 EStG (Anteile an Kapitalgesellschaften)[1] geregelt.

Zu den Einkünften aus Gewerbebetrieb zählen nach § 15 Abs. 1 Satz 1 Nr. 2 EStG

a) die Gewinnanteile der Gesellschafter einer OHG, einer KG und einer anderen Gesellschaft, bei der der Gesellschafter als Unternehmer (Mitunternehmer) des Betriebs anzusehen ist und

b) die Vergütungen, die der Gesellschafter von der Gesellschaft für seine Tätigkeit im Dienst der Gesellschaft oder für die Hingabe von Darlehen oder für die Überlassung von Wirtschaftsgütern bezogen hat.

1 Zur Anwendung des § 17 EStG siehe Kap. I. 3.5.4.

Zu a)

Hier stellt sich die Frage, was denn überhaupt eine Mitunternehmerschaft ist. Mitunternehmerschaft i. S. d. § 15 Abs. 1 Satz 1 Nr. 2 EStG ist die Vereinigung mehrerer Personen zum **gemeinsamen Betrieb eines gewerblichen Unternehmens**.

MERKE

Die Begriffe „Mitunternehmerschaft" und „Mitunternehmer" sind nicht mit den bürgerlich-rechtlichen und handelsrechtlichen Begriffe „Gesellschaft" und „Gesellschafter" gleichzusetzen.

Entscheidend ist für die Annahme eines Mitunternehmers, ob dieser eine Unternehmerinitiative entwickeln kann und ein Unternehmerrisiko trägt.

Zu den „anderen Gesellschaften" i. S. d. § 15 Abs. 1 Satz 1 Nr. 2 EStG gehören u. a. die Gesellschaft bürgerlichen Rechts (GbR) und die atypisch stille Gesellschaft.

BEISPIEL

Die Steuerpflichtige S ist als Mitunternehmerin zu 40 % an einer gewerblich tätigen GbR beteiligt. Der steuerliche Gewinn der GbR beträgt 400.000 €. S erzielt Einkünfte aus Gewerbebetrieb gem. § 15 Abs. 1 Satz 1 Nr. 2 EStG i. H. v. 160.000 €.

Zu b)

Erträge des Gesellschafters einer Personengesellschaft, die in Verbindung seiner Beteiligung an der Gesellschaft stehen, sind bei ihm als Sonderbetriebseinnahmen zu erfassen. Sonderbetriebseinnahmen gehören also zu den Einkünften aus Gewerbebetrieb. Wenn bspw. der Mitunternehmer M seiner OHG entgeltlich ein Grundstück verpachtet und der OHG ein verzinsliches Darlehen gewährt, kommt es zur Umqualifizierung zu gewerblichen Einkünften und eben nicht zu Einkünften aus Vermietung und Verpachtung oder aus Kapitalvermögen. Analog gilt dies für Tätigkeitsvergütungen an einen Mitunternehmer.

BEISPIEL

An der AB-KG sind A und B zu je 50 % als Gesellschafter beteiligt. Der Handelsbilanzgewinn der KG beträgt 200.000 €. A erhält als Tätigkeitsvergütung 60.000 € im Jahr, B dagegen erhält 30.000 €. Die Tätigkeitsvergütungen werden von der KG als Betriebsausgaben abgezogen. Zur Ermittlung des steuerrechtlichen Gewinns der KG ist wie folgt zu rechnen:

	Summe	A	B
Handelsbilanzgewinn	200.000 €	100.000 €	100.000 €
Zzgl. Tätigkeitsvergütungen i. S. d. § 15 Abs. 1 Satz 1 Nr. 2 Satz 1 Halbsatz 2 EStG	90.000 €	60.000 €	30.000 €
Steuerlicher Gewinn	290.000 €	160.000 €	130.000 €

Sonderbetriebsausgaben

Wo Sonderbetriebseinnahmen sind, ist es naheliegend, dass es auch Sonderbetriebsausgaben geben muss. Wird z. B. einer KG vom Gesellschafter G ein Gebäude zur betrieblichen Nutzung überlassen, sind in aller Regel für den G auch Aufwendungen im Rahmen der Vermietung entstanden (z. B. Abschreibungen, Versicherungsaufwand, Grundsteuer). Diese stellen Sonderbetriebsausgaben dar und mindern die gewerblichen Einkünfte des G.

Sonderbetriebsvermögen

In der Handelsbilanz einer Personengesellschaft werden nur Wirtschaftsgüter ausgewiesen, die zum Gesamthandseigentum der Mitunternehmerschaft gehören. Sonderbetriebsvermögen (z. B. ein Gebäude, das ein Mitunternehmer an die Mitunternehmerschaft vermietet) gehört demnach nicht zum Gesamthandsvermögen. Wirtschaftlich ist das Sonderbetriebsvermögen dem Mitunternehmer zuzurechnen (§ 39 Abs. 2 Nr. 1 AO).

Abgrenzung typisch/atypisch stiller Gesellschafter

Bezüglich der Zuordnung der Einkunftsarten ist die Unterscheidung zwischen einem typisch und atypisch stillen Gesellschafter von großer Bedeutung. Nur der **atypisch** stille Gesellschafter erzielt Einkünfte aus Gewerbebetrieb i. S. d. § 15 EStG.

Vereinfacht gesprochen, stellt der **typisch stille Gesellschafter** mit seiner Einlage einem Unternehmen Liquidität gegen Gewinnbeteiligung und Verzinsung der Einlage zur Verfügung. Der **atypisch stille Gesellschafter** hingegen entwickelt Mitunternehmerinitiative, d. h. er übt Einfluss bspw. auf betriebliche Entscheidungen aus. Er ist auch am Betriebsvermögen (d. h. an den stillen Reserven) beteiligt. Dementsprechend erzielt er Einkünfte aus Gewerbebetrieb.

Die wesentlichen steuerlichen Unterschiede zwischen einem atypisch und typisch stillen Gesellschafter gehen aus folgender Tabelle hervor:

	atypisch stiller Gesellschafter	**typisch stiller Gesellschafter**
Einkünfte	Einkünfte aus Gewerbebetrieb gem. § 15 Abs. 1 Nr. 2 EStG	Einkünfte aus Kapitalvermögen gem. § 20 Abs. 1 Nr. 4 EStG
Kapitalertragsteuer (ja/nein)	Nein, entfällt, Versteuerung nach dem persönlichen Einkommensteuersatz	Ja, 25 % der Einnahmen gem. § 43 Abs. 1 Nr. 3 EStG
Jahr der Versteuerung	nach Gewinnermittlungszeitraum, unabhängig vom Zufluss	Bei Zufluss der Einnahmen i. S. d. § 11 Abs. 1 EStG
Ausgaben im Zusammenhang mit der Beteiligung	Tatsächliche Ausgaben ansetzbar (§ 4 Abs. 4 EStG)	Werbungskostenabzug grundsätzlich mit Ansatz des Sparer-Pauschbetrags abgegolten (§ 20 Abs. 9 EStG)

Veräußerung des Betriebs (§ 16 EStG)

Veräußerungsgewinne i. S. d. § 16 EStG fallen unter die außerordentlichen Einkünfte nach § 34 Abs. 2 Nr. 1 EStG. Hier kommt die Anwendung der 1/5-Regelung[1] zur Anwendung.

Ermäßigter Steuersatz

Zu den Einkünften aus **Gewerbebetrieb** gehören nach § 16 Abs. 1 Satz 1 EStG auch Gewinne, die erzielt werden bei der **Veräußerung**

- des **ganzen Gewerbebetriebs oder eines Teilbetriebs.** Als Teilbetrieb gilt auch die das gesamte Nennkapital umfassende Beteiligung an einer Kapitalgesellschaft,
- des gesamten **Anteils eines Gesellschafters**, der als Unternehmer (Mitunternehmer) des Betriebs anzusehen ist (§ 15 Abs. 1 Satz 1 Nr. 2),
- des gesamten Anteils eines **persönlich haftenden Gesellschafters einer Kommanditgesellschaft auf Aktien** (§ 15 Abs. 1 Satz 1 Nr. 3).

Veräußerung

Unter „Veräußerung" i. S. d. § 16 EStG ist jede **entgeltliche Übertragung** von **Eigentum** auf ein anderes (Steuer-)Rechtssubjekt zu verstehen. So fallen z. B. Vererbungen oder Schenkungen i. d. R. nicht unter den Regelungsbereich des § 16 EStG.

So liegt bspw. eine Veräußerung eines ganzen Gewerbebetriebs i. S. d. § 16 Abs. 1 Nr. 1 EStG, wenn die wesentlichen Grundlagen des Betriebs – insbesondere die Betriebsorganisation, die Betriebseinrichtung und die Betriebsanlagen, die Lagervorräte, die Kundschaft und die sonstigen immateriellen Werte eines Unternehmens – in einem einheitlichen Vorgang gegen Entgelt so auf den Erwerber übertragen werden, sodass der Betrieb „sofort" fortgeführt werden kann.

TIPP

In der Praxis ist die Zuordnung eines Sachverhalts nach § 16 EStG nicht immer einfach. Darunter fallen bspw. Fälle der Realteilung, vorweggenommene Erbfolge, Schenkungen unter Auflagen oder Umwandlungsfälle. Für die Prüfung zum Steuerfachangestellten ergibt sich aus dem Sachverhalt jedoch eindeutig, dass § 16 EStG anzuwenden ist. Das wird dann der Fall sein, wenn der Steuerpflichtige seinen Betrieb aufgibt und verkauft oder seinen Anteil aus der Mitunternehmerschaft veräußert.

Gewinn

Der Veräußerungsgewinn wird nach § 16 Abs. 2 Satz 1 EStG wie folgt ermittelt:

	Veräußerungspreis	Gesamtheit aller Vorteile, die dem Veräußerer aus Anlass der Veräußerung zufließen. Neben dem Kaufpreis kommen z. B. auch Entschädigungen infrage.
-	Veräußerungskosten	Zu den Veräußerungskosten gehören alle Kosten, die in einem Zusammenhang mit der steuerrechtlich relevanten Veräußerung stehen und vom Veräußerer getragen werden. In welchem Zeitraum die Kosten anfallen, ist unerheblich.

1 Ausführlich zur 1/5-Regelung siehe Kap. I. 4.4.1.2.

-	Buchwert des Betriebsvermögens zum Zeitpunkt der Veräußerung	Hier ist die Differenz aus den Werten der Aktivposten der Bilanz und den nicht als Eigenkapital bestehenden Positionen der Passivseite der Bilanz zu bilden (= Buchwert des Betriebsvermögens)
=	Veräußerungsgewinn	

Freibetrag

Nach § 16 Abs. 4 EStG steht einem Steuerpflichtigen ein Freibetrag bei Veräußerung zu, wenn

- er das 55. Lebensjahr vollendet **oder (!)**
- er im sozialversicherungsrechtlichen Sinne dauernd berufsunfähig ist.

Der Freibetrag ist nur **einmal** zu gewähren und beträgt **45.000 €**. Diese ermäßigt sich um den Betrag, um den der Veräußerungsgewinn 136.000 € (= Sockelbetrag) übersteigt.

MERKE

Veräußerungsgewinne i. S. d. § 16 EStG erfahren zwei Steuererleichterungen: zum einen aufgrund der 1/5-Sonderregelung nach § 34 Abs. 1 EStG und zum anderen aufgrund eines möglichen Freibetrags.

AUFGABE

U betreibt seit vielen Jahren erfolgreich einen Fischladen in Flensburg. Aufgrund einer schweren Erkrankung ist der 52-jährige U im sozialversicherungsrechtlichen Sinn dauerhaft berufsunfähig. Seine Bekannte A interessiert sich schon lange für diesen Laden. Im Jahr 2024 kommt es schließlich zur Veräußerung des gesamten Ladens von U an A für 350.000 €. Der Wert der Aktiva beträgt 190.000 €. Die Verbindlichkeiten i. H. v. 13.000 € übernimmt A. Es fallen Notargebühren in Höhe von 2.000 € an, sowie sonstige Aufwendungen im Rahmen der Veräußerung i. H. v. 1.000 €, die durch U getragen werden. Es ist der steuerpflichtige Veräußerungsgewinn zu ermitteln.

LÖSUNG

Der Veräußerungsgewinn i. S. d. § 16 Abs. 2 EStG beträgt:

	Veräußerungspreis	350.000 €
-	Veräußerungskosten (Notar); von U getragen!	- 2.000 €
-	Veräußerungskosten (Sonstiges); von U getragen!	- 1.000 €
-	Buchwert des Betriebsvermögens zum Zeitpunkt der Veräußerung: 190.000 € - 13.000 € = 177.000 €	- 177.000 €
=	Veräußerungsgewinn	= 170.000 €

Der Veräußerungsgewinn beträgt 170.000 €.

U ist dauernd berufsunfähig im sozialversicherungsrechtlichen Sinn. Es kommt somit ein Freibetrag i. S. d. § 16 Abs. 4 EStG infrage. Der Sockelbetrag von 136.000 € wird bei einem Veräußerungsgewinn von 170.000 € um 34.000 € überschritten. Der Freibetrag von 45.000 € wird entsprechend um 34.000 € auf 11.000 € gekürzt. Der steuerpflichtige Veräußerungsgewinn beträgt 170.000 € abzgl. 11.000 € = 159.000 €.

4.3 Einkünfte aus selbstständiger Arbeit (§ 18 EStG)

Allgemeines

Einkünfte bei selbstständiger Arbeit ist nach § 2 Abs. 2 Satz 1 Nr. 1 EStG der Gewinn. Kennzeichnend für die selbstständige Arbeit ist, dass der Steuerpflichtige seine Tätigkeit in eigener Verantwortung und für eigene Rechnung ausübt. Maßgebender Faktor für die Einkünfteerzielung ist nicht der Einsatz von Kapital, sondern das geistige Vermögen und die persönliche Arbeitskraft des Steuerpflichtigen. Typische Fälle sind Einkünfte aus freiberuflicher Tätigkeit (insbesondere die selbstständig ausgeübte wissenschaftliche, künstlerische, schriftstellerische, unterrichtende oder erzieherische Tätigkeit) und die selbstständige Berufstätigkeit der Ärzte, Zahnärzte, Tierärzte, Rechtsanwälte, Notare, Architekten, Steuerberater etc.).

MERKE

Die Zuordnung von Einkünften zu solchen aus selbstständiger Arbeit betrifft nicht nur die Einkommensbesteuerung, sondern wirkt sich auch auf Gewerbe- und Umsatzsteuer aus. Sofern die Zuordnung von Einkünften sich nicht unmittelbar aus dem Sachverhalt ergibt, ist die Vorschrift des § 18 Abs. 1 Nr. 1 Satz 2 EStG hilfreich: hier werden die Berufe („Katalogberufe") aufgezählt, die bei selbstständiger Ausübung eine freiberufliche Tätigkeit darstellen.

Betriebsausgaben

Bei Ermittlung der Einkünfte aus selbstständiger Arbeit können anstelle der tatsächlichen Betriebsausgaben auch pauschale Werte als Betriebsausgaben angesetzt werden. Der Ansatz von Pauschalen ist für den Steuerpflichtigen dann günstiger, wenn diese über den tatsächlichen Aufwendungen liegen. Die Finanzverwaltung[1] akzeptiert folgende Ansätze:

Unterscheide: Haupt- oder Nebentätigkeit?

bei **hauptberuflicher** selbstständiger schriftstellerischer oder journalistischer Tätigkeit	bei wissenschaftlicher, künstlerischer oder schriftstellerischer **Nebentätigkeit** (auch Vortrags- oder nebenberufliche Lehr- und Prüfungstätigkeit)
30 % der Betriebseinnahmen	25 % der Betriebseinnahmen
höchstens jedoch 3.600 € jährlich	höchstens jedoch 900 € jährlich

AUFGABE

E arbeitet als angestellte Servicekraft in einem Hotel. Nebenberuflich verfasst sie erfolgreich Kriminalromane und erhält dafür im Jahr 2024 von ihrem Verlag 6.000 €. Betriebsausgaben hat E nicht dokumentiert. Wie hoch sind die Einkünfte aus selbstständiger Arbeit?

LÖSUNG

Einkünfte aus selbstständiger Arbeit		Hinweise
Vergütung Verlag (Einnahmen)	6.000 €	
Pauschaler Ansatz von Betriebsausgaben; 25 % von den Einnahmen, also 6.000 € + 25 % = 1.500 €, Ansatz des Höchstbetrags von 900 € im Rahmen der nebenberuflichen Tätigkeit	- 900 €	Prüfen: ► Nebenberuf oder Hauptberuf? ► Höchstbetrag unterschritten oder überschritten?
= Einkünfte aus selbstständiger Arbeit	5.100 €	

MERKE

Sofern die Betriebsausgaben als pauschaler Betrag in Abzug gebracht werden, entfällt ein Vorsteuerabzug.

4.4 Einkünfte aus nichtselbstständiger Arbeit (§ 19 EStG)

Die Einkünfte aus nichtselbstständiger Arbeit i. S. d. § 19 EStG ermitteln sich aus der Differenz von Arbeitslohn und Werbungskosten.

4.4.1 Arbeitslohn

Zum Arbeitslohn gehören Arbeitslöhne aus einem gegenwärtigen und aus einem früheren Dienstverhältnis. Diese umfassen gem. § 19 Abs. 1 Satz 1 EStG u. a. Gehälter, Löhne, Gratifikationen, Tantiemen und andere Bezüge und Vorteile, die für eine Beschäftigung im öffentlichen oder privaten Dienst gewährt werden. Hinzu kommen Wartegelder, Ruhegelder, Witwen- und Waisengelder und andere Bezüge und Vorteile aus früheren Dienstverhältnissen. Es ist nach § 19 Abs. 1 Satz 2 EStG gleichgültig, ob es sich um laufende oder um einmalige Bezüge handelt oder ob ein Rechtsanspruch auf sie besteht.

4.4.1.1 Lohnbezüge

Zu den Einkünften aus nichtselbstständiger Arbeit (§ 19 EStG) gehören alle laufenden und einmaligen Geld- und Sachbezüge und Vorteile, die im weitesten Sinne Gegenleistung für die zur Verfügung gestellte individuelle Arbeitskraft des Arbeitnehmers ist.

Geldbezüge

Der Bruttoarbeitslohn ist i. d. R. der gewichtigste Lohnbezug. Er ergibt sich aus der Lohnsteuer-Bescheinigung[2].

BEISPIEL

Die kinder- und konfessionslose Arbeitnehmerin A erzielt im Jahr 2025 ein monatliches Gehalt von 3.800 €. Das Nettogehalt i. H. v. 2.484 € wird ihr zum Ersten des Monats überwiesen. A erzielt hier einen Bruttoarbeitslohn i. S. d. § 19 EStG von 3.800 € · 12 Monate = 45.600 €.

1 Siehe BMF-Schreiben vom 6.4.2023, IV C 6 - S 2246/20/10002 :001.

2 Ein Muster für den Ausdruck der elektronischen Lohnsteuerbescheinigungen wird regelmäßig auf der Website des BMF bekannt gegeben.

Sonderfälle von Geldbezügen, z. B.	
Arbeitszeitkonten	Hier werden Teile des Arbeitslohns (z. B. aus Überstundenvergütung) nicht sofort ausgezahlt, sondern auf einem Lebensarbeitszeitkonto angespart. Die Auszahlung erfolgt erst in Zusammenhang mit einer vollen oder teilweisen Arbeitsfreistellung. Erst dann ist LSt abzuführen, da zu diesem Zeitpunkt Arbeitslohn zufließt.
Minijob	Ein Minijob fällt zwar in den Bereich der nichtselbstständigen Arbeit, wird jedoch i. d. R. pauschal besteuert und ist nicht in der ESt-Erklärung aufzuführen.

Sachbezüge

Als **Sachbezug** wird Arbeitslohn bezeichnet, der nicht in Geld besteht (geldwerter Vorteil), vgl. hierzu § 8 Abs. 2 EStG. Die Abgrenzung zwischen einem Barlohn und einem geldwerten Vorteil ist deswegen wichtig, weil beim Sachbezug **Steuerfreiheit** und **Pauschalversteuerung** infrage kommen.

MERKE

Eine Steuervergünstigung für Sachbezüge (Steuerfreiheit, Pauschalversteuerung) ist nur dann möglich, wenn der Sachbezug zusätzlich zum ohnehin geschuldeten Arbeitslohn gezahlt wird.

Steuerfreie Sachbezüge

Sachbezüge sind nach § 8 Abs. 2 Satz 11 EStG steuerfrei, wenn die sich nach Anrechnung der vom Steuerpflichtigen gezahlten Entgelte ergebenden Vorteile **insgesamt 50 €** im Kalendermonat nicht übersteigen.

Pauschalbesteuerung

Ist der Sachbezug steuerpflichtig, kann er im Regelfall vom Arbeitgeber pauschal mit einem Steuersatz von 15 % oder 20 % (§ 40 Abs. 2 EStG) oder 30 % (§ 37b Abs. 2 EStG) versteuert werden.

BEISPIEL

Arbeitnehmer A erhält von seinem Arbeitgeber jeden Monat zusätzlich zum geschuldeten Arbeitslohn eine Guthabenkarte für ein bestimmtes Einkaufszentrum im Wert von 50 €. Hier liegt ein Sachbezug vor, der im Rahmen der 50-€-Grenze steuerfrei ist. Bei einem höheren Betrag wäre eine pauschale Versteuerung durch den Arbeitgeber mit 30 % (§ 37b Abs. 2 EStG) möglich. Weiterhin genehmigt der Arbeitgeber des A, dass er jeden Monat bei einer Tankstelle seiner Wahl Treibstoff im Wert von max. 50 € tanken darf und erhält die Kosten vom Arbeitgeber erstattet. Hier liegt kein Sachbezug vor, sondern eine voll steuerpflichtige Geldleistung. Übergibt der Arbeitgeber stattdessen monatlich einen Tankgutschein im Wert von 50 € für eine bestimmte Tankstelle, kommt es zum steuerfreien Sachbezug.

Sonderfall Sachbezug: Fahrzeugüberlassung

Oftmals stellt ein Arbeitgeber seinem Arbeitnehmer ein Fahrzeug (Pkw, Motor-, Fahrrad) für

- Privatfahrten und/oder
- für die Fahrten zwischen Wohnung und erster Tätigkeitsstätte

zur Verfügung. Diese Fahrzeugüberlassungen stellen einen geldwerten Vorteil zum steuerpflichtigen Arbeitslohn dar. Es kommt zur Besteuerung, unabhängig davon, ob und in welchem Umfang das Fahrzeug tatsächlich privat genutzt wird.

Die Privatnutzung wird entweder

- pauschal nach dem Bruttolistenpreis (1 %-Regelung) oder
- anhand der tatsächlichen Kosten für die privat gefahrenen Kilometer (Fahrtenbuch)

besteuert.

Überlassung für Fahrten zwischen Wohnung und Arbeitsstätte bei der 1 %-Regelung

Die Privatnutzung eines betrieblichen Fahrzeugs wird, sofern ein Fahrtenbuch nicht geführt wird, nach der 1 %-Methode ermittelt. Demnach wird der Bruttolistenpreis (nicht die Anschaffungskosten des Fahrzeugs) mit 1 % berechnet mal die Anzahl der Nutzungsmonate. Wenn z. B. der Bruttolistenpreis 36.000 € beträgt, ermittelt sich die Privatnutzung wie folgt:

36.000 € · 1 % · 12 Monate = 4.320 €.

Anders verhält es sich, wenn dem Arbeitnehmer das Fahrzeug für die Fahrten zwischen Wohnung und erster Tätigkeitsstäte zur Verfügung gestellt wird. Der Zuschlag wird kalendermonatlich pauschal (unabhängig von der Anzahl der Fahrten) mit 0,03 % des Listenpreises für jeden Kilometer der Entfernung zwischen Wohnung und erster Tätigkeitsstätte ermittelt.

Doppelte Haushaltsführung

Die Nutzung des Kraftfahrzeugs zu einer Familienheimfahrt im Rahmen **einer doppelten Haushaltsführung** ist nach § 8 Abs. 2 Satz 5 EStG mit 0,002 Prozent des Listenpreises im Sinne des § 6 Abs. 1 Nr. 4 Satz 2 EStG für jeden Kilometer der Entfernung zwischen dem Ort des eigenen Hausstands und dem Beschäftigungsort anzusetzen.

MERKE

Zur Berechnung des geldwerten Vorteils muss unterschieden werden, ob das Fahrzeug einen **Verbrennungsmotor** aufweist oder ob ein **Elektro- und Hybridfahrzeug** vorliegt. Also Sachverhalt genau lesen!

Sonderfall Sachbezug: Fahrzeugüberlassung für Elektrofahrzeuge

1 %-Methode oder tatsächliche Kosten (E-Fahrzeuge wie „Verbrenner")

Die Privatnutzung wird, wie bei Fahrzeugen mit Verbrennungsmotor, entweder pauschal nach dem Bruttolistenpreis (1 %-Regelung) oder anhand der tatsächlichen Kosten für die privat gefahrenen Kilometer (Fahrtenbuch) ermittelt. Es gibt hier also keine Unterschiede zu Fahrzeugen mit Verbrennermotor. Dabei gelten aber je nach Fahrzeugart und Anschaffungszeitpunkt unterschiedliche Sonderregelungen.

Der Unterschied liegt in der Bemessungsgrundlage für die private Nutzung. Nach § 8 Abs. 1 Nr. 4 Satz 2 EStG gilt bzgl. des Ansatzes eines **Listenpreises** von Fahrzeugen mit Antrieb ausschließlich durch Elektromotoren oder von extern aufladbaren Hybridelektrofahrzeugen:

a) Der auf volle Hundert abzurundende Listenpreis bei Anschaffung nach dem 31. Dezember 2018 und vor dem 1. Januar 2031 nur zu einem Viertel anzusetzen, wenn das Kraftfahrzeug keine Kohlendioxidemission je gefahrenen Kilometer hat und der Bruttolistenpreis des Kraftfahrzeugs nicht mehr als 70.000 € beträgt.

b) Sofern die Voraussetzungen aus a) nicht erfüllt sind und die Anschaffung nach dem 31. Dezember 2018 und vor dem 1. Januar 2022 erfolgt, ist der auf volle Hundert abzurundende Listenpreis zur Hälfte anzusetzen.

c) Sofern die Voraussetzungen aus a) nicht erfüllt sind und die Anschaffung nach dem 31. Dezember 2021 und vor dem 1. Januar 2025 erfolgt, ist der auf volle Hundert abzurundende Listenpreis ebenfalls zur Hälfte anzusetzen, wenn das Fahrzeug eine Kohlendioxidemission von höchstens 50 Gramm je gefahrenen Kilometer hat oder die Reichweite des Fahrzeugs unter ausschließlicher Nutzung der elektrischen Antriebsmaschine mindestens 60 Kilometer beträgt, oder soweit a) nicht anzuwenden ist und die Anschaffung nach dem 31. Dezember 2024 und vor dem 1. Januar 2031 nur zur Hälfte anzusetzen, wenn das Kraftfahrzeug eine Kohlendioxidemission von höchstens 50 Gramm je gefahrenen Kilometer hat oder die Reichweite des Fahrzeugs unter ausschließlicher Nutzung der elektrischen Antriebsmaschine mindestens 80 Kilometer beträgt.

TIPP

Es ist wohl eine Frage der Zeit, bis die steuerliche Beurteilung von Elektrofahrzeugen für private Zwecke sich in den Prüfungsaufgaben als Dauergast etabliert. Zu beachten ist, dass die obigen Alternativen b) bis c) nur dann zutreffen, wenn Alternative a) nicht erfüllt ist. Alternative a) ist somit eine Art von Grundfall.

Fahrtenbuchmethode bei E-Fahrzeugen

Erfolgt die Ermittlung über die tatsächlichen Kosten (Fahrtenbuchmethode), wird der AfA-Anteil unter den o. a. zeitlichen Voraussetzungen nur aus der Hälfte bzw. einem Viertel der Anschaffungskosten bzw. bei geleasten Fahrzeugen aus der halben Leasingrate berechnet.

Fahrten zwischen Wohnung und erster Tätigkeitsstätte

Für die Wege zwischen Wohnung und erster Tätigkeitsstätte wird bei der pauschalen Berechnung nach dem Bruttolistenpreis (0,03 %) je nach Fahrzeugart und Anschaffungszeitpunkt vom entsprechend halbierten oder geviertelten Bruttolistenpreis ausgegangen, bei der Berechnung über die tatsächlichen Kosten (Fahrtenbuchmethode) nur von der AfA aus den hälftigen bzw. geviertelten Anschaffungskosten und ohne die Stromkosten für die Aufladung.

Sonderfälle

Sonderfälle von Sachbezügen, z. B.	
Das elektrische Aufladen (unentgeltlich oder verbilligt gestellter Ladestrom und die Überlassung betrieblicher Ladeeinrichtungen) eines Elektrofahrzeugs oder Hybridelektrofahrzeugs	Vom Arbeitgeber zusätzlich zum ohnehin geschuldeten Lohn gewährte Vorteile für das elektrische Aufladen (unentgeltlich oder verbilligt gestellter Ladestrom und die Überlassung betrieblicher Ladeeinrichtungen) für auch zur Privatnutzung überlassene Elektro- oder Hybrid-Kfz sind bis 31.12.2030 steuerfreier Arbeitslohn (§ 3 Nr. 46 EStG)
Erstattung von Stromkosten bei Verwendung eines Elektrofahrzeugs oder Hybridelektrofahrzeugs	Erstattet der Arbeitgeber privat getragene Stromkosten, handelt es sich um steuerfreien Auslagenersatz (§ 3 Nr. 50 EStG).
Ladevorrichtung ("Wallbox")	Kauft der Arbeitgeber seinem Arbeitnehmer eine Ladevorrichtung („Wallbox") oder gibt dazu einen Zuschuss, kommt es zur Lohnsteuer.
E-Bikes/E-Scooter	Bei Überlassung von kleinen E-Bikes (ohne Nummernschild, Motorunterstützung nur bis 25 km) sowie „normalen" Fahrrädern ist der geldwerte Vorteil aus der Überlassung für private Fahrten und Wege Wohnung/erste Tätigkeitsstätte bis zum 31.12.2030 steuerfrei (§ 3 Nr. 37 EStG).
Mahlzeitengestellung	Die Gewährung von Essensmarken und arbeitstägliche Zuschüsse zu Mahlzeiten (digitale Essensmarken) sind Sachbezüge. Stellt der Arbeitgeber Frühstück, Mittag oder Abendessen, sind die Mahlzeiten mit den amtlichen Sachbezugswerten als Arbeitslohn anzusetzen, wenn der Wert der Mahlzeit 60 € nicht übersteigt.
Betriebliche Gesundheitsförderung	Hierbei handelt es sich beim Arbeitnehmer bis zur Höhe von 600 € jährlich um steuerfreien Arbeitslohn (§ 3 Nr. 34 EStG)
Kinderbetreuungsleistungen	Nach § 3 Nr. 33 EStG sind zusätzlich zum ohnehin geschuldeten Arbeitslohn erbrachte Leistungen des Arbeitgebers für die Unterbringung und Betreuung von nicht schulpflichtigen Kindern der Arbeitnehmer in Kindergärten oder vergleichbaren Einrichtungen steuerfrei.
Weiterbildungsmaßnahmen	Maßnahmen zur Weiterbildungsförderung sind steuerbefreit (§ 3 Nr. 19 EStG).
Aufmerksamkeiten	Sachzuwendungen des Arbeitgebers als kleine Aufmerksamkeiten (i. d. R. Wert bis zu 60 €) sind steuerfrei. Darunter fallen bspw. Blumen oder Bücher, die aus Anlass eines besonderen persönlichen Ereignisses (z. B. Geburtstag, Hochzeit) zugewendet, sowie bspw. Getränke die zum Verbrauch im Betrieb unentgeltlich bereitgestellt werden.

4.4.1.2 Steuerbegünstigte Lohnbezüge

Freibeträge, ermäßigter Steuersatz

Einige Lohnbestandteile sind durch einen Freibetrag oder durch den ermäßigten Steuersatz nicht in vollem Umfang zu versteuern. Dies betrifft:

- Versorgungsbezüge,
- Entschädigungen.

MERKE

Mit steuerbegünstigtem Arbeitslohn zusammenhängende Ausgaben dürfen nur beim entsprechenden Arbeitslohn berücksichtigt. Eine Vermischung im Zusammenhang mit dem „normalen" Arbeitslohn darf nicht sein.

Versorgungsbezüge

Versorgungsbezüge sind Zahlungen des früheren Arbeitgebers, also aus keinem aktiven Dienstverhältnis. Dazu gehören im Wesentlichen Beamtenpensioner, Beamtenwitwen- und Waisenpension und Werks-/Betriebsrenten. Liegen **beamtenrechtliche Vorschriften** zugrunde, kommt es stets zu Versorgungsbezügen. Zahlungen des früheren **privaten Arbeitgebers (Betriebsrente)** sind Versorgungsbezüge, sobald eine gesetzliche Altersgrenze erreicht ist.

Begünstigung Versorgungsbezüge

Nach § 19 Abs. 2 Satz 1 EStG bleiben von Versorgungsbezügen ein nach einem Prozentsatz ermittelter, auf einen **Höchstbetrag** begrenzter Betrag (**Versorgungsfreibetrag**) und ein **Zuschlag zum Versorgungsfreibetrag** steuerfrei.

Werbungskosten

Werden keine höheren Werbungskosten im Zusammenhang mit Versorgungsbezügen nachgewiesen (z. B. im Fall von Beratungskosten oder Kosten eines Rechtsstreits), kommt der Werbungskostenpauschbetrag von 102 € (§ 9a Satz 1 Nr. 1 Buchst. b EStG) zum Tragen.

AUFGABE

A und B sind glücklich verheiratet. Nachdem der A, der als Beamter im örtlichen Rathaus arbeitet, im Juli 2023 plötzlich verstorben ist, erhält die B eine Pension als Beamtenwitwe. Seit Juli 2023 erhält sie pro Monat 1.000 € Pension. Wie hoch sind die Einkünfte für 2024?

LÖSUNG

Einkünfte aus nichtselbstständiger Arbeit		Hinweise
Pension als Witwe	12.000 €	12 Monate à 1.000 €
- Versorgungsfreibetrag (Versorgungsbeginn Juli 2023: 14,0 % von 12.000 € = 1.680 €). Der Höchstbetrag beläuft sich auf 1.050 € gem. Tabelle aus § 19 Abs. 2 Satz 3 EStG	- 1.050 €	Folgt ein Hinterbliebenenbezug einem Versorgungsbezug, bestimmen sich der Prozentsatz, der Höchstbetrag des Versorgungsfreibetrags und der Zuschlag zum Versorgungsfreibetrag für den Hinterbliebenenbezug nach dem Jahr des Beginns des Versorgungsbezugs (§ 19 Abs. 2 Satz 7 EStG).
- Zuschlag zum Versorgungsfreibetrag gem. Tabelle aus § 19 Abs. 2 Satz 3 EStG	- 315 €	Wert aus Tabelle
- Werbungskosten-Pauschbetrag nach § 9a Nr. 1b EStG	- 102	Pauschbetrag, da keine höheren Werbungskosten geltend gemacht wurden.
Summe Einkunftsart	10.533 €	

Entschädigungen

Bei Entschädigungen, die ermäßigt besteuert werden, handelt es insbesondere um Abfindungen anlässlich einer durch den Arbeitgeber veranlassten und einer einvernehmlichen Auflösung des Dienstverhältnisses. Dies beinhaltet nach § 24 Nr. 1 EStG den Ersatz für entgangene oder entgehende Einnahmen oder für die Aufgabe oder Nichtausübung einer Tätigkeit.

1/5 Regelung

Entschädigungen oder Arbeitslohn für mehrere Jahre sind aufgrund der „Fünftel-Regelung" nach § 34 Abs. 1 und Abs. 2 Nr. 2 EStG steuerlich begünstigt. Dabei muss die Entschädigung in einem Betrag (in einem Steuerjahr) ausgezahlt werden.

BEISPIEL

A ist kinder- und konfessionslos. Nach einem Streit mit der Geschäftsleitung kommt es zur einvernehmlichen Beendigung des Arbeitsverhältnisses. A erhält eine einmalige Entschädigung i. H. v. 40.000 €. Ihre Einkünfte aus der Tätigkeit beim gleichen Arbeitgeber und im gleichen Jahr betragen 50.000 €.

Einkünfte aus „normaler" Tätigkeit	50.000 €
+ 1/5 der Abfindung, 40.000 € : 5	+ 8.000 €

= zu versteuerndes Einkommen	58.000 €
darauf entfallende Einkommensteuer	13.800 €
Zu versteuerndes Einkommen ohne Abfindung	50.000 €
darauf entfallende Einkommensteuer	10.800 €
Einkommensteuer mit Abfindung	13.800 €
- Einkommensteuer ohne Abfindung	- 10.800 €
= Differenz	3.000 €
· den 5-fachen Betrag: 3.000 € · 5	15.000 €
Steuer auf Abfindung mit Fünftelregelung, siehe oben	15.000 €
Steuer auf Einkommen plus Abfindung (50.000 € + 40.000 €)	27.200 €
Steuer auf Abfindung ohne Fünftelregelung: 27.200 € - 10.800 €	16.400 €
ESt-Ersparnis: Steuer auf Abfindung ohne Fünftelregelung (16.400 €) - Steuer auf Abfindung mit Fünftelregelung (15.000 €)	1.400 €

4.4.1.3 Lohnersatzleistungen

So genannte Lohnersatzleistungen sind zwar regelmäßig steuerfrei, beeinflussen aber die Höhe des ESt-Satzes für die steuerpflichtigen Einkünfte. Es kommt zum **Progressionsvorbehalt**. i. S. d. § 32b EStG. Der Steuersatz wird so berechnet, als dass die steuerfreien Leistungen als Teil der Bemessungsgrundlage für den Steuersatz dienen. Dieser Steuersatz wird dann jedoch nur auf das steuerpflichtige Einkommen angewandt. Zu dem Lohnersatzleistungen gehören u. a.:

- Kurzarbeitergeld und Zuschuss zum Kurzarbeitergeld,
- Arbeitslosengeld,
- Kranken-, Mutterschafts-, Verletzten- und Übergangsgeld.

4.4.2 Werbungskosten

Allgemeines

Zu den Werbungskosten bei Einkünften aus nichtselbstständiger Arbeit gehören alle Aufwendungen, die durch den Beruf veranlasst sind, um Arbeitslohn zu bekommen oder weiterhin zu erhalten (siehe § 9 Abs. 1 Satz 1 EStG). Die Aufwendungen müssen also in Zusammenhang mit der beruflichen Tätigkeit stehen. Werbungskosten können dann bereits vorliegen, wenn eine Tätigkeit noch gar nicht aufgenommen wurde (z. B. Bewerbungskosten).

Pauschbetrag

Nach § 9a Satz 1 Nr. 1a werden Werbungskosten als Arbeitnehmerpauschbetrag von (ab 2023) 1.230 €[1] jährlich berücksichtigt für den Fall, dass keine oder geringere Werbungskosten erklärt werden. Bei Ehegatten, die beide Arbeitnehmer sind, steht jedem Teil der Pauschbetrag in voller Höhe zu. Der Pauschbetrag wird auch dann, ohne dass es zu einer Kürzung kommt, berücksichtigt, wenn nicht das ganze Jahr über Arbeitslohn bezogen wurde.

4.4.2.1 Wege zur ersten Tätigkeitsstätte

Aufwendungen für Wege zwischen Wohnung und erster Tätigkeitsstätte werden i. d. R. nicht in tatsächlicher Höhe berücksichtigt, sondern werden gem. § 9 Abs. 1 Satz 3 Nr. 4 EStG mit einer **Entfernungspauschale** abgegolten. Eine erste Tätigkeitsstätte nach § 9 Abs. 4 Satz 1 EStG erfordert stets eine ortsfeste (mit dem Erdboden verbunden und standortgebunden genutzte) betriebliche Einrichtung.

Für den Weg zwischen Wohnung und erster Tätigkeitsstätte für die kürzeste (verkehrsgünstigste) Entfernung für **jeden Arbeitstag**, an dem der Arbeitnehmer seine Betriebsstätte aufsucht

- je vollen Entfernungskilometer 0,30 € und
- ab dem 21. Entfernungskilometer (ab VAZ 2022) 0,38 €

angesetzt.

1 Im Jahr 2022 betrug die Werbungskostenpauschale 1.200 €, für das Jahr 2021 noch 1.000 €.

MERKE

Bei der Berechnung der Entfernungspauschale kommt es auf die Art des Verkehrsmittels nicht an. Die Entfernungspauschale gilt aber nicht für Flugstrecken.

Höchstgrenze mit Ausnahmen

Grundsätzlich werden bei der Entfernungspauschale maximal 4.500 € gewährt. Hierzu gibt es zwei wesentliche Ausnahmen:

- wenn die tatsächlichen Aufwendungen durch die Benutzung **öffentlicher Verkehrsmittel** über der Entfernungspauschale liegen, können diese übersteigenden Aufwendungen zusätzlich angesetzt werden.
- Wenn der Arbeitnehmer einen **eigenen** oder einen **ihm zur Nutzung überlassenen Pkw** benutzt, kann ein höherer Betrag als 4.500 € angesetzt werden.

Im Einzelfall muss geprüft werden, ob nun eine erste Tätigkeitsstätte oder eine auswertige Tätigkeit vorliegt. Die Zuordnung einer ersten Tätigkeitsstätte ergibt sich i. d. R. aus dem Arbeitsvertrag. Einzelfälle können sich allerdings auch als schwierig herausstellen.

BEISPIEL

E arbeitet als Busfahrer für Bus-GmbH mit Sitz in Augsburg. Er übernimmt bzw. übergibt arbeitstäglich das Fahrzeug am Busdepot in Kaufering. E ist arbeitsrechtlich dem Busdepot in Kaufering zugeordnet. Für E ist das Busdepot in Kaufering wegen der arbeitsrechtlichen Zuordnung eine erste Tätigkeitsstätte. Eine Auswärtstätigkeit liegt dann mit dem Verlassen des Busdepots vor.

Homeoffice

Ein Sonderfall stellt auch das Homeoffice dar. Hier ist zu unterscheiden, ob der Betriebssitz als erste Tätigkeitsstätte arbeitsvertraglich bestimmt ist oder nicht. Wenn die Vereinbarung im Arbeitsvertrag den Betriebssitz als erste Tätigkeitsstätte bestimmt ist, dann gilt: Der Steuerpflichtige hat aufgrund der arbeitsvertraglichen Festlegung am Betriebssitz eine erste Tätigkeitsstätte, weil er dort auch tatsächlich seine Tätigkeit ausübt. Der zeitliche Umfang der Tätigkeit ist nicht maßgebend.

AUFGABE

A ist als Mitarbeiterin einer Marketingagentur fest angestellt. Gem. einer Vereinbarung mit ihrem Arbeitgeber erledigt sie alle Arbeiten im Homeoffice, im Betrieb ist somit kein Arbeitsplatz für A vorgesehen. A fährt zweimal im Monat zu ihren Kunden und legt dabei 120 km (einfache Entfernung insgesamt 60 km) zurück. Sind Werbungskosten anzusetzen? Wenn ja, in welcher Höhe?

LÖSUNG

Hier liegt eine Auswärtstätigkeit vor und da diese im Zusammenhang mit der beruflichen Tätigkeit der A stehen, ist der Ansatz von Werbungskosten unstrittig. Anzusetzen ist die tatsächlich zurückgelegte Entfernung, also 120 km. Die Werbungskosten belaufen sich auf 120 km · 0,30 €/km = 36 €.

Ausnahme von Pauschalierungen

Ausnahmeregelungen beim Ansatz einer Entfernungspauschale gelten für behinderte Menschen und bei Benutzung öffentlicher Verkehrsmittel.

Menschen mit Behinderung

Für Menschen mit Behinderung gibt es Sonderregelungen für den Ansatz der Aufwendungen für die Fahrt zur ersten Tätigkeitsstätte. Nach § 9 Abs. 2 Satz 3 EStG werden für Menschen mit Behinderungen,

- deren Grad der Behinderung mindestens 70 beträgt,
- deren Grad der Behinderung weniger als 70, aber mindestens 50 beträgt und die in ihrer Bewegungsfähigkeit im Straßenverkehr erheblich beeinträchtigt sind,

anstelle der Entfernungspauschalen die **tatsächlichen Aufwendungen** für die Wege zwischen Wohnung und erster Tätigkeitsstätte und für Familienheimfahrten angesetzt, wenn sie **höher** sind als die Entfernungspauschale (also die für den Steuerpflichtigen günstigere Lösung prüfen!).

Für den Fall, dass eine Aufzeichnung der tatsächlichen Aufwendungen nicht erfolgt oder erfolgen kann, können bei Kfz-Nutzung eine erhöhte Pauschale von 0,30 € je **gefahrenen** (also nicht pro entfernten Kilometer!) Kilometer abgerechnet werden. Folglich kann, wenn die Voraussetzungen einer Behinderung gegeben sind, 0,60 € je Entfernungskilometer angesetzt werden. Bei Nutzung anderer motorbetriebener Fahrzeuge sind das 0,20 € je gefahrener Kilometer.

Benutzung öffentlicher Verkehrsmittel

Bei Benutzung öffentlicher Verkehrsmittel können nach § 9 Abs. 2 Satz 2 EStG die tatsächlichen Kosten berücksichtigt werden, wenn sie die Entfernungspauschale übersteigen. Dabei sind die tatsächlich im Jahr angefallenen Kosten für öffentliche Verkehrsmittel mit der Jahresentfernungspauschale zu vergleichen. Übrigens sind hierbei auch die Kosten einer Bahncard zu berücksichtigen, auch wenn diese zu privaten Zwecken benutzt werden kann.

4.4.2.2 Häusliches Arbeitszimmer

Nach § 4 Abs. 5 Satz 1 Nr. 6b Satz 2 EStG können Aufwendungen für ein häusliches Arbeitszimmer dann angesetzt werden, wenn ein Arbeitszimmer den **Mittelpunkt** der **gesamten** betrieblichen und beruflichen Tätigkeit bildet. Aufwendungen für ein häusliches Arbeitszimmer sowie die Kosten der Ausstattung. Nach Satz 3 dieser Vorschrift kann anstelle der Aufwendungen pauschal ein Betrag von 1.260 € (Jahrespauschale) abgezogen werden. Für jeden vollen Kalendermonat, in dem die Voraussetzungen eines häuslichen Arbeitszimmers nicht vorliegen, ermäßigt sich der Betrag nach Satz 4 von 1.260 € um ein Zwölftel.

BEISPIEL

Beispiel a) Tätigkeitsmittelpunkt beim häuslichen Arbeitszimmer: die Jahrespauschale wird unterschritten. Beim Arbeitnehmer A befindet sich der Tätigkeitsmittelpunkt seiner beruflichen Tätigkeit in seinem häuslichen Arbeitszimmer. Die auf das häusliche Arbeitszimmer entfallenden anteiligen Aufwendungen betragen für das Kalenderjahr 2023 900 €. A kann anstelle der tatsächlichen Aufwendungen von 900 € die höhere Jahrespauschale von 1.260 € als Werbungskosten geltend machen.

Beispiel b) Tätigkeitsmittelpunkt beim häuslichen Arbeitszimmer: die zeitanteilige Jahrespauschale findet Anwendung. Beim Arbeitnehmer B befindet sich der Tätigkeitsmittelpunkt seiner beruflichen Tätigkeit in seinem häuslichen Arbeitszimmer, doch erst ab dem 1.7.2023. Die hierauf entfallenden anteiligen Aufwendungen betragen seit dem 01.07.2023 450 €. Die gegenüber den tatsächlichen Aufwendungen höhere Jahrespauschale ist zeitanteilig zu berechnen. Sie beträgt 630 € (= 6/12 von 1.260 €).

Anzusetzende Aufwendungen

Unter die anzusetzenden Aufwendungen fallen direkte und indirekte Aufwendungen. Zu den direkten Aufwendungen gehören u. a. Vorhänge, Lampen und Einrichtungsgegenstände. Die indirekten Aufwendungen können nicht unmittelbar dem Arbeitszimmer zugeordnet werden. Hierunter fallen z. B. Miete, Abschreibungen, Schuldzinsen oder Energiekosten.

AUFGABE

B arbeitet als Notariatsfachangestellte ausschließlich im Homeoffice. Ihr Arbeitsplatz zuhause entspricht den Voraussetzungen eines häuslichen Arbeitszimmers, insbesondere ist dieses in die Wohnung fest eingebunden (keine reine Arbeitsecke). Die Gesamtfläche der Wohnung beträgt 100 m², die des Arbeitszimmers 15 m². Es liegen für die Wohnung für das Jahr 2024 folgende Aufwendungen vor:

►	Abschreibungen	5.000 €
►	Grundsteuer	200 €
►	Gebäude-Versicherungen	1.500 €

Das Arbeitszimmer wurde für 1.500 € tapeziert und die Decke frisch gestrichen. In welcher Höhe kann B Werbungskosten für 2024 zu ihrem Arbeitszimmer ansetzen?

LÖSUNG

Das Arbeitszimmer („ausschließlich Homeoffice") stellt den beruflichen Mittelpunkt der B dar. Die Voraussetzungen eines häuslichen Arbeitszimmers sind erfüllt.

Anteil Arbeitszimmer: 15 m² · 100 : 100 m² = 15 %

Indirekte Aufwendungen:	
Abschreibungen	5 000 €
Grundsteuer	200 €
Gebäude-Versicherungen	1.500 €
Summe indirekte Aufwendungen	6.700 €
· 15 % Anteil Arbeitszimmer	1.005 €
direkte Aufwendungen:	
Renovierung	1.500 €
Summe Kosten Arbeitszimmer	**2.505 €**

Die Aufwendungen liegen über der Pauschale von 1.260 €.

B kann 2.505 € als Werbungskosten für den VAZ 2024 abziehen.

4.4.2.3 Weitere Werbungskosten

Werbungskosten-Pauschbetrag (§ 9a EStG)

Für Werbungskosten sind gem. § 9a EStG bei der Ermittlung der Einkünfte die folgenden Pauschbeträge abzuziehen, wenn nicht höhere Werbungskosten nachgewiesen werden:

a) von den Einnahmen aus nichtselbständiger Arbeit vorbehaltlich § 9a Satz 1 Nr. 1b) EStG ein **Arbeitnehmer-Pauschbetrag von 1.230 €;**

b) von den Einnahmen aus nichtselbständiger Arbeit, soweit es sich um **Versorgungsbezüge** i. S. d. § 19 Abs. 2 EStG handelt: ein **Pauschbetrag von 102 €;**

c) von den Einnahmen i. S. d. § 22 Nr. 1, 1a und 5 EStG: ein **Pauschbetrag** von insgesamt **102 €**.

Verpflegungspauschale bei beruflich veranlassten Mehraufwendungen (§ 9 Abs. 4a EStG)

Unter bestimmten Voraussetzungen sind Mehraufwendungen des Arbeitnehmers für die Verpflegung i. S. d. § 9 Abs. 4a EStG als Werbungskosten abziehbar. Erst wenn er als Arbeitnehmer außerhalb seiner Wohnung und ersten Tätigkeitsstätte beruflich tätig (auswärtige berufliche Tätigkeit) geworden ist, kann er folgende Verpflegungspauschalen als Werbungskosten ansetzen:

- 28 € für jeden Kalendertag, an dem der Arbeitnehmer 24 Stunden von seiner Wohnung und ersten Tätigkeitsstätte abwesend ist,
- jeweils 14 € für den An- und Abreisetag, wenn der Arbeitnehmer an diesem, einem anschließenden oder vorhergehenden Tag außerhalb seiner Wohnung übernachtet,
- 14 € für den Kalendertag, an dem der Arbeitnehmer ohne Übernachtung außerhalb seiner Wohnung mehr als 8 Stunden von seiner Wohnung und der ersten Tätigkeitsstätte abwesend ist; beginnt die auswärtige berufliche Tätigkeit an einem Kalendertag und endet am nachfolgenden Kalendertag ohne Übernachtung, werden 14 € für den Kalendertag gewährt, an dem der Arbeitnehmer den überwiegenden Teil der insgesamt mehr als 8 Stunden von seiner Wohnung und der ersten Tätigkeitsstätte abwesend ist.

MERKE

Der Einzelnachweis von Verpflegungsmehraufwendungen berechtigt nicht zum Abzug höherer Beträge (R 9.6. Abs. 1 Satz 2 EStR).

Abzug von der Pauschale, 20 % bzw. 40 %

Zu beachten ist, dass die Pauschale zum Verpflegungsmehraufwand wiederum pauschal zu kürzen ist. Wenn im Übernachtungspreis ein Frühstück inkludiert ist werden **20 % von der vollen Pauschale** abgezogen. Die Pauschale von 28 € wird also um 20 % (5,60 €) auf 22,40 € gekürzt. Analog hierzu werden bei Mittag- oder Abendessen weitere **40 % pro Mahlzeit** abgezogen.

AUFGABE

A ist bei der Chemie-GmbH fest angestellt. Sie fährt zu einem einwöchigen Seminar nach Bremen. Der erste und der letzte Tag gelten als An- und Abreisetag, währenddessen ist sie drei Kalendertage in Bremen für das Seminar beschäftigt ist. Der Hotelpreis beinhaltet Frühstück und Mittagessen. Wie hoch ist die Verpflegungspauschale?

LÖSUNG

Für den An- und Abreisetag gibt es jeweils 14 €. Für 3 volle Kalendertage werden jeweils 28 € berechnet. Von der Verpflegungspauschale für die vollen Tage werden dann allerdings 20 % für das Frühstück und 40 % für das Mittagessen abgezogen. Also: 14 € + 14 € + 28 € · 40 % (100 % - 40 % für Mittagessen - 20 % für Frühstück) für 3 Tage = 61,60 €.

Berufliche Ausbildung

Die Aufwendungen für eine berufliche Ausbildung können als Werbungskosten oder Sonderausgaben berücksichtigt werden. Die Zuordnung hängt davon ab, ob es sich um eine Erstausbildung oder um eine weitere bzw. zusätzliche Ausbildung handelt. Voraussetzung ist, wie bei allen Werbungskosten, dass ein Zusammenhang zwischen den Werbungskosten und den künftigen steuerpflichtigen Einnahmen besteht.

BEISPIEL

Rentnerin R absolviert ein Fernstudium in Betriebswirtschaft. Da R wohl keine beruflichen Einnahmen aus diesem Studium heraus erzielen dürfte, entfällt normalerweise der Ansatz von Werbungskosten.

Zu den Werbungskosten gehören im Rahmen der beruflichen Ausbildung die Aufwendungen für

- eine **zweite (!) oder weitere Berufsausbildung** (auch Umschulung) oder ein Zweit- oder Drittstudium und

- Aufwendungen für ein Erststudium **nach** einer **abgeschlossenen Berufsausbildung**.

MERKE

Wird von einer Hochschule neben dem Bachelor-Studiengang zusätzlich ein darauf aufbauender Master-Studiengang angeboten, ist dieser nach § 9 Abs. 6 EStG ein weiteres Studium. Die Aufwendungen für dieses zweite Studium können ab der Beendigung des Erststudiums als vorweggenommene Werbungskosten behandelt werden.

Beispiele für Werbungskosten hierzu sind: Schul-, Kurs- und Studiengebühren, Kosten für Fachliteratur und Lernmaterial, Aufwendungen für Computer-Hardware, z. B. PC, Notebook, Tablet (diese werden mit einem Jahr abgeschrieben, sind also in voller Höhe als Werbungskosten anzusetzen), Fahrtkosten für Fahrten zwischen Wohnung und Ausbildungsstätte (erste Tätigkeitsstätte) sind als Entfernungspauschale anzusetzen.

Homeoffice

Gemäß § 4 Abs. 5 Satz 1 Nr. 6c EStG kann ab dem 01.01.2023 für jeden Kalendertag, an dem die betriebliche oder berufliche Tätigkeit überwiegend in der häuslichen Wohnung ausgeübt und keine außerhalb der häuslichen Wohnung belegene erste Tätigkeitsstätte aufgesucht wird, ein Betrag von 6 € (Tagespauschale), höchstens 1.260 € im Kalenderjahr, abgezogen werden (es sind also zwei Arbeitsschritte durchzuführen. Zunächst die Ermittlung der Summe der Tagespauschalen und dann Überprüfung, ob der Maximalbetrag von 1.260 € erreicht wurde oder nicht).

Kosten der Steuerberatung

Steuerberatungskosten können unter die Werbungskosten fallen, soweit sie der Erwerbung, Sicherung und Erhaltung der Einnahmen aus nichtselbstständiger Arbeit dienen. Analog gilt dies auch für die Einkünfte aus Vermietung und Verpachtung (§ 21 EStG) für die sonstigen Einkünften (§ 22 EStG).

4.5 Einkünfte aus Kapitalvermögen (§ 20 EStG)

Die Einkünfte aus Kapitalvermögen i. S. d. § 20 EStG lassen sich im Wesentlichen nach

- laufenden Einkünften, wie z. B. Zinsen und Dividenden (§ 20 Abs. 1 EStG) und
- Veräußerungsgewinnen z. B. aus der Veräußerung von Wertpapieren (§ 20 Abs. 2 EStG)

unterteilen.[1]

MERKE

Nach § 11 Abs. 1 Satz 1 EStG sind Einnahmen innerhalb des Kalenderjahres bezogen, in dem sie dem Steuerpflichtigen zugeflossen sind. Das Jahr des tatsächlichen Zuflusses ist also für die Besteuerung entscheidend.

4.5.1 Laufende Einkünfte (§ 20 Abs. 1 EStG)

Unter § 20 Abs. 1 EStG sind eine Vielzahl von Einnahmen aufgeführt, die den laufenden Einkünften zugerechnet werden können. Die Wesentlichen davon sind:

- laufende Kapitalerträge (§ 20 Abs. 1 EStG),
- Gewinnausschüttungen (§ 20 Abs. 1 Nr. 1 EStG),
- Einnahmen aus **typisch** stillen Gesellschaften (§ 20 Abs. 1 Nr. 4 EStG),
- Zinsen aus Hypotheken, Grundschulden und Renten aus Rentenschulden (§ 20 Abs. 1 Nr. 5 EStG),
- Erträge aus Lebensversicherungen (§ 20 Abs. 1 Nr. 6 EStG),
- Erträge aus sonstigen Kapitalforderungen jeder Art (§ 20 Abs. 1 Nr. 7 EStG),

Wenn nach den Einkünften aus Kapitalvermögen gefragt ist, dann ist sowohl eine einbehaltene KapESt sowie ein einbehaltener SolZ nicht bspw. von einer Bruttodividende abzuziehen.

MERKE

Einkünfte aus Kapitalvermögen i. S. d. § 20 EStG liegen nicht vor, wenn die Kapitalerträge einer anderen Einkunftsart (z. B. Einkünfte aus Gewerbebetrieb gem. § 15 EStG) zuzurechnen sind. Die Anwendung des § 20 EStG erfolgt nachrangig.

1 Bzgl. Gewinnausschüttungen zwischen Kapitalgesellschaften i. S. d. § 8b EStG „Beteiligung an anderen Körperschaften und Personenvereinigungen" gilt die Steuerbefreiung von 95 % unter bestimmten Voraussetzungen, siehe Kap. IV.

AUFGABE

A, 48 Jahre alt, konfessionslos und wohnhaft in Kaufbeuren (Bayern) ist Anteilseigner an der S-GmbH. Er erhält für den Zeitraum 2023 am 20.05.2024 folgende Steuerbescheinigung:

Kapitalerträge	79.000,00 €
Kapitalertragsteuer	19.750,00 €
Soli	1.086,25 €

Wie hoch sind die Einkünfte aus Kapitalvermögen?

LÖSUNG

A erhält Einnahmen i. H.v. 79.000 € als Dividende aus der Ausschüttung der S-GmbH gem. § 20 Abs. 1 Nr. 1 EStG. Nach § 20 Abs. 9 Satz 1 EStG ist bei der Ermittlung der Einkünfte aus Kapitalvermögen als Werbungskosten ein Betrag von 1.000 € abzuziehen (Sparer-Pauschbetrag). Die Einkünfte aus Kapitalvermögen betragen somit 79.000 € - 1.000 € = 78.000 €.

MERKE

Bei Zusammenveranlagung ist gem. § 20 Abs. 9 Sätze 2 u. 3 EStG zu beachten: Ehegatten wird ein gemeinsamer Sparer-Pauschbetrag von 2.000 € gewährt. Der gemeinsame Sparer-Pauschbetrag ist bei der Einkunftsermittlung bei jedem Ehegatten je zur Hälfte abzuziehen; sind die Kapitalerträge eines Ehegatten niedriger als 1.000 €, so ist der anteilige Sparer-Pauschbetrag insoweit, als er die Kapitalerträge dieses Ehegatten übersteigt, bei dem anderen Ehegatten abzuziehen.

Verzinsung nach § 233a AO

Nach § 233a AO sind Steuernachforderungen und Steuererstattungen zu verzinsen. Im Hauptfall beginnt der Zinslauf 15 Monate nach Ablauf des Kalenderjahrs, in dem die Steuer entstanden ist. Wird die Steuerfestsetzung aufgehoben, geändert oder nach § 129 AO berichtigt, dann ist nach § 233a Abs. 5 Satz 1 AO eine bisherige Zinsfestsetzung zu ändern. Dementsprechend ist diese Änderung auch bei der Ermittlung der Kapitaleinkünfte zu berücksichtigen. Erstattungszinsen nach § 233a AO fallen unter die sonstigen Kapitalforderungen (§ 20 Abs. 1 Nr. 7 Satz 3 EStG). Zu beachten ist, dass Nachzahlungszinsen das steuerliche Einkommen nicht mindern (§ 12 Nr. 3 Halbsatz 2 EStG).

AUFGABE

A erhält im Jahr 2023 Zinsen zur Steuererstattung aus dem VAZ 2019 i. H.v. 350 €. Ebenfalls im Jahr 2023 wird der Steuerbescheid für 2019 zu Ungunsten des A korrigiert. A zahlt 150 € sofort an das Finanzamt zurück. Wie hoch sind die Einnahmen aus Kapitalvermögen für 2023?

LÖSUNG

Die Einnahmen aus Kapitalvermögen betragen für 2023 gem. § 20 Abs. 1 Nr. 7 Satz 3 EStG 350 € - 150 € = 200 €.

4.5.2 Veräußerungsgewinne (§ 20 Abs. 2 EStG)

Zu den Einkünften aus Kapitalvermögen gehören auch die Gewinne aus Anteilsveräußerungen. Den Hauptfall bildet der Gewinn aus der Veräußerung von Anteilen an einer Körperschaft i. S. d. § 20 Abs. 2 Nr. 1 EStG, also z. B. an einer AG, GmbH oder an einer Genossenschaft. Der Veräußerungsgewinn nach § 20 Abs. 4 EStG dient als Bemessungsgrundlage und lässt sich nach folgendem Schema berechnen:

Veräußerungspreis

- Veräußerungskosten (z. B. Verkaufsgebühren)

- Anschaffungskosten (inkl. Anschaffungsnebenkosten, wie z. B. Transaktionskosten)

= Veräußerungsgewinn/-verlust

AUFGABE

F erwirbt im Jahr 2023 50 Aktien der T-AG zu je 135,50 €/Stück. Das entspricht einem Anteil von 0,1 % am Grundkapital der T-AG. Es fielen beim Kauf 173,00 € als Transaktionskosten an. Am 20.12.2023 veräußerte er diese 50 Aktien für 160,15 €/Stück. Die Verkaufsgebühren betragen insgesamt 282,54 €. Wie hoch sind die Einnahmen aus Kapitalvermögen für 2023 gem. § 20 Abs. 2 Nr. 1, Abs. 4 EStG?

LÖSUNG

	Veräußerungspreis 50 Aktien · 160,15 € =	8.007,50 €
-	Veräußerungskosten	- 282,54 €
-	Anschaffungskosten 50 Stück · 135,50 + 179,00 €	- 6.948,00 €
=	Veräußerungsgewinn	776,96 €

4.5.3 Abgeltungsteuer

Seit dem Jahr 2009 unterliegen Kapitalerträge von **Privatpersonen** einem besonderen Steuersatz. Statt des Einkommensteuertarifs aus § 32a EStG wird eine 25%ige Abgeltungsteuer zuzüglich 5,5 % Solidaritätszuschlag sowie ggf. Kirchensteuer einbehalten. Wie der Name schon sagt, ist die Steuerschuld des Steuerpflichtigen für Kapitalerträge regelmäßig abgegolten. Eine Anrechnung der einbehaltenen Abgeltungsteuer wird bei der Veranlagung nicht vorgenommen.

Grundsätzlich fallen alle Kapitalerträge unter die Abgeltungsteuer. Im Wesentlichen sind das

- Zinsen auf Spareinlagen,
- Zinsen auf festverzinsliche Wertpapiere,
- Dividendenzahlungen,
- Gewinne aus der Veräußerung von privaten Kapitalanlagen.

Ausnahmen zur Abgeltungsteuer

Es gibt aber auch Ausnahmen zur Abgeltungsteuer im Rahmen von Kapitalerträgen. Wie oben beschrieben, gilt die Abgeltungsteuer nur für Privatpersonen. D.h. im Umkehrschluss, dass Kapitalerträge, die im Rahmen anderer Einkunftsarten (land- u. fortwirtschaftlich, freiberuflich, gewerblich, Vermietung und Verpachtung) anfallen, eben nicht der Abgeltungsteuer unterliegen.

Weitere wichtige Ausnahmen liegen vor, wenn

- Gläubiger und Schuldner eines Darlehens **nahestehende Personen** sind **und** die Zahlungen beim Schuldner Betriebsausgaben oder Werbungskosten sind,
- Gläubiger eines Darlehens **oder** eine ihm nahestehende Person zu mehr als 10 % beteiligt ist und die Zahlungen beim Schuldner Betriebsausgaben oder Werbungskosten sind,
- **verdeckte Gewinnausschüttungen** i. S. d. § 8 Abs. 3 KStG vorliegen, die das Einkommen der Körperschaft gemindert haben.

4.5.4 Abgrenzung zur Besteuerung nach § 17 EStG

Die Besteuerung der Einkünfte aus Kapitalvermögen nach § 20 EStG sind von der Besteuerung bei Veräußerung von Anteilen an Kapitalgesellschaften gem. § 17 EStG zu unterscheiden. Dabei sind zwei Fragen zu beantworten, ob § 20 EStG oder § 17 EStG anzuwenden ist:

1. Befindet sich die Beteiligung im Privatvermögen?
2. Wie hoch ist die Beteiligung?

Besteuerung eines Veräußerungsgewinns

Liegt der Fall vor, dass Anteile an einer Kapitalgesellschaft, die sich im Privatvermögen des Steuerpflichtigen befinden, verkauft werden **und** die Beteiligung **mindestens 1 %** beträgt, dann kommt es zum Teileinkünfteverfahren nach § 17 EStG. Denn gem. § 17 Abs. 1 Satz 1 EStG gehören zu den Einkünften aus Gewerbebetrieb auch der Gewinn aus der Veräußerung von Anteilen an einer Kapitalgesellschaft, wenn der Veräußerer innerhalb der letzten fünf Jahre am Kapital der Gesellschaft unmittelbar oder mittelbar zu mindestens 1 Prozent beteiligt war. Wenn jedoch der Anteil unter 1 % liegt und die Beteiligung sich im Privatvermögen befindet, dann unterliegt der Wertzuwachs (Gewinn aus der Veräußerung) der Abgeltungsteuer.

AUFGABE

Die Privatperson Y erwarb am 02.01.2021 10 % der Anteile an der X-GmbH für 5 Mio. €. Y hält die Beteiligung in ihrem steuerlichen Privatvermögen. Am 24.09.23 verkauft Y die gesamte Beteiligung an der X-GmbH für 7 Mio. €. Veräußerungskosten 30.000 €. Wie ist der Verkauf einkommensteuerlich zu beurteilen?

LÖSUNG

Da Y Anteile an einer Kapitalgesellschaft (X-GmbH) veräußert hat (Übertragung des (zumindest) wirtschaftlichen Eigentums von einer Person auf eine andere gegen Entgelt),

- an der er innerhalb der letzten 5 Jahre (vom 02.01.2021 bis 24.9.2023)
- zu mindestens 1 % beteiligt war

liegen Einkünfte aus Gewerbebetrieb nach § 17 EStG vor.

Der zu versteuernde Veräußerungsgewinn von Anteilen an Kapitalgesellschaften nach § 17 EStG ist der Betrag, um den der Veräußerungspreis nach Abzug der Veräußerungskosten die Anschaffungskosten übersteigt. Es kommt zum Teileinkünfteverfahren:

Demnach sind gem. § 3 Nr. 40 Buchst. c) EStG 40 % des Veräußerungspreises oder des gemeinen Werts i. S. d. § 17 Abs. 2 EStG steuerfrei. Hinsichtlich des Abzugsbetrags gilt gem. § 3c Abs. 2 Satz 1 EStG, dass Betriebsvermögensminderungen, Betriebsausgaben, Veräußerungskosten oder Werbungskosten, die mit den dem § 3 Nr. 40 EStG zugrunde liegenden Betriebsvermögensmehrungen oder Einnahmen oder mit Vergütungen nach § 3 Nr. 40a EStG in wirtschaftlichem Zusammenhang stehen, unabhängig davon, in welchem Veranlagungszeitraum die Betriebsvermögensmehrungen oder Einnahmen anfallen, bei der Ermittlung der Einkünfte nur zu 60 Prozent abgezogen werden dürfen. Also:

Veräußerungspreis	7.000.000 €	
davon 40 % steuerfrei, § 3 Nr. 40 c) EStG	- 2.800.000 €	
Rest		4.200.000 €
Abzgl. Veräußerungskosten	- 30.000 €	
davon 60 % v. 30.000 € abzugsfähig, § 3c Abs. 2 EStG		- 18.000 €
Abzgl. Anschaffungskosten	- 5.000.000 €	
davon 60 % abzugsfähig, § 3c Abs. 2 EStG		- 3.000.000 €
Ergibt Veräußerungsgewinn		**1.182.000 €**

Besteuerung einer Dividende

Sofern sich eine Beteiligung im **Privatvermögen** befindet, verläuft die Besteuerung einfach: unabhängig von der Höhe der Beteiligung unterliegt die Dividendenbesteuerung der Abgeltungsteuer von 25 % i. S. d. § 32d Abs. 1 EStG.[1]

Werden die Anteile im **Betriebsvermögen** gehalten **und** die Gesellschafter **natürliche Personen oder eine Personengesellschaft** sind, dann kommt es unabhängig von der Höhe der Beteiligung zum Teileinkünfteverfahren.

4.6 Einkünfte aus Vermietung und Verpachtung (§ 21 EStG)

Andere Einkunftsarten gehen vor

Nach § 21 Abs. 3 EStG sind die in § 21 Abs. 1 EStG aufgeführten Einkünfte anderen Einkunftsarten zuzurechnen, wenn sie zu diesen gehören. Das heißt fallen Vermietungsleistungen in den Bereich der Gewinneinkunftsarten der §§ 13, 15 oder 18 EStG an, dann liegen keine Einkünfte aus Vermietung und Verpachtung i. S. d. § 21 EStG vor.

AUFGABE

Im Betriebsvermögen des A befinden sich mehrere Werkswohnungen, die an seine Mitarbeiter vermietet werden. Er möchte diese Mitarbeiter dadurch näher an sein Unternehmen binden. Welche Einkunftsart liegt vor?

LÖSUNG

Die Werkswohnungen sind notwendiges Betriebsvermögen. Die Mieteinnahmen betreffen Einkünfte aus Gewerbebetrieb i. S. d. § 15 EStG.

Der einkommensteuerrechtliche Begriff der Vermietung und Verpachtung (im Folgenden vereinfachend als „Vermietung" bezeichnet) umfasst ausschließlich die Fälle, die in § 21 EStG aufgeführt sind. Dabei müssen sich die vermieteten Wirtschaftsgüter im Privatvermögen des Steuerpflichtigen befinden.

BEISPIEL

A vermietet an seinen Freund B für 500 € seinen privaten Pkw, damit dieser in den Urlaub fahren kann. Das Vermietungsobjekt befindet sich zwar im Privatvermögen des A, jedoch fällt die Vermietung des Pkw nicht unter die abschließende Aufzählung des § 21 EStG. Die Vermietung erfolgt für den A somit steuerfrei.

1 Im Falle einer Kirchensteuerpflicht kommt es zu einer Steuerermäßigung gem. § 32 d Abs. 1 Satz 3 EStG.

Unter die Einkunftsart Vermietung fallen gem. § 21 Abs. 1 Nr. 1 EStG die Vermietung von unbebauten und bebauten Grundstücken, Grundstücksteilen (einzelne Gebäude, Gebäudeteile, (Eigentums-)Wohnungen, einzelne Räume) und grundstücksgleichen Rechten (z. B. Erbbau-, Mineralgewinnungs- oder Fischereirechte. Neben der Vermietung von unbeweglichen Wirtschaftsgütern sieht § 21 Abs. 1 Nr. 2 EStG die Vermietung von sogenannten Sachinbegriffen vor. Damit gemeint ist eine Mehrheit beweglicher Sachen, die durch einen gemeinsamen wirtschaftlichen Zweck zu einer Einheit verbunden sind (z. B. die Wohnungseinrichtung einer möbliert vermieteten Wohnung).

4.6.1 Abschreibungen auf Anschaffungs- und Herstellungskosten

Die Berücksichtigung von Anschaffungskosten eines Mietobjekts sind nur im Rahmen der Abschreibung als Werbungskosten möglich. Damit die Abschreibung berechnet werden kann, sind zunächst die Anschaffungs- und Herstellungskosten des Gebäudes zu ermitteln, da diese die Bemessungsgrundlage für die Abschreibungen bilden.

Dabei müssen zwei Punkte beachtet werden:

- Welche Aufwendungen sind den Anschaffungs- und Herstellungskosten zuzuordnen?
- Welcher Anteil entfällt auf die Anschaffung von Grund und Boden?

MERKE

Grundstücke gehören zum nicht abnutzbaren Vermögen und dürfen bis auf wenige Ausnahmen nicht abgeschrieben werden.

TIPP

Bei der Ermittlung von Anschaffungskosten von Gebäuden sollte man in zwei Schritten vorgehen.

1. Schritt: Ermittlung der Anschaffungskosten des gesamten Grundstücks → 2. Schritt: Verteilung der Anschaffungskosten auf Gebäude und Grundstück

Zu den Anschaffungskosten gehören:

- Anschaffungspreis
- Anschaffungsnebenkosten
- nachträgliche Anschaffungskosten.

Anschaffungskosten

Ein wesentlicher Teil der Anschaffungskosten entfällt naturgemäß auf den Kaufpreis. Der Kaufpreis umfasst beim Verkauf bebauter Grundstücke häufig den Gebäudeteil und den Grund in einer Summe. Zur Berechnung der Bemessungsgrundlage für die Abschreibungen sind hier die Anschaffungskosten zwischen Gebäude und Grund zu trennen. Dabei ist nach BFH-Rechtsprechung der Kaufpreis nach dem Verhältnis der Verkehrswerte aufzuteilen. Im Übrigen kommt es nicht darauf an, ob der Kaufpreis zu hoch oder zu niedrig ausgefallen ist. Unter die Bemessungsgrundlage fällt der tatsächlich geleistete Kaufpreis. Auch übernommene Darlehen können Anschaffungskosten sein.

BEISPIEL

Vater V verkauft seine Eigentumswohnung an seine Tochter T. Als Kaufpreis wird vereinbart, dass T das Darlehen des V übernimmt, das V zur Finanzierung der Anschaffung der Wohnung aufgenommen hat. Die Darlehensschuld stellt Anschaffungskosten für T dar. Auf den Verkehrswert der Wohnung kommt es nicht an.

Dagegen stellen Zinsaufwendungen für ein Darlehen keine Anschaffungskosten dar. Sie sind als Werbungskosten abzugsfähig. Darlehenstilgungen sind weder bei den Anschaffungskosten noch bei den Werbungskosten zu berücksichtigen.

Anschaffungsnebenkosten

Typische Anschaffungsnebenkosten sind bspw. die Grunderwerbsteuer, Maklergebühren und Notarkosten. Diese sind anteilig auf die Anschaffungskosten von Gebäuden und Grundstücken aufzuteilen.

AUFGABE

A erwirbt ein bebautes Grundstück in der Absicht, dieses zu Wohnzwecken zu vermieten. Dabei fallen folgende Aufwendungen an:

Kaufpreis für Grundstück/Gebäude	400.000 €
Grunderwerbsteuer	24.000 €
Notarkosten	3.000 €

Der Verkehrswert des baufälligen Gebäudes beträgt 100.000 €. Wie hoch sind die Anschaffungskosten von Gebäude und Grund?

LÖSUNG

Maßstab sind die Verkehrswerte. 1/4 von den gesamten Anschaffungskosten von 427.000 € entfällt auf das Gebäude, also 106.750 €. Dagegen betragen die Anschaffungskosten für den Grund 320.250 €. Das entspricht einem Anteil von 3/4 der gesamten Anschaffungskosten.

Nachträgliche Anschaffungskosten

Nachträgliche Anschaffungskosten liegen dann vor, wenn die Aufwendungen mit der Anschaffung des Wirtschaftsgutes in einem unmittelbaren Zusammenhang stehen. Deshalb kommen nur solche Aufwendungen infrage, die als Anschaffungskosten zu sehen gewesen wären, wenn sie bereits im Zeitpunkt der Anschaffung bekannt gewesen wären. Typische Aufwendungen sind Erschließungsbeiträge für Erstanlage einer Straße, Erstanschluss an eine gemeindliche Kanalisation, Anschlusskosten an die Gas- und Stromversorgung.

Erschließungsbeiträge

Aber Achtung! Nachträgliche Anschaffungskosten, wie bspw. Erschließungsbeiträge, Kanalanschlussgebühren oder Straßenanliegerbeiträge, betreffen nicht das Gebäude, sondern sind Anschaffungskosten des Grundstücks.

Sonderfall: anschaffungsnahe Herstellungskosten

Eine Stolperfalle liegt in den sogenannten **anschaffungsnahen Herstellungskosten** im Rahmen des § 6 Abs. 1 Nr. 1a EStG. Demnach gehören zu den Herstellungskosten eines Gebäudes auch Aufwendungen für Instandsetzungs- und Modernisierungsmaßnahmen, die **innerhalb von drei Jahren** nach der Anschaffung des Gebäudes durchgeführt werden, wenn die Aufwendungen ohne die Umsatzsteuer **15 Prozent der Anschaffungskosten** des Gebäudes übersteigen. Zu diesen Aufwendungen gehören nicht die Aufwendungen für Erweiterungen sowie Aufwendungen für Erhaltungsarbeiten, die jährlich üblicherweise anfallen.

AUFGABE

Am 07.07.2020 (Übergang Nutzen, Lasten und Gefahr) erwirbt A ein bebautes Grundstück, um damit Einkünfte aus Vermietung i. S. d. § 21 Abs. 1 Nr. 1 EStG zu erzielen. Die Anschaffungskosten des Gebäudes betragen 400.000 €. Das Grundstück wird seit 2000 steuerfrei vermietet.

Nach dem Erwerb lässt A Modernisierungsmaßnahmen am Gebäude durchführen. Dabei ist eine Hebung des Gebäudestandards nicht geplant. Folgende Aufwendungen sind angefallen:

- Rechnung vom 25.10.2020 für Sanitärarbeiten: 17.000 € zzgl. 19 % USt 3.230 €
- Rechnung vom 21.05.2021 für Wärmedämmung: 12.000 € zzgl. 19 % USt 2.280 €
- Rechnung vom 01.11.2021 für Dacheindeckung: 15.500 € zzgl. 19 % USt 2.945 €
- Rechnung vom 23.01.2022 für Elektroinstallation 16.000 € zzgl. 19 % USt 3.040 €.

Wie sind die Modernisierungsmaßnahmen steuerlich zu berücksichtigen?

LÖSUNG

Nach § 6 Abs. 1 Nr. 1a EStG gilt: Herstellungskosten als Folge einer über den ursprünglichen Zustand hinausgehenden wesentlichen Verbesserung können vorliegen, wenn innerhalb von drei Jahren im Verhältnis zum Kaufpreis hohe Reparatur- oder Modernisierungsaufwendungen (15 %-Grenze) anfallen.

Die Aufwendungen im Kj. 2020 betragen 17.000 € zzgl. 19 % USt. Die 15 %-Grenze der Anschaffungskosten des Gebäudes i. H. v. 400.000 € = 60.000 € ist nicht erreicht.

Bei der Ermittlung der Einkünfte aus Vermietung für 2020 sind die Nettoaufwendungen i. H. v. 17.000 € nach § 9 Abs. 1 Satz 1 EStG als Werbungskosten zu berücksichtigen. Da die in Rechnung gestellte USt i. H. v. 3.230 € nach § 15 Abs. 2 Nr. 1 UStG nicht als Vorsteuer abgezogen werden darf, gehört dieser Betrag gem. § 9b Abs. 1 EStG zu den Aufwendungen und ist als Werbungskosten zu berücksichtigen.

Die Aufwendungen im Jahr 2021 (Dacheindeckung, Wärmedämmung) i. H. v. 27.500 € (ohne USt) stellen ebenfalls Erhaltungsaufwendungen dar. Die gesamten Erhaltungsaufwendungen i. H. v. von 44.500 € erreichen nicht die Grenze von 60.000 €. Wie für das Jahr 2020 liegen Werbungskosten vor.

Die Aufwendungen vom 23.01.2022 i. H. v. 16.000 € (netto) stellen eigentlich wieder Erhaltungsaufwendungen dar. Jedoch wird mit der erneuten Instandhaltung innerhalb von 3 Jahren mit 60.500 € die 15 %-Grenze (60.000 €) überschritten. Die Aufwendungen i. H. v. 60.500 € sind in den jeweiligen Jahren als Herstellungskosten anzusetzen. Das bedeutet, dass die bisher angesetzten Werbungskosten rückwirkend entfallen und die Einkünfte aus Vermietung korrigiert werden müssen (s. § 165 Abs. 2 AO). Stattdessen erhöhen sich für jedes Steuerjahr die Anschaffungskosten des Gebäudes und damit die Bemessungsgrundlage für die Abschreibungen. Die AfA beginnt am 07.07.2020.

4.6.2 Typische Werbungskosten

Zu den klausurtypischen Werbungskosten zählen insbesondere die **Abschreibungen** auf das Wohngebäude, allgemeine **Grundbesitzabgaben** und **sonstige Aufwendungen**, die der Vermieter getragen hat. Ein Sonderfall stellt noch die Anwendung des § 82b EStDV dar, wonach größere Erhaltungsaufwendungen auf einen Zeitraum von 2 bis 5 Jahren gleichmäßig verteilt werden dürfen.

MERKE

Vermietungsobjekte werden häufig durch eine Hausverwaltung verwaltet. In deren Abrechnung findet sich häufig die Position „Zuführung zur Instandhaltungsrücklage". Diese fällt nicht unter die Werbungskosten.

Abschreibungen

Zu den besonderen Schwierigkeiten bei der Ermittlung der Einkünfte aus Vermietung gehört die Bestimmung des zutreffenden Abschreibungssatzes. Die Abschreibungssätze von Gebäuden sind dem § 7 Abs. 4 bzw. Abs. 5 EStG zu entnehmen. Es handelt sich hier um durchaus komplexe Normen, es ist also unerlässlich, mit dem Gesetzbuch zu arbeiten. Aus der Nutzungsdauer wird der Abschreibungssatz abgeleitet. Wenn also die Nutzungsdauer 50 Jahre beträgt, beläuft sich der Abschreibungssatz auf 2 %. Die Hauptfälle der Abschreibungssätze lassen sich folgendermaßen zusammenfassen:

Fertigstellung nach dem 31. Dezember 2022	ND 33 Jahre	3 % p. a.	Linear
Fertigstellung vor dem 1. Januar 2023 und nach dem 31. Dezember 1924	ND 50 Jahre	2 % p. a.	Linear
Fertigstellung vor dem 1. Januar 1925	ND 40 Jahre	2,5 % p. a.	Linear
Ab 01.01.2006 darf kein Gebäude mehr degressiv abgeschrieben werden. Soweit das Gebäude also nach dem 31.12.2005 angeschafft oder aufgrund eines nach dem 31.12.2005 gestellten Bauantrags hergestellt wird, entfällt die degressive Abschreibung.		Staffelsätze nach § 7 Abs. 5 EStG	Degressiv

AUFGABE

A erwirbt zum 09.06.2018 eine Ferienwohnung, die bereits im Jahr 1919 erbaut worden ist, für 100.000 €. Wie hoch ist die ansetzbare Abschreibung bei den Einkünften aus Vermietung?

LÖSUNG

Die Ferienwohnung ist vor dem 01.01.1925 fertiggestellt worden. Nach § 7 Abs. 4 Nr. 2c EStG beträgt der Abschreibungssatz 2,5 % bzw. die Abschreibung 100.000 € · 2,5 % = 2.500 €.

Grundbesitzabgaben

Grundbesitzabgaben gehören unkritisch zu den Werbungskosten aus Vermietungsleistungen. Im Wesentlichen handelt es sich um Versicherungsbeiträge, Strom/Gas/Wasser, Grundsteuer oder Verwalterkosten.

Sonstige Aufwendungen

Zu den sonstigen Aufwendungen kommen eine Vielzahl von Aufwendungen infrage. Bspw. können Fahrtkosten durch den Vermieter zum Mietobjekt anfallen. Der Abzug von Kosten für Fahrten beschränkt sich auf die Entfernungspauschale, d. h. dem gültigen KM-Satz i. S. d. § 9 Abs. 1 Satz 3 Nr. 4 EStG. Es ist jedoch zu beachten, dass **nicht** die einfache Entfernung zum Vermietungsort anzusetzen ist, sondern die **tatsächlich** zurückgelegte Entfernung.

AUFGABE

A hat zum September 2020 eine Wohnung für 150.000 € zu Vermietungszwecken erworben. Vom Kaufpreis entfallen 11.000 € auf das Grundstück. Im November 2024 verkauft er die Wohnung an den D für 165.000 € (davon 12.000 € für das Grundstück). Vom 01.01. bis 31.10.2024 hat A die Wohnung für monatlich 800 € an den E vermietet. Um nach dem Rechten zu sehen, fährt A im Februar und August 2024 in die 30 km entfernte Wohnung. Die Notwendigkeit dieser Fahrten ist unstrittig. Weiterhin fallen laufende Kosten von 340 € pro Monat zu Lasten des A an. Wie hoch sind die Einkünfte aus Vermietung?

LÖSUNG

Ein möglicher zu versteuernder Gewinn aus der Veräußerung der Wohnung fällt nicht unter die Einkünfte aus Vermietung i. S. d. § 21 EStG. Einkünfte aus der Vermietung:

Mieteinnahmen 10 Monate à 800 €		+ 8.000 €
- Werbungskosten		
Laufende Kosten 10 Monate à 340 €	3.400 €	
AfA 2 % von 139.000 € = 2.780 €; davon entfallen für 10 Monate 2.780 € : 12 · 10 = 2.317 €	2.317 €	
Fahrtkosten 2 · 30 km · 2 Fahrten · 0,30 €/km (tatsächlich gefahrene Kilometer)	36 €	
Summe Werbungskosten		- 5.753 €
Einkünfte aus Vermietung		+ 2.247 €

GWG

Sofern **bewegliche** Gegenstände Bestandteil der Vermietung sind, ist die Abschreibung eigens zu berechnen. Häufig handelt es sich dabei um GWG wie z. B. Waschmaschinen. Nach § 6 Abs. 2 Satz 1 EStG können die Anschaffungskosten von **abnutzbaren beweglichen** Wirtschaftsgütern des Anlagevermögens, die einer **selbstständigen** Nutzung fähig sind, im Wirtschaftsjahr der Anschaffung in voller Höhe als Betriebsausgaben abgezogen werden, wenn die Anschaffungskosten, vermindert um einen darin enthaltenen Vorsteuerbetrag (§ 9b Abs. 1 EStG), für das einzelne Wirtschaftsgut **800 €** nicht übersteigen.

AUFGABE

C vermietet eine Ferienwohnung. Hierfür kauft er am 20.05.2023 eine Waschmaschine für 400 € inkl. Umsatzsteuer. C wünscht für 2023 einen möglichst hohen Ansatz seiner Werbungskosten. Liegt ein GWG vor? Wie hoch ist die Abschreibung für 2023?

LÖSUNG

Die Waschmaschine ist ein abnutzbarer beweglicher Gegenstand und selbstständig nutzbar. Sie ist damit ein GWG. Auf die unterjährige Anschaffung kommt es nicht an. Die Abschreibung ist in voller Höhe der Anschaffungskosten von 400 € anzusetzen.

Verteilung Erhaltungsaufwand, § 82b EStDV

Eine Besonderheit stellt die Verteilung von Erhaltungsaufwendungen dar. Nach § 82b Abs. 1 Satz 1 EStDV können **größere** Aufwendungen für die Erhaltung von Gebäuden im **Privatvermögen**, die im Zeitpunkt der Leistung **überwiegend Wohnzwecken** dienen, auf 2 bis 5 Jahre gleichmäßig verteilt werden.

TIPP

Eine Überprüfung der Anwendbarkeit des § 82b EStDV ist in der Klausur i. d. R. nicht notwendig. Ob überhaupt größere Aufwendungen im Sinne dieser Vorschrift vorliegen und in welcher Höhe bzw. über welchen Zeitraum diese zu verteilen sind, ergibt sich unstreitig aus dem Sachverhalt.

4.7 Sonstige Einkünfte (§§ 22, 23 EStG)

Zu den sonstigen Einkünften gehören im Wesentlichen Einkünfte aus wiederkehrenden Bezügen (vor allem Renten), aus Leistungen aus Altersvorsorgeverträgen und im Rahmen von Unterhaltsleistungen. Hinzu kommen Einkünfte aus privaten Veräußerungsgeschäften innerhalb von bestimmten Fristen.

4.7.1 Renten

Renten sind wiederkehrende Bezüge, die in gleichmäßigen Abständen und in gleicher Höhe auf eine Mindestlaufzeit oder auf Lebenszeit einer Person geleistet werden (vgl. EStH H 22.3). Aber nicht alle wiederkehrenden Bezüge gehören zu den sonstigen Einkünften i. S. d. § 22 EStG.

Abgrenzung Einkunftsart

Liegen nämlich wiederkehrende Bezüge, die aufgrund eines früheren Dienstverhältnisses gezahlt werden, vor, dann sind diese Einnahmen aus nichtselbstständiger Arbeit i. S. d. § 19 EStG. Die zwei wichtigsten Fälle sind die Betriebsrente oder die Beamtenpension. Wiederkehrende Bezüge sind also nur dann sonstige Einkünfte nach § 22 Nr. 1 EStG, wenn sie nicht aufgrund eines früheren Dienstverhältnisses ausbezahlt werden und nicht zu anderen Einkunftsarten gehören.

Steuerfreie Renten

Neben der Abgrenzung zu der richtigen Einkunftsart spielt auch die Bestimmung, ob Renten steuerpflichtig oder steuerfrei sind, eine große Rolle. Denn nicht alle Renten sind auch steuerpflichtig. So sind bspw.

- Berufsunfähigkeits- oder Erwerbsminderungsrenten aus der gesetzlichen Unfallversicherung (Berufsgenossenschaft; § 3 Nr. 1a EStG),
- Sachleistungen und Kinderzuschüsse aus der gesetzlichen Rentenversicherung (§ 3 Nr. 1b EStG),
- Renten, die an Wehrdienstbeschädigte oder Zivildienstbeschädigte oder deren Hinterbliebene gezahlt werden (Ausgleichszahlungen nach § 86 Bundesversorgungsgesetz; § 3 Nr. 6 EStG),

steuerfrei.

BEISPIEL

A erhält monatlich 300 € als Rente aus der gesetzlichen Unfallversicherung. Gemäß § 3 Nr. 1a EStG ist die Rente steuerfrei.

Gesetzliche Altersvorsorge

Zu den Einnahmen aus der gesetzlichen Altersvorsorge gehören gem. § 22 Nr 1 Satz 3 Buchst. a Doppelbuchst. aa EStG die Einnahmen aus den

- Gesetzlichen Rentenversicherungen
- Landwirtschaftlichen Altersklassen
- Berufsständischen Versorgungseinrichtungen
- Leibrentenversicherungen i. S. d. § 10 Abs. 1 Nr. 2 EStG („Rürup-Rente").

Gesetzliche Rente

Die gesetzliche Rente unterliegt seit dem Jahr 2005 der nachgelagerten Besteuerung. Dabei werden die entsprechenden Renten immer stärker besteuert. Ab dem Jahr 2005 werden die bislang ausbezahlten Renten mit 50 % besteuert. Der verbleibende Teil wird als Rentenfreibetrag für die gesamte Restlaufzeit der Rente festgeschrieben und unterliegt nicht der Besteuerung. Für neue Rentenjahrgänge wird der Besteuerungsanteil für die Jahre 2006 bis 2020 jährlich um 2 % angehoben. Für den Zeitraum 2021 bis 2040 steigt der Besteuerungssatz um 1 % pro Jahr (Gesetz aufschlagen! Der Besteuerungsanteil kann ohne Schwierigkeiten aus der Tabelle aus § 22 Nr. 1 Satz 3 Buchst. a Doppelbuchst. aa EStG abgelesen werden).

Für die Ermittlung der Einkünfte aus der gesetzlichen Rentenversicherung eignet sich folgendes Berechnungsschema:

	Position	Hinweis
+	Bruttorente Jahresbetrag	Inkl. der einbehaltenen Beiträge zur Kranken- u. Pflegeversicherung
-	Rentenfreibetrag	i. d. R. aus dem Sachverhalt zu entnehmen
=	Steuerpflichtige Teil der Rente	
-	Werbungskosten-Pauschbetrag, § 9a Nr. 3 EStG (= Ganzjahresbetrag auch im Jahr des Renteneintritts)	Prüfen, ob nicht höhere Werbungskosten anzusetzen sind. Z. B. für Rechts- oder Steuerberatung im Rahmen der Renteneinkünfte
=	Sonstige Einkünfte des Steuerpflichtigen	

AUFGABE

A ist seit dem 01.07.2020 Rentner und erhält 2.000 € aus der gesetzlichen Rentenversicherung im Monat. Seine monatliche Rente wurde zum 01.01.2021 um 50 € erhöht und zum 01.01.2022 um weitere 100 € pro Monat. Für das Jahr 2023 erfolgte keine Rentenanpassung. Nach Einbehalt der Beiträge für Kranken- und Pflegeversicherung erhält A für das Jahr 2023 eine monatliche Auszahlung i. H.v. 1.940 €. Wie hoch sind die sonstigen Einkünfte des A für 2023?

LÖSUNG

1. Schritt: Ermittlung des Rentenfreibetrags bzw. des steuerfreien Teils

Die Ermittlung des steuerfreien Teils ist i. d. R.in der Klausur nicht notwendig, sondern muss einfach dem Sachverhalt entnommen werden. Beispielhaft soll hier der steuerfreie Teil berechnet werden.

Einnahmen 2020	6 · 2.000 €	12.000 €
Davon steuerpflichtig 2020	Jahr des Rentenbeginns = 2020; steuerpflichtige Teil lt. Tabelle § 22 Nr. 1 Satz 3 Buchst. a Doppelbuchst. aa EStG = 80 %	9.600 €
Einnahmen 2021	12 · 2.050 €	24.600 €
Davon steuerpflichtig 2021	Übernahme aus dem Vorjahr: 80 %	19.680 €
Steuerfreier Betrag als festgeschriebener Wert	24.600 € - 19.680 €	4.920 €

2. Schritt: Ermittlung der Einkünfte

Einnahmen 2023	12 · 2.150 €		25.800 €
- steuerfreier Teil als festgeschriebener Wert (siehe oben)			- 4.920 €
- Werbungskosten-Pauschbetrag			- 102 €
Sonstige Einkünfte 2023			= 20.778 €

4.7.2 Einkünfte aus Unterhaltsleistungen (§ 22 Nr. 1a EStG)

Nach § 22 Nr. 1a EStG fallen unter die sonstigen Einkünfte auch die Einkünfte aus Leistungen und Zahlungen nach § 10 Abs. 1a EStG, soweit für diese die Voraussetzungen für den Sonderausgabenabzug beim Leistungs- oder Zahlungsverpflichteten nach § 10 Abs. 1a EStG erfüllt sind. Unter § 10 Abs. 1a Satz 1 Nr. 1 EStG fallen Unterhaltsleistungen an den geschiedenen oder dauernd getrennt lebenden unbeschränkt einkommensteuerpflichtigen Ehegatten, wenn der Geber dies mit Zustimmung des Empfängers beantragt, bis zu 13.805 € im Kalenderjahr. Es kommt zum sogenannten **Realsplitting**.

Jahresbetrag

Bei dem Höchstbetrag von 13.805 € handelt es sich um einen **Jahresbetrag**. Die Aufwendungen sind also auch dann bis zu 13.805 € abziehbar, wenn der Unterhalt nur für einen **Teil des Kalenderjahres** erbracht wird.

MERKE

Die Regelung des § 22 Nr. 1a EStG ist quasi ein **Spiegelbild** zu § 10 Abs. 1a Nr. 1 EStG, der den Abzug von Sonderausgaben für Beiträge des Unterhaltsverpflichteten bis zu 13.805 € zzgl. der in § 10 Abs. 1a Nr. 1 Satz 2 EStG aufgeführten Kranken- u. Pflegeversicherungsbeiträge jährlich zulässt. Die Unterhaltsleistungen werden beim Empfänger aber nur dann als sonstige Einkünfte erfasst, wenn der Unterhaltsleistende den Abzug als Sonderausgabe mit **Zustimmung des Empfängers** beantragt hat.

AUFGABE

Die Steuerpflichtige R erhält nach ihrer Ehescheidung von ihrem geschiedenen Ehemann seit dem 01.06.2024 pro Monat 650 € Unterhalt. Wie hoch sind die sonstigen Einkünfte der R?

LÖSUNG

7 Monate · 650 € = 4.550 €. Nach Abzug des Werbungskostenpauschbetrags von 102 € betragen die sonstigen Einkünfte 4.448 €.

4.7.3 Einkünfte aus privaten Veräußerungsgeschäften (§§ 22 Nr. 2, 23 EStG)

Allgemeines

Zu den sonstigen Einkünften gehören nach § 22 Nr. 2 EStG Einkünfte aus privaten Veräußerungsgeschäften i. S. d. § 23 EStG. Mit Besteuerung von Veräußerungsgewinnen sollen mit § 23 EStG Gewinne aus verhältnismäßig kurzfristigen Wertsteigerungen, die innerhalb der Veräußerungsfrist realisiert werden, erfasst werden. Die Veräußerungsfristen betragen:

- Für Grundstücke und grundstücksgleiche Rechte (z. B. das Erbbaurecht), gilt nach § 23 Abs. 1 Satz 1 Nr. 1 Satz 1 EStG eine steuerschädliche Veräußerungsfrist von 10 Jahren,
- Für andere Wirtschaftsgüter beträgt die Behaltefrist nach § 23 Abs. 1 Satz 1 Nr. 2 Satz 1 EStG grundsätzlich 1 Jahr.

MERKE

Die Besteuerung privater Veräußerungsgeschäfte bei Kapitalanlagen fällt **nicht** unter die Veräußerungsgewinne des § 23 EStG. Für diese gilt § 20 Abs. 2 EStG. Die Besteuerungstatbestände des § 23 EStG sind im Verhältnis zu den anderen Einkunftsarten nachrangig. Werden bspw. Wirtschaftsgüter, die zu einem Betriebsvermögen im Rahmen einer gewerblichen Tätigkeit i. S. d. § 15 EStG gehören, veräußert, sind die Veräußerungsgewinne stets dort zu erfassen.

Ermittlung des Gewinns oder Verlusts

Gemäß § 23 Abs. 3 Satz 1 EStG ergibt sich der Gewinn folgendermaßen:

Veräußerungspreis[1]	Der Veräußerungspreis umfasst die Gesamtheit aller Vorteile, die dem Veräußerer aus Anlass der Veräußerung, d. h. in unmittelbarem wirtschaftlichen Zusammenhang mit der Veräußerung zufließen. Es kommt auf den **tatsächlichen Zufluss** an, nicht auf den Zeitpunkt des Veräußerungsgeschäfts.
- Anschaffungs- oder Herstellungskosten	► Unter Anschaffung i. S. d. § 23 EStG ist der Erwerb eines Grundstücks, grundstücksgleichen Rechts oder anderen Wirtschaftsguts von einem Dritten gegen **Entgelt** zu verstehen. ► Das Entgelt kann dabei auch in einer geldwerten Gegenleistung bestehen. Es kommt also auch ein **Tausch** infrage. Bei einem Tausch bestimmen sich die Anschaffungskosten nach dem **gemeinen Wert** des hingegebenen Wirtschaftsguts. ► Der **unentgeltliche Erwerb** eines Wirtschaftsguts z. B. durch Erbschaft oder Schenkung ist keine Anschaffung.
- Werbungskosten	Werbungskosten sind grundsätzlich alle durch das Veräußerungsgeschäft veranlassten Aufwendungen. Das sind bspw. Kosten für Zeitungsinserate, Makler und Notar, Grundbucheintragungen.
= Veräußerungsgewinn	

Freigrenze

Nach § 23 Abs. 3 Satz 5 EStG bleiben Gewinne steuerfrei, wenn der aus den privaten Veräußerungsgeschäften erzielte Gesamtgewinn im Kalenderjahr weniger als 1.000 €[2] betragen hat.

AUFGABE

L hat im Jahr 2017 ein unbebautes Grundstück für 50.000 € angeschafft. Im Folgejahr kommt es zur Fertigstellung eines Zweifamilienhauses (2 Wohnteile), für das L 350.000 € aufgewendet hat. Beide Wohnteile sind baulich identisch (120 m² pro Wohnteil). Ein Wohnteil nutzt L zu eigenen Wohnzwecken, den anderen vermietet er. Im Jahr 2024 veräußert L das Grundstück für 600.000 €. Von dem Veräußerungserlös entfallen 450.000 € auf das Gebäude und 150.000 € auf den Grund und Boden. Wie hoch fällt der Veräußerungsgewinn aus?

LÖSUNG

Es liegt eine gemischte Nutzung des Hauses vor. Ein Veräußerungsgewinn entfällt nur auf den vermieteten Teil. Der Teil, der zu eigenen Wohnzwecke dient, ist steuerlich nicht zu erfassen.

	€	€
Grund und Boden:		
Veräußerungspreis	150.000	
Anschaffungskosten	50.000	
Gewinn Grund u. Boden		100.000
Gebäude:		
Veräußerungspreis	450.000	
Anschaffungskosten	350.000	
Gewinn Gebäude		100.000
Gesamtgewinn		200.000
Davon Anteil 50 % (120 m² zu 240 m² entspricht 50 %) für den vermieteten Teil		100.000

Der Veräußerungsgewinn beträgt 100.000 €. Die Freigrenze (nicht Freibetrag!) von 1.000 € ist überschritten.

1 Auf Veräußerungen gegen Leibrente wird hier nicht näher eingegangen.
2 Die Freigrenze von 1.000 € gilt ab 2024. Vormals betrug diese 600 €.

Verlustausgleich

Veräußerungsverluste können nur mit Veräußerungsgewinnen im gleichen Kalenderjahr ausgeglichen werden. Mit anderen Worten: Veräußerungsverluste dürfen nach § 23 Abs. 3 Satz 8 EStG nicht mit positiven Einkünften aus anderen Einkunftsarten ausgeglichen werden.

Vermittlungsleistungen

Freigrenze 256 €

Einkünfte aus gelegentlichen Vermittlungsleistungen können unter die Vorschrift des § 22 EStG fallen. Denn nach § 22 Nr. 3 EStG fallen Vermittlungsleistungen unter diese Einkünfte, wenn sie weder zu anderen Einkunftsarten noch zu den Einkünften i. S. d. § 22 Nr. 1, 1a, 2 oder 4 EStG zugeordnet werden können. Solche Einkünfte sind nicht einkommensteuerpflichtig, wenn sie weniger als 256 € im Kalenderjahr betragen haben.

AUFGABE

A sucht seit langer Zeit eine seltene Briefmarke. Für die Vermittlung des Kaufs dieser Briefmarke bezahlt er dem Privatmann C 500 €. Fällt diese Zahlung unter die sonstigen Einkünfte? Wenn ja, fällt Einkommensteuer an?

LÖSUNG

Es liegen Einkünfte aus einer gelegentlichen Vermittlung eines Kaufs eines beweglichen Gegenstands (Briefmarke) an. Es liegen sonstige Einkünfte i. S. d. § 22 Nr. 3 EStG vor. Die Freigrenze von 255,99 € ist überschritten, sodass der volle Betrag von 500 € unter die sonstigen Einkünfte fällt.

5. Berechnung des zu versteuernden Einkommens

Tipp: Übersichtstabellen der EStR 2 verwenden

In der Regel fallen alle Fragestellungen zur Einkommensteuer in die Übersichtstabelle der EStR R 2. Umfang der Besteuerung. Die Richtline enthält die Tabelle unter EStR R. 2 Abs. 1 Berechnung des zu versteuernden Einkommens:

1		Summe der Einkünfte aus den Einkunftsarten	Fundstellen
2	=	S. d. E.	
3	-	Altersentlastungsbetrag (§ 24a EStG)	Kap. I. 5.1
4	-	Entlastungsbetrag für Alleinerziehende (§ 24b EStG)	Kap. I. 5.2
5	-	Freibetrag für Land- und Forstwirte (§ 13 Abs. 3 EStG)	Kap. I. 4.1
6	-	Hinzurechnungsbetrag (§ 52 Abs. 3 Satz 5 EStG sowie § 8 Abs. 5 Satz 2 AIG)	
7	=	Gesamtbetrag der Einkünfte (§ 2 Abs. 3 EStG)	
8	-	Verlustabzug nach § 10d EStG	Kap. I. 5.3
9	-	Sonderausgaben (§§ 10, 10a, 10b, 10c EStG)	Kap. I. 5.4
10	-	außergewöhnliche Belastungen (§§ 33 bis 33b EStG)	Kap. I. 6
11	-	Steuerbegünstigung der zu Wohnzwecken genutzten Wohnungen, Gebäude und Baudenkmale sowie der schutzwürdigen Kulturgüter	
12	+	Erstattungsüberhänge (§ 10 Abs. 4b Satz 3 EStG)	
13	+	zuzurechnendes Einkommen gem. § 15 Abs. 1 AStG	
14	=	Einkommen (§ 2 Abs. 4 EStG)	
15	-	Freibeträge für Kinder (§§ 31, 32 Abs. 6 EStG)	Kap. I 7.5
16	-	Härteausgleich nach § 46 Abs. 3 EStG, § 70 EStDV	
17	=	Zu versteuerndes Einkommen (§ 2 Abs. 5 EStG)	

5.1 Altersentlastungsbetrag (§ 24a EStG)

Gemäß § 24a Satz 1 EStG ist der Altersentlastungsbetrag ein bis zu einem Höchstbetrag im Kalenderjahr nach einem Prozentsatz ermittelter Betrag des Arbeitslohns und der positiven Summe der Einkünfte, die nicht solche aus nichtselbständiger Arbeit sind. Er wird auf Einkünfte gewährt, die weder Versorgungsbezüge noch Leibrenten sind.

Beim Ansatz des Altersentlastungsbetrags sind zunächst die Voraussetzungen, im Anschluss daran die Bemessungsgrundlage und Höhe des Altersentlastungsbetrags zu prüfen bzw. zu ermitteln.

Voraussetzungen

Der Steuerpflichtige muss nach § 24a Satz 3 EStG vor dem Jahr, für das die Steuererklärung einzureichen ist, das 64. Lebensjahr vollendet haben. Wenn bspw. der Steuerpflichtige am 19.02.1952 geboren ist, dann vollendet er am 18.02.2016 sein 64. Lebensjahr. Ab dem VAZ 2017 kann der Steuerpflichtige also den Altersentlastungsbetrag ansetzen.

TIPP

Die Berechnung, ab welchem VAZ der Altersentlastungsbetrag anzusetzen ist, bereitet immer wieder Schwierigkeiten. Dabei ist die Rechnung einfach: Geburtsjahr + 64 + 1 = Jahr des VAZ. Vorsicht ist aber dann geboten, wenn der Steuerpflichtige an einem 01.01. geboren ist. Denn dann ist mit Ablauf des 31.12. des Vorjahres das 64. Lebensjahr bereits vollendet. Allgemein gilt: ein Steuerpflichtiger vollendet ein Lebensjahr mit Ablauf des Tages vor seinem Geburtstag (vgl. §§ 187 Abs. 2 Satz 2, 188 Abs. 2 BGB).

BEISPIEL

Die X ist am 01.01.1959 geboren. Sie erhält ab dem VAZ 2023 den Altersentlastungsbetrag, weil sie mit Ablauf des 31.12.2022 und damit vor Beginn des VAZ 2023 ihr 64. Lebensjahr vollendet hat.

Bemessungsgrundlage

Die Bemessungsgrundlage für den Altersentlastungsbetrag setzt sich gem. § 24a Satz 1 EStG aus dem Betrag des **Arbeitslohns** und der **positiven Summe der Einkünfte**, die nicht solche aus nichtselbständiger Arbeit sind.

MERKE

Nach dem Wortlaut des § 24a Satz 1 EStG wird der Arbeitslohn und die „positive Summe der anderen Einkünfte" getrennt ermittelt. D. h. ist die Summe der anderen Einkünfte negativ, dann werden diese einfach nicht berücksichtigt. Wenn also z. B. ein Arbeitnehmer nebenberuflich ein Gewerbe betreibt und dieses Verluste erwirtschaftet, dann steht ihm dennoch der volle Altersentlastungsbetrag zur Verfügung.

Nach § 24a Satz 2 EStG sind jedoch einige **Ausnahmen** zu berücksichtigen, die – vereinfacht ausgedrückt – mit der Versorgung zu tun haben. Schematisch lässt dich die Bemessungsgrundlage so darstellen:

Steuerpflichtiger Arbeitslohn (Erfassung der **Einnahmen**)	Positive Summe der Einkünfte, die **nicht** Einkünfte aus nichtselbstständiger Arbeit sind
Außer:	**Außer im Wesentlichen:**
Versorgungsbezüge i. S. d. § 19 Abs. 2 EStG (z. B. Versorgungsbezüge nach Beamtenrecht)	Leibrenten (§ 22 Nr. 1 Satz 3 Buchst. a EStG)
	Leistungen aus Altersvorsorgeverträgen etc. i. S. d. § 22 Nr. 5 Satz 1 EStG, soweit § 22 Nr. 5 Satz 11 EStG anzuwenden ist
	Berufsunfähigkeitsrenten etc. nach § 22 Nr. 5 Satz 2 Buchst. a EStG
Kapitalerträge, die der Abgeltungssteuer von 25 % unterliegen, sind ebenfalls nicht anzusetzen.	

Höhe

Nach § 24a Satz 5 EStG ist der maßgebende Prozentsatz und der Höchstbetrag des Altersentlastungsbetrags aus der nachstehenden Tabelle zu entnehmen. Es sind also zwei Prüfungsschritte notwendig. Zuerst ist der Altersentlastungsbetrag anhand des Prozentsatzes zu ermitteln. Im weiteren Schritt ist zu prüfen, ob die Höchstgrenze erreicht worden ist.

AUFGABE

A, geboren am 09.01.1949, betreibt eine Kfz-Werkstatt und seine Ehefrau B, geboren am 09.03.1951, ist Schriftstellerin. Sie beziehen im VAZ 2023 folgende Einkünfte (vor Ansatz von Werbungskosten-Pauschbeträgen):

	A	B
Gewinn aus selbstständiger Arbeit		5.500 €
Gewinn aus Gewerbebetrieb	9.000 €	
Verlust aus Vermietung	- 4.000 €	
Sonstige Einkünfte (Rente)	4.000 €	4.000 €

Wie hoch ist der Altersentlastungsbetrag?

LÖSUNG

	A		B	
Gewinn aus selbstständiger Arbeit				+ 5.500 €
Gewinn aus Gewerbebetrieb		+ 9.000 €		
Verlust aus Vermietungseinkünften		- 4.000 €		
Sonstige Einkünfte (Rente)	+ 4.000 €		+ 4.000 €	
- Werbungskosten-Pauschbetrag	- 102 €	+ 3.898 €	- 102 €	+ 3.898 €
Summe der Einkünfte		+ 8.989 €		+ 9.398 €
Aus der Tabelle nach § 24a EStG:				
A: 25,6 % v. 9.000 € - 4.000 €, höchstens 1.216 €		- 1.216 €		
B: 22,4 % v. 5.500 €, höchstens 1.064 €				- 1.064 €

MERKE

Voraussetzungen, Bemessungsgrundlagen und die Höhe des Altersentlastungsbetrags sind bei Ehegatten und Lebenspartnern immer getrennt zu prüfen, vgl. § 24a Satz 4 EStG.

5.2 Entlastungsbetrag für Alleinerziehende (§ 24b EStG)

Höhe des Entlastungsbetrags

Bei einem zu berücksichtigenden Kind beträgt der Entlastungsbetrag nach § 24b Abs. 2 EStG jährlich 4.260 € (seit 01.01.2023). Er erhöht sich für jedes weitere zu berücksichtigende Kind um je 240 €. Der Entlastungsbetrag wird **zeitanteilig** gekürzt, soweit eine der geforderten Voraussetzungen für einen vollen Monat nicht erfüllt ist. Wenn bspw. die Voraussetzungen des Entlastungsbetrags für Alleinerziehende erst zum 01.07.2024 vorliegen, beträgt der Entlastungsbetrag bei einem Kind 4.260 € : 12 Monate · 6 Monate = 2.130 €.

TIPP

Die Vorschrift des § 24b Abs. 2 EStG kann missverstanden werden. Der Entlastungsbetrag von 4.260 € gilt für ein Kind, das die Voraussetzungen für Anwendung des § 24b EStG erfüllt. Wenn ein weiteres Kind zu berücksichtigen ist, kommen lediglich 240 € hinzu, also nicht nochmals 4.260 € für das weitere Kind.

Voraussetzungen

Nach § 24b EStG müssen verschiedene Voraussetzungen erfüllt sein:

- Der Steuerpflichtige erfüllt nicht die Voraussetzungen für den Splittingtarif (z. B. alleinstehend nach einer Ehescheidung) erfüllt oder verwitwet ist und
- nicht mit einer anderen erwachsenen Person, mit Ausnahme z. B. von Kindern in Berufsausbildung, in einer Haushaltsgemeinschaft lebt und
- mindestens ein Kind in seinen Haushalt aufgenommen hat und ihm für dieses Kind das Kindergeld oder ein Kinderfreibetrag zusteht.

MERKE

Der Entlastungsbetrag wird nicht nur bis zum 18. Lebensjahr des Kindes gewährt, sondern auch darüber hinaus, solange ein Anspruch auf Kindergeld oder Kinderfreibetrag besteht.

AUFGABE

Die Steuerpflichtige Inge ist seit Jahren geschieden und lebt ohne Partner in einer Wohnung in Dresden. Aus der geschiedenen Ehe sind die Kinder Sven (geboren am 30.08.2008) und Werner (geboren am 05.05.2004) hervorgegangen. Sven lebt im Haushalt seiner Mutter und besucht in Dresden das Gymnasium. Werner hat unmittelbar nach seinem Abitur zum 01.09.2024 sein Studium der Betriebswirtschaft in Berlin aufgenommen. Er hat dort ein Zimmer angemietet. Werner ist für das gesamte Jahr 2024 als Hauptwohnsitz bei Inge angemeldet. Welcher Betrag ist als Entlastungsbetrag für Alleinerziehende für den VAZ 2024 zu berücksichtigen?

LÖSUNG

Sven hat im VAZ 2024 das 18. Lebensjahr nicht überschritten und gilt unstrittig als Kind i. S. d. § 24b EStG. Werner hat zwar das 18. Lebensjahr bereits überschritten, befindet sich jedoch in einer Ausbildung. Steuerlich ist er Kind i. S. d. § 32 Abs. 4 EStG und ist als Hauptwohnsitz bei Inge gemeldet. Beide Kinder sind also zu berücksichtigen. Der Entlastungsbetrag beläuft sich auf 4.260 € zzgl. 240 € = 4.500 €.

5.3 Verlustabzug (§ 10d EStG)

Horizontaler, vertikaler Verlustausgleich

Einkünfte können auch als negative Einkünfte, sprich Verluste, vorliegen. Bei der Ermittlung der Summe der Einkünfte nach § 2 Abs. 1 bis 3 EStG werden zunächst die positiven Einkünfte mit negativen Einkünften **derselben** Einkunftsart saldiert (horizontaler Verlustausgleich). Anschließend werden die Einkünfte verschiedener Einkunftsarten saldiert (vertikaler Verlustausgleich).

BEISPIEL

Gewinn aus Gewerbebetrieb (§ 15 Abs. 1 Nr. 1 EStG)	120.000 €	
Verlust aus Gewerbebetrieb (§ 15 Abs. 1 Nr. 2 EStG)	- 60.000 €	
Einkünfte aus Gewerbebetrieb nach horizontalem Verlustausgleich		60.000 €
Einkünfte aus nicht selbstständiger Arbeit (§ 19 Abs. 1 EStG)	45.000 €	
Verlust aus Vermietung (§ 21 EStG)	- 40.000 €	
Summe der Einkünfte nach vertikalem Verlustausgleich		**65.000 €**

Im obigen Beispiel war es möglich, die negativen Einkünfte auszugleichen. Verbleiben allerdings negative Einkünfte, sind Verluste nach § 10d EStG über das Jahr der Entstehung der Verluste hinaus zu berücksichtigen. Dies geschieht zum einen durch den Verlustrücktrag, zum anderen durch den Verlustvortrag. Eine Reihenfolge, ob Verlustrücktrag oder -vortrag sieht das Gesetz nicht vor. Der Steuerpflichtige hat **zwei Wahlmöglichkeiten**. Er kann entscheiden, ob er einen Verlust zurückträgt und wenn ja in welcher Höhe (vgl. § 10d Abs. 1 Satz 6 EStG).

MERKE

Die Anwendung von § 10d EStG ist für Verluste aus **Liebhaberei** nicht möglich, da diese Einkünfte nicht steuerbar sind. Ebenso ist bei Verlusten, die bei der Ermittlung der Einkünfte **außer Ansatz** bleiben (z. B. Einkünfte aus **Kapitalvermögen** nach § 20 EStG i. V. m. § 32d EStG) § 10d EStG nicht anwendbar.

Im § 10d EStG ist also die steuerliche Berücksichtigung von Verlusten geregelt.

Verlustrücktrag

Verlustrücktrag ergibt sich aus § 10d Abs. 1 Satz 1 EStG. Demnach gilt: Negative Einkünfte die bei der Ermittlung des Gesamtbetrags der Einkünfte nicht ausgeglichen werden, sind ab 2024 bis zu einem Betrag von 1.000.000 €, bei Ehegatten, die nach den §§ 26, 26b zusammenveranlagt werden, bis zu einem Betrag von 2.000.000 € vom Gesamtbetrag der Einkünfte des unmittelbar vorangegangenen Veranlagungszeitraums vorrangig vor Sonderausgaben, außergewöhnlichen Belastungen und sonstigen Abzugsbeträgen abzuziehen (**Verlustrücktrag**). Nach Satz 2 dieser Vorschrift sind negative Einkünfte vom Gesamtbetrag der Einkünfte des zweiten dem VAZ vorangegangen VAZ abzuziehen, soweit ein Ausgleich der negativen Einkünfte nach Satz 1 nicht möglich ist.

Die Höhe der Verlustrückträge hat in der Vergangenheit aufgrund der Corona-Pandemie stark variiert:

VAZ	Einzelveranlagung	Zusammenveranlagung
ab VAZ 2013	1 Mio. €	2 Mio. €
für VAZ 2020 bis 2023	10 Mio. €	20 Mio. €
ab VAZ 2024	1 Mio. €	2 Mio. €

BEISPIEL

F betreibt einen Schreibwarenladen. Im Geschäftsjahr 2024 erwirtschaftet er einen Verlust von 15.000 €. Im vorangegangenen Jahr 2023 wurde jedoch ein Gewinn von 52.000 € erwirtschaftet. Mit einem Verlustrücktrag wird der Verlust aus dem Jahr 2024 mit dem Gewinn aus dem Jahr 2023 gegengerechnet. Das Finanzamt ändert deshalb rückwirkend den Steuerbescheid für das Jahr 2023 und F erhält für 2023 eine Steuererstattung.

Verlustvortrag

Der Verlustvortrag wird im § 10d Abs. 2 Satz 1 EStG bestimmt. Demnach sind nicht ausgeglichene negative Einkünfte, die nicht nach § 10d Abs. 1 EStG abgezogen worden sind (also durch Verlustrücktrag), in den folgenden Veranlagungszeiträumen bis zu einem Gesamtbetrag der Einkünfte von 1 Mio. € unbeschränkt, darüber hinaus bis zu 60 Prozent [ab 01.01.2024: 70 Prozent; ab 01.01.2028: 60 Prozent] des 1 Mio. € übersteigenden Gesamtbetrags der Einkünfte vorrangig vor Sonderausgaben, außergewöhnlichen Belastungen und sonstigen Abzugsbeträgen abzuziehen (**Verlustvortrag**).

5.4 Sonderausgaben (§§ 10, 10a, 10b, 10c EStG)

Nach § 10 Abs. 1 EStG sind Aufwendungen dann Sonderausgaben, wenn sie weder Betriebsausgaben noch Werbungskosten sind oder wie Betriebsausgaben oder Werbungskosten behandelt werden. Da die steuerliche Behandlung von Sonderausgaben in jeder ESt-Prüfung zu Gast ist, wird diesem Thema ein entsprechend breiter Raum gewidmet. Zu beachten ist, dass Sonderausgaben voll abzugsfähig sein können (z. B. Kirchensteuer) oder eben nur teilweise (z. B. Schulgelder).

5.4.1 Altersvorsorgeaufwendungen

Zu den Altersvorsorgeaufwendungen i. S. d. § 10 Abs. 1 Nr. 2a EStG gehören die Beiträge

- zu den gesetzlichen Rentenversicherungen (Deutsche Rentenversicherung Bund, Deutsche Rentenversicherung Knappschaft-Bahn-See)
- zur landwirtschaftlichen Alterskasse
- zu berufsständischen Versorgungseinrichtungen, die den gesetzlichen Rentenversicherungen vergleichbare Leistungen erbringen
- Beiträge zugunsten einer zertifizierten Basisrente-Alter (sog. „Rürup"-Rente).

Gesetzliche Rentenversicherung

Die abzugsfähigen Sonderausgaben aufgrund von Beiträgen in die gesetzliche Rentenversicherung durch einen Arbeitnehmer lassen am besten mit Hilfe des folgenden Schemas berechnen:

(+) (-)	§§	Prüfung	Hinweis
+ AN-Beiträge zur gesetzlichen Rentenversicherung	§ 10 Abs. 1 Nr. 2 EStG		
+ steuerfreier AG-Zuschuss			Zu den abziehbaren Aufwendungen gehört auch der nach § 3 Nr. 62 EStG steuerfreie Arbeitgeberanteil.
= Zwischensumme			
	§ 10 Abs. 3 EStG	Überprüfung der Zwischensumme, ob der Höchstbetrag überschritten wurde	Vorsorgeaufwendungen nach § 10 Abs. 1 Nr. 2 EStG sind bis zu dem Höchstbeitrag zur knappschaftlichen Rentenversicherung zu berücksichtigen.
	§ 10 Abs. 3 Satz 6 EStG	Anteiliger Höchstbetrag aus der Zwischensumme, Steigerung ab 2013 jeweils um 2 %	Ab VAZ 2023 entfällt die Überprüfung des Höchstbetrags
- steuerfreier AG-Anteil			Wert von oben übernehmen
= abzugsfähige Sonderausgaben			

5.4.2 Sonstige Vorsorgeaufwendungen

Allgemein gilt, dass zum Abzug von Vorsorgeaufwendungen der Steuerpflichtige nur dann berechtigt ist, wenn er die Aufwendungen selbst geleistet hat und diese auf einer eigenen Verpflichtung des Steuerpflichtigen beruhen. Zahlungen zugunsten dritter Personen als Versicherungsnehmer sind daher grundsätzlich nicht als Sonderausgaben abziehbar.

BEISPIEL

Ein Vater übernimmt die Kosten der Kfz-Haftpflichtversicherung für seine Tochter, die sich noch in der Ausbildung befindet. Die Kfz-Versicherung läuft auf den Namen der Tochter.

Berechnungsschema der abziehbaren Sonderausgaben

Zu den typischen Klausuraufgaben gehört die Berechnung der Höhe der abziehbaren Sonderausgaben für einen vorgegebenen VAZ. Oftmals beinhaltet die Aufgabenstellung auch die Berücksichtigung bzw. Berechnung der Höchstbeträge. Die Höhe der Abziehbarkeit bei Altersvorsorgebeiträgen wurde bereits unter 5.4.1 besprochen. Wenn die Höhe der Abziehbarkeit von sonstigen Vorsorgeaufwendungen zu berechnen ist, empfiehlt sich folgender Ablauf:

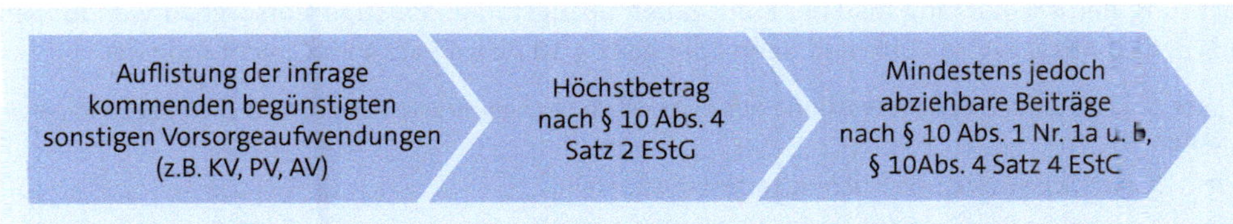

Auflistung begünstigter sonstiger Vorsorgeaufwendungen

Zu den als Sonderausgaben begünstigten sonstigen Vorsorgeaufwendungen i. S. d § 10 Abs. 1 Nr. 3, 3a, Abs. 4 EStG gehören:

- Beiträge zu Kranken- und Pflegeversicherungen (Vorsicht! Es ist zwischen den Beiträgen zugunsten einer Basiskranken- und einer darüber hinausgehenden Krankenversicherung zu unterscheiden),
- Beiträge zu Versicherungen gegen Arbeitslosigkeit,
- Beiträge zu selbstständigen Erwerbs- und Berufsunfähigkeitsversicherungen,
- Beiträge zu Unfall- und Haftpflichtversicherungen,
- Beiträge zu Risikolebensversicherungen, die nur für den Todesfall eine Leistung vorsehen.

Nicht begünstigte Vorsorgeaufwendungen

Typische Vorsorgeaufwendungen, die **nicht** abziehbar sind, sind bspw.:

- Rechtschutzversicherung (Sachversicherung),
- Hausratversicherung (Sachversicherung).

Auch wenn diese Aufwendungen als Sonderausgaben nicht infrage kommen, ist dies in der Aufgabenlösung kurz zu begründen!

Höchstbetrag

Nach § 10 Abs. 4 EStG dürfen Beiträge für die Basiskrankenversicherung und zur gesetzlichen Pflegeversicherung i. S. d. § 10 Abs. 1 Nr. 3 EStG sowie die sonstigen Vorsorgeaufwendungen i. S. d. § 10 Abs. 1 Nr. 3a EStG je Kalenderjahr insgesamt bis 2.800 € abgezogen werden. Der Betrag reduziert sich allerdings nach § 10 Abs. 4 Satz 2 EStG von 2.800 € auf 1.900 € bei Steuerpflichtigen, die ganz oder teilweise ohne eigene Aufwendungen einen Anspruch auf vollständige oder teilweise Erstattung oder Übernahme von Krankheitskosten haben oder für deren Krankenversicherung Leistungen im Sinne des § 3 Nr. 9, 14, 57 oder 62 EStG erbracht werden.

TIPP

Die Vorschrift des § 10 Abs. 4 EStG über die Höchstbeträge liest sich sehr kompliziert. In den StFA-Abschlussprüfungen wird im Regelfall der Höchstbetrag von 1.900 € im Zusammenhang mit sozialversicherungspflichtigen Arbeitnehmern angewandt. Der Höchstbetrag von 2.800 € tritt häufig im Bereich von Einkünften aus selbstständiger Arbeit oder aus Gewerbebetrieb auf.

Höchstbetrag bei Zusammenveranlagung

Werden Ehegatten oder Lebenspartner zusammenveranlagt wird

1. Zunächst für jede Person der zustehende Höchstbetrag berechnet.
2. Danach wird die Summe aus den beiden Höchstbeträgen ermittelt.
3. Die Summe bestimmt die Höhe der Aufwendungen, die durch die Ehegatten oder Lebenspartner insgesamt maximal abzuziehen ist.

Mindestbetrag

Nachdem nun im ersten Schritt die sonstigen Vorsorgeaufwendungen bestimmt worden sind und im zweiten Schritt der Höchstbetrag der Abzugsfähigkeit berechnet wurde, folgt nun der letzte Schritt der Berechnung. Nun ist der ansetzbare Mindestbetrag zu ermitteln. Hier wiederum muss unterschieden werden, ob Beiträge zur Basiskrankenversicherung und zur Pflegeversicherung vorliegen oder sonstige Vorsorgeaufwendungen (z. B. für eine Haftpflichtversicherung). Zu beachten ist wiederum, dass ansetzbare Beiträge zur gesetzlichen Krankenversicherung (Basiskrankenversicherung) um 4 % gekürzt werden müssen. Denn: hat der Steuerpflichtige in der gesetzlichen Krankenversicherung im Krankheitsfall einen Anspruch auf Krankengeld, ist der Beitragsanteil, der zur Finanzierung des Krankengelds dient, nicht der Basisabsicherung zuzurechnen. Deshalb wird der vom Steuerpflichtigen geleistete Beitrag pauschal um den für das Krankengeld aufgewendeten Beitragsanteil i. H. v. 4 % gekürzt.

Also: Sind die Aufwendungen für eine Basiskrankenversicherung und Pflegeversicherung größer als die Höchstbeträge von 2.800 € bzw. 1.900 €, dann sind diese in **voller Höhe** unter Beachtung der 4 %-Kürzung als Sonderausgaben abzugsfähig. Sonstige Vorsorgeaufwendungen i. S. d. § 10 Abs. 1 Nr. 3a EStG sind dann aber gem. § 10 Abs. 4 Satz 4 EStG nicht möglich.

AUFGABE

Y ist 28 Jahre alt und bezieht Einkünfte aus nichtselbstständiger Arbeit. Für den VAZ 2023 liegen folgende Daten vor:

► Gesetzliche Rentenversicherung (Arbeitgeberanteil)	5.000 €
► Gesetzliche Rentenversicherung (Arbeitnehmeranteil)	5.000 €
► Pflegeversicherung (Arbeitnehmeranteil)	1.250 €
► Gesetzliche Krankenversicherung (Arbeitnehmeranteil)	4.500 €
► Arbeitslosenversicherung (Arbeitnehmeranteil)	1.350 €
► Kfz-Haftpflichtversicherung	250 €

Der Höchstbetrag zur knappschaftlichen Rentenversicherung für 2023 beträgt 26.528 €. In welcher Höhe kann Y Sonderausgaben abziehen?

LÖSUNG

Altersvorsorgeaufwendungen (§ 10 Abs. 1 Nr. 2 und Abs. 3 EStG)

	AN-Anteil zur Rentenversicherung	5.000 €
+	steuerfreier AG-Anteil zur Rentenversicherung	5.000 €
=	Summe	10.000 €

Prüfung, ob die Summe von 10.000 € den Höchstbetrag zur knappschaftlichen Rentenversicherung (26.528 €) überschreitet. Es bleibt beim Ansatz von 10.000 €.

Ab VAZ 2023 entfällt die Berechnung des Höchstbetrags nach § 10 Abs. 3 Satz 6 EStG. Damit betragen die abziehbaren Sonderausgaben 10.000 € aus obiger Summe abzgl. des steuerfreien AG-Anteils (5.000 €) 5.000 €.

Sonstige Vorsorgeaufwendungen (§ 10 Abs. 1 Nr. 3, 3a und Abs. 4 EStG)

	Krankenversicherung AN-Anteil	4.500 €
	Pflegeversicherung AN-Anteil	1.250 €
	Arbeitslosenversicherung AN-Anteil	1.350 €
	Haftpflichtversicherung	250 €
=	Summe	7.350 €

A ist sozialversicherungspflichtiger Arbeitnehmer. Der Höchstbetrag der abziehbaren Aufwendungen beträgt gem. § 10 Abs. 4 Satz 2 EStG 1.900 €. Sofern die Summe aus den Beiträgen zur Krankenversicherung und Pflegeversicherung als abzugsfähige Basisversicherung den Wert von 1.900 € übersteigt, darf dieser Wert als Mindestbetrag angesetzt werden. Also:

Mindestens jedoch ansetzbare Beiträge (§ 10 Abs. 1 Nr. 1a und b, § 10 Abs. 4 Satz 4 EStG)

	Krankenversicherungsbeiträge AN-Anteil	4.500 €
-	4% pauschale Kürzung von 4.500 €	- 180 €
+	Pflegeversicherung AN-Anteil	1.250 €
=	abzugsfähige Basisversicherung	5.570 €

Insgesamt betragen die abziehbaren Vorsorgeaufwendungen also 5.000 € aus der Altersvorsorge und 5.570 € aufgrund sonstiger Vorsorgeaufwendungen, in Summe 10.570 €.

5.4.3 Weitere Sonderausgaben

Kirchensteuer

Die gezahlte Kirchensteuer ist im vollen Umfang (kein Höchstbetrag) gem. § 10 Abs. 1 Nr. 4 EStG als Sonderausgabe abzugsfähig. Sofern es unterjährig zu einer Erstattung von Kirchensteuer kam, ist der Erstattungsbetrag von den geleisteten Kirchensteuerzahlungen abzuziehen.

MERKE

Kirchensteuer ist von **Spenden an Religionsgemeinschaften** abzugrenzen. Freiwillige Zahlungen an eine Religionsgemeinschaft können nicht im Rahmen des § 10 Abs. 1 Nr. 4 EStG als Kirchensteuer abgezogen werden, sondern ggf. als Spendenabzug nach § 10b Abs. 1 EStG.

Spenden an politische Parteien (§ 10b Abs. 2 EStG)

Spenden an politische Parteien sind zunächst in Form einer Steuerermäßigung i. S. d. § 34g EStG zu berücksichtigen.[1] Danach sind bis zu 1.650 €, bei zusammenveranlagten Ehegatten bis zu 3.300 € begünstigt. Die Steuerermäßigung beträgt 50 % davon und wird von der Einkommensteuer abgezogen. Die Aufwendungen für Spenden an politische Parteien als Sonderausgaben sind nur insoweit abziehbar, als für sie keine Steuerermäßigung nach § 34g EStG zu gewähren ist. Der Abzug als Sonderausgabe unterliegt jedoch einer Beschränkung: Zuwendungen an politische Parteien sind gem. § 10b Abs. 2 EStG nur bis zu einem Betrag von **1.650 € für Nichtverheiratete** bzw. bis **3.300 € für zusammenveranlagte Eheleute** abzugsfähig.

BEISPIEL

Der ledige steuerpflichtige S spendet an eine politische Partei 6.000 €. Zunächst kann er 825 € als Steuerermäßigung von seiner tariflichen Einkommensteuer abziehen. Da nur 50 % der geleisteten Spende nach § 34g EStG abzugsfähig sind, „verbraucht" S Spenden von 1.650 €. Von der Zuwendung von 6.000 € bleiben also 6.000 € abzgl. 1.650 € = 4.350 € „übrig". Als Sonderausgabe kann S 1.650 € i. S. d. § 10b Abs. 2 EStG ansetzen. Es wurde also ein Spendenpotenzial von 2.700 € steuerlich nicht ausgeschöpft.

Spenden zur Förderung steuerbegünstigter Zwecke

Nach § 10b Abs. 1 EStG dürfen Zuwendungen (Spenden und Mitgliedsbeiträge) zur Förderung steuerbegünstigter Zwecke i. S. d. §§ 52 bis 54 der AO insgesamt bis zu

- 20 Prozent des Gesamtbetrags der Einkünfte oder
- 4 Promille der Summe der gesamten Umsätze und der im Kalenderjahr aufgewendeten Löhne und Gehälter

als Sonderausgaben abgezogen werden. Zu den steuerbegünstigten Zwecken gehören: die mildtätigen, kirchlichen, religiösen und wissenschaftliche Zwecke und die gemeinnützigen Zwecke.

MERKE

Übersteigen die Zuwendungen die Höchstbetragsgrenze oder können sie im VAZ der Zuwendung nicht berücksichtigt werden, so sind diese im Rahmen der Höchstbeträge **in den folgenden VAZ** zeitlich unbeschränkt als Sonderausgaben abziehbar.

Erste Berufsausbildung

Zu den als Sonderausgaben abziehbaren Kosten gehören mit Blick auf § 9 Abs. 6 EStG die Aufwendungen einer **ersten Berufsausbildung**. Obwohl diese Kosten regelmäßig in Verbindung mit einem angestrebten Beruf stehen, besteht hier ein gesetzliches Abzugsverbot bei den Werbungskosten. Nach § 10 Abs. 1 Nr. 7 EStG werden die Aufwendungen für die eigene Berufsausbildung aber nur bis zu **6.000 € im Kalenderjahr** berücksichtigt (das Erreichen der Höchstgrenze ist stets zu prüfen!).

Was ist unter einer ersten Berufsausbildung genau zu verstehen? Sie liegt nach § 9 Abs. 6 EStG nur dann vor, wenn eine geordnete Ausbildung mit einer Mindestdauer von 12 Monaten bei vollzeitiger Ausbildung auf der Grundlage von Rechts- oder Verwaltungsvorschriften oder internen Vorschriften eines Bildungsträgers durchgeführt wird und mit einer Abschlussprüfung endet. Ist eine Abschlussprüfung nach dem Ausbildungsplan nicht vorgesehen, gilt die Ausbildung mit der tatsächlichen planmäßigen Beendigung als abgeschlossen.

1 Siehe Kap. I 7.2.

MERKE

Nicht als Sonderausgaben, sondern unbegrenzt als Betriebsausgaben oder Werbungskosten abziehbar sind die Aufwendungen für eine zweite oder weitere Berufsausbildung (auch Umschulung) oder ein Zweit- oder Drittstudium und Aufwendungen für ein Erststudium nach einer abgeschlossenen Berufsausbildung. Voraussetzung ist, dass die Aufwendungen mit der künftigen Erzielung steuerpflichtiger Einnahmen in Verbindung stehen.

Realsplitting

Sofern ein Steuerpflichtiger Beiträge zugunsten des geschiedenen oder dauernd getrennt lebenden, unbeschränkt einkommensteuerpflichtigen Ehegatten aufwendet, kann er diese Beträge nach § 10 Abs. 1a Nr. 1 EStG bis zum Höchstbetrag von 13.805 € als Sonderausgaben (Realsplitting) geltend machen. Beiträge zu einer Basis-Kranken- oder Pflegeversicherung können zusätzlich zum Höchstbetrag von 13.805 € angesetzt werden.

Kinderbetreuungskosten

Nach § 10 Abs. 1 Nr. 5 EStG können als Sonderausgaben ab 2025 80 % (bis 31.12.2024: 2/3) der Aufwendungen, höchstens 4.800 € (bis 31.12.2024: 4.000 €) je Kind, für Dienstleistungen zur Betreuung eines zum Haushalt des Steuerpflichtigen gehörenden Kindes i. S. d. § 32 Abs. 1 EStG, welches das 14. Lebensjahr noch nicht vollendet hat oder wegen einer vor Vollendung des 25. Lebensjahres eingetretenen körperlichen, geistigen oder seelischen Behinderung außerstande ist, sich selbst zu unterhalten abgezogen werden.

MERKE

Nicht als Sonderausgabe kommen Aufwendungen für Unterricht, die Vermittlung besonderer Fähigkeiten sowie für sportliche und andere Freizeitbetätigungen infrage. Wenn bspw. die Eltern für ihre Tochter den Geigenunterreicht bezahlen, scheidet der Ansatz von Sonderausgaben aus.

Schulbeiträge

Von geleisteten Schulbeiträgen können 30 %, höchstens jedoch 5.000 € (Höchstbetrag prüfen!), die der Steuerpflichtige für ein Kind, für das er Anspruch auf einen Freibetrag nach § 32 Abs. 6 EStG oder auf Kindergeld hat, für dessen Besuch einer Schule in freier Trägerschaft oder einer überwiegend privat finanzierten Schule entrichtet, gem. § 10 Abs. 1 Nr. 9 EStG geltend gemacht werden.

MERKE

Aufwendungen für Beherbergung, Betreuung und Verpflegung eines Kindes i. S. d. § 10 Abs. 1 Nr. 9 EStG scheiden als Sonderausgaben aus.

---

6. Außergewöhnliche Belastungen

Außergewöhnliche Belastungen entstehen nach § 33 Abs. 1 EStG einem Steuerpflichtigen dann, wenn er zwangsläufig größere Aufwendungen als der überwiegenden Mehrzahl der Steuerpflichtigen gleicher Einkommensverhältnisse, gleicher Vermögensverhältnisse und gleichen Familienstands zu tragen hat. Steuerlich sind diese Aufwendungen nur dann zu berücksichtigen, wenn diese über der zumutbaren Belastung i. S. d. § 33 Abs. 3 EStG liegen. Neben den außergewöhnlichen Belastungen allgemeiner Art nach § 33 EStG gibt es außergewöhnliche Belastungen besonderer Art, die in den §§ 33a und 33b EStG geregelt werden.

MERKE

Außergewöhnliche Belastungen sind Teil der privaten Lebenshaltungskosten. Deshalb dürfen außergewöhnliche Belastungen nie zu den Betriebsausgaben, Werbungskosten und Sonderausgaben gehören. Außergewöhnliche Belastungen sind in aller Regel in dem Jahr steuerlich zu berücksichtigen, in dem die Aufwendungen geleistet worden sind (Abflussprinzip).

6.1 Außergewöhnliche Belastungen allgemeiner Art (§ 33 EStG)

In den folgenden zwei Unterschnitten werden die allgemeinen Fälle einer außergewöhnlichen Belastung von speziellen Fällen abgegrenzt.

6.1.1 Begriffe und Regelungen außergewöhnlicher Belastungen

Wichtig für das Vorliegen außergewöhnlicher Belastungen allgemeiner Art i. S. d. § 33 EStG sind insbesondere die Zwangsläufigkeit und die Außergewöhnlichkeit. Hier sieht das Gesetz eine Kürzung um die sog. zumutbare Belastung vor. Wenn bspw. ein sehr gut verdienender Arbeitnehmer Medikamente für sich besorgt, dann ist ihm nach § 33 Abs. 3 EStG der Aufwand zumutbar, d. h. in diesem Fall soll der Arbeitnehmer keine Steuererleichterung erfahren.

Voraussetzungen

Die Voraussetzungen für außergewöhnliche Belastungen der allgemeinen Art sind:

Voraussetzungen	Erläuterungen
Aufwendungen durch den Steuerpflichtigen	Dazu gehören Zahlungen in **Geld und Sachwerte**. Nicht dazu gehören **entgangene Einnahmen** (z. B. Verdienstausfall aufgrund eines Unfalls) oder **Vermögensverluste** (z. B. Wasser- und Brandschäden)
Außergewöhnlichkeit	Hierunter fallen größere Aufwendungen, als sie der **überwiegenden Mehrzahl** der Steuerpflichtigen gleicher Einkommensverhältnisse und gleichen Familienstands erwachsen.
Zwangsläufigkeit	Diese liegt vor, wenn sich der Steuerpflichtige den Aufwendungen aus rechtlichen, tatsächlichen oder sittlichen Gründen nicht entziehen kann.
Notwendigkeit und Angemessenheit der Aufwendungen	Die Aufwendungen durch den Steuerpflichtigen müssen der Höhe nach angemessen sein. Es gelten objektive Maßstäbe. Bspw. werden Unterhaltsleistungen dann nicht als außergewöhnliche Belastungen anerkannt, wenn der betroffene nahe Angehörige selbst für seinen Unterhalt sorgen kann. Auch wenn dieser womöglich nicht „luxuriös" ausfällt.

Zumutbare Belastung

Außergewöhnliche Belastungen fallen unter die private Lebensführung. Das führt nach sich, dass ein Teil dieser Belastung in Abhängigkeit von den eigenen Einkünften (ohne Einkünfte aus Kapitalvermögen) und Anzahl eigener Kinder, für die ein Anspruch auf Kinderfreibetrag oder Kindergeld besteht, zumutbar ist.

Nach § 33 Abs. 3 EStG berechnet sich die zumutbare Belastung **staffelweise**:

bei einem Gesamtbetrag der Einkünfte	bis 15.340 €	über 15.340 € bis 51.130 €	über 51.130 €
1. bei Steuerpflichtigen, die keine Kinder haben und bei denen die Einkommensteuer			
a) nach § 32a Abs. 1,	5	6	7
b) nach § 32a Abs. 5 oder 6 (Splitting-Verfahren)	4	5	6
zu berechnen ist;			
2. bei Steuerpflichtigen mit			
a) einem Kind oder zwei Kindern	2	3	4
b) drei oder mehr Kindern	1	1	2

6.1.2 Sonderfälle

Im Folgenden werden ausgewählte Einzelfälle kurz vorgestellt. Durch diese Einzelfälle soll beispielhaft sichtbar gemacht werden, wo die Abgrenzungskriterien zu außergewöhnlichen Belastungen liegen. Abgrenzungskriterien liegen im Verhältnis zu Sonderausgaben oder Werbungskosten (z. B. bei Fortbildungen) vor oder auch im Zusammenhang mit einer bestimmten persönlichen Lebenssituation (z. B. Ehescheidung, Krankheit).

Prozesskosten

Gemäß § 33 Abs. 2 Satz 4 EStG sind Prozesskosten nur noch abziehbar, wenn die Aufwendungen zur Sicherung der Existenzgrundlage oder der lebensnotwendigen Bedürfnisse erforderlich sind. Abziehbar sind demnach nur Aufwendungen zur Abwehr einer persönlichen Bedrohung, Aufwendungen zur Abwehr ungerechtfertigter ehrenrühriger Angriffe oder einer Strafverfolgung. Die Abzugsfähigkeit hängt vom Einzelfall ab und ist mitunter schwierig zu prüfen. Im Falle einer Ehescheidung sind bspw. die Kosten für die sog. Scheidungsfolgesachen (Vermögensauseinandersetzung, Unterhalt für Ehegatten und Kinder, Sorgerechtsregelung) nicht abziehbar, ebenso sind Prozesskosten im Rahmen eines Scheidungsverfahrens nicht ansetzbar. außer wenn die Existenzgrundlage und die lebensnotwendigen Bedürfnisse betroffen sind.

Baumaßnahmen

Die Aufwendungen für Baumaßnahmen in einer Mietwohnung, die durch Krankheit oder Behinderung veranlasst sind, können berücksichtigt werden. Darunter fallen z. B. Treppenschräglifte, da dieser ausschließlich der Nutzung durch einen Kranken oder Behinderten dient oder auch Rollstuhlrampen.

Privatschulbesuch/Internat

Aufwendungen von Unterhaltspflichtigen für den Privatschulbesuch eines Kindes werden grundsätzlich nicht als außergewöhnliche Belastungen anerkannt.

Studienkosten

Studiengebühren sind nicht als außergewöhnliche Belastung abziehbar. Die Kosten der Erstausbildung sind regelmäßig Sonderausgaben, Weiterbildungs-/Fortbildungskosten fallen i. d. R. unter Betriebsausgaben/Werbungskosten.

6.2 Außergewöhnliche Belastungen besonderer Art (§§ 33a, 33b EStG)

Unterschied: zumutbare Belastung

Bei den außergewöhnlichen Belastungen der allgemeinen Art nach § 33 EStG werden Aufwendungen nur insoweit berücksichtigt, als sie die zumutbare Belastung übersteigen (§ 33 Abs. 3 EStG). Außergewöhnliche Belastungen der besonderen Art i. S. d. §§ 33a und § 33b EStG sehen keine Kürzung um eine zumutbare Belastung vor.

6.2.1 Außergewöhnliche Belastung in besonderen Fällen (§ 33a EStG)

Es ist nicht einfach, sich die Vorschrift des § 33a EStG zu erschließen. Der grobe Aufbau dieser Vorschrift und dessen Inhalte gestalten sich folgendermaßen:

Regelung	Inhalt/Voraussetzungen
§ 33a Abs. 1 EStG	► Außergewöhnliche Belastungen aus Aufwendungen des Steuerpflichtigen für den Unterhalt oder die Berufsausbildung, die an eine **unterhaltsberechtigte Person** gezahlt werden. ► Sie sind nur möglich, sofern **kein Anspruch** auf einen Kinderfreibetrag gem. § 32 Abs. 6 EStG oder Kindergeld besteht und ► die unterhaltene Person über kein bzw. nur ein **geringes Vermögen** (= mittellos) verfügt,
§ 33a Abs. 2 EStG	Abzug von Aufwendungen als außergewöhnliche Belastung für ein in Ausbildung befindliches Kind, für das Anspruch auf einen Freibetrag nach § 32 Abs. 6 EStG oder Kindergeld besteht, das jedoch **auswärts** untergebracht ist. Der Steuerpflichtige kann einen **Freibetrag i. H. v. 1.200 € je Kalenderjahr** vom Gesamtbetrag in Anspruch nehmen.

MERKE

Für jeden vollen Kalendermonat, in dem die obigen Voraussetzungen nicht vorgelegen haben, ermäßigen sich die dort bezeichneten Beträge um je ein Zwölftel (§ 33a Abs. 3 Satz 1 EStG).

6.2.2 Pauschbeträge in Fällen von Menschen mit Behinderungen (§ 33b EStG)

Das EStG sieht im Rahmen von Menschen mit Behinderungen verschiedene Vergünstigungen vor. Es beinhaltet zusammenfassend:

- **§ 32 Abs. 4 Satz 1 Nr. 3 EStG:** Definition eines Kindes mit Behinderung. Dieses liegt dann vor, wenn es wegen körperlicher, geistiger oder seelischer Behinderung außerstande ist, sich selbst zu unterhalten. Voraussetzung ist, dass die Behinderung vor Vollendung des 25. Lebensjahres eingetreten ist.
- **§ 33 Abs. 2a EStG:** Sonderregelungen für behinderungsbedingte Fahrtkosten. Bei Menschen mit einem Grad der Behinderung von mindestens 80 oder mit einem Grad der Behinderung von mindestens 70 und dem Merkzeichen „G" beträgt die Pauschale 900 €. Bei Menschen mit dem Merkzeichen „aG", „Bl", „TBl" oder „H" beträgt die Pauschale 4.500 €.
- **§ 9 Abs. 2 Satz 3 EStG:** Regelungen zum besonderen Werbungskostenabzug von Kfz-Aufwendungen für Menschen mit Behinderung für die Fahrten zwischen Wohnung und erster Tätigkeitsstätte.
- **§ 3 Nr. 10 EStG:** Steuerfreie Einnahmen aus der Betreuung von Menschen mit Behinderung.

Im Folgenden soll auf die Pauschbeträge für Menschen mit Behinderungen, Hinterbliebene und Pflegepersonen gem. § 33b EStG näher eingegangen werden.

Pauschbetrag für einen Menschen mit Behinderung

Wahlrecht

Menschen mit Behinderungen können nach § 33b Abs. 1 Sätze 2 und 3 EStG anstelle einer Steuerermäßigung nach § 33 EStG einen **Pauschbetrag** geltend machen (Behinderten-Pauschbetrag). Dieses Wahlrecht kann für die genannten Aufwendungen im jeweiligen VAZ nur einheitlich ausgeübt werden.

Jahresbeträge

Pauschbeträge sind als Jahresbeträge zu verstehen, d. h. es erfolgt **keine monatsgenaue Ermittlung der Pauschbeträge**. Auch wenn die Voraussetzungen für einen Pauschbetrag erst während eines Jahres erfüllt sind, gilt dieser für das gesamte Jahr.

BEISPIEL

Das Versorgungsamt stellt den Grad der Behinderung auf der 01.06.2024 auf 50 fest. Für das gesamte Jahr 2024 ist ein Pauschbetrag von 1.140 € zu gewähren.

Tabellenwerte

Für die Inanspruchnahme eines Pauschbetrags muss der Grad der Behinderung **mindestens bei 20** liegen. Die Pauschbeträge in Abhängigkeit vom Grad der Behinderung sind aus der Tabelle unter § 33b Abs. 3 Satz 2 EStG zu entnehmen. Liegt der Grad der Behinderung bspw. bei 40, so beträgt der Pauschbetrag 860 €.

MERKE

Für Menschen, die ständig so hilflos sind, dass sie für eine Reihe von regelmäßig wiederkehrenden Verrichtungen zur Sicherung ihrer persönlichen Existenz im Ablauf eines jeden Tages fremder Hilfe dauernd bedürfen, gilt der erhöhte Pauschbetrag von 7.400 €, siehe § 33b Abs. 3 Sätze 3 und 4 EStG.

Pauschbetrag für einen Hinterbliebenen, der Hinterbliebenenbezüge erhält

Voraussetzung Hinterbliebenenbezüge

Nach § 33b Abs. 4 Satz 1 EStG erhalten Personen, denen laufende Hinterbliebenenbezüge bewilligt worden sind, auf Antrag einen Pauschbetrag von 370 € (Hinterbliebenen-Pauschbetrag).

Pauschbetrag für Pflegeleistungen ohne Einnahmen hierfür

Es besteht die Möglichkeit, dass ein Steuerpflichtiger einen Pflegepauschbetrag nach § 33b Abs. 6 EStG in Anspruch nehmen kann. Entstehen außergewöhnliche Belastungen, die einem Steuerpflichtigen durch die Pflege einer Person erwachsen, kann er anstelle einer Steuerermäßigung nach § 33 EStG einen Pauschbetrag geltend machen. Daran geknüpft sind allerdings einige Voraussetzungen:

Voraussetzungen	Erläuterungen
Sittliche Verpflichtung zur Pflege	Eine sittliche Verpflichtung kann bei der Pflege von Angehörigen i. S. d. § 15 AO i. d. R. angenommen werden. Bei anderen Personen kommt eine sittliche Verpflichtung infrage, wenn eine enge persönliche Beziehung zu der gepflegten Person besteht.

Der Steuerpflichtige darf für die Pflege keine Einnahmen erzielen.	Der Begriff der „Einnahmen" richtet sich nach § 8 EStG. Schädlich sind Einnahmen dann, wenn diese der Pflegeperson im Zusammenhang mit der Pflege zufließen, darunter fällt auch ein Aufwendungsersatz. Selbst geringe Einnahmen schließen die Inanspruchnahme des Pflegepauschbetrags aus.
Nachweis des Pflegegrads und der Hilflosigkeit	Der Pflegegrad ist nach § 65 Abs. 2a EStDV, die Hilflosigkeit nach § 65 Abs. 2 EStDV nachzuweisen.

Nach § 33b Abs. 6 Satz 3 EStG werden in Abhängigkeit vom Pflegegrad folgende Pauschbeträge gewährt:

bei Pflegegrad 2	600 €
bei Pflegegrad 3	1.100 €
bei Pflegegrad 4 oder 5	1.800 €

AUFGABE

Der Steuerpflichtige W ist ledig und kinderlos. Der Gesamtbetrag der Einkünfte für den VAZ 2024 beträgt 76.441 €. Zur Unterstützung seines verwitweten, schwer kranken Vaters V überweist W jeden Monat 300 € an V. Aus der gesetzlichen Rentenversicherung bezieht V eine Monatsrente von 1.000 €. Für Kranken- und Pflegeversicherung sind monatlich 120 € aufzubringen. Ansonsten ist V vermögenslos. V bezieht seit 2022 Altersruhegeld i. H. v. 950 €. Für 2023 wurde dieses auf 970 € angehoben.

W hat für Medikamente 600 € aufgewendet, die für den eigenen Bedarf bestimmt waren.

W musste sich einer aufwändigen Zahnbehandlung unterziehen. Dafür überwies er an den Zahnarzt 9.500 €. Die gesetzliche Krankenkasse übernahm davon 650 €. Die abzugsfähigen außergewöhnlichen Belastungen sind zu ermitteln.

LÖSUNG

Allgemeine außergewöhnliche Belastungen				
	Zahnbehandlung: 9.500 € - 650 € (Erstattung) = 8.850 €		8.850 €	
	Medikamente		600 €	
-	zumutbare Belastung:			
	5 % von 15.340 € = 767 €	767 €		
	6 % von 51.130 € - 15.340 € = 35.790 € = 2.147 €	2.147 €		
	7 % von 25.311 € (= 76.441 € - 35.790 € - 15.340 €) = 1.772 €	1.772 €		
-	Summe der zumutbaren Belastung	4.686 €	- 4.686 €	
=	Summe der allgemeinen außergewöhnlichen Belastungen			4.764 €
Außergewöhnliche Belastungen in besonderen Fällen				
	Unterstützungshöchstbetrag ist nach § 33a Abs. 1 Satz 1 EStG der Grundfreibetrag i. S. d. § 32a Abs. 1 Satz 2 Nr. 1 EStG. Für 2024 beträgt dieser 11.604 €.		11.604 €	
+	Erhöhungsbetrag für Kranken- und Pflegeversicherung: 12 Monate · 120 € = 1.440 €		+ 1.440 €	
	Zwischensumme Höchstbetrag		13.044 €	
	Eigene Einkünfte des V:			
	Leibrente 12 Monate · 1.000 € = 12.000 €	12.000 €		
-	Rentenfreibetrag: 18 % von (12 Monate · 970 € = 11.640 €) 11.640 € = 2.096 €	- 2.096 €		

-	Werbungskostenpauschale	- 102 €		
=	eigene Bezüge		9.802 €	
	Steuerfreie Teil der gesetzlichen Rente	+ 2.096 €		
-	Kostenpauschale 180 €	- 180 €		
			1.916 €	
	Summe Einkünfte und Bezüge		11.718 €	
	Anrechnungsfrei nach § 33a Abs. 1 Satz 5 EStG: 624 €		- 624 €	
			- 11.094 €	
	Ergibt gekürzter Unterstützungs-höchstbetrag (Aufwendungen des W: 12 Monate · 300 € = 3.600 €		1.950 €	1.950 €
	Summe der außergewöhnlichen Belastungen			6.714 €

7. Ermittlung der festzusetzenden Einkommensteuer

Gemäß R. 2 Abs. 2 EStR ist die festzusetzende Einkommensteuer nach folgendem Schema zu ermitteln:

				Fundstelle
1			Steuerbetrag	
		a)	nach § 32a Abs. 1, 5, § 50 Abs. 1 Satz 2 EStG oder	
		b)	nach dem bei Anwendung des Progressionsvorbehalts (§ 32b EStG) oder der Steuersatzbegrenzung sich ergebenden Steuersatz	Kap. I. 4.4.1 3
2	+	Steuer auf Grund Berechnung nach den §§ 34, 34b EStG		
3	+	Steuer auf Grund der Berechnung nach § 34a Abs. 1, 4 bis 6 EStG		
4	=	tarifliche Einkommensteuer (§ 32a Abs. 1, 5 EStG)		
5	-	Minderungsbetrag nach Punkt 11 Ziffer 2 des Schlussprotokolls zu Artikel 23 DBA Belgien in der durch Artikel 2 des Zusatzabkommens vom 5.11.2002 geänderten Fassung		
6	-	ausländische Steuern nach § 34c Abs. 1 und 6 EStG, § 12 AStG		
7	-	Steuerermäßigung nach § 35 EStG		Kap. I. 7.1
8	-	Steuerermäßigung für Stpfl. mit Kindern bei Inanspruchnahme erhöhter Absetzungen für Wohngebäude oder der Steuerbegünstigungen für eigengenutztes Wohneigentum (§ 34f Abs. 1 und 2 EStG)		
9	-	Steuerermäßigung bei Zuwendungen an politische Parteien und unabhängige Wählervereinigungen (§ 34g EStG)		Kap. I. 7.2
10	-	Steuerermäßigung nach § 34f Abs. 3 EStG		
11	-	Steuerermäßigung nach § 35a EStG		Kap. I. 7.3
12	-	*Ermäßigung bei Belastung mit Erbschaftsteuer (§ 35b EStG)*		
13	+	*Steuer auf Grund Berechnung nach § 32d Abs. 3 und 4 EStG*		
14	+	Steuern nach § 34c Abs. 5 EStG		
15	+	Nachsteuer nach § 10 Abs. 5 EStG i. V. m. § 30 EStDV		
16	+	Zuschlag nach § 3 Abs. 4 Satz 2 Forstschäden-Ausgleichsgesetz		
17	+	Anspruch auf Zulage für Altersvorsorge, *wenn Beiträge als Sonderausgaben abgezogen worden sind* (§ 10a Abs. 2 EStG)		

18	+	Anspruch auf Kindergeld oder vergleichbare Leistungen, soweit in den Fällen des § 31 EStG das Einkommen um Freibeträge für Kinder gemindert wurde	Kap. I. 7.5
19	=	festzusetzende Einkommensteuer (§ 2 Abs. 6 EStG)	

7.1 Steuerermäßigung durch GewSt-Messbetrag (§ 35 EStG)

Für Einzelunternehmer und Gesellschafter von Personengesellschaften ermäßigt sich deren Einkommensteuer bei Einkünften aus Gewerbebetrieb durch Anrechnung der Gewerbe- auf die Einkommensteuer. Die Ermäßigung kommt auch für persönlich haftende Gesellschafter von KGaA und atypisch stille Gesellschafter, die Einkünfte aus Gewerbebetrieb erzielen, infrage. Die tarifliche Einkommensteuer verringert sich um das 4-Fache des Gewerbesteuer-Messbetrags (ab VAZ 2020, bis VAZ 2019 um das 3,8-Fache). Es wird also nicht die tatsächlich gezahlte Gewerbesteuer von der Einkommensteuer abgezogen, sondern höchstens das 4-Fache des GewSt-Messbetrags. Der GewSt-Messbetrag ist der Betrag, der sich nach Anwendung der Steuermesszahl nach § 11 Abs. 1 GewStG auf den um den Freibetrag gekürzten, abgerundeten Gewerbeertrag ergibt.[1]

Im „Ranking“ der Steuerermäßigungen hat der Abzug nach § 35 EStG **Vorrang** vor:

- Dem Baukindergeld nach § 34f EStG
- dem Abzug von Parteispenden nach § 34g EStG
- der Steuerermäßigung für haushaltsnahe Beschäftigungsverhältnisse und Dienstleistungen nach § 35a EStG
- der Steuerermäßigung für energetische Maßnahmen an selbstbewohnten Gebäuden nach § 35c EStG.

Prüfschritte

Der Abzug des 4-Fachen des GewSt-Messbetrags ist ohne weitere Prüfschritte allerdings nicht möglich (die Prüfschritte gehören auf das Lösungsblatt!):

- Der Abzug wird nur dann und bis zu einer bestimmten Höhe gewährt, wie das zu versteuernde Einkommen gewerbliche Einkünfte enthält und darauf Einkommensteuer entfällt (Ermäßigungshöchstbetrag).
- Die Steuerermäßigung darf höchsten die tatsächlich zu zahlende Gewerbesteuer betragen.

BEISPIEL

Berechnung der Gewerbe- und Einkommensteuer:

B ist konfessionsloser und lediger Einzelhändler mit Sitz in Herne. Im VAZ 2023 hat er einen Gewinn vor Steuern von 112.780 € erzielt. Kürzungen und Hinzurechnungen i. S. d. §§ 8, 9 GewStG sind nicht angefallen. Der Gewerbeertrag vor Abzug des Freibetrags beträgt deshalb unverändert 112.780 €. Der Gewerbesteuer-Hebesatz für Herne beträgt 500 %. B hat anzuerkennende Sonderausgaben von 5.000 €.

a)	Berechnung der Gewerbesteuer	
	Gewinn	112.780 €
-	Freibetrag	- 24.500 €
-	Abrundung gem. § 11 Abs. 1 Satz 3 GewStG	- 80 €
	Gewerbeertrag	88.200 €
·	Steuermesszahl (3,5 %) · 0,035 = GewSt-Messbetrag	3.087 €
·	GewSt-Hebesatz (500 %) · 5,00 = GewSt	15.435 €
b)	Berechnung der Einkommensteuer	
	Einkünfte aus Gewerbebetrieb (= Summe der Einkünfte)	112.780 €
-	Sonderausgaben	- 5.000 €
	zu versteuerndes Einkommen	107.780 €
	Einkommensteuer (ledig, keine Kirchensteuer)	35.295 €
-	4,0-facher GewSt-Messbetrag (4,0 · 3.087 €)	12.348 €
	festzusetzende Einkommensteuer	22.947 €

1 Vgl. Kap. III Gewerbesteuer Nr. 5.3.

Die Gesamtsteuerbelastung beläuft sich im VAZ 2023 auf 38.382 € (15.435 € + 22.947 €). Maximal darf nur die tatsächlich gezahlte GewSt angesetzt werden, hier also 15.437 €. Es bleibt bei der Kürzung von 12.348 €.

Liegen **mehrere** Gewerbebetriebe vor, ist der GewSt-Messbetrag für jeden Gewerbebetrieb gesondert zu ermitteln.

BEISPIEL

Gewerbesteuer-Anrechnung bei mehreren Betrieben:

Ein Einzelunternehmer betreibt 2 selbstständige Einzelunternehmen. Das eine liegt in A-Stadt (Hebesatz 350 %), das andere in der B-Stadt (Hebesatz 420 %). Nach Abzug des Freibetrags weist der Betrieb in A-Stadt im Jahr 2024 einen Gewerbeertrag von 80.000 €, der Betrieb in B-Stadt einen Gewerbeertrag von 120.000 € aus.

	Betrieb A-Stadt	Betrieb B-Stadt
Gewerbeertrag	80.000 €	120.000 €
· Steuermesszahl (3,5 %) = GewSt-Messbetrag	2.800 €	4.200 €
· GewSt-Hebesatz	350 %	420 %
= GewSt-Aufwand	9.800 €	17.640 €
- 4,0-facher GewSt-Messbetrag	11.200 €	16.800 €
Unterschiedsbetrag GewSt-Aufwand - 4,0-facher GewSt-Messbetrag	- 1.400 €	+ 840 €

In beiden Fällen kann der 4,0-fache GewSt-Messbetrag, höchstens aber der tatsächliche GewSt-Aufwand, auf die Einkommensteuer angerechnet werden. Folglich wird die Gewerbesteuer für die A-Stadt von 9.800 € voll berücksichtigt, ohne das 4,0-Fache des Messbetrags auszuschöpfen. Bei der Gewerbesteuer für die B-Stadt ist die Anrechnung auf 16.800 € beschränkt, 840 € Gewerbesteuer wirken sich nicht aus.

7.2 Steuerermäßigung aus Zuwendung politische Parteien (§ 34g EStG)

Spenden an politische Parteien dürfen weder Betriebsausgaben sein (siehe § 4 Abs. 6 EStG) noch fallen diese unter die Werbungskosten (§ 9 Abs. 5 EStG i. V. m. § 4 Abs. 6 EStG). Eine Berücksichtigung von Spenden an politische Parteien ist allerdings im Rahmen einer Steuerermäßigung nach § 34g EStG und als Spende für steuerbegünstigte Zwecke gem. § 10b Abs. 2 EStG möglich.

MERKE

Spenden an Parteien sind nach §§ 34g EStG und 10b EStG einkommensteuerlich begünstigt. Die Anwendung von § 34g EStG ist gegenüber § 10b Abs. 2 EStG vorrangig.

Steuerermäßigung nach § 34g EStG

Einzelveranlagung

Von der tariflichen Einkommensteuer sind Zuwendungen an politische Parteien i. S. d. § 2 ParteiG abziehbar. Dies gilt für unbeschränkt und beschränkt Einkommensteuerpflichtige. Allerdings ist die Abzugsfähigkeit in der Höhe begrenzt: Die Ermäßigung beträgt nach § 34g Satz 2 EStG 50 % der Ausgaben, höchstens jedoch bei Einzelveranlagung 825 €.

BEISPIEL

Der ledige steuerpflichtige C spendet an eine politische Partei:

a) 1.000 €

b) 2.000 €

Im Fall a) kann C 500 € von der tariflichen Einkommensteuer abziehen. Die Ermäßigung beträgt 50 % der Ausgaben, also 500 €. Diese fällt unter den Maximalbetrag von 825 €

Im Fall b) kann C nur 825 € von der tariflichen Einkommensteuer abziehen, denn 50 % von 2.000 € = 1.000 € übersteigen den Maximalbetrag von 825 € um 175 €.

Zusammenveranlagung

Im Falle einer Zusammenveranlagung von Ehegatten beträgt die Ermäßigung der Ausgaben weiterhin 50 %, es verdoppelt sich jedoch der Höchstbetrag von 825 € auf jeweils 1.650 €.

BEISPIEL

Die Eheleute E und F spenden an eine politische Partei:

a) 2.000 €

b) 3.000 €

Im Fall a) können E und F 1.000 € von der tariflichen Einkommensteuer abziehen. Die Ermäßigung beträgt 50 % der Ausgaben, also 1.000 €. Diese fällt unter den Maximalbetrag von 1.650 €.

Im Fall b) können E und F 1.500 € von der tariflichen Einkommensteuer abziehen, denn 50 % von 3.000 € = 1.500 € unterschreiten den Maximalbetrag von 1.650 € um 150 €.

7.3 Steuerermäßigung aus Aufwendungen im Privathaushalt (§ 35a EStG)

Im § 35a EStG werden Steuerermäßigungen bei Aufwendungen für haushaltsnahe Beschäftigungsverhältnisse, haushaltsnahe Dienstleistungen und Handwerkerleistungen geregelt. Eine Beschäftigung ist haushaltsnah, wenn sie einen engen Bezug zum Haushalt aufweist. Hilfreich ist folgende Übersicht zum § 35a EStG:

Begünstigte Leistung im Haushalt	Steuerermäßigung
Geringfügige Beschäftigungsverhältnisse nach Abs. 1 (Arbeitslohn bis 510 €)	20 % der Aufwendungen, Höchstbetrag 510 €
Sonstige (sozialversicherungspflichtige) Beschäftigungsverhältnisse, Dienstleistungen, Pflege- u. Betreuungsleistungen; Heim- u. Pflegeunterbringung nach Abs. 2	20 % der Arbeitskosten; Höchstbetrag 4.000 €
Handwerkerleistungen nach Abs. 3	20 % der Arbeitskosten; Höchstbetrag 1.200 €

7.3.1 Geringfügige Beschäftigungsverhältnisse (§ 35a Abs. 1 EStG)

Für haushaltsnahe Beschäftigungsverhältnisse, bei denen es sich um eine geringfügige Beschäftigung im Sinne des § 8a des Vierten Buches Sozialgesetzbuch handelt, ermäßigt sich gem. § 35a Abs. 1 EStG die tarifliche Einkommensteuer, vermindert um die sonstigen Steuerermäßigungen, auf Antrag um **20 %, höchstens 510 €** der Aufwendungen des Steuerpflichtigen. Eine geringfügige Beschäftigung liegt hauptsächlich dann vor, wenn das Arbeitsentgelt aus dieser Beschäftigung regelmäßig die Geringfügigkeitsgrenze nicht übersteigt.

Bei geringfügig entlohnten Beschäftigungen sind neben der monatlichen Verdienstgrenze von 538 € für das Jahr 2024 (Jahr 2023: 520 €) weitere Punkte zu berücksichtigen. Zum einen muss die entlohnte Beschäftigung hinsichtlich der Kranken-, Pflege- und Arbeitslosenversicherung versicherungsfrei sein und damit auch für den Arbeitnehmer abgabenfrei. Zum anderen besteht zwar in der Rentenversicherung dagegen für eine geringfügig entlohnte Beschäftigung Versicherungspflicht. Von dieser Versicherungspflicht kann sich jedoch er Arbeitnehmer auf Antrag befreien lassen, vgl. § 6 Abs. 1b i. V. m. Abs. 2 bis 4 SGB VI.

7.3.2 Sonstige Beschäftigungsverhältnisse (§ 35a Abs. 2 EStG)

Für haushaltsnahe Beschäftigungsverhältnisse, die nicht geringfügig sind oder die keine Handwerksleistung i. S. d. § 35a Abs. 3 EStG sind, ermäßigt sich die tarifliche Einkommensteuer, vermindert um die sonstigen Steuerermäßigungen, auf Antrag um 20 %, höchstens 4.000 €, der Aufwendungen des Steuerpflichtigen.

Die haushaltsnahen Beschäftigungsverhältnisse lassen sich in drei Fallgruppen aufgliedern:

1. Beschäftigungsverhältnisse, die auf vertraglicher Grundlage haushaltsnahe Dienstleistungen umfassen. Es handelt sich um „normale" sozialversicherungspflichtige Arbeitsverhältnisse. Ein solches Verhältnis liegt dann aber nicht vor, wenn die Vereinbarung zwischen Eltern und im Haus lebender Kinder geschlossen worden ist.
2. Pflegeleistungen und Betreuungsleistungen können unabhängig vom Grad der Pflegebedürftigkeit steuerermäßigend angesetzt werden. Es ist ausreichend, wenn Grundpflege oder Betreuung in Anspruch genommen wird.
3. Heimunterbringung und dauernde Pflege kann der Steuerpflichtige nur im Rahmen seiner eigenen Heimunterbringung bzw. dauernden Pflege geltend machen. Für Steuerpflichtige, die für die Heimkosten Anderer aufkommen, können jedoch keine Steuerermäßigung i. S. d. § 35a Abs. 2 EStG in Anspruch nehmen.

A beschäftigt sozialversicherungspflichtig eine Haushaltshilfe H in seinem privaten Wohnhaus. Dafür wendet er 4.700 € im Jahr auf. Steuerberater S macht für den A die Lohnabrechnung und stellt 240 € im gleichen Jahr der Beschäftigung der H in Rechnung, die A sofort bezahlt. Welchen Betrag darf A steuerermäßigend ansetzen?

Die Aufwendungen für die Haushaltshilfe betragen 4.700 € zzgl. 240 € = 4.940 €. Davon sind 20 % bzw. max. 4.000 € zu berücksichtigen. Also: 4.940 € · 20 % = 988 € (< 4.000 €).

7.3.3 Inanspruchnahme Handwerkerleistungen (§ 35a Abs. 3 EStG)

Nach § 35a Abs. 3 EStG ermäßigt sich bei Inanspruchnahme von Handwerkerleistungen für Renovierungs-, Erhaltungs- und Modernisierungsmaßnahmen die tarifliche Einkommensteuer, vermindert um die sonstigen Steuerermäßigungen, auf Antrag um 20 % der Aufwendungen des Steuerpflichtigen, höchstens jedoch um 1.200 €. Voraussetzung für die Inanspruchnahme der Steuerermäßigung aufgrund von Handwerkerleistungen ist, dass der Steuerpflichtige die Aufwendungen in Rechnung gestellt bekommen hat. D. h. es muss ein ordentliches Rechnungsdokument vorliegen. Eine weitere Voraussetzung ist, dass die Bezahlung unbar erfolgen muss, sie muss also auf das Konto des Erbringers der Leistung erfolgen.

U lässt sich vom Fliesenleger F das Badezimmer seines Privathaushalts sanieren. F stellt ihm folgende Rechnung aus:

Festpreis über: alte Fliesen abschlagen, entsorgen, Grundierung, neue Fliesen anbringen, verfugen, 30 m² Fliesen „Sonnengruß" auf Wunsch des Käufers	5.400 €
Summe	5.400 €
Umsatzsteuer 19 % auf 5.400 €	1.026 €
Gesamtbetrag	6.426 €
Der obenstehende Rechnungsbetrag setzt sich zusammen aus 3.284 € inkl. USt Lohnanteil und 3.142 € inkl. USt Materialanteil.	

Wie hoch fällt die Steuerermäßigung für U aus?

Vom ausgewiesenen Lohnanteil (inkl. USt!) von 3.284 € entfallen 20 %, maximal 1.200 € als Steuerermäßigung. Also 3.284 € · 20 % = 656,80 €, max. 1.200 €. Die Steuerermäßigung beträgt 656,80 €. Der Materialaufwand ist gem. § 35a Abs. 5 Satz 2 EStG nicht anzusetzen.

Die Steuermäßigung für Handwerkerleistungen i. S. d. § 35a Abs. 3 EStG ist nicht möglich, wenn diese zu den Betriebsausgaben oder Werbungskosten gehören. Ebenfalls scheidet eine Steuerermäßigung aus, wenn Aufwendungen für Handwerker nicht vorrangig als Sonderausgaben, z. B. Erhaltungsmaßnahme nach § 10f EStG (Steuerbegünstigung für zu eigenen Wohnzwecken genutzte Baudenkmale und Gebäude in Sanierungsgebieten und städtebaulichen Entwicklungsbereichen), oder als außergewöhnliche Belastungen berücksichtigt werden.

7.3.4 Zusammenfassendes Beispiel

Die Familie der Eheleute A und B lebt mit ihren 3 Kindern im gesamten VAZ 2024 in einem Zweifamilienhaus, das in deren Eigentum steht. A und B werden zusammenveranlagt. Im Herbst 2024 wird das Haus aufwendig renoviert. Hierfür fallen Handwerkerkosten von insgesamt 30.000 € an. Auf Arbeitskosten einschließlich Fahrtkosten entfallen davon 10.000 €. Zusätzlich wurde der Garten von einem selbstständigen Gärtner für 2.400 € an Arbeitskosten und zusätzlichen Materialkosten von 600 € in Ordnung gebracht. Außerdem werden die großen Fensterfronten des Hauses von einem Fensterreiniger geputzt. Der Aufwand hierfür beträgt für 2024 800 €. Ebenfalls leistet sich die Familie einen Winterdienst für 300 €. Der Kaminkehrer hat 200 € in Rechnung gestellt.

Die Steuerermäßigung nach § 35a EStG wird für den VAZ 2024 bei Zusammenveranlagung der Eheleute A und B wie folgt berechnet:

Haushaltsnahe Dienstleistungen nach § 35a Abs. 2 EStG:

Für haushaltsnahe Beschäftigungsverhältnisse oder für die Inanspruchnahme von haushaltsnahen Dienstleistungen, ermäßigt sich die tarifliche Einkommensteuer um 20 %, höchstens 4.000 €, der Aufwendungen des Steuerpflichtigen. Darunter fallen hier die Arbeitskosten des Gärtners (nicht die Kosten des Materials!) von 2.400 €, der Fensterreinigung von 800 € und die Kosten des Winterdienstes von 300 €. Der Abzugsbeträgt beläuft sich 20 % von 3.500 € = 700 €. Der Höchstbetrag von 4.000 € ist nicht überschritten.

Handwerkerleistungen nach § 35a Abs. 3 EStG:

Für die Inanspruchnahme von Handwerkerleistungen für Renovierungs-, Erhaltungs- und Modernisierungsmaßnahmen ermäßigt sich die tarifliche Einkommensteuer um 20 % der Aufwendungen des Steuerpflichtigen, höchstens jedoch um 1.200 € (§ 35a Abs. 3 Satz 1 EStG). Ansetzbar sind hier die Arbeitskosten der Handwerker einschl. der Fahrtkosten i. H. v. 10.000 € und der Aufwand für den Kaminkehrer. Also 20 % von 10.200 € = 2.040 €. Es darf jedoch nur der Höchstbetrag von 1.200 € angesetzt werden.

7.4 Steuerermäßigung bei energetischen Maßnahmen (§ 35c EStG)

Wenn ein Gebäude, das **älter als 10 Jahre** sein muss, energetisch saniert wird und dieses Gebäude **zu eigenen Wohnzwecken** dient, ist eine Steuerermäßigung i. S. d. § 35c EStG denkbar. § 35c EStG ist erstmals auf energetische Maßnahmen anzuwenden, mit deren Durchführung nach dem 31.12.2019 begonnen wurde und die vor dem 01.01.2030 abgeschlossen sind. (vgl. § 52 Abs. 35a EStG)[1].

Berechnung der jährlichen maximalen Abzugsbeträge:

Förderjahr	Förderbetrag	Höchstbetrag
1. Jahr (Abschluss der Maßnahme)	7 % der Sanierungskosten	max. 14.000 €
2. Jahr	7 % der Sanierungskosten	max. 14.000 €
3. Jahr	6 % der Sanierungskosten	max. 12.000 €

MERKE

Die Steuerermäßigung ist gem. § 35c Abs. 3 Satz 2 EStG vollständig ausgeschlossen, wenn für dieselbe energetische Maßnahme eine Steuerermäßigung nach § 35a EStG bei Aufwendungen für haushaltsnahe Beschäftigungsverhältnisse, haushaltsnahe Dienstleistungen und Handwerkerleistungen, beansprucht wurde.

7.5 Berücksichtigung von Kindern

Was sind Kinder im Sinne des Steuerrechts? Das lässt sich so ohne Weiteres nicht genau beschreiben. Die Ausführungen hier umfassen nur die wichtigsten Fälle. „Exotische" Regelungen, wie z. B. steuerlich Kinder zu behandeln sind, die ohne Wohnsitz oder gewöhnlichen Aufenthalt in der EU sind, werden hier nicht behandelt.

Kinder sind nach § 32 Abs. 1 EStG im ersten Grad mit dem Steuerpflichtigen verwandte Kinder und Pflegekinder. Kinder sind steuerlich nach Altersstufen zu berücksichtigen (vgl. § 32 Abs. 3 und 4 EStG):

Altersstufen	Hinweise
Bei Nichtvollendung des 18. Lebensjahres	Kinder sind steuerlich stets zu berücksichtigen
Bei Nichtvollendung des 21. Lebensjahres, aber über 18 Jahre alt sind	Kinder sind zu berücksichtigen, wenn diese nicht in einem Beschäftigungsverhältnis stehen und bei einer Agentur für Arbeit im Inland als Arbeitsuchender gemeldet sind.

1 Ein Freibetrag als ELStAM ist nach § 39a Abs. 1 Satz 1 Nr. 5 Buchst. c EStG möglich.

Bei Nichtvollendung des 25. Lebensjahres, aber über 18 Jahre alt sind	Kinder sind zu berücksichtigen, wenn diese bspw. (nicht abschließend!): ► für einen Beruf ausgebildet werden ► sich in einer Übergangszeit von höchstens vier Monaten befinden, die zwischen zwei Ausbildungsabschnitten liegen
Kinder mit Behinderung: Eintritt der Behinderung vor Vollendung des 25. Lebensjahres	Kinder sind zu berücksichtigen, wenn diese wegen körperlicher, geistiger oder seelischer Behinderung außerstande sind, sich selbst zu unterhalten.

Günstigerprüfung

Kindergeld dient zur grundlegenden Versorgung der Kinder von Geburt an bis mindestens zu deren 18. Geburtstag. Gleichwohl sieht das EStG mit § 32 Abs. 6 EStG Freibeträge vor und zwar einen Kinderfreibetrag und Freibetrag für den Betreuungs- und Erziehungs- oder Ausbildungsbedarf. Das Finanzamt nimmt eine Günstigerprüfung vor: Inanspruchnahme von Freibeträgen oder Kindergeld. Diese Prüfung ist für jedes Kind getrennt durchzuführen ist. Der Kinderfreibetrag/Bedarfsfreibetrag ist danach abzuziehen, wenn die ESt-Entlastung durch Abzug des Kinderfreibetrags/Bedarfsfreibetrags für jedes einzelne Kind höher ist als der Anspruch auf Kindergeld.

8. Veranlagungsarten

Wahlrecht

Ehegatten haben gem. § 26 Abs. 1 Satz 1 EStG ein **Wahlrecht** zwischen der Einzelveranlagung (§ 26a EStG) und der Zusammenveranlagung (§ 26b EStG). Voraussetzungen für dieses Wahlrecht sind:

- beide Ehegatten sind unbeschränkt einkommensteuerpflichtig. Nach § 1 Abs. 1 Satz 1 EStG sind natürliche Personen, die im Inland einen Wohnsitz oder ihren gewöhnlichen Aufenthalt haben, unbeschränkt einkommensteuerpflichtig (Hauptfall[1]),
- sie nicht dauernd getrennt leben und
- bei ihnen die obig genannten Voraussetzungen zu Beginn des Veranlagungszeitraums vorgelegen haben oder im Laufe des Veranlagungszeitraums eingetreten sind.

Wiederheirat

Nach § 26 Abs. 1 Satz 2 EStG wird die **vorherige** Ehe für einen Ehegatten nicht berücksichtigt, wenn er **in dem Veranlagungszeitraum**, in dem seine zuvor bestehende Ehe aufgelöst worden ist, eine **neue** Ehe geschlossen hat und bei ihm und dem neuen Ehegatten die Voraussetzungen des Wahlrechts bestehen.

MERKE

Machen die Ehegatten von ihrem Wahlrecht keinen Gebrauch oder nicht wirksam Gebrauch, so ist eine **Zusammenveranlagung** durchzuführen. Bei Einzelveranlagung (für Ehegatten, die die Voraussetzungen für die Ehegattenveranlagung nicht erfüllen) kommt es zur Anwendung des **Grundtarifs** (§ 32a Abs. 1 EStG). Die Zusammenveranlagung führt zum **Splittingtarif** (§ 32a Abs. 5 EStG).

Tod eines Ehegatten

Die gewählte Ehegattenveranlagung (Zusammenveranlagung oder Einzelveranlagung) wird noch für das Jahr, in dem der Ehegatte verstorben ist, durchgeführt.

Im Kalenderjahr nach dem Tod eines Ehegatten wird das Einkommen des Überlebenden im Rahmen einer Einzelveranlagung noch ein weiteres Mal mit dem Splittingtarif gem. § 32a Abs. 6 Nr. 1 EStG versteuert („Gnadensplitting"). Es geht hier als um den Steuertarif. Aber: Sämtliche Freibeträge und die abzugsfähigen Sonderausgaben werden jedoch nur einfach im Abzug gebracht.

Scheidung der Ehegatten

Trennen sich Ehegatten im Laufe des Jahres auf Dauer, ist eine Ehegattenveranlagung für dieses Jahr noch möglich (die Voraussetzungen nach § 26 Abs. 1 EStG lagen zum Jahresbeginn vor!). Im Folgejahr ist eine Ehegattenveranlagung nicht mehr wählbar.

1 Aus § 1 Abs. 2 und 3 EStG ergeben sich weitere Formen der unbeschränkten Einkommensteuerpflicht für natürliche Personen, auf die hier nicht weiter eingegangen werden kann.

9. Übungsaufgaben

Fall: Veranlagungsarten und Steuertarif

AUFGABE

Die Eheleute Maria und Josef Frung sind seit dem 24.12.1959 glücklich verheiratet. Nach kurzer Krankheit verstirbt Josef am 19.02.2023. Bis zu diesem Tag lebten die Eheleute gemeinsam in ihrem Wohnhaus in Düsseldorf. Welche Veranlagungsart unterliegt Maria in den Veranlagungszeiträumen 2023 und 2024? Welcher Steuertarif ist zutreffend?

LÖSUNG

Die gewählte Ehegattenveranlagung (Zusammenveranlagung oder Einzelveranlagung) wird im Jahr des Todes des Josef weiter durchgeführt. Im Veranlagungszeitraum 2023 wird Maria einzelveranlagt, da die Voraussetzungen für eine Zusammenveranlagung nicht mehr vorliegen. Das Einkommen der Maria wird 2023 noch ein weiteres Mal mit dem Splittingtarif gem. § 32a Abs. 6 Nr. 1 EStG versteuert („Gnadensplitting").

Fälle zu den Einkunftsarten

AUFGABE

Die 52-jährige V hält Vorlesungen im Studienfach „Sportwissenschaften" an der Universität Hamburg. Sie verfasst als Nebentätigkeit Bücher und Artikel, die Gesundheit und Sport zum Thema haben. V erhält hierfür für 2024 ein Honorar von 6.500 €. Im Rahmen dieser Tätigkeit sind Fahrtkosten von 150 € entstanden. Für die Beschaffung von Büchern und Kopien sind weitere Kosten von 280 € entstanden. Wie hoch sind die Einkünfte aus selbstständiger Arbeit, wenn V die für sie günstigste Lösung wählen möchte?

LÖSUNG

Das Verfassen von Büchern und Artikeln gehört zu den schriftstellerischen Tätigkeiten im Rahmen der Einkünfte aus selbstständiger Arbeit i. S. d. § 18 EStG.

Betriebseinnahmen	6.500 €
- die tatsächlichen Betriebsausgaben belaufen sich auf 430 €	
V kann eine Betriebsausgabenpauschale von 25 % aus den Einnahmen ansetzen unter Beachtung eines Höchstbetrags von 900 € (V führt ihre Tätigkeit nebenberuflich aus!) 6.500 € · 25 % = 1.625 €, Ansatz des Höchstbetrags 900 €, der über den tatsächlichen Betriebsausgaben (430 €) liegt	- 900 €
Einkünfte aus selbstständiger Arbeit	+ 5.600 €

AUFGABE

A ist als Sachbearbeiter im Rathaus der Stadt Köln angestellt. In seiner Freizeit trainiert A verschiedene Jugend-Handballmannschaften aus einem Kölner Sportverein, der als gemeinnützig einzustufen ist. Hierfür hat A im Jahr 2024 3.800 € erhalten. Als Aufwendungen sind für A 100 € für Sportbücher und 400 € an Fahrtkosten entstanden. Erzielt A damit Einkünfte?

LÖSUNG

A erzielt Einkünfte aus selbstständiger Tätigkeit. Nach § Nr. 26 EStG sind Einnahmen aus nebenberuflichen Tätigkeiten, z. B. als Übungsleiter im Rahmen von gemeinnütziger, mildtätiger und kirchlicher Zweckerfüllung (§§ 52 bis 54 der AO) bis zur Höhe von insgesamt 3 000 € im Jahr steuerfrei. Die Einkünfte des A betragen somit 3.800 € - 3.000 € = 800 €. Ein Abzug der eigenen Aufwendungen ist nach § 3 Nr. 26 Satz 2 EStG nicht möglich.

AUFGABE

Carolin (C), geboren am 19.02.2002, arbeitet als Pflegefachkraft in einem Krankenhaus in Leverkusen. Sie erzielt dabei ein monatliches Bruttogehalt von 3.500 €, das an sie zur Monatsmitte überwiesen wird.

C ist mit ihrem eigenen Pkw an 220 Tagen zur Arbeit gefahren. Die kürzeste Entfernung zu ihrem Wohnort beträgt 39,2 km. Da C nicht gerne die Autobahn benutzt, wählt sie die längere Strecke von 45 km. Der zeitliche Mehraufwand liegt bei wenigen Minuten. C muss Parkgebühren von 180 € pro Halbjahr an die Krankenhausverwaltung bezahlen, alternative Parkmöglichkeiten in unmittelbarer Nähe des Krankenhauses existieren nicht.

Für ihre Berufshaftpfichtversicherung fallen im Jahr 90 € an.

Der Aufwand für Fachzeitschriften beläuft sich für C auf 59 €.

C besuchte vom 02.12. bis 06.12.2024 ein Fortbildungsseminar in einem Tagungshotel in Köln. Für die Fahrt nach Köln hat C ihren privaten Pkw benutzt, die Entfernung beträgt 78 km. Sie ist am 02.12.2024 um 7:30 Uhr losgefahren und dort um 8:45 Uhr angekommen. Das Seminar begann um 16:00 Uhr. Am 06.12.2024 um 15 Uhr war C wieder zuhause. Die Seminargebühr von 500 € übernahm ihr Arbeitgeber. Die Hotelkosten i. H. v. 850 € inkl. Frühstücksaufwendung von 80 € musste C allerdings selbst bezahlen.

Wie hoch sind die Einkünfte der C aus nichtselbstständiger Arbeit?

LÖSUNG

Einnahmen:		
Bruttoarbeitslohn: 12 Monate à 3.500 €	42.000 €	
Übernahme der Seminargebühren durch den Arbeitgeber sind steuerfrei	0 €	
Summe der Einnahmen		+ 42.000 €
Werbungskosten:		
Entfernungspauschale: Ansatz von 39 km (auf volle km abrunden!), da die Verbindung von 45 km nicht wesentlich verkehrsgünstiger für C ist. 220 Tage · 20 km · 0,30 €/km = 1.320 € 220 Tage · 19 km · 0,38 €/km = 1.588,40 €, aufrunden (!) auf 1.589 € Gesamt: 1.589 € + 1.320 € = 2.909 €	- 2.909 €	
Parkgebühren: 2 · 180 € = 360 €. Die Kosten des Parkens sind mit der Entfernungspauschale abgegolten	0 €	
Berufshaftpflichtversicherung	- 90 €	
Fachzeitschriften	- 59 €	
Pauschale für Kontoführung	- 16 €	
Privat getragene Fahrtkosten 78 km · 2 · 0,30 €/km = 46,80 €, gerundet 47 €	- 47 €	
Verpflegungspauschale zur Abgeltung des beruflich veranlassten Mehraufwands: 14 € für Tage der An- und Abreise = 28 € 28 € für jeden vollen Kalendertag (Abwesenheit 28 €), also für 3 Tage; 3 · 28 € = 84 € Gesamt: 28 € + 84 € = 112 €	- 112 €	
Kosten Tagungshotel (Übernachtung) ohne Frühstück: 850 € - 80 € = 770 €:	- 770 €	
Summe der Werbungskosten		- 4.003 €
Summe der Einkünfte aus nichtselbstständiger Arbeit		**+ 37.997 €**

AUFGABE

J ist seit 2015 Eigentümer einer Wohnung in München, die er an die X vermietet. Es liegen folgende Informationen vor:

Die monatlichen Mieteinnahmen betragen 600 €. Hinzu kommen 230 € monatlich für Mietnebenkosten. X überweist noch am 1.12.2024 die Miete von 600 € für den Januar 2025, weil er eine längere Urlaubsreise unternehmen und sich nicht um Mietzahlungen kümmern möchte. Aus der Abrechnung über die Nebenkosten des Jahres 2023 hat J der X 430 € überwiesen (Guthaben zugunsten der X).

Die Grundsteuer für die Wohnung beträgt pro Vierteljahr 40 €.

J hat ein Darlehen zur Finanzierung der Wohnung i.H.v. 300.000 € aufgenommen. Für 2024 fielen 15.000 € für Zins und Tilgung an. Die Darlehensschulden betrugen zum 01.01.2024 130.000 € und zum 31.12.2024 119.500 €.

Eine Hausverwaltung übernimmt die Verwaltung der Wohnung. Für 2024 wurde monatlich ein Hausgeld i.H.v. 215 € verlangt, das sich folgendermaßen zusammensetzt:

Umlagefähige Nebenkosten	85 €
Nicht umlagefähige Nebenkosten	52 €
Zuführung Instandhaltungsrücklage	78 €
Monatliche zu bezahlen	215 €

Die Anschaffungskosten der Wohnung betragen inkl. der Anschaffungskosten für Grund und Boden 420.000 €. Auf Grund und Boden entfielen davon 32.000 €.

Bankgebühren sind dem J im Rahmen der Vermietung 130 € für 2024 entstanden.

Wie hoch sind die Einkünfte aus Vermietung und Verpachtung für J im VAZ 2024?

LÖSUNG

Einnahmen:		
Mieteinnahmen 12 Monate · 600 €	+ 7.200 €	
Einnahmen aus Mietnebenkosten 12 Monate · 230 €	+ 2.760 €	
Die Mietzahlung für den Januar 2025 ist den Einnahmen aus 2024 zuzuordnen. Die Mieteinnahme erfolgt zwar im Rahmen einer ständig wiederkehrenden Einnahme, der Zufluss liegt aber außerhalb von 10 Tagen vor Beginn des Kalenderjahres 2025.	+ 600 €	
Guthaben aus der NK-Abrechnung 2023 zugunsten der X	- 430 €	
Summe der Einnahmen		+ 10.130 €
Werbungskosten:		
Grundsteuer 4 Zahlungen · 40 €	- 160 €	
Darlehenszinsen: Tilgung der Verbindlichkeiten beträgt 130.000 € - 119.500 € = 10.500 €. J hat 15.000 € an Tilgung und Zins geleistet. Der Zinsaufwand beträgt somit 4.500 €	- 4.500 €	
Hausgeld: 12 Monate · 215 €	- 2.580 €	
Zuführungen Instandhaltungsrücklage fallen nicht unter die Werbungskosten	+ 936 €	
Abschreibungen auf die Wohnung: AfA Bemessungsgrundlage sind die Anschaffungskosten der Wohnung ohne Grund und Boden: 420.000 € - 32.000 € = 388.000 €. 2,5 % von 388.000 € (§ 9 Abs. 1 Nr. 7 i.V.m. § 7 Abs. 4 Nr. 2b EStG	- 9.700 €	
Bankgebühren	- 130 €	
Summe der Werbungskosten		- 16.134 €
Einkünfte aus Vermietung und Verpachtung		**- 6.004 €**

AUFGABE

A hat zum 01.05.2020 eine Wohnung für 200.000 € zu Vermietungszwecken erworben. Vom Kaufpreis entfallen 15.000 € auf das Grundstück. Zum 01.11.2024 verkauft er die Wohnung an den D für 265.000 € (davon 22.000 € für das Grundstück). An Maklergebühren sind 8.200 € zzgl. 19 % USt angefallen. Zudem musste A die Aufwendungen für anspruchsvolle Fotoaufnahmen der Immobilie i.H.v. 800 € inkl. 19 % USt übernehmen, damit diese im Internet attraktiv präsentiert werden konnte. Wie hoch sind die Einkünfte aus der Veräußerung?

LÖSUNG

Der zu versteuernder Gewinn aus der Veräußerung der Wohnung fällt unter die sonstigen Einkünfte der §§ 22, 23 EStG.

Verkaufserlös €		+ 265.000 €
- Veräußerungskosten Makler: 8.200 € zzgl. 19 % USt = 9.758 €	9.758 €	
- Veräußerungskosten Fotoaufnahmen: 800 € inkl. 19 % USt	800 €	
Anschaffungskosten gesamt	200.000 €	
AfA 2 % von 185.000 € (Anschaffungskosten des Gebäudes) für den Zeitraum 01.05.2020 bis 31.10.2024 (= 54 Monate): 16.650 €	- 16.650 €	
Abzuziehende Summe		- 193.908 €
Sonstige Einkünfte aus Veräußerung		+ 71.092 €

TIPP

Sollte sich ergeben, dass die Einkünfte aus einer Veräußerung negativ sind, ist eine Verrechnung mit anderen Einkünften nicht möglich.

AUFGABE

Die alleinstehende Rentnerin E bezieht seit 2004 eine Rente aus der gesetzlichen Rentenversicherung. Die Jahresbruttorente im Jahr 2005 betrug monatlich 1.111,83 €. Im Jahr 2024 liegt folgender Sachverhalt vor:

Rente aus der gesetzlichen Rentenversicherung: Jahresbruttorente (einschließlich der bei Auszahlung einbehaltenen eigenen Beitragsanteile zur Kranken- und Pflegeversicherung): 17.538 € (1.437 €/Monat im 1. Halbjahr und 1.486 €/Monat im 2. Halbjahr)

Beitrag zur gesetzlichen Krankenversicherung: 1.282 €/Jahr

Beitrag zur gesetzlichen Pflegeversicherung: 447 €/Jahr

Weitere Einkünfte erzielt E nicht.

Zu berechnen ist das zu versteuernde Einkommen.

LÖSUNG

Der steuerfreie Teil der Rente richtet sich nach dem Jahr des Rentenbeginns. Bei Renteneintritt im Jahr 2004 beträgt der steuerfreie Teil 50 % (§ 22 Nr. 1 Satz 3 Buchst. a EStG). Damit ergibt sich für die gesamte Rentenlaufzeit ein unveränderter Rentenfreibetrag von 6.671 €: (12 · 1111,83 € =) 13.342 € · 50 % = 6.671 €.

Sonstige Einkünfte der E	
Bruttobetrag Rente	17.538 €
- steuerfreier Teil der Rente	- 6.671 €
= steuerpflichtiger Teil der Rente	= 10.867 €
- Werbungskosten-Pauschbetrag	- 102 €
Einkünfte	+ 10.765 €
- Sonderausgaben-Pauschbetrag	- 36 €
Versicherungsbeiträge	
- Krankenversicherung	- 1.282 €
- Pflegeversicherung	- 447 €
= zu versteuerndes Einkommen	= 9.000 €

HINWEIS

E muss für das Jahr 2024 keine Einkommensteuererklärung abgeben, weil der Gesamtbetrag der Einkünfte (10.765 €) den für 2024 geltenden Grundfreibetrag von 11.604 € unterschreitet.

Fall: Abzug von Sonderausgaben

AUFGABE

G hat seinen Wohnsitz im bayerischen Kaufbeuren, ist katholisch und zur Abgabe von ESt-Erklärungen verpflichtet. Für 2024 liegen folgende Sachverhalte vor:

Arbeitnehmeranteil Arbeitslosenversicherung	400 €
Arbeitnehmeranteil Rentenversicherung	2.800 €
Arbeitnehmeranteil Krankenversicherung	2.500 €
Arbeitnehmeranteil Pflegeversicherung	460 €
Hausratversicherung	150 €
Private Haftpflichtversicherung	200 €
Aufwand Autoversicherung 975 €, davon für Haftpflichtversicherung 300 €	???
Kirchensteuer 2024	600 €
Rückerstattung gezahlter Kirchensteuer für 2023 im Jahr 2024	140 €

LÖSUNG

Unbeschränkt abzugsfähige Kirchensteuer 2024	+ 600 €	
Abzgl. Rückerstattung 2024 von Kirchensteuer aus 2023	- 140 €	
Summe unbeschränkt abzugsfähige Sonderausgaben		+ 460 €
Sonderausgaben für Altersvorsorgeaufwendungen		
AN-Anteil zur Rentenversicherung	+ 2.800 €	
AG-Anteil zur Rentenversicherung	+ 2.800 €	
Höchstbetrag für 2024: 27.566 €, daher Ansatz der tatsächlichen Aufwendungen	= 5.600 €	
	+ 5.600 €	
- Arbeitgeberanteil Rentenversicherung	- 2.800 €	
		+ 2.800 €

Sonstige Vorsorgeaufwendungen		
AN-Anteil zur Krankenversicherung	+ 2.500 €	
AN-Anteil zur Pflegeversicherung	+ 460 €	
AN-Anteil zur Arbeitslosenversicherung	+ 400 €	
Hausratversicherung (kein Ansatz, da diese nicht unter die Vorsorgeaufwendungen fällt)	0 €	
Private Haftpflichtversicherung	+ 200 €	
Kfz-Haftpflichtversicherung	+ 300 €	
	= 3 860 €	
Höchstens	1.900 €	
Mindestens	+ 2.500 €	
- Basis-Krankenversicherung, 4 % wegen Krankengeld	- 100 €	
	+ 2.400 €	
+ Pflegeversicherung	+ 460 €	
		+ 2.860 €
Übrige Sonderausgaben, Sonderausgabenpauschbetrag		+ 36 €
Summe		**5.696 €**

II. Umsatzsteuer

1. Allgemeines zum Prüfungsteil „Umsatzsteuer“

Der Prüfungsteil Umsatzsteuer bildet neben der Einkommensteuer den zweiten Prüfungsschwerpunkt im Steuerrecht. Ein Teil davon sieht in der Regel vor, dass eine Reihe von Sachverhalten umsatzsteuerlich so zu prüfen ist, dass die Ergebnisse in eine vorgegebene Tabelle einzutragen sind. Mit der Tabelle ist das Lösungsschema vorgegeben, das die Aufgabenbearbeitung sehr erleichtert, wenn man sich bei der Prüfungsvorbereitung eine gewisse Routine aneignet. Der andere Teil umfasst im Wesentlichen zum einen umsatzsteuerliche Beurteilungen – also allgemein formuliert - und zum anderen konkrete Fragestellungen, jeweils zu bestimmten Sachverhalten.

Im Folgenden sollen daher zunächst die Wesensmerkmale der vorgegebenen Tabelle beschrieben werden. Im Anschluss daran wird auf die wesentlichen Prüfungsschwerpunkte detailliert eingegangen. Eine kleine Fallsammlung rundet den Umsatzsteuerteil ab.

2. Die Lösungstabelle (Übersicht)

In aller Regel wird ein zu prüfender Sachverhalt vorgegeben, wobei die Lösung in eine fix vorgegebene Tabelle einzutragen ist. Die Inhalte der Tabelle werden zunächst systematisch in der gebotenen Kürze erläutert. In den folgenden Abschnitten wird auf die jeweiligen zu prüfenden Punkte im Rahmen des Prüfungsstoffs destaillierter eingegangen.

Zu prüfen ...	Lösung muss enthalten ...	Erläuterungen (Kurzfassung)
Art des Umsatzes	Stichwort, §	Infrage kommen u. a.: ► Innergemeinschaftlicher Erwerb (§ 1a Abs. 1 UStG) ► Lieferung (§ 3 Abs. 1 UStG) ► Ausfuhr-Lieferung (§ 3 Abs. 1 UStG) ► Unentgeltliche Lieferung (§ 3 Abs. 1b Nr. 1 UStG) ► Werklieferung (§ 3 Abs. 4 UStG) ► Sonstige Leistung (§ 3 Abs. 9 UStG) ► Sonstige Leistung i.V. m. tauschähnlichem Umsatz (§ 3 Abs. 9 i.V. m. § 3 Abs. 12 UStG) ► Echter Schadensersatz
Ort der Leistung	Stichwort, §	Damit ein Umsatz steuerbar ist, muss eine Leistung im Inland ausgeführt werden. Deshalb muss festgestellt werden, nach welcher Vorschrift sich der Ort der sonstigen Leistung bestimmt und welche Rechtsfolgen sich daraus ergeben.
Steuerbar	Stichwort, §	Nach § 1 Abs. 1 UStG gilt: Der Umsatzsteuer unterliegen die folgenden Umsätze: Nr. 1. die **Lieferungen** und **sonstigen Leistungen**, die ein **Unternehmer** im **Inland** gegen **Entgelt** im Rahmen **seines Unternehmens ausführt** (...) Nr. 4. die Einfuhr von Gegenständen Nr. 5. der innergemeinschaftliche Erwerb im **Inland** gegen **Entgelt**.

Steuerfrei	Stichwort, §	Steuerbefreiungen bei Lieferungen und sonstigen Leistungen i. S. d. § 4 UStG (ggf. i. V. m. steuerfreier Ausfuhrlieferung gem. § 6 UStG)
Bemessungsgrundlage	€, §	I. S. d. § 10 Abs. 1 UStG ist die Bemessungsgrundlage für die Umsatzsteuer das Entgelt. **Entgelt** ist alles, was den **Wert der Gegenleistung** bildet, die der leistende Unternehmer vom Leistungsempfänger oder von einem anderen als dem Leistungsempfänger für die Leistung erhält oder erhalten soll.
USt/EUSt	€	Hier ist der (berechnete) Wert in € anzugeben
Abziehbare VSt	€, §	Der VSt-Abzug ist in § 15 UStG geregelt. Grundsätzlich gilt: Führt ein Unternehmer eine steuerbare und steuerpflichtige Lieferung aus oder empfängt er eine Leistung, muss festgestellt werden, ob und wann Vorsteuer anfällt. Der (berechnete) Wert ist in € anzugeben.

3. Steuerbarkeit

Gemäß § 1 Abs. 1 UStG unterliegen der Umsatzsteuer im Wesentlichen die folgenden Umsätze:

- Die Lieferungen und sonstigen Leistungen, die ein Unternehmer im Inland gegen Entgelt im Rahmen seines Unternehmens ausführt. Die Steuerbarkeit entfällt nicht, wenn der Umsatz auf Grund gesetzlicher oder behördlicher Anordnung ausgeführt wird oder nach gesetzlicher Vorschrift als ausgeführt gilt (§ 1 Abs. 1 Nr. 1 UStG),
- die Einfuhr (§ 1 Abs. 1 Nr. 4 UStG) und
- der innergemeinschaftliche Erwerb im Inland gegen Entgelt (§ 1 Abs. 1 Nr. 5 UStG).

Das Umsatzsteuergesetz sieht also bzgl. der Annahme einer Steuerbarkeit folgende Prüfschritte vor. Nur wenn alle Punkte einzeln zutreffen, ist auf den Umsatz die Umsatzsteuer zu berechnen:

- Vorliegen von Lieferungen oder sonstigen Leistungen,
- Unternehmereigenschaft muss erfüllt sein,
- im Inland,
- gegen Entgelt,
- im Rahmen seines Unternehmens.

MERKE

Die Umsätze aus einer **Geschäftsveräußerung im Ganzen** unterliegen nach § 1 Abs. 1a Satz 1 UStG nicht der Umsatzsteuer. Eine Geschäftsveräußerung in diesem Sinne liegt vor, wenn die wesentlichen Grundlagen eines Unternehmens oder eines gesondert geführten Betriebs an einen Unternehmer für dessen Unternehmen übertragen werden, wobei die unternehmerische Tätigkeit des Erwerbers auch erst mit dem Erwerb des Unternehmens oder des gesondert geführten Betriebs beginnen kann (Abschn. 1.5 Abs. 1 Satz 1 UStAE).

Vorliegen von Lieferungen oder sonstigen Leistungen

Leistungen i. S. d. des UStG bestehen aus Lieferungen (§ 3 Abs. 1 UStG) oder sonstigen Leistungen (§ 3 Abs. 9 Satz 1 UStG). Die Unterscheidung, ob eine Lieferung oder sonstige Leistung vorliegt, ist wichtig für die Bestimmung des Orts der Leistung. Zu beachten ist, dass die Umsatzsteuer nicht bereits beim Vertragsabschluss (Verpflichtungsgeschäft), sondern erst mit dem **Erfüllungsgeschäft** (z. B. Übergabe der Ware) entsteht.

MERKE

Das Erfüllungsgeschäft ist maßgebend für die Umsatzbesteuerung.

Voraussetzung für eine Lieferung ist die Verschaffung der Verfügungsmacht über einen Gegenstand gem. § 3 Abs. 1 UStG.

AUFGABE

Der Privatkunde P schließt am 09.10.2024 einen Kaufvertrag über eine Küchenzeile beim Händler H ab. H hat diese jedoch nicht mehr auf Lager. Am 18.12.2024 baut H die Küchenzeile im Haus des P ein. Wann fällt Umsatzsteuer an?

LÖSUNG

Es kommt auf den Tag des Erfüllungsgeschäft an, also der Tag der Übergabe der Küchenzeile. Die Umsatzsteuer fällt somit am 18.12.2024 an.

Verfügungsmacht

Die Verschaffung der Verfügungsmacht beinhaltet zum einen den Fall, dass der Abnehmer eines Gegenstands im eigenen Namen als Eigentümer darüber verfügen kann. Die Verschaffung der Verfügungsmacht erfolgt hier **mit Übertragung des Eigentums**. Dies geschieht durch Einigung und Übergabe einer beweglichen Sache (§ 929 Satz 1 BGB). Wenn bspw. der Obsthändler O dem Kunden K nach Abschluss des Kaufvertrags Äpfel übergibt, verschafft O dem K die Verfügungsmacht durch Eigentumsübertragung. Die Eigentumsübertragung bei Grundstücken (unbewegliche Gegenstände) erfolgt durch Einigung (Auflassung) und Eintragung ins Grundbuch (§ 873 i.V.m. § 925 BGB).

Zum anderen gibt es Fälle der Verschaffung der Verfügungsmacht **ohne Eigentumsübertragung**. Beispiel hierfür sind **Kommissionsgeschäfte** (vgl. § 383 HGB). Nach § 3 Abs. 3 UStG liegt zwischen dem Kommittenten und dem Kommissionär eine Lieferung vor. Bei der Verkaufskommission gilt der Kommissionär, bei der Einkaufskommission der Kommittent als Abnehmer. Ein weiteres Beispiel ist der Verkauf und Übertragung von Gegenständen unter **Eigentumsvorbehalt**.

Gegenstände

Was ist eigentlich unter „Gegenstände" im Umsatzsteuerrecht zu verstehen? Darunter fallen nach Abschn. 3.1. Abs. 1 Satz 2 UStAE:

- körperliche Gegenstände (Sachen nach § 90 BGB, Tiere nach § 90a BGB),
- Sachgesamtheiten (eine Sachgesamtheit entsteht durch die Zusammenfassung bisher selbstständiger Gegenstände zu einem einheitlichen Ganzen, das im Wirtschaftsverkehr als eigenständiges Objekt angesehen wird),
- und solche Wirtschaftsgüter, die im Wirtschaftsverkehr wie körperliche Sachen behandelt werden, z. B. Elektrizität, Wärme und Wasserkraft.

Neue Fahrzeuge

Eine Besonderheit sieht das Umsatzsteuerrecht bei den sogenannten „Neuen Fahrzeugen"[1] vor. Diese gehören in den Bereich der körperlichen Gegenstände und sind im Rahmen eines **innergemeinschaftlichen Erwerbs** von Bedeutung. Nach § 1b Abs. 2 Satz 1 fallen unter den Fahrzeugbegriff alle Land-, Wasser- und Luftfahrzeuge, die die in dieser Norm aufgeführten Voraussetzungen erfüllen. Wann ein Fahrzeug als neu zu betrachten ist, ergibt sich aus § 1b Abs. 3 UStG.

Unternehmereigenschaft muss erfüllt sein

Bedeutung

Unternehmer kann eine natürliche Person, ein Personenzusammenschluss oder eine juristische Person sein. Das Vorliegen einer Unternehmereigenschaft ist Voraussetzung für eine steuerbare Lieferung oder sonstige Leistung. Ist die Unternehmereigenschaft nicht erfüllt, besteht grds. keine Vorsteuerabzugsberechtigung nach § 15 Abs. 1 Satz 1 UStG. Der Unternehmer gilt als Steuerpflichtiger i. S. d. § 33 AO. Im Rahmen seiner Steuerpflicht hat er Steuererklärungen und ggf. Voranmeldungen nach § 18 UStG abzugeben, er muss die Aufzeichnungsvorschriften – insbesondere nach § 22 UStG – erfüllen und er ist regelmäßig nach § 13a UStG der Schuldner der Umsatzsteuer für die von ihm bewirkten Umsätze.

Nach § 2 Abs. 1 UStG ist Unternehmer, wer eine **gewerbliche oder berufliche** Tätigkeit **selbstständig** ausübt, unabhängig davon, ob er nach anderen Vorschriften rechtsfähig ist. Selbstständigkeit bedeutet in diesem Zusammenhang, dass der Unternehmer keinen Weisungen unterliegt. Natürliche Personen können Weisungen unterliegen, aber auch juristische Personen, denn bei juristischen Personen ist eine Weisungsgebundenheit aufgrund eines Organschafts-

1 Dazu ausführlich Kap. II 14.3.

verhältnisses[1] möglich. Das Unternehmen umfasst die **gesamte gewerbliche oder berufliche Tätigkeit** des Unternehmers. Gewerblich oder beruflich ist jede nachhaltige Tätigkeit zur **Erzielung von Einnahmen**, auch wenn die Absicht, Gewinn zu erzielen, fehlt oder eine Personenvereinigung nur gegenüber ihren Mitgliedern tätig wird. Die Tätigkeit als Unternehmer muss also nachhaltig und mit **Einnahmeerzielungsabsicht** (Erlangung eines wirtschaftlichen Vorteils) ausgeführt werden.

MERKE

Die Unternehmereigenschaft bei Ertragsteuern und der Umsatzsteuer ist nicht identisch. Bei der Umsatzsteuer kommt es auf die Absicht, Einnahmen zu erzielen, an. Bei Ertragsteuern bedarf es einer Gewinnerzielungsabsicht. Damit kann auch eine ertragsteuerliche Liebhaberei umsatzsteuerlich zur Unternehmereigenschaft führen. Bspw. nahm der BFH eine Unternehmereigenschaft an, weil ein Verkäufer innerhalb von 3 Jahren ca. 1.200 Verkaufsumsätze auf ebay realisierte.

Inland

Inland als Voraussetzung für die Steuerbarkeit muss vom Ausland abgegrenzt werden. Das Ausland wird im Umsatzsteuerrecht wiederum in Drittlandsgebiet und übriges Gemeinschaftsgebiet untergliedert.

Inland		Das Inland umfasst das Hoheitsgebiet der Bundesrepublik Deutschland mit Ausnahme der in § 1 Abs. 2 Satz 1 UStG bezeichneten Gebiete.
Ausland	Drittlandsgebiet	Das Drittlandsgebiet umfasst alle Gebiete, die nicht Gemeinschaftsgebiet sind.
	übriges Gemeinschaftsgebiet	Das übrige Gemeinschaftsgebiet umfasst die unionsrechtlichen Inlandsgebiete der EU-Mitgliedstaaten ohne die Bundesrepublik Deutschland.

Gegen Entgelt

Nach § 10 Abs. 1 Satz 2 UStG ist Entgelt alles, was den Wert der Gegenleistung bildet, die der leistende Unternehmer vom Leistungsempfänger oder von einem anderen als dem Leistungsempfänger für die Leistung erhält oder erhalten soll, einschließlich der unmittelbar mit dem Preis dieser Umsätze zusammenhängenden Subventionen, jedoch abzüglich der für diese Leistung gesetzlich geschuldeten Umsatzsteuer. Das „Entgelt“ besteht aus:

- Geld,
- einer ganzen oder teilweisen Lieferung (Tausch i. S. d. § 3 Abs. 12 Satz 1 UStG ggf. mit Baraufgabe),
- einer sonstigen Leistung (tauschähnlicher Umsatz i. S. d. § 3 Abs. 12 Satz 2 UStG ggf. mit Baraufgabe).

Im Einzelfall kann es durchaus schwierig sein, zu bestimmen, ob tatsächlich ein Entgelt vorliegt. Beispielsweise liegt kein Entgelt beim „echten“ Schadensersatz[2] vor, wenn es also zu keinem Leistungsaustausch zwischen dem Schädiger und dem Geschädigten kommt. Ebenso bedeutet das Vorliegen eines „echten“ Zuschusses kein Entgelt. Dieser liegt dann vor, wenn ein Zuschuss ausbezahlt wird, ohne dass der Zuschussgeber oder ein Dritter vom Zuschussempfänger im Gegenzug eine Leistung erhalten haben (z. B. Strukturförderung der öffentlichen Hand).

AUFGABE

Die Privatperson P wird von seinem Nachbarn verklagt. P beauftragt den Rechtsanwalt R, ihn in einem gerichtlichen Verfahren zu vertreten. Die Gerichtskosten gegen P nach Gerichtskostentabelle werden von R verauslagt. In seiner Honorar-Rechnung an P macht R folgende Positionen als Nettowerte geltend: Ho-

1 Auf die Organschaft wird hier nicht näher eingegangen. Sie liegt nach § 2 Abs. 2 Nr. 2 UStG vor, wenn eine juristische Person nach dem Gesamtbild der tatsächlichen Verhältnisse finanziell, wirtschaftlich und organisatorisch in das Unternehmen des Organträgers eingegliedert ist.

2 Ausführlich zum Schadensersatz, siehe Kap. II 15

norar (780 €), Nebenkosten (143 €) und verauslagte Gerichtskosten (147 €). Welche Positionen sind in die Bemessungsgrundlage zur Umsatzsteuer einzubeziehen?

LÖSUNG

In seiner Honorar-Rechnung muss R lediglich sein Honorar und Nebenkosten der Umsatzsteuer unterwerfen. Die verauslagten Gerichtskosten sind lediglich durchlaufende Posten und sind nicht Teil der Bemessungsgrundlage.

Im Rahmen seines Unternehmens

Zur Bejahung einer Steuerbarkeit gehört auch, dass Leistungen auch im Rahmen des Unternehmens ausgeführt werden. Darunter fallen alle Leistungen, die sich im Rahmen der gewerblichen oder beruflichen Tätigkeiten eines Unternehmens, ergeben. In diesen Rahmen fallen:

- **Hauptgeschäfte**. Diese bilden den Kern der geschäftlichen Tätigkeit. Beispiel: eine selbstständige Friseurmeisterin schneidet einem Kunden die Haare
- **Hilfsgeschäfte**. Damit sind Tätigkeiten gemeint, die mit dem Hauptgeschäft in Verbindung stehen. Beispiel: ein betriebliches Fahrzeug wird durch einen Handwerksbetrieb verkauft.
- **Nebengeschäfte**. Diese ergeben sich nicht unbedingt aus dem Hauptgeschäft, stehen aber im wirtschaftlichen Zusammenhang mit diesem. Beispiel: ein selbstständiger Friseurmeister ist Jury-Mitglied bei den HairGames (Friseurmeisterschaften).

4. Art des Umsatzes

Die Umsatzarten lassen sich unterteilen in:

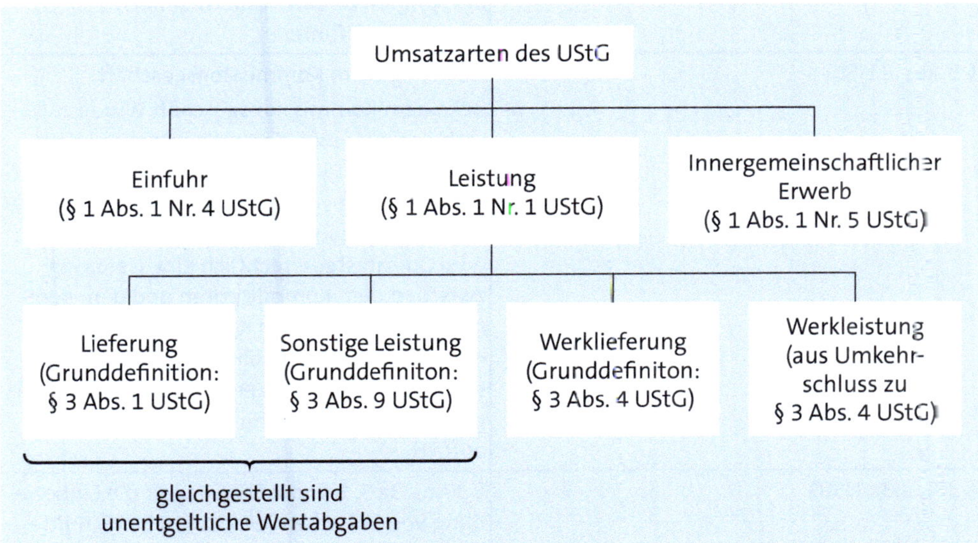

Lieferung

Eine Lieferung liegt stets vor, wenn ein Unternehmer einer anderen Person die Verfügungsmacht über einen Gegenstand verschafft. Dabei ist der Übergang des wirtschaftlichen Eigentums entscheidend. Allerdings umfasst das Umsatzsteuergesetz neben der Grunddefinition einer Lieferung auch verschiedene Sonderfälle als Lieferung, ohne die eine umsatzsteuerrechtliche Erfassung bestimmter Vorgänge nicht möglich wäre (z. B. unentgeltliche Wertabgaben).

Lieferungen im Umsatzsteuerrecht	
§§	**Inhalt**
§ 3 Abs. 1 UStG	Grunddefinition der Lieferung: Eine Lieferung liegt dann vor, wenn der Unternehmer einem anderen **Verfügungsmacht** an einem Gegenstand verschafft. Dazu muss ein „Gegenstand“ vorliegen (Sachen oder Tiere) und der Leistungsempfänger muss über diesen Gegenstand wie über einen eigenen verfügen können („Wert, Substanz und Ertrag“ gehen auf den Leistungsempfänger über).

§ 3 Abs. 1a UStG	Sondertatbestand des **innergemeinschaftlichen Verbringens:** Wenn ein Unternehmer einen Gegenstand zur eigenen Verfügung in einen anderen Mitgliedstaat verbringt, liegt im Ausgangsmitgliedstaat eine Lieferung vor. Ausgenommen davon ist eine nur vorübergehende Verwendung in dem anderen Mitgliedstaat. Korrespondierend muss dazu ein innergemeinschaftlicher Erwerb im Bestimmungsland der Besteuerung unterworfen werden.
§ 3 Abs. 1b UStG	**Unentgeltliche Wertabgaben** aus dem Unternehmen (Entnahme von Gegenständen, unentgeltliche Lieferungen an das Personal sowie andere unentgeltliche Zuwendungen): Sie führen ebenfalls zu einer Lieferung. Nicht nur Wertabgaben aus unternehmensfremden Zwecken, sondern auch unentgeltliche Wertabgaben aus rein unternehmerischen Gründen können zu einer Lieferung nach § 3 Abs. 1b UStG führen.
§ 3 Abs. 3 UStG	Lieferung beim **Kommissionsgeschäft**: Bei einem Kommissionsgeschäft würde zivilrechtlich zwischen Kommittenten und Kommissionär keine Lieferung, sondern eine Besorgungsleistung vorliegen. Um diesen Vorgang im Umsatzsteuerrecht erfassen zu können, wird umsatzsteuerrechtlich eine Lieferung zwischen dem Kommittenten und dem Kommissionär fingiert. Ein Kommissionsgeschäft liegt vor, wenn ein in eine Lieferung eingeschalteter Unternehmer (Kommissionär) in eigenem Namen, aber für fremde Rechnung auftritt.
§ 3 Abs. 3a UStG	§ 3 Abs. 3a S. 1 und 2 UStG regelt die Einbeziehung von Betreibern elektronischer Schnittstellen in fiktive Lieferketten. **Beispiel** nach UStAE 3.18 Abs. 2: Ein in Südkorea ansässiger Händler H veräußert über eine elektronische Schnittstelle, die von B betrieben wird, Handyzubehör an eine im Inland ansässige Privatperson. Die Ware wird aus einem inländischen Lager eines anderen Unternehmers U an den Wohnsitz der Privatperson P versendet. Es werden eine Lieferung des H an den Betreiber der elektronischen Schnittstelle B und eine Lieferung des B an die Privatperson P nach § 3 Abs. 3a Satz 1 UStG fingiert.

§ 3 Abs. 4 UStG	Abgrenzung der Werklieferung von der Werkleistung. Wenn ein Unternehmer im Zusammenhang mit der Be- oder Verarbeitung eines fremden Gegenstands eine einheitliche Leistung ausführt, die sowohl Elemente einer Lieferung als auch einer sonstigen Leistung enthält, erfolgt die Abgrenzung, ob diese Leistung als (Werk-)Lieferung oder als (Werk-)Leistung anzusehen ist, ob der leistende Unternehmer nur Zutaten stellt. Verwendet der Unternehmer nicht nur Zutaten, liegt eine Werklieferung mit der Folge vor, dass sich der Ort der Leistung sowie ggf. Steuerbefreiungen nach den Vorschriften für Lieferungen bestimmen.
§ 3 Abs. 5 UStG	Hat der Unternehmer dem Lieferer Nebenerzeugnisse oder Abfälle, die bei der Bearbeitung oder der Verarbeitung der übergebenden Gegenstände entstehen, zurückzugeben, liegt eine sog. Gehaltslieferung vor. **Beispiel**: Ein Landwirt verkauft der Zuckerfabrik Zuckerrüben mit der Vereinbarung, dass er die nach der Zuckergewinnung verbleibenden Rübenschnitzel wieder zurückerhält, um sie als Viehfutter zu verwenden. Gegenstand der Lieferung ist der Zuckergehalt.

Ausfuhrlieferung

Damit eine Ausfuhrlieferung zustande kommt, muss eine Warenbewegung in ein Drittlandsgebiet vorliegen, die dem Umsatz des Lieferers zugeordnet werden kann. Dann ist die Lieferung gem. § 6 Abs. 1 Satz 1 Nr. 1 UStG steuerfrei. Der Lieferant oder sein Abnehmer aus dem Drittland müssen den Liefergegenstand in das Drittlandsgebiet befördern oder versenden.

Vorsicht bei Reihengeschäften

Bei Reihengeschäften werden im Rahmen einer Warenbewegung mehrere Lieferungen ausgeführt. Jede Lieferung muss bzgl. Lieferort und -zeitpunkt jeweils gesondert geprüft werden. Die Warenbewegung ist nur einer der Lieferungen zuzuordnen, dann liegt eine sogenannte **bewegte Lieferung** (Beförderung- oder Versendungslieferung) vor.

Eine steuerfreie Ausfuhrlieferung kommt nur bei einer warenbewegten Lieferung infrage. Keine steuerbefreite Ausfuhrlieferung kann folglich bei der unbewegten Lieferung eines insgesamt grenzüberschreitenden Reihengeschäfts vorliegen. Wenn z. B. die erste Lieferung aus Deutschland an den im Drittland ansässigen Zwischenhändler die unbewegte Lieferung ist und der ausländische Endabnehmer die Transportverantwortung trägt bzw. den Transport beauftragt. Die unbewegte Lieferung, die der bewegten Lieferung vorausgeht, ist nach § 3 Abs. 6 Satz 5, Abs. 7 Satz 1, Satz 2 Nr. 1 UStG steuerbar und nicht nach § 4 Nr. 1 Buchst. a, § 6 UStG von der Steuer befreit, denn die Zuordnung der Warenbewegung zu den Lieferungen des Lieferanten scheidet nach den allgemeinen Grundsätzen für Reihengeschäfte aus.

BEISPIEL

Beispiel aus UStAE 3.14 Abs. 14: Der türkische Unternehmer T bestellt eine Werkzeugmaschine bei dem Unternehmer S aus der Schweiz. S bestellt die Maschine bei D 1 in Frankfurt, der die Bestellung an den Hersteller D 2 in Stuttgart weitergibt. S holt die Maschine in Stuttgart ab und befördert sie mit eigenem Lkw unmittelbar in die Türkei und übergibt sie dort T; S verwendet gegenüber D 1 vor Beginn der Beförderung weder eine deutsche USt-IdNr. noch eine deutsche Steuernummer.

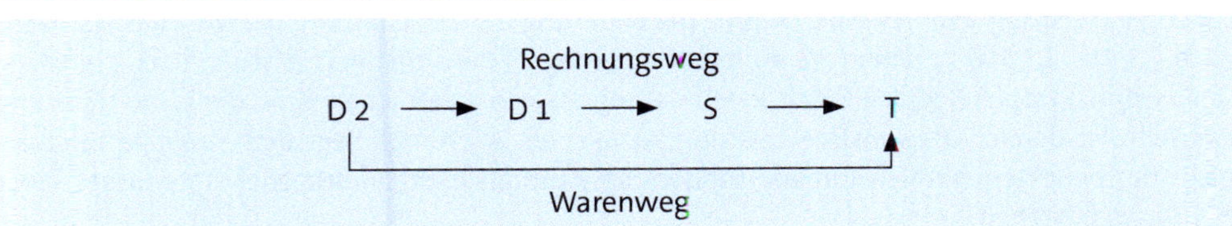

- Bei diesem Reihengeschäft werden drei Lieferungen (D 2 an D 1, D 1 an S und S an T) ausgeführt. Die Warenbewegung ist nach § 3 Abs. 6a Sätze 1 und 4 1. Halbsatz UStG der zweiten Lieferung D 1 an S zuzuordnen, da S als Zwischenhändler in seiner Eigenschaft als Abnehmer der Vorlieferung auftritt; S hat die gesetzliche Vermutung des § 3 Abs. 6a Satz 4 1. Halbsatz UStG nicht durch Verwendung einer vom Mitgliedstaat des Beginns der Beförderung (Deutschland) erteilten USt-IdNr. oder Steuernummer widerlegt (§ 3 Abs. 6a Satz 6 UStG).
- Ort der Beförderungslieferung ist nach § 3 Abs. 6a Satz 4 1. Halbsatz UStG in Verbindung mit § 3 Abs. 6 Sätze 1 und 2 UStG Stuttgart (Beginn der Beförderung).
- Die Lieferung ist bei Nachweis der Voraussetzungen des § 6 UStG als Ausfuhrlieferung nach § 4 Nr. 1 Buchstabe a UStG steuerfrei.
- Die erste Lieferung D 2 an D 1 und die dritte Lieferung S an T sind ruhende Lieferungen.
- Der Lieferort für die erste Lieferung liegt nach § 3 Abs. 7 Satz 2 Nr. 1 UStG in Deutschland (Beginn der Beförderung), da sie der Beförderungslieferung vorangeht.
- Sie ist eine steuerbare und steuerpflichtige Lieferung in Deutschland.
- Die Steuerbefreiung für Ausfuhrlieferungen kommt bei ruhenden Lieferungen nicht in Betracht.
- Der Lieferort für die dritte Lieferung liegt nach § 3 Abs. 7 Satz 2 Nr. 2 UStG in der Türkei (Ende der Beförderung), da sie der Beförderungslieferung folgt.

Werklieferung oder Werkleistung?

Steuerbare Leistungen bestehen im Ergebnis entweder aus einer Lieferung oder einer sonstigen Leistung. Werden einheitliche Leistungen ausgeführt, die sowohl Merkmale einer Lieferung als auch einer sonstigen Leistung enthalten, handelt es sich entweder um eine Werklieferung oder um eine Werkleistung. Man muss sich also entscheiden! Liegt eine Werklieferung vor, bestimmen sich der Ort der Leistung nach den Vorschriften für Lieferungen. Hat der Unternehmer eine Werkleistung ausgeführt, ist der gesamte Umsatz nach den Vorschriften für sonstige Leistungen zu prüfen.

Die Definition der Werklieferung ergibt sich aus § 3 Abs. 4 UStG: Hat der Unternehmer die Bearbeitung oder Verarbeitung eines Gegenstands übernommen und verwendet er hierbei Stoffe, die er selbst beschafft, so ist die Leistung als Lieferung anzusehen (**Werklieferung**), wenn es sich bei den Stoffen nicht nur um Zutaten oder sonstige Nebensachen handelt. Beispiele für Zutaten oder sonstige Nebensachen sind kleinere technische Hilfsmittel (Schrauben, Nägel, Splinte etc.), Schmierstoffe oder Farben. Werklieferungen im obigen Sinne liegen auch dann vor, wenn die Gegenstände mit dem Grund und Boden fest verbunden werden. Demgegenüber gibt es keine Definition für Werkleistungen. Einfach ausgedrückt: Liegt keine Werklieferung vor, dann gilt im Umkehrschluss, dass eine Werkleistung vorliegt.

BEISPIEL

Goldschmied G erhält den Auftrag von F, für ihn einen besonderen Goldring herzustellen. G stellt dabei das Gold und den Brillanten. Bei der Ausführung der Leistung werden 2 Hauptstoffe (Gold, Brillant) verwendet. G erbringt eine Werklieferung, da er die Hauptstoffe stellt.

Sollte F in Anlehnung an obiges Beispiel den Brillanten zur Verfügung stellen und G nur das Gold, liegt dennoch eine Werklieferung vor, da G einen Hauptstoff aus seinem Bestand verarbeitet.

AUFGABE

B lässt in Herne eine Wohnanlage für Touristen errichten. Dazu beauftragt er den Bauunternehmer S aus Bochum, den Rohbau zu erstellen. S stellt die Baustoffe. Wie ist der Sachverhalt umsatzsteuerlich zu beurteilen?

LÖSUNG

Hier liegt eine Werklieferung i. S. d. § 3 Abs. 4 UStG vor. S bearbeitet einen fremden Gegenstand (Grundstück des B) und verwendet hierfür selbstbeschaffte Hauptstoffe (Baustoffe).

Sonstige Leistung

Analog zu den Werkleistungen kennt das Umsatzsteuerrecht keine Definition des Begriffs der sonstigen Leistung. Während der Begriff der Lieferung als Verschaffung der Verfügungsmacht nach § 3 Abs. 1 UStG zu sehen ist, ergibt sich der Begriff der sonstigen Leistung nach dem Ausschlussprinzip des § 3 Abs. 9 UStG: Jede Leistung im wirtschaftlichen Sinn, die keine Lieferung darstellt, ist danach als sonstige Leistung anzusehen. Allerdings liegt eine sonstige Leistung nicht nur bei einem aktiven Tun vor, sondern sie kann auch im Dulden oder Unterlassen einer Handlung bestehen.

Sonstige Leistungen liegen insbesondere in den folgenden Fällen vor:

- Dienstleistungen
- Gebrauchs- und Nutzungsüberlassungen (Vermietung, Verpachtung, Darlehensgewährung, Einräumung von Nießbrauchsrechten, Einräumung, Übertragung und Wahrnehmung von Patenten, Urheberrechten, Markenzeichenrechten und ähnlichen Rechten)
- Reiseleistungen nach § 25 Abs. 1 UStG.

BEISPIEL

Ein Vermieter überlässt dem Mieter einen Gegenstand zur Nutzung. Er duldet die Benutzung des Gegenstands durch den Mieter.

Der Pharmaproduzent Z verzichtet gegen Entgelt durch den Y auf die Ausübung eines ihm gehörenden Patents. Z unterlässt es, eine Leistung zu erbringen, Da Entgeltlichkeit vorliegt und die Vereinbarung auf Dauer geschieht, erbringt Z eine sonstige Leistung.

5. Ort der Leistung

Die folgenden Ausführungen über den Ort der Leistung dienen dazu, dem Prüfling eine Gesamtübersicht der wesentlichen Fallkonstellationen zu verschaffen. Wie obig ausgeführt, wird in den Aufgabenstellungen entweder verlangt, eine vorgegebene Tabelle auszufüllen oder einen Sachverhalt umsatzsteuerlich zu beurteilen. Bei der Aufgabenlösung ist darauf zu achten, dass man sich für eine Lösung entscheidet, ohne diese mit hohem Zeitaufwand vorzubereiten. Wenn also nach § 3 Abs. 5a UStG die Prüfungsreihen vorgeschrieben wird („Der Ort der Lieferung richtet sich vorbehaltlich der §§ 3c, 3e und 3g nach § 3 Absätze 6 bis 8") und es liegt ein Fall des § 3 Abs. 6 UStG vor, dann müssen die Prüfungsschritte der §§ 3c, 3e oder 3g UStG nicht durchgeführt werden.

Eine steuerbare Leistung ist nur dann möglich, wenn der Unternehmer diese nach den Vorschriften des UStG im **Inland** bewirkt. Der Ortsbestimmung bei Prüfung eines Umsatzes kommt also eine entscheidende Bedeutung zu. Was unter „Inland" zu verstehen ist, ergibt sich aus § 1 Abs. 2 UStG

Gebiet der Bundesrepublik Deutschland
- Gemeinde Büsingen am Hochrhein
- Insel Helgoland
- Freizonen i. S. d. Art. 243 UZK (Freihäfen)
- Gewässer und Watten zwischen der Hoheitsgrenze und der jeweiligen Strandlinie
- deutsche Schiffe und Flugzeuge in Gebieten, die zu keinem Zollgebiet gehören

= Inland i. S. d. § 1 Abs. 2 UStG ergibt sich aus § 1 Abs. 2 UStG

TIPP

Der Inlandsbegriff bereitet normalerweise keine Schwierigkeiten. Der Ort der Leistung ist in den Prüfungsfällen meist eine bekannte Stadt. Sollte in Ausnahmefällen jedoch ein „exotischer" Ort, wie z. B Helgoland, in einer Aufgabe vorkommen, dann ist Vorsicht geboten.

Im Folgenden sollen die Regeln der Ortsbestimmung unterteilt nach Lieferung und sonstigen Leistungen dargestellt werden.

5.1 Ort der Lieferung

Prüfschritte nach § 3 Abs. 5a UStG

Zur Bestimmung der Reihenfolge der Prüfung des Orts der Lieferung bietet § 3 Abs. 5a UStG eine gute Hilfe. Demnach bestimmt sich der Ort der Lieferung zunächst nach den §§ 3c, 3e und 3g UStG und erst danach § 3 Absätzen 6 bis 8 UStG.

Reihenfolge zur Prüfung des Orts der Lieferung		
Vorrangig zu prüfen		**Wesentliche Merkmale**
§ 3c UStG	Ort der Lieferung beim Fernverkauf: Ort der Lieferung, wenn der Gegenstand vom Lieferer in einen anderen Mitgliedstaat an Privatpersonen oder nicht regelbesteuerte Unternehmer in besonderen Fällen befördert oder versendet wird. Dabei muss die unionseinheitliche Umsatzschwelle von 10.000 € überschritten werden. In besonderen Fällen unterliegen Lieferungen auch der Ortsbestimmung durch § 3c UStG, wenn der Gegenstand aus dem Drittlandsgebiet eingeführt wird.	**Fernverkauf:** Gegenstand der Lieferung muss durch den Lieferer oder für dessen Rechnung aus dem Gebiet eines Mitgliedstaates in das Gebiet eines anderen Mitgliedstaates befördert oder versendet werden. **Abnehmer:** Hauptfall: Abnehmer ist eine Privatperson; kein Unternehmer, für dessen Unternehmen die Leistung bezogen wird. Nebenfall: Bspw. Kleinunternehmer i. S. d. § 19 UStG **Schwellenwert:** Der Schwellenwert beträgt 10.000 €. Wird diese Umsatzgrenze nicht überschritten, ist der Ort der Lieferung dort, wo die Beförderung oder Versendung beginnt, ansonsten ist der Ort im Bestimmungsland.
§ 3e UStG	Ort der Lieferungen und Restaurationsleistungen während einer Beförderung an Bord eines Schiffs, in einem Luftfahrzeug oder in einer Eisenbahn	**Regelungsinhalt:** Ort der Lieferung von Gegenständen während einer Beförderung an Bord eines Schiffs, eines Flugzeugs oder einer Eisenbahn, die innerhalb des Gemeinschaftsgebiets verkehren.
§ 3g UStG	Ort der Lieferung von Gas über das Leitungsnetz oder Elektrizität sowie von Wärme oder Kälte durch ein Fernleitungsnetz.	**Empfänger der Lieferung:** Bei der Bestimmung des Lieferungsortes von Gas über das Erdgasnetz oder Elektrizität ist zu unterscheiden, ob der Empfänger ein **steuerpflichtiger Wiederverkäufer** oder ein sonstiger Abnehmer ist. Denn Voraussetzung für die Anwendung von § 3g ist, dass der Abnehmer ein Unternehmer ist, dessen Haupttätigkeit in Bezug auf den Erwerb von Gas, Elektrizität oder Wärme und Kälte in deren Lieferung besteht.
Nachrangig zu prüfen		**Wesentliche Merkmale**

§ 3 Abs. 6 UStG	Begriff der Beförderungs- oder Versendungslieferung (bewegte Lieferung): Ort der bewegten Lieferung ist dort, wo die Warenbewegung beginnt bzw. der Gegenstand einem Beauftragten übergeben wird.	**Keine** Anwendung des § 3 Abs. 6 UStG für: ► Gegenstand wird nach dem Transport noch an seinem Bestimmungsort einer Behandlung unterzogen wird, die seine Marktgängigkeit ändert (vgl. Abschn. 3.12 Abs. 4 UStAE). ► bei Transport **innerhalb** des Unternehmens des Lieferers (z. B. zu einer Filiale) ist nicht Beförderung oder Versendung i. S. dieser Vorschrift. ► Wird ein Gegenstand erst zur **Ansicht/auf Probe** an einen möglichen Käufer verschickt, dient die Warenbewegung noch keiner Lieferung. Es fehlt zu diesem Zeitpunkt an der Verfügungsmacht des Käufers. In diesen Fällen richtet sich der der Lieferort nach § 3 Abs. 7 (Abschn. 3.1 Abs. 3 Satz 5 f. UStAE). ► Die Vorschrift des § 3 Abs. 6 UStG greift dann nicht, wenn der Abnehmer bei Beginn der Beförderung oder Versendung **noch nicht feststeht**.
§ 3 Abs. 6a UStG	Begriff und Bestimmung für den Ort eines sogenannten Reihengeschäfts. Dabei kann im Rahmen eines Reihengeschäfts nur eine der Lieferungen als **bewegte** Lieferung i. S. v. § 3 Abs. 6 UStG angesehen werden, **alle anderen Lieferungen sind ruhende Lieferungen**, deren Ort sich nach § 3 Abs. 7 Satz 2 UStG bestimmt. § 3 Abs. 6a UStG regelt abschließend (national), welcher der Lieferungen in der Reihe die Warenbewegung zuzuordnen ist.	**Reihengeschäft:** Ein Reihengeschäft liegt vor, wenn mehrere Unternehmer über denselben Gegenstand Liefergeschäfte abschließen, der Gegenstand aber unmittelbar vom ersten Unternehmer zu dem letzten Abnehmer transportiert wird. **Bewegte und ruhende Lieferungen:** Es darf nur eine bewegte Lieferung vorliegen. Ruhende Lieferungen sind mehrfach möglich.
§ 3 Abs. 6b UStG	Wird ein Unternehmer gemäß Absatz 3a behandelt, als ob er einen Gegenstand selbst erhalten und geliefert hätte, wird die Beförderung oder Versendung des Gegenstands der Lieferung durch diesen Unternehmer zugeschrieben	Zuordnung der bewegten Lieferung bei Ausführung einer Lieferung in einer fiktiven Lieferkette durch einen Betreiber einer elektronischen Schnittstelle. In bestimmten Fällen kann eine elektronische Schnittstelle (Portal) als Lieferer in eine Lieferkette eingebunden sein (fiktives Reihengeschäft), § 3 Abs. 3a UStG. Die Zuordnung der bewegten Lieferung in diesen Fällen wird über § 3 Abs. 6b UStG geregelt.
§ 3 Abs. 7 Satz 1 UStG	Wird der Gegenstand der Lieferung nicht befördert oder versendet, wird die Lieferung dort ausgeführt, wo sich der Gegenstand zur Zeit der Verschaffung der Verfügungsmacht befindet.	Ortsbestimmung für Lieferungen, bei denen im Zusammenhang mit der Verschaffung der Verfügungsmacht keine Warenbewegung stattfindet (ruhende Lieferung). Der Ort der (ruhenden) Lieferung ist dort, wo sich der Gegenstand zum Zeitpunkt der Verschaffung der Verfügungsmacht befindet.

§ 3 Abs. 7 Satz 2 UStG	In den Fällen der Absätze 6a und 6b gilt Folgendes: 1. Lieferungen, die der Beförderungs- oder Versendungslieferung vorangehen, gelten dort als ausgeführt, wo die Beförderung oder Versendung des Gegenstands beginnt. 2. Lieferungen, die der Beförderungs- oder Versendungslieferung folgen, gelten dort als ausgeführt, wo die Beförderung oder Versendung des Gegenstands endet.	Ruhende Lieferung im Rahmen des Reihengeschäfts. Der Ort bestimmt sich dabei abhängig davon, ob die ruhende Lieferung vor oder nach der bewegten Lieferung erfolgt. Dies gilt seit dem 01.07.2021 entsprechend auch bei den fiktiven Reihengeschäften nach § 3 Abs. 3a UStG.
§ 3 Abs. 8 UStG	Gelangt der Gegenstand der Lieferung bei der Beförderung oder Versendung aus dem Drittlandsgebiet in das Inland, gilt der Ort der Lieferung dieses Gegenstands als im Inland gelegen, wenn der Lieferer oder sein Beauftragter Schuldner der Einfuhrumsatzsteuer ist.	Verlagerung des Orts der Lieferung in das Inland, wenn der Gegenstand aus dem Drittlandsgebiet eingeführt wird und der Lieferer Schuldner der Einfuhrumsatzsteuer ist. § 3 Abs. 8 UStG ist eine Sondervorschrift zu § 3 Abs. 6 UStG.

5.1.1 Ort zu Beginn der Lieferung (§ 3 Abs. 6 UStG)

Liegt eine Beförderung oder Versendung des Liefergegenstands durch den Lieferer vor, den Abnehmer oder die Versendung durch einen beauftragten Dritten vor, bestimmt § 3 Abs. 6 UStG den Lieferort. Der Gegenstand wird demnach dort geliefert, wo er sich **zu Beginn** der Beförderung bzw. bei der Übergabe an den Transportunternehmer befindet. Um § 3 Abs. 6 UStG anwenden zu können, muss bereits ein Umsatzgeschäft vorliegen. Die Fälle, für die § 3 Abs. 6 UStG nicht einschlägig sind, siehe Spalte „Wesentliche Merkmale" aus vorstehender Tabelle.

AUFGABE

A betreibt einen Getränkehandel mit Sitz in Bremen. Während eines Getränketransports mit einem betriebseigenen Lastwagen kam es in Bremerhaven zu einem Verkehrsunfal . Das Fahrzeug wurde komplett zerstört. Der zufällig vorbeikommende Schrotthändler S aus Warschau (Polen) kaufte dem A das Wrack für 200 € ab und lud es direkt auf seinen Anhänger, um damit nach Polen zu fahren. Wo liegt der Ort der Lieferung?

LÖSUNG

Hier liegt eine innergemeinschaftliche steuerfreie Lieferung vor. Der Lastwagen wird nach § 3 Abs. 6 UStG dort geliefert, wo er sich zu Beginn der Beförderung bzw. bei der Übergabe an den Transportunternehmer befindet. Also in Bremerhaven (nicht Bremen!).

MERKE

§ 3 Abs. 6 UStG liefert die Definitionen von „Befördern" und „Versenden": **Befördern** ist jede Fortbewegung eines Gegenstands. **Versenden** liegt vor, wenn jemand die Beförderung durch einen selbständigen Beauftragten ausführen oder besorgen lässt. Die Versendung beginnt mit der Übergabe des Gegenstands an den Beauftragten.

Zusammengefasst lässt sich die Ortsbestimmung nach § 3 Abs. 6 darstellen:

§ 3 Abs. 6 UStG	Ort
Bei Beförderung	Bei Beförderung dort, wo die Beförderung beginnt
Bei Versenden	Bei Versendung dort, wo die Übergabe an den selbstständig Beauftragten erfolgt

5.1.2 Weitere Regeln zur Ortsbestimmung aus § 3 Abs. 7 und Abs. 8 UStG

Neben der Regelung nach § 3 Abs. 6 UStG, wonach der Ort der Lieferung dort ist, wo die Lieferung beginnt, gibt es noch weitere Regelungen zur Ortsbestimmung. Diese sind:

§ 3 Abs. 7 UStG	Ort
Der Gegenstand der Lieferung wird nicht befördert oder verendet	Dort, wo sich der Gegenstand zur Zeit der Verschaffung der Verfügungsmacht befindet

§ 3 Abs. 8 UStG	Ort
Beförderung und Versendung aus einem Drittland in das Inland und der Lieferer ist Schuldner der Einfuhrumsatzsteuer	Einfuhrland

5.1.3 Ort bei Fernverkäufen (§ 3c UStG)

Nach § 3c Abs. 1 UStG gilt als Ort der Lieferung eines innergemeinschaftlichen Fernverkaufs der Ort, an dem sich der Gegenstand bei Beendigung der Beförderung oder Versendung an den Erwerber befindet.

Der Regelungsgegenstand liegt bei innergemeinschaftlichen Lieferungen von Versandhändlern an private Kunden ab einem gewissen Umfang (Lieferschwelle).

5.1.4 Ort des innergemeinschaftlichen Erwerbs (§ 3d UStG)

Der innergemeinschaftliche Erwerb wird nach § 3d UStG in dem Gebiet des Mitgliedstaates bewirkt, in dem sich der Gegenstand am **Ende** der Beförderung oder Versendung befindet.

5.2 Ort der sonstigen Leistung

Nach § 3a Abs. 1 UStG wird eine sonstige Leistung vorbehaltlich der Absätze 2 bis 8 und der §§ 3b und 3e UStG an dem Ort ausgeführt, von dem aus der Unternehmer sein Unternehmen betreibt. Wird die sonstige Leistung von einer Betriebsstätte ausgeführt, gilt die Betriebsstätte als der Ort der sonstigen Leistung. Es liegt also wie zur Prüfung der Lieferungen ein strenges Prüfungsschema vor, das entsprechend einzuhalten ist. Zu betrachten sind also die **Grundfälle** nach § 3a Abs. 1 und Abs. 2 UStG und die wesentlichen **Sonderfälle** nach den §§ 3a Abs. 3 ff., § 3b und 3e UStG.

MERKE: Sonderfälle schlagen Grundfälle! Die beiden Grundfälle des § 3a Abs. 1 und 2 UStG sind dann nicht anzuwenden, wenn die Sondervorschriften in § 3b UStG, § 3e UStG oder § 3a Abs. 3 ff. UStG einschlägig sind.

5.2.1 Ort der sonstigen Leistung: die Grundfälle

Die Ortsbestimmung von sonstigen Leistungen richtet sich danach, ob der Leistungsempfänger ein Unternehmer ist oder nicht.

B2B-Umsatz

Ort des Leistungsempfängers

Der Leistungsempfänger i. S. d. § 3a Abs. 2 UStG ist ein Unternehmer, der die Leistung für sein Unternehmen bezieht, eine sowohl unternehmerisch als auch nichtunternehmerisch tätige juristische Person oder eine insgesamt nicht unternehmerische tätige juristische Person, wenn ihr in der EU eine USt-IdNr. erteilt worden ist. In diesem Fall ist der Ort der sonstigen Leistung nach § 3a Abs. 2 UStG dort, wo der **Leistungsempfänger sein Unternehmen betreibt** oder eine die Leistung empfangende Betriebsstätte unterhält. Dabei ist es unerheblich, ob der Leistungsempfänger sein Unternehmen im Gemeinschaftsgebiet oder in einem Drittland betreibt.

BEISPIEL: Der in Berlin ansässige Rechtsanwalt U führt eine Rechtsberatungsleistung an den Unternehmer B in der Schweiz (= Drittland) für dessen Unternehmen aus. Die sonstige Leistung wird an einen anderen Unternehmer für dessen Unternehmen ausgeführt. Der Ort der sonstigen Leistung ist nach § 3a Abs. 2 Satz 1 UStG in der Schweiz, da B dort sein Unternehmen betreibt. Der Umsatz ist in Deutschland nicht steuerbar. Die Besteuerungsfolgen bestimmen sich ausschließlich nach den in der Schweiz anwendbaren nationalen Rechtsvorschriften.

MERKE: Der Fall wäre anders zu sehen, wenn der Leistungsbezug für den **privaten** Bedarf des Personals oder für einen Gesellschafters erfolgen würde. Dann ist § 3a Abs. 2 UStG nicht anwendbar, da der Bezug zur unternehmerischen Tätigkeit fehlt.

B2C-Umsatz

Ort des leistenden Unternehmers

Gehört der Leistungsempfänger nicht zum Empfängerkreis der B2B-Umsätze, ist dieser dann den B2C-Umsätzen zuzuordnen. Dann ist der Ort der sonstigen Leistung nach § 3a Abs. 1 UStG dort, wo der leistende Unternehmer sein Unternehmen betreibt oder eine die Leistung ausführende Betriebsstätte unterhält. Der Leistungsempfänger darf:

- kein Unternehmer i. S. d. UStG sein,
- zwar Unternehmer sein, aber die Leistung nicht für sein Unternehmen beziehen oder
- eine insgesamt nichtunternehmerisch tätige juristische Person sein, der auch keine USt-IdNr. erteilt worden ist.

5.2.2 Ort der sonstigen Leistung: die Sonderfälle

Zu den Sonderfällen gehören u. a. Beförderungsleistungen, Leistungen, die im Zusammenhang mit einem Grundstück stehen oder auch Vermietungsleistungen.

Sonderfall: Beförderungsleistungen

Gemäß § 3b UStG gilt: Führt der Unternehmer eine Beförderungsleistung oder eine damit in Zusammenhang stehende sonstige Leistung (z. B. Beladen, Entladen, Umschlagen, Verpacken oder ähnliche Leistungen) aus, ergibt sich der Ort der sonstigen Leistung abhängig davon, wem gegenüber die Leistung ausgeführt worden ist und um welche Art von Beförderungsleistung es sich handelt. Infrage kommen:

- Personenbeförderungsleistungen oder
- Güterbeförderungsleistungen.

Beförderung von Personen

Bei einer Personenbeförderungsleistung ergibt sich der Ort der Beförderungsleistung aus § 3b Abs. 1 UStG. Die Leistung ist entsprechend der Beförderungsstrecke – mit jedem gefahrenen Kilometer – ausgeführt.

Beförderung von Gütern an Unternehmer oder Nichtunternehmer

Bei der Güterbeförderung ist zu beachten, ob die Güterbeförderung als Leistung gegenüber einem Unternehmer oder einem Nichtunternehmer erbracht worden ist. Bei einer Güterbeförderungsleistung oder einer mit einer Güterbeförderung in Zusammenhang stehenden sonstigen Leistung, die gegenüber einem **Unternehmer** für dessen Unternehmen ausgeführt worden ist, bestimmt sich der Ort der Leistung nämlich aus § 3a Abs. 2 UStG. Dieser ist dann dort, wo der Leistungsempfänger sein Unternehmen betreibt bzw. eine die Leistung empfangende Betriebsstätte unterhält. Bei einer Güterbeförderungsleistung oder einer mit einer Güterbeförderung in Zusammenhang stehenden sonstigen Leistung, die gegenüber einem **Nichtunternehmer** ausgeführt worden ist, bestimmt sich der Ort der Leistung nach § 3b Abs. 1 UStG entsprechend der zurückgelegten Beförderungsstrecke. Bei einer **innergemeinschaftlichen Beförderung** eines Gegenstands ergibt sich der Ort aus der Sondervorschrift des § 3b Abs. 3 UStG und ist immer dort, wo die Beförderung beginnt.

Sonderfall: Im Zusammenhang mit einem Grundstück

Nach § 3a Abs. 3 Nr. 1 UStG gelten Sonderregelungen zur Bestimmung des Orts der sonstigen Leistungen, wenn diese im Zusammenhang mit einem Grundstück steht. Diese wird dann dort ausgeführt, wo das Grundstück liegt.

Als sonstige Leistungen im Zusammenhang mit einem Grundstück sind demnach insbesondere anzusehen:

- sonstige Leistungen der in § 4 Nr. 12 UStG bezeichneten Art,
- sonstige Leistungen im Zusammenhang mit der Veräußerung oder dem Erwerb von Grundstücken,
- sonstige Leistungen, die der Erschließung von Grundstücken oder der Vorbereitung, Koordinierung oder Ausführung von Bauleistungen dienen.

Zu beachten ist, was unter „Grundstücken" i. S. d. der Regelung des § 3a Abs. 3 Nr. 1 UStG zu verstehen ist. Die wichtigsten Fälle für die Annahme eines Grundstücks sind:

- ein bestimmter über- oder unterirdischer Teil der Erdoberfläche, an dem Eigentum und Besitz begründet werden kann,
- jedes mit oder in dem Boden befestigte Gebäude,
- jedes derartige Bauwerk, das nicht leicht abgebaut oder bewegt werden kann,

- jede Sache, die einen wesentlichen Bestandteil eines Gebäudes oder eines Bauwerks bildet, so z. B. Türen, Fenster oder Aufzüge.

MERKE

Es zählt nur der Grundstücksort! Bei sonstigen Leistungen in Zusammenhang mit einem Grundstück spielt es keine Rolle, wo der leistende Unternehmer sein Unternehmen betreibt oder wo der Leistungsempfänger seinen Sitz oder Wohnsitz hat. Auch die Verwendung einer USt-IdNr. ist für die Bestimmung des Orts bedeutungslos.

BEISPIEL

Die Möbelhauskette MK mit Sitz in Dresden (Inland) beauftragt den belgischen Architekten P, ein neues Möbelhaus in Aachen (Inland) zu planen. P erbringt seine Planungsleistung hauptsächlich in seinem Büro in Brüssel (Belgien). Der Ort der sonstigen Leistung im Zusammenhang mit einem Grundstück ist nach § 3a Abs. 3 Nr. 1 Buchst. c UStG dort, wo das Grundstück liegt, also im Inland. Damit ist die Planungsleistung des Architekten eine in Deutschland steuerbare und steuerpflichtige sonstige Leistung.

Zuordnung von sonstigen Leistungen im Rahmen von Grundstücken

Im Einzelnen kann es schwierig sein, zu bestimmen, ob eine bestimmte sonstige Leistung im Zusammenhang mit einem Grundstück auch wirklich vorliegt. Folgende Gegenüberstellung von typischen Leistungen soll für mehr Klarheit sorgen:

Sonstige Leistungen i. S. d. § 3a Abs. 3 Nr. 1 UStG	
... innerhalb der Vorschrift	**... außerhalb der Vorschrift**
Vermietung von Grundstücken, Grundstücksteilen, Gebäuden oder Gebäudeteilen, § 3a Abs. 3 Nr. 1 Satz 2 Buchst. a UStG	Vermittlung einer kurzfristigen Vermietung von Zimmern in Hotels oder Ferienwohnungen
sonstige Leistungen in Zusammenhang mit der Veräußerung oder dem Erwerb von Grundstücken, z. B. Leistungen durch einen Notar oder Maklers, § 3a Abs. 3 Nr. 1 Satz 2 Buchst. b UStG	Veröffentlichung von Immobilienanzeigen
Sonstige Leistungen, die der Erschließung von Grundstücken oder der Vorbereitung oder der Ausführung von Bauleistungen dienen, z. B. Leistungen eines Architekten, Ausführung von Reparaturleistungen, soweit kein Material verwendet wird, das als Hauptstoff anzusehen ist, § 3a Abs. 3 Nr. 1 Satz 2 Buchst. c UStG, sowie Wartungs-, Renovierungs- und Reparaturarbeiten an einem Gebäude	Erstellung von Bauplänen für Gebäude, die keinem bestimmten Grundstück oder Grundstücksteil zugeordnet werden können Installation oder Montage, Arbeiten an Maschinen und Ausstattungsgegenständen, die kein wesentlicher Bestandteil eines Grundstücks sind

AUFGABE

M hat einen hohen Geldbetrag geerbt. Er beschließt, diesen Betrag in den Bau eines Mietshauses in Freiburg anzulegen. Zu diesem Zweck beauftragt er den Architekten A aus Stuttgart, die Baupläne für dieses Objekt anzufertigen. A stellt dem M 2.000 € zzgl. 380 € 19 % USt in Rechnung. Der Sachverhalt ist umsatzsteuerlich zu beurteilen.

LÖSUNG

A erbringt eine sonstige Leistung i. S. d. § 3 Abs. 9 UStG. Der Ort der Leistung befindet sich in Freiburg, also dort, wo das Grundstück belegen ist (§ 3a Abs. 3 Satz 2 Nr. 1 Buchst. c UStG). Die Bemessungsgrundlage nach § 10 Abs. 1 UStG beträgt 2.000 €, die darauf entfallende USt 380 €.

Sonderfall: Kurzfristige Vermietung von Beförderungsmitteln

Die **kurzfristige** Vermietung von **Beförderungsmitteln** i. S. d. § 3a Abs. 3 Nr. 2 UStG führt zu einem weiteren Sonderfall, der von den Grundfällen des § 3a Abs. 1 und Abs. 2 UStG abweicht und zu einem anderen Leistungsort führt.

Als kurzfristige Vermietung i. S. d. Vorschrift des § 3a Abs. 3 Nr. 2 UStG gilt eine Vermietung von bis zu 90 Tagen bei Wasserfahrzeugen, in allen anderen Fällen von bis zu 30 Tagen. Führt ein Unternehmer eine solche kurzfristige Vermietung eines Beförderungsmittels aus, ist der Ort der sonstigen Leistung dort, wo das Beförderungsmittel dem Nutzer überlassen wird. Es kommt dabei nicht darauf an, ob der Leistungsempfänger ein Unternehmer ist, eine USt-IdNr. verwendet, im Inland oder im Ausland ansässig ist.

MERKE

Es kommt auf den Übergabeort an! Der Ort der Überlassung des Fahrzeugs ist dort, wo der leistende Unternehmer dem Kunden das Fahrzeug tatsächlich übergibt.

BEISPIEL

Der Vermieter von Wohnmobilen C mit Sitz in München (Inland) vermietet an den deutschen Urlauber U ein Wohnmobil für 2 Wochen. Das Wohnmobil wird dem U in Lyon (Frankreich) übergeben. Der Ort der sonstigen Leistung ist dort, wo dem Nutzer das Wohnmobil überlassen wurde, also in Frankreich. Der Umsatz ist in Deutschland nicht steuerbar, C muss den Umsatz aber in Frankreich besteuern. C ist Steuerschuldner für die in Frankreich entstehende Umsatzsteuer und muss sich in Frankreich entweder zur Umsatzsteuer registrieren lassen oder kann den Umsatz bei Anmeldung zur One-Stop-Shop-Regelung (§ 18j UStG) auch über das BZSt in Deutschland für Frankreich besteuern.

Sonderfall: Langfristige Vermietung an Nichtunternehmer

Wird ein Fahrzeug **langfristig** an einen **Nichtunternehmer** vermietet liegt der Ort der sonstigen Leistung dort, wo der Leistungsempfänger seinen Wohnsitz oder seinen Sitz hat. Eine Ausnahme gibt es nur bei der langfristigen Vermietung von Sportbooten an Nichtunternehmer. Dann bleibt es beim Übergabeort, wenn der leistende Unternehmer an diesem Ort seinen Sitz, seine Geschäftsleitung oder eine Betriebsstätte hat, von der die Leistung tatsächlich ausgeführt wird.

BEISPIEL

Die Privatperson M aus Berlin (Inland) least langfristig einen Pkw für seinen privaten Bedarf von einem in den Niederlanden ansässigen Unternehmer. Das Fahrzeug hat M sich am Sitz der Leasinggesellschaft in Amsterdam (Niederlande) abgeholt. Die Leistung an M ist für die Leasinggesellschaft eine in Deutschland steuerbare und steuerpflichtige sonstige Leistung, die zu einer Besteuerung der Leistung in Deutschland führt. Die Besteuerung kann über eine individuelle Veranlagung im Inland oder als Alternative über die One-Stop-Shop-Regelung erfolgen.

5.2.3 Ort von Vermittlungsleistungen

Eine Besonderheit im Rahmen der Ortsbestimmung liegt für Vermittlungsleistungen vor. Eine Vermittlungsleistung liegt vor, wenn ein Umsatzgeschäft erkennbar im Namen des Vertretenen abgeschlossen wurde. Umsatzsteuerlich erbringt der Vermittler eine sonstige Leistung i. S. d. § 3 Abs. 9 UStG.

MERKE

Es muss bei der umsatzsteuerlichen Bewertung abgegrenzt werden, ob eine Vermittlung oder Eigenhandel vorliegt. Nach Abschn. 3.7. Abs. 1 Sätze 1 und 2 UStAE liegt das Unterscheidungsmerkmal in den Leistungsbeziehungen zwischen den Beteiligten. Maßgebend für die Bestimmung der umsatzsteuerrechtlichen Leistungsbeziehungen ist grundsätzlich mit Blick auf § 164 BGB das Zivilrecht.

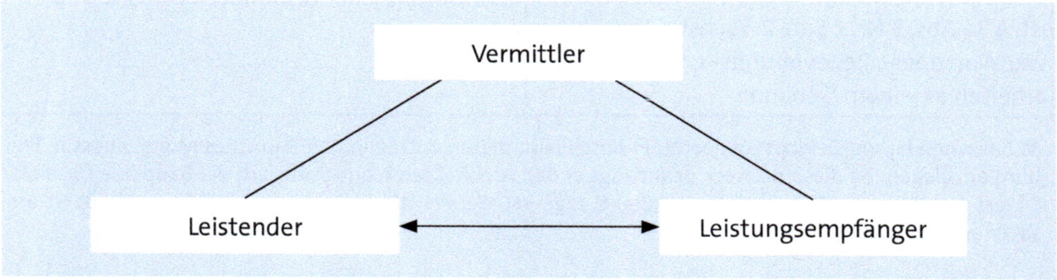

Ortsbestimmung

Zur Ortsbestimmung muss unterschieden werden, ob die Leistung an einen Unternehmer für dessen Unternehmen oder an einen Nichtunternehmer ausgeführt wird.

Vermittlung gegenüber einem Unternehmer für dessen Unternehmen

Der Ort von Vermittlungsleistungen gegenüber einem Unternehmer richtet sich nach den Bestimmungen des § 3a Abs. 2 UStG („B2B"). Demnach gilt die Vermittlungsleistung als dort ausgeführt, wo der Leistungsempfänger sein Unternehmen betreibt. Wird die Vermittlungsleistung an eine Betriebsstätte des empfangenden Unternehmers ausgeführt, ist der Ort der Vermittlungsleistung dort, wo der Leistungsempfänger seine Betriebsstätte unterhält.

BEISPIEL

Der deutsche Handelsvertreter D mit Sitz in Nürnberg vermittelt für den schweizerischen Unternehmer CH Lieferungen an Unternehmer in Deutschland. Die Ware wird aus einem Lager in Deutschland, das keine Betriebsstätte des CH ist, zu den Kunden in Deutschland transportiert. Der Ort der Vermittlungsleistung bestimmt sich nach § 3a Abs. 2 UStG und ist dort, wo CH sein Unternehmen betreibt, also in der Schweiz (Drittland). Die Vermittlungsleistung ist in Deutschland somit nicht steuerbar.

Vermittlung gegenüber einem Nichtunternehmer oder einem Unternehmer für private Zwecke

Vermittlung von Umsatz

Liegt eine Vermittlungsleistung gegenüber einem Nichtunternehmer oder einem Unternehmer für dessen nichtunternehmerischen Bereich vor, bestimmt sich der Ort der Vermittlungsleistung **vorrangig** nach § 3a Abs. 3 Nr. 4 UStG an dem Ort, an dem der vermittelte Umsatz ausgeführt wird.

BEISPIEL

Der deutsche Handelsvertreter D verkauft und vermittelt hochwertige Segelboote. Vom schwedischen Privatkunden S erhält D den Auftrag, den Verkauf eines Segelboots zu vermitteln, das in Kiel (Deutschland) liegt. D gelingt es, das Segelboot an den deutschen Rentner R zu vermitteln. Die Vermittlungsprovision wird von S an D geleistet.

D erbringt eine Vermittlungsleistung an die Privatperson S. Der Ort des vermittelten Umsatzes liegt in Deutschland. Damit ist die Vermittlungsleistung in Deutschland steuerbar.

Keine Vermittlung von Umsatz

Denkbar ist natürlich auch, dass eine Umsatzvermittlung nicht zustande kommt. Dennoch kann der Vermittler bspw. eine Tätigkeitsprovision erhalten, ohne dass eine Lieferung oder sonstige Leistung vermittelt wird. Diese Art der Vermittlungsleistung fällt nicht unter § 3a Abs. 3 Nr. 4 UStG. Der Ort der sonstigen Leistung wird dann nach der allgemeinen Grundregelung des § 3a Abs. 1 UStG ermittelt, also dort, wo der leistende Unternehmer sein Unternehmen betreibt.

BEISPIEL

D betreibt eine seriöse Partnerschaftsvermittlung in Frankfurt. Er ist auf Partnerschaften mit ausländischen Personen spezialisiert. Nachdem die Vermittlung für seinen Kunden F, der seinen Wohnsitz in Straßburg (Frankreich) hat, gescheitert ist, verlangt D von F die vertraglich vereinbarte Tätigkeitsprovision. Der Ort der Vermittlungsleistung liegt in Frankfurt.

Vermittlung im Zusammenhang mit einem Grundstück

Vermittlungen im Zusammenhang mit einem Grundstück gelten nach § 3a Abs. 3 Nr. 1 UStG als dort ausgeführt, wo das Grundstück gelegen ist. Der Ort des Grundstücks hat bei der Ortsbestimmung Vorrang. Es kommt also nicht darauf an, ob der Leistungsempfänger Unternehmer ist oder nicht, oder wo die Vertragsparteien ihr Unternehmen betreiben.

MERKE

Die Vermittlung von **kurzfristigen** Beherbergungsleistungen (z. B. für ein Ferienhaus) wird vom Finanzamt nicht als Leistung im Zusammenhang mit einem Grundstück angesehen.

Steuerbefreiungen bei Vermittlungsleistungen

Eine steuerbare Vermittlungsleistung muss nicht zwingend steuerpflichtig sein. Steuerbefreiungen für Vermittlungsleistungen sind unter § 4 Nr. 5 UStG zu finden. Bspw. kann die Vermittlung von steuerfreien Ausfuhrlieferungen i. S. d. § 4 Nr. 1 Buchst. a UStG nach § 4 Nr. 5 Buchst. a UStG steuerfrei sein.

6. Steuerfreiheit

Die Regelungen zu Steuerbefreiungen und Steuervergütungen befinden sich in den §§ 4 bis 9 UStG. Im Folgenden wird auf die wichtigsten prüfungsrelevanten Vorschriften zu Steuerbefreiungen eingegangen. Ergänzend hierzu verdienen die Fälle zum Verzicht auf Steuerbefreiungen eine besondere Aufmerksamkeit.

MERKE

Verwendet ein Unternehmer Lieferungen und sonstige Leistungen für steuerfreie Umsätze i. S. d. § 4 UStG, dann ist ein Vorsteuerabzug grundsätzlich (aber eben mit Ausnahmen, siehe die Umsätze [„Exportumsätze" nach § 4 Nr. 1 - 7 UStG!) hieraus nicht möglich, § 15 Abs. 2 Nr. 1 UStG. Deshalb ist es wichtig, den Sachverhalt nach steuerfreien Umsätzen zu prüfen. Übrigens darf Steuerfreiheit nicht mit dem Nullsteuersatz aus § 12 Abs. 3 UStG verwechselt werden.

6.1 Exportumsätze

Unter die Exportumsätze fallen u. a. die Ausfuhrlieferungen, die Lohnveredelungen an Gegenständen der Ausfuhr und die innergemeinschaftlichen Lieferungen.

Ausfuhrlieferungen nach § 6 UStG

Ausfuhrleistungen i. S. d. § 6 UStG fallen unter die steuerfreien Umsätze (§ 4 Nr. 1 UStG). Voraussetzung für die Steuerfreiheit der Ausfuhrlieferung ist eine Warenbewegung ins Drittlandsgebiet, die dem Umsatz des Lieferers zugeordnet werden kann. Der Lieferant oder sein ausländischer Abnehmer müssen den Liefergegenstand in das Drittlandsgebiet befördern oder versenden.

Lohnveredelungen an Gegenständen der Ausfuhr nach § 7 UStG

Allgemein gesprochen sind unter „Lohnveredelungen" i. S. d. § 7 UStG alle Arbeiten an beweglichen körperlichen Gegenständen des Auftraggebers einschließlich deren Begutachtung. Im Rahmen der Umsatzart handelt es sich bei Lohnveredelungen um eine Unterform der Werkleistung.

Eine Lohnveredelung an einem Gegenstand der Ausfuhr (§ 4 Nr. 1 Buchstabe a) liegt gem. § 7 Abs. 1 Satz 1 UStG vor, wenn bei einer Bearbeitung oder Verarbeitung eines Gegenstands der **Auftraggeber** den Gegenstand zum **Zweck der Bearbeitung oder Verarbeitung** in das Gemeinschaftsgebiet eingeführt oder zu diesem Zweck in diesem Gebiet erworben hat und

- der **Unternehmer** den bearbeiteten oder verarbeiteten Gegenstand in das Drittlandsgebiet befördert oder versendet hat oder
- der **Auftraggeber** den bearbeiteten oder verarbeiteten Gegenstand in das Drittlandsgebiet befördert oder versendet hat **und** ein **ausländischer Auftraggeber** ist oder
- der **Unternehmer** den bearbeiteten oder verarbeiteten Gegenstand in die in § 1 Abs. 3 UStG bezeichneten Gebiete befördert oder versendet hat **und** der Auftraggeber ein **ausländischer Auftraggeber** ist oder
- ein Unternehmer ist, der im Inland oder in den bezeichneten Gebieten ansässig ist **und** den bearbeiteten oder verarbeiteten Gegenstand für Zwecke seines Unternehmens verwendet.

Wie sonst auch in umsatzsteuerlichen Fällen, muss im ersten Schritt über die Steuerbarkeit bei Be- oder Verarbeitungsleistungen entschieden werden, wenn die Gegenstände im Anschluss daran in das Drittlandsgebiet befördert oder versendet werden. Hierfür ist maßgebend, wo sich der Leistungsort befindet:

Bestimmung des Leistungsorts

Status Auftraggeber	**Leistungsort**
Auftraggeber ist ein im **Ausland** ansässiger **Unternehmer**	Leistungsort ist an dem Ort, an dem dieser sein Unternehmen betreibt.
Auftraggeber ist ein im **Inland** ansässiger **Unternehmer**	Leistungsort ist gem. § 3a Abs. 2 UStG im Inland.
Auftraggeber ist ein **Nichtunternehmer**	Leistungsort ist dort, wo die Arbeiten an dem (beweglichen) Gegenstand tatsächlich ausgeführt werden oder wo sich der Gegenstand im Zeitpunkt seiner Verarbeitung befindet. Liegt der Ort des Umsatzes danach im Inland, kommt es zu einer Steuerbefreiung nach § 4 Nr. 1 Buchst. a i. V. m. § 7 Abs. 1 UStG.

BEISPIEL

Lohnveredler L erhält von der in Deutschland ansässigen X-AG den Auftrag, Hölzer zu beizen und im Anschluss daran an den Kunden der X-AG nach Norwegen zu versenden.

Die Leistung von L ist gem. § 3a Abs. 2 UStG im Inland steuerbar, da der Auftraggeber ein in Deutschland ansässiger Unternehmer ist. Die Leistung ist steuerfrei i. S. d. § 4 Nr. 1 Buchst. a UStG, weil die Voraussetzungen des § 7 Abs. 1 Satz 1 Nr. 1 UStG erfüllt sind.

Ergänzend hierzu: Die Steuerbefreiung könnte nicht gewährt werden, wenn die X-AG den Auftrag zur Versendung nach Norwegen erteilt hätte, weil in diesem Fall ein inländischer und eben kein ausländischer Auftraggeber den Transportauftrag auslöst (vgl. § 7 Abs. 1 Satz 1 Nr. 2 UStG).

HINWEIS

Für den innergemeinschaftlichen Erwerb von Gegenständen gibt es mit § 4b UStG eine eigene Steuerbefreiungsvorschrift.

6.2 Verzicht auf die Steuerbefreiung

Steuerfreie Umsätze nach § 4 oder § 19 UStG schließen grundsätzlich den Vorsteuerabzug aus. Um dennoch in Fällen von steuerfreien Ausgangsleistungen eine Vorsteuerabzugsberechtigung aus Vorleistungen zu erhalten, kann der Unternehmer unter bestimmten Voraussetzungen steuerfreie Umsätze als steuerpflichtig erfassen.

Nach § 9 Abs. 1 UStG gilt die Option für folgende steuerfreie Umsätze:

- § 4 Nr. 8 Buchst. a - g UStG: Umsätze in Zusammenhang mit Geldgeschäften,
- § 4 Nr. 9 Buchst. a UStG: Umsätze, die unter das Grunderwerbsteuergesetz fallen,
- § 4 Nr. 12 UStG: Die Vermietung und Verpachtung von Grundstücken,
- § 4 Nr. 13 UStG: Leistungen, die Wohnungseigentümergemeinschaften an die Wohnungseigentümer und Teileigentümer erbringen
- § 4 Nr. 19 UStG: Umsätze von Blinden.

Der Unternehmer kann also Umsätze, die **steuerfrei** sind, als **steuerpflichtig** behandeln, wenn der Umsatz **an einen anderen Unternehmer für dessen Unternehmen** ausgeführt wird.

AUFGABE

A ist Eigentümer eines Mehrparteienhauses, das sie vermietet. Das Erdgeschoss vermietet sie an die Rechtsanwältin R. Das 1. Obergeschoss vermietet sie an den Augenarzt O und das Dachgeschoss an seine Schwester S zu Wohnzwecken. In welchen Fällen steht dem A eine Optionsmöglichkeit zur Verfügung?

LÖSUNG

Erdgeschoss	Die Rechtanwältin R erzielt steuerpflichtige Ausgangsumsätze und ist demnach zum Abzug von Vorsteuer berechtigt. Es besteht für den A die Optionsmöglichkeit i. S. d. 9 UStG.
Obergeschoss	Augenarzt O erzielt keine steuerpflichtigen Ausgangsumsätze. Dem A steht die Möglichkeit einer Option nicht zu.
Dachgeschoss	Bei Vermietung zu Wohnzwecken ist stets eine Vermietung mit Umsatzsteuer nicht möglich.

MERKE

Für steuerfreie Umsätze, die nicht unter dem § 9 Abs. 1 UStG aufgezählt sind, ist eine Option nicht möglich.

Im Folgenden sollen lediglich die Umsätze, die unter das Grunderwerbsteuergesetz fallen und die Umsätze aus Vermietung und Verpachtung näher betrachtet werden.

Umsätze, die unter das Grunderwerbsteuergesetz fallen (§ 4 Nr. 9 Buchst. a UStG)

Der Verkauf eines Grundstücks ist steuerbar, wenn das Grundstück im Inland belegen ist und von einem Unternehmer veräußert wird. Dieser Verkaufsvorgang fällt unter das Grunderwerbsteuergesetz und damit ist der Verkauf des Grundstücks grundsätzlich nach § 4 Nr. 9 Buchst. a UStG umsatzsteuerfrei. Auf diese Steuerbefreiung kann unter den allgemeinen Voraussetzungen des § 9 Abs. 1 UStG verzichtet werden.

MERKE

Bei der Prüfung, ob ein Umsatz vorliegt, der unter das Grunderwerbsteuergesetz fällt, ist stets vorrangig darauf zu achten, ob nicht ein Umsatz im Rahmen einer **nicht steuerbaren Geschäftsveräußerung** i. S. d. § 1 Abs. 1a UStG vorliegt.

Umsätze aus Vermietung und Verpachtung von Grundstücken (§ 4 Nr. 12 UStG)

Ausnahmen der steuerfreien Vermietung

Die Vermietung und Verpachtung von Grundstücken ist grundsätzlich nach § 4 Nr. 12 Buchst. a UStG steuerfrei. Davon gibt es wichtige Ausnahmen: nach der gleichen Vorschrift sind u. a. die Umsätze aus Vermietung von Wohn- und Schlafräumen, die ein Unternehmer zur kurzfristigen Beherbergung von Fremden bereithält, die Vermietung von Plätzen für das Abstellen von Fahrzeugen, die kurzfristige Vermietung auf Campingplätzen nicht befreit von der Umsatzsteuer.

Empfänger: steuerbare und steuerpflichtige Umsätze

Der Verzicht auf Steuerbefreiung bei Umsätzen aus Vermietung oder Verpachtung von Grundstücken ist aber gem. § 9 Abs. 2 Satz 1 UStG nur zulässig, soweit der Leistungsempfänger das Grundstück ausschließlich für Umsätze verwendet oder zu verwenden beabsichtigt, die den Vorsteuerabzug nicht ausschließen.

7. Bemessungsgrundlage (§ 10 UStG)

Mit § 10 UStG wird die Bemessungsgrundlage für Lieferungen, sonstige Leistungen und innergemeinschaftliche Erwerbe geregelt. Der Umsatz wird gem. § 10 Abs. 1 Satz 1 und 2 UStG bei Lieferungen und sonstigen Leistungen (§ 1 Abs. 1 Nr. 1 Satz 1 UStG) und bei dem innergemeinschaftlichen Erwerb (§ 1 Abs. 1 Nr. 5 UStG) nach dem Entgelt bemessen. Entgelt ist alles, was den Wert der Gegenleistung bildet, die der leistende Unternehmer vom Leistungsempfänger oder von einem anderen als dem Leistungsempfänger für die Leistung erhält.

Entgeltsminderung

Entgeltsminderungen reduzieren die Bemessungsgrundlage. Diese liegen vor, wenn

- der Leistungsempfänger bei der Zahlung Beträge abzieht, z. B. Skonti, Rabatte, Preisnachlässe oder
- dem Leistungsempfänger bereits bezahlte Beträge zurückgewährt werden, ohne dass er dafür eine Leistung zu erbringen hat.

Entgelterhöhung

Zuschläge für eine Kreditgewährung im Zusammenhang mit anderen Umsätzen können zu Entgeltserhöhungen führen. Ist die Kreditgewährung dagegen als selbstständige Leistung anzusehen, fällt sie unter die Steuerbefreiung des § 4 Nr. 8 Buchst. a UStG. Nach Abschn. 3.11 Abs. 1 UStAE erbringt der leistende Unternehmer im Falle der Kreditgewährung im Zusammenhang mit einer Lieferung oder sonstigen Leistung grundsätzlich jeweils eigene selbständige Leistungen. Die naturgemäße Verbindung des Kreditgeschäfts zu der Lieferung oder sonstigen Leistung reicht für sich genommen für die Annahme einer einheitlichen Leistung nicht aus. Es kommt also auf die Einzelfallbetrachtung an.

Aus einem Bruttobetrag lässt sich mit folgender Übersicht der Nettobetrag und die Umsatzsteuer einfach herausrechnen[1]:

Steuersatz	Umsatzsteuer vom Brutto	Nettobetrag	
		Faktor	Teiler
7 %	6,54 %	93,46 %	1,07
19 %	15,97 %	84,03 %	1,19

Bei einem Brutto-Rechnungsbetrag von 119 € beträgt der Nettobetrag 119 € · 84,03 % = 100 €

7.1 Bemessungsgrundlage für den innergemeinschaftlichen Erwerb (§ 10 Abs. 1 UStG)

Bemessungsgrundlage für den innergemeinschaftlichen Erwerb ist das Entgelt i. S. d. § 10 Abs. 1 UStG bemessen. Allerdings sind gem. 10 Abs. 1 Satz 3 UStG hierbei Verbrauchsteuern, die vom Erwerber geschuldet oder entrichtet werden, in die Bemessungsgrundlage einzubeziehen.

7.2 Bemessungsgrundlage für unentgeltliche Lieferungen (§ 10 Abs. 4 Nr. 1 UStG)

BMG = Einkaufspreis oder nachrangig Selbstkosten

Liegt eine unentgeltliche Lieferung vor, wird der Umsatz nach § 10 Abs. 4 Nr. 1 UStG bemessen bei dem Verbringen eines Gegenstands im Sinne des § 1a Abs. 2 UStG und des § 3 Abs. 1a UStG sowie bei Lieferungen im Sinne des § 3 Abs. 1b UStG nach dem **Einkaufspreis** zuzüglich der Nebenkosten (**Wiederbeschaffungspreis**) für den Gegenstand oder für einen gleichartigen Gegenstand oder **mangels** eines Einkaufspreises nach den **Selbstkosten**, jeweils **zum Zeitpunkt des Umsatzes**.

AUFGABE

A betreibt einen Handel mit Fahrrädern mit Sitz in Stuttgart. Als seine Tochter T, wohnhaft in Wien (Österreich), ihren 20igsten Geburtstag feiert, entnimmt A ein Fahrrad aus seinem Lager und schenkt es der T. A hat das Fahrrad für 650 € beschafft. Am Tag des Geburtstags betrug der Wiederbeschaffungspreis 600 €. Der Sachverhalt ist umsatzsteuerlich zu beurteilen.

LÖSUNG

A beschenkt seine Tochter T. Hier liegt eine Entnahme des Fahrrads durch den Unternehmer A aus dessen Unternehmen vor für Zwecke, die außerhalb des Unternehmens liegen (§ 3 Abs. 1b Nr. 1 UStG). Die Entnahme wird einer Lieferung gegen Entgelt werden gleichgestellt. Ort der Leistung ist nach § 3 Abs. 6 UStG Stuttgart. Auf den Wohnsitzort in Österreich kommt es nicht an. Die Leistung ist steuerbar i. S. d. § 1 Abs. 1 Nr. 1 UStG. Die Bemessungsgrundlage beträgt 600 € als Wiederbeschaffungspreis zum Zeitpunkt der Schenkung (= Zeitpunkt des Umsatzes).

1 Dies kann insbesondere für Kleinbetragsrechnungen (bis 250 €) hilfreich sein, da hier die Umsatzsteuer nicht eigens auszuweisen ist (vgl. § 33 UStDV).

7.3 Bemessungsgrundlage für unentgeltliche sonstige Leistungen (§ 10 Abs. 4 Nr. 2 und 3 UStG)

Gemäß § 10 Abs. 4 Nr. 2 UStG dient als Bemessungsgrundlage bei sonstigen Leistungen im Sinne des § 3 Abs. 9a Nr. 1 UStG nach den bei der Ausführung dieser Umsätze entstandenen Ausgaben, soweit sie zum vollen oder teilweisen Vorsteuerabzug berechtigt haben. Zu diesen Ausgaben gehören auch die Anschaffungs- oder Herstellungskosten eines Wirtschaftsguts, soweit das Wirtschaftsgut dem Unternehmen zugeordnet ist und für die Erbringung der sonstigen Leistung verwendet wird. Betragen die Anschaffungs- oder Herstellungskosten mindestens 500 €, sind sie gleichmäßig auf einen Zeitraum zu verteilen, der dem für das Wirtschaftsgut maßgeblichen Berichtigungszeitraum nach § 15a UStG entspricht.

8. Einführung zum Vorsteuerabzug (§§ 15, 15a UStG)

Wenn bestimmte Erfordernisse erfüllt sind, kann ein Unternehmer die ihm in Rechnung gestellte Vorsteuer zum Abzug bringen. Im Folgenden wird auf diese Erfordernisse intensiver eingegangen. Ergänzend dazu sind die Rechtsfolgen darzustellen, wenn diese Voraussetzungen nicht vorliegen oder diese sich verändert haben.

Grundvoraussetzung für einen Vorsteuerabzug ist das Vorliegen **ordnungsgemäßer Rechnungen** i. S. d. § 14 UStG. In diesem Zusammenhang hat der Ausweis der geschuldeten Steuer in der Rechnung ordnungsgemäß zu erfolgen. Ausnahmen beim Steuerausweis gelten bei **Kleinbetragsrechnung** und **Fahrausweise**.

E-Rechnung ab dem 01.01.2025

Eine Neuerung ergibt aus der Verpflichtung zur E-Rechnung (ab dem 01.01.2025 mit Übergangsfristen). Sofern eine Verpflichtung zur E-Rechnung besteht, darf der Rechnungsempfänger ausschließlich aus diesen E-Rechnungen den Vorsteuerabzug geltend machen. Stellt der Leistende – trotz Verpflichtung – keine E-Rechnung nach den gesetzlichen Vorgaben aus, verliert der Rechnungsempfänger den Vorsteuerabzug (spätestens nach dem Auslaufen der Übergangsregelungen).

8.1 Vorsteuerabzug (§ 15 Abs. 1 Satz 1 Nr. 1 UStG)

Der Unternehmer kann nach § 15 Abs. 1 Satz 1 Nr. 1 UStG Vorsteuerbeträge abziehen, wenn eine gesetzlich geschuldete Steuer für Lieferungen und sonstige Leistungen, die von einem anderen Unternehmer für sein Unternehmen ausgeführt worden sind, vorliegt.

Unternehmereigenschaft

Sowohl Leistungsempfänger als auch Leistender müssen die Unternehmereigenschaft i. S. d. § 2 UStG erfüllen. Demnach ist jemand Unternehmer, wer eine **gewerbliche oder berufliche Tätigkeit selbstständig** ausübt, unabhängig davon, ob er nach anderen Vorschriften rechtsfähig ist. Das Unternehmen umfasst die **gesamte gewerbliche oder berufliche Tätigkeit** des Unternehmers. Gewerblich oder beruflich ist jede **nachhaltige Tätigkeit zur Erzielung von Einnahmen**, auch wenn die Absicht, Gewinn zu erzielen, fehlt.

Umsatzloser Unternehmer

Die Unternehmereigenschaft beginnt bereits mit den ersten nach außen, auf die Ausführung entgeltlicher Leistungen gerichteten Handlungen. Auch wenn ein Unternehmer schon zu Beginn seiner Tätigkeit scheitert und keine Umsätze generiert, kann er bereits Vorsteuerabzug geltend machen. Es müssen nur objektive Anhaltspunkte vorliegen, die die Absicht belegen, dass eine zu steuerbaren Umsätzen führende wirtschaftliche Tätigkeit aufgenommen wurde.

Das Ende der Unternehmereigenschaft liegt vor, sobald nach außen erkennbar endgültig keine auf Einnahmeerzielung gerichtete Tätigkeit mehr ausgeübt wird. Wenn die Tätigkeit des Unternehmers zwischenzeitlich nur ruht, führt das noch nicht zu deren Beendigung.

Kleinunternehmer

Nicht zum Abzug von Vorsteuer berechtigt ist gem. § 19 Abs. 1 Satz 4 UStG der Kleinunternehmer, d. h. dessen Umsatz zuzüglich der darauf entfallenden Steuer die **Grenzen des § 19 Abs. 1 Satz 1 UStG nicht überschreitet**. Die Möglichkeit des Vorsteuerabzugs ist allerdings dann gegeben, wenn der Unternehmer nach § 19 Abs. 2 UStG auf die Sonderregelung für Kleinunternehmer verzichtet und **zur Regelbesteuerung optiert**.

Leistungsbezug für das Unternehmen

Jeder Unternehmer kann neben seinem unternehmerischen Bereich auch einen nichtunternehmerischen Bereich haben. Ist ein Unternehmer eine natürliche Person, ist das offensichtlich in Gestalt seines Privatbereichs.

BEISPIEL

A betreibt ein Architekturbüro. Er kauft seiner Tochter zum Geburtstag ein Handy für 800 € zzgl. 19 % Umsatzsteuer (gesondert ausgewiesen) aus betrieblichen Mitteln. Ein Abzug von Vorsteuer ist für A nicht möglich, da das Handy nicht im Rahmen seiner beruflichen Tätigkeit als Architekt beschafft wurde.

Gemischte Leistungsbezüge für das Unternehmen

Sofern ein Gegenstand sowohl für unternehmerische Zwecke als auch für nichtunternehmerische Zwecke (z. B. Handy, Fahrzeug) vorgesehen ist, spricht man von einer gemischten Nutzung. Der Steuerpflichtige (Unternehmer) hat für einen Gegenstand (nicht aber für Dienstleistungen!) dann ein Zuordnungswahlrecht. Die Zuordnung kann

- vollständig (Gegenstände: 10 % unternehmerische Mindestnutzung),
- teilweise oder
- gar nicht erfolgen.

Mindestnutzung 10 %

Nach § 15 Abs. 1 Satz 2 UStG gilt die Lieferung, die Einfuhr oder der innergemeinschaftliche Erwerb eines Gegenstands, den der Unternehmer zu weniger als 10 % für sein Unternehmen nutzt, nicht als für sein Unternehmen ausgeführt.

BEISPIEL

Der Unternehmer U erwirbt einen Pkw zum Anschaffungspreis von 60.000 € zzgl. 11.400 € (19 % USt). Er beabsichtigt das Fahrzeug zu 70 % betrieblich und zu 30 % privat zu nutzen. Maßgebend ist hierbei das Verhältnis der Kilometer unternehmerischer Fahrten zu den gesamten Jahreskilometern des Fahrzeugs. Indem U das Fahrzeug seinem Unternehmen zuordnet, kommt es zum vollständigen Vorsteuerabzug. Nach § 3 Abs. 9a Nr. 1 UStG wird allerdings die Verwendung eines dem Unternehmen zugeordneten Gegenstands (hier das Fahrzeug) einer sonstigen Leistung gegen Entgelt gleichgestellt. Die private Nutzung unterliegt dann der Umsatzsteuer.

Mehrere Fahrzeuge

Komplizierter wäre es, wenn U sich ein zweites oder drittes Fahrzeug anschaffen würde. Dann ist regelmäßig davon auszugehen, dass diese Fahrzeuge zu weniger als 10 % unternehmerisch genutzt werden.

Teilweise Nutzung

Bei Lieferung vertretbarer Sachen (Sachen, die nach Zahl, Maß oder Gewicht bestimmt sind) oder bei sonstigen Leistungen, die auf einen betrieblichen und privaten Teil entfallen, muss die Vorsteuer in einen abziehbaren und nicht anziehbaren Teil gesplittet werden.

BEISPIEL

Im Privathaus des Steuerberaters E befindet sich neben den Wohnräumen auch seine Kanzlei. Das Haus wird mit Strom über eine Wärmepumpe beheizt. Die Vorsteuer, die auf den Strombezug entfällt, darf nur für den unternehmerischen Teil zum Abzug gebracht werden. Als Aufteilungsschlüssel kommen die Raumflächen infrage.

Ordnungsgemäß ausgestellte Rechnungen

Die Voraussetzungen für den Vorsteuerabzug hat der Unternehmer durch ordnungsgemäß ausgestellte und geführte Belege nachzuweisen. Als ausreichender Beleg ist anzusehen:

- bei Inlandsfällen für die von einem anderen Unternehmer gesondert in Rechnung gestellten Steuern eine ordnungsgemäße Rechnung i. S. d. §§ 14, 14a UStG i. V. m. den §§ 31 – 34 UStDV;
- für die Einfuhrumsatzsteuer ein zollamtlicher Beleg.

Entstehung und Ausübung des Vorsteueranspruchs

Der Unternehmer als Leistungsempfänger kann die in einer Rechnung gesondert ausgewiesene Umsatzsteuer dann geltend machen, sobald die Leistung ausgeführt **und** die Rechnung beim Leistungsempfänger eingegangen ist. Der Vorsteuerabzug ist dann im jeweiligen Besteuerungszeitraum (Kalendervierteljahr, Monat oder Kalenderjahr) vorzunehmen.

Normalfall: Leistungsbezug und Rechnung

Sollten diese beiden Voraussetzungen, also die Ausführung der Leistung und eine ordnungsgemäß ausgestellte Rechnung, nicht gleichzeitig erfüllt sein, ist der Vorsteuerabzug möglich, sobald erstmals **beide Voraussetzungen** vorliegen. Auf den Zeitpunkt der Zahlung kommt es nicht an.

BEISPIEL

Unternehmer U reicht monatlich seine Umsatzsteuer-Voranmeldungen ein. Er erhält im April 2024 vom Handwerksbetrieb H eine Vorausrechnung über die Installation von Sanitäranlagen für die betriebliche Werkstatt des U. Im Mai 2024 hat H die Leistung ausgeführt. U bezahlt die Vorausrechnung erst im Juni 2024. Die Voraussetzungen für den Vorsteuerabzug – Leistungsbezug und Rechnung – sind erstmals im Mai erfüllt, sodass U die Vorsteuer im Voranmeldungszeitraum Mai abziehen darf.

Ausnahme Anzahlung: Rechnung und Bezahlung

Vom obigen Grundsatz gibt es eine Ausnahme. Soweit der gesondert ausgewiesene Steuerbetrag auf eine Zahlung **vor Ausführung des Umsatzes** entfällt, ist die Vorsteuer bereits abziehbar, wenn die Rechnung vorliegt **und** die Zahlung geleistet worden ist.

BEISPIEL

Unternehmer U erhält im Oktober 2024 eine Rechnung über eine Anzahlung für eine betrieblich veranlasste Anschaffung einer Maschine. U begleicht die Rechnung sofort. Der Umsatz wurde an U aber erst im Januar 2025 ausgeführt. Da eine ordnungsgemäß ausgestellte Rechnung vorliegt und diese bereits im Oktober bezahlt wurde, erfolgt der Abzug der Vorsteuer bereits im Oktober 2024.

Weitere Fälle

Zeitpunkt des Vorsteuerabzugs bei weiteren Sachverhalten:

Der Vorsteuerabzug beim innergemeinschaftlichen Erwerb erfolgt normalerweise in der gleichen Voranmeldung, in der auch die Umsatzsteuer des innergemeinschaftlichen Erwerbs aufgeführt ist. Analog gilt dies auch für die Fälle des Reverse-Charge-Verfahrens.

Bei der Einfuhrumsatzsteuer erfolgt der Vorsteuerabzug im Zeitpunkt der Entstehung der Einfuhrumsatzsteuer. Auf den Zeitpunkt der Bezahlung kommt es hier nicht an.

8.2 Einfuhrumsatzsteuer als Vorsteuerabzug (§ 15 Abs. 1 Satz 1 Nr. 2 UStG)

Nach § 15 Abs. 1 Nr. 2 UStG kann ein Unternehmer die entstandene Einfuhrumsatzsteuer für Gegenstände, die für sein Unternehmen nach § 1 Abs. 1 Nr. 4 UStG eingeführt worden sind, als Vorsteuer abziehen.

MERKE

Die Einfuhrumsatzsteuer wird an den Zoll gezahlt, der Vorsteuerabzug erfolgt über die Umsatzsteuervoranmeldung beim zuständigen Finanzamt.

Eine **Einfuhr** liegt vor, wenn der Unternehmer den eingeführten Gegenstand in seinen im Inland belegenen Unternehmensbereich eingegliedert hat, um diesen zur Ausführung von Umsätzen einzusetzen.

BEISPIEL

Der deutsche Einzelhändler D mit Sitz in München bestellt beim norwegischen Großhändler N aus Oslo eine Maschine für sein Unternehmen. Die Lieferkonditionen lauten "unverzollt und unversteuert". Die Maschine wird durch einen deutschen Spediteur von Norwegen nach München zu D befördert. Die deutsche Einfuhrumsatzsteuer verauslagt der Spediteur und stellt diese dem D in Rechnung. Es handelt sich um eine Versendungslieferung, die in Norwegen mit Übergabe der Maschine an den Spediteur als ausgeführt gilt. Die Verfügungsmacht liegt deshalb mit Grenzübertritt bereits beim Leistungsempfänger D. D ist hinsichtlich der Einfuhrumsatzsteuer vorsteuerabzugsberechtigt.

8.3 Vorsteuerabzug aus innergemeinschaftlichem Erwerb (§ 15 Abs. 1 Satz 1 Nr. 3 UStG)

Der Unternehmer kann die Steuer für den innergemeinschaftlichen Erwerb von Gegenständen für sein Unternehmen nach § 15 Abs. 1 Satz 1 Nr. 3 UStG als Vorsteuer abziehen. Voraussetzung hierfür ist, dass der innergemeinschaftliche Erwerb nach § 3d Satz 1 UStG im Inland bewirkt wird. D. h. der Gegenstand muss sich am Ende der Beförderung oder Versendung im Inland befinden.

BEISPIEL

Der Unternehmer D mit Sitz in Rostock erwirbt beim portugiesischen Händler P 2 Farbkopierer zum Gesamtwert von 3.000 €. D holt die Geräte selbst ab. Der Gegenstand befindet sich i. S. d. § 3d Satz 1 UStG am Ende der Beförderung im Inland. Die Voraussetzungen für einen innergemeinschaftlichen Erwerb liegen vor. Die Bemessungsgrundlage beträgt 3.000 €. D kann gem. § 15 Abs. 1 Satz 1 Nr. 3 UStG einen Vorsteuerabzug von 570 € (3.000 € · 19 %) geltend machen.

8.4 Steuer für Leistungen i. S. d. § 13b Abs. 1 und 2 UStG (§ 15 Abs. 1 Satz 1 Nr. 4 UStG)

In bestimmten Fällen schuldet der Leistungsempfänger die Steuer im Rahmen des Reverse-Charge-Verfahrens nach § 13b UStG. Das Reverse-Charge-Verfahren kommt gem. § 13b Abs. 2 UStG u. a. bei Werklieferungen oder sonstigen Leistungen ausländischer Unternehmer zur Anwendung. Der Unternehmer kann in diesen Fällen die Steuer für Leistungen, die für sein Unternehmen ausgeführt worden sind, als Vorsteuer abziehen (§ 15 Abs. 1 Satz 1 Nr. 4 UStG). Soweit die Steuer auf eine Zahlung vor Ausführung dieser Leistungen entfällt, ist sie nach § 15 Abs. 1 Satz 1 Nr. 4 Satz 2 UStG abziehbar, wenn die Zahlung geleistet worden ist.

8.5 Nicht abziehbare Vorsteuerbeträge (§ 15 Abs. 1a UStG)

Nicht abziehbar sind nach § 15 Abs. 1a UStG Vorsteuerbeträge, die auf Aufwendungen, für die das Abzugsverbot des § 4 Abs. 5 Satz 1 Nr. 1 - 4, 7 oder des § 12 Nr. 1 EStG gilt, entfallen. Darunter fallen bspw. Geschenke an Personen, die nicht Arbeitnehmer des Steuerpflichtigen sind, wenn die Anschaffungs- oder Herstellungskosten der dem Empfänger im Wirtschaftsjahr zugewendeten Gegenstände insgesamt 50 € übersteigen

MERKE

Keine Einschränkung beim Vorsteuerabzug für **angemessene** Bewirtungsaufwendungen. Das Abzugsverbot gilt gem. § 15 Abs. 1a Satz 2 UStG also nicht für Bewirtungsaufwendungen, soweit § 4 Abs. 5 Satz 1 Nr. 2 EStG einen Abzug angemessener und nachgewiesener Aufwendungen ausschließt.

8.6 Anteiliger Vorsteuerabzug (§ 15 Abs. 4 UStG)

In bestimmten Fällen ist es nicht möglich, dass ein Unternehmer einen vollständigen Vorsteueranspruch geltend machen kann. Dem trägt § 15 Abs. 4 UStG Rechnung. Dieser regelt die Aufteilung von Vorsteuern, die auf Eingangsrechnungen beruhen, die für steuerbare steuerpflichtige und für steuerbare steuerfreie Umsätze verwendet worden sind

Bzgl. der Anwendung bzw. der Anwendbarkeit der Vorsteuer-Aufteilung nach § 15 Abs. 4 UStG ist also zu unterscheiden zwischen:

- Vorsteuer, die in voller Höhe abziehbar ist, weil sie ausschließlich Umsätzen zuzurechnen ist, die zum Vorsteuer-Abzug berechtigen,
- Vorsteuer, die in voller Höhe vom Abzug ausgeschlossen ist, weil sie ausschließlich Umsätzen zuzurechnen ist, die nicht zum Vorsteuer-Abzug berechtigen (z. B. Umsätze eines Humanmediziners) und
- Vorsteuer, die sowohl mit Umsätzen, die zum Vorsteuer-Abzug berechtigen, als auch mit Umsätzen, die den Vorsteuer-Abzug ausschließen, in wirtschaftlichem Zusammenhang stehen.

Nur der letzte Fall fällt unter die Anwendbarkeit des § 15 Abs. 4 UStG.

MERKE

Die Regelung des § 15 Abs. 4 UStG betrifft die Vorsteuer im Rahmen einer unternehmerischen Tätigkeit. Davon zu unterscheiden ist die Frage, wie die Aufteilung zu erfolgen hat, wenn Eingangsrechnungen für eine nichtunternehmerische Tätigkeit verwendet werden. Die Vorsteuer auf derartige Aufwendungen berechtigt nicht zum Vorsteuerabzug.

Angenommen, es wäre eine Aufteilung der Vorsteuer notwendig. Nach welchem Maßstab soll bzw. darf die Vorsteuer aufgeteilt werden? Nach § 15 Abs. 4 Satz 2 UStG kann der Unternehmer die nicht abziehbaren Teilbeträge im Wege einer sachgerechten Schätzung ermitteln. So können Flächenanteile als Grundlage einer sachgerechten Aufteilung diesen. Nach Satz 3 dieser Vorschrift ist eine Aufteilung nach Umsatzerlösen dann möglich, wenn keine andere wirtschaftliche Zurechnung möglich ist.

AUFGABE

A betreibt eine Praxis als Physiotherapeut. Er erzielt Einnahmen 2024 aus Heilbehandlungen i. H. v. 23.300 € und Einnahmen i. H. v. 61.400 € für Wohlfühlmassagen ohne medizinischen Hintergrund. Im Jahr 2024 erhält er diverse Eingangsrechnungen, die in Summe eine Vorsteuer von 3.780 € beinhalten. Kann A einen Vorsteuerabzug geltend machen? Wenn ja, in welcher Höhe?

LÖSUNG

A erzielt sowohl steuerpflichtige (Wohlfühlmassagen) als auch steuerfreie Einnahmen (Heilbehandlungen), sogenannte Mischumsätze. Dadurch ist ein anteiliger Vorsteuerabzug möglich. Als Aufteilungsschlüssel dienen die Umsätze, alternative Aufteilungsschlüssel sieht der Sachverhalt nicht vor. Also:

$$\text{Abziehbare Vorsteuer} = \frac{51.597\ €\ (\textit{Steuerpflichtige Teil, netto!})}{74.897\ €\ (\textit{Gesamteinnahmen, netto!})} \cdot 3.780\ € = 2.604,07\ €$$

Nach Anwendung der Aufteilung nach Umsätzen i. S. d. § 15 Abs. 4 Satz 3 UStG beträgt die abziehbare Vorsteuer 2.604,07 €.

8.7 Berichtigung des Vorsteuerabzugs (§ 15a UStG)

Die Verwendung eines Wirtschaftsguts kann sich in deren Nutzungsdauer in der Art verändern, dass dieses umsatzsteuerlich neu bewertet werden muss.

Der Bauunternehmer B erwirbt ein Grundstück für 300.000 € zzgl. 57.000 € als gesondert ausgewiesener USt. U beabsichtigt das Grundstück für steuerpflichtige Umsätze zu nutzen, indem er eine Tiefgarage dort errichten möchte. Aus baurechtlichen Gründen kommt es nicht zum Bau der Tiefgarage. B vermietet das Grundstück 2 Jahre später steuerfrei nach § 4 Nr. 12 Buchst. a UStG.

Wenn sich die umsatzsteuerlichen Verhältnisse derartig ändern, dass ein Vorsteuerabzug korrigiert werden muss, greifen die Regelungen des § 15a UStG. Die Änderung der Verhältnisse i. S. d. § 15a UStG lassen sich systematisch unterteilen in:

- Wirtschaftsgüter, die nicht nur einmalig zur Ausführung von Umsätzen verwendet werden (§ 15a Abs. 1 UStG),
- Wirtschaftsgüter, die nur einmalig zur Ausführung von Umsätzen verwendet werden (§ 15a Abs. 2 UStG),
- nachträglich in ein Wirtschaftsgut eingehende Gegenstände, wenn diese Gegenstände dabei ihre körperliche und wirtschaftliche Eigenart endgültig verlieren (§ 15a Abs. 3 UStG),
- sonstige Leistungen an einem Wirtschaftsgut (§ 15a Abs. 3 UStG),
- sonstige Leistungen, die nicht unter § 15a Abs. 3 Satz 1 fallen (§ 15a Abs. 4 UStG),
- nachträgliche Anschaffungs- oder Herstellungskosten (§ 15a Abs. 6 UStG).

Zugegeben, die Anwendung des § 15a UStG gehört nicht zu den Prüfungsklassikern. Dennoch muss die Grundsystematik des § 15a UStG verstanden werden. Beispielhaft wird hier der Korrektur nach § 15a Abs. 1 UStG für Wirtschaftsgüter, die nicht nur einmalig zur Ausführung von Umsätzen verwendet werden, besprochen.

Gemäß § 15a Abs. 1 UStG gilt: **Ändern** sich bei einem Wirtschaftsgut, das **nicht nur einmalig zur Ausführung von Umsätzen** verwendet wird, innerhalb von **5 Jahren** ab dem Zeitpunkt der erstmaligen Verwendung die für den ursprünglichen Vorsteuerabzug maßgebenden **Verhältnisse**, ist für **jedes Kalenderjahr** der Änderung ein Ausgleich durch eine Berichtigung des Abzugs der auf die Anschaffungs- oder Herstellungskosten entfallenden Vorsteuerbeträge vorzunehmen. Für **Grundstücke** beträgt der Berichtigungszeitraum **10 Jahre**, anstatt von 5 Jahren.

Der Vermieter V führt bis 31. März 2017 eine Kernsanierung seines Mietshauses durch. Das Mietshaus wurde ausschließlich ab dem 01.04.2017 von einer Rechtsanwaltskanzlei angemietet. Von den Aufwendungen der Sanierung i. H. v. 1.052.632 € zzgl. 19 % USt. hat V unstrittig die Vorsteuer von 20.000 € in seiner Jahressteuererklärung 2017 in Abzug gebracht. Seit dem 01.08.2019 wird die gesamte Fläche an einen Augenarzt vermietet, die Rechtsanwaltskanzlei hat ihren Mietvertrag fristgerecht zum 31.07.2019 gekündigt.

Mit dem Mieterwechsel kam es zu einer Änderung der Verhältnisse, denn die Vermietung führt ab dem 01.08.2019 zu steuerfreien Umsätzen des V. Auf ein Gebäude mit einem Berichtigungszeitraum von 10 Jahren entfällt eine Vorsteuer von insgesamt 20.000 €. Der Berichtigungszeitraum beginnt am 01.04.2017 mit der erstmaligen Verwendung und endet nach 10 Jahren am 31.03.2027. Bei der Berichtigung ist für die Folgejahre jeweils von 1/10 der gesamten Vorsteuer = 2.000 € auszugehen.

Auf die einzelnen Kalenderjahre entfallende folgende Vorsteuerbeträge zur Korrektur:

2019	2020	2021	2022	2023	2024	2025	2026	2027
833 €	2.000 €	2.000 €	2.000 €	2.000 €	2.000 €	2.000 €	2.000 €	500 €

Der Berichtigung für die Kalenderjahre 2019 und 2027 hat anteilig nach Monaten zu erfolgen. Für 2027 bspw. sind das 3/12 von 2.000 € = 500 €.

---

9. Steuerentstehung

Der Zeitpunkt der Entstehung der Steuer ist in § 13 UStG geregelt. Hinsichtlich der Bestimmung des Zeitpunkts der Steuerentstehung ist im Wesentlichen zu unterscheiden, ob der Unternehmer die **Soll-Besteuerung** oder die **Ist-Besteuerung** anwendet. Dies ist insbesondere dann wichtig, wenn eine Prüfungsfrage auf den Entstehungszeitpunkt der Umsatzsteuer abzielt. Ein entsprechender Hinweis ist dem Sachverhalt zu entnehmen (also genau lesen!).

Im Rahmen des Besteuerungsverfahrens i. S. d. § 18 UStG hat der Unternehmen in der Regel Voranmeldungen (vierteljährlich oder monatlich) nach einem amtlich vorgeschriebenen Datensatz beim Finanzamt abzugeben. Diese Voranmeldungen verlangen die korrekte Zuordnung von Umsätzen zu den verschiedenen Voranmeldungszeiträumen. Hier kommt es also auf den Zeitpunkt der Steuerentstehung an.

TIPP

Falls im Sachverhalt keine Informationen enthalten sind, ob der Unternehmer die Soll- oder die Ist-Besteuerung anwendet, ist von einer Soll-Besteuerung auszugehen.

Im Folgenden sollen die prüfungsrelevanten Fälle dargestellt werden.

9.1 Soll-Besteuerung (§§ 13 Abs. 1 Nr. 1a, 16 UStG)

Nach § 16 Abs. 1 UStG hat jeder Unternehmer seine Umsätze nach vereinbarten Entgelten zu besteuern, es sei denn die Voraussetzungen für eine Ist-Besteuerung sind erfüllt. Das bedeutet, dass der einzelne Umsatz der Steuererklärung (Voranmeldung) i. S. d. § 13 Abs. 1 Nr. 1a Satz 1 UStG so zuzuordnen ist, die für den Zeitraum abzugeben ist, in dem die Leistung ausgeführt worden ist. Die Steuer entsteht also mit Ablauf dieses Zeitraums.

Entscheidend hiernach ist, wann eine Leistung ausgeführt wird: Die Lieferung wird im Zeitpunkt der **Verschaffung der Verfügungsmacht** ausgeführt, d. h. die Verschaffung der Verfügungsmacht beinhaltet den von den Beteiligten endgültig gewollten Übergang von wirtschaftlicher Substanz, Wert und Ertrag eines Gegenstands vom Leistenden auf den Leistungsempfänger (Abschn. 3.1 Abs. 2 Satz 1 UStAE). Also grundsätzlich mit der Übergabe des Gegenstandes[1].

Wird ein Gegenstand der Lieferung durch den Lieferer, den Abnehmer oder durch einen vom Lieferer oder Abnehmer beauftragten Dritten befördert oder versendet, gilt die Lieferung als dort ausgeführt, wo die Beförderung oder Versendung beginnt (§ 3 Abs 6 UStG). In diesen Fällen erfolgt die Lieferung also fiktiv bereits mit Beginn der Beförderung (Beförderungslieferung) bzw. mit Übergabe des Gegenstands an den selbstständigen Beauftragten (Versendungslieferung).

Eine sonstige Leistung wird zu dem Zeitpunkt ausgeführt, in dem die vereinbarte Leistung vollständig erbracht worden ist, z. B. mit vollständigem Abschluss von Reparaturarbeiten.

Sonderfall: Mindest-Ist-Besteuerung

Zu beachten ist die sogenannte Mindest-Ist-Besteuerung nach § 13 Abs. 1 Nr. 1 a Satz 4 UStG. Sie ist ein Sonderfall der Sollversteuerung und unterliegt folgenden Voraussetzungen:

- Der Unternehmer unterliegt der Besteuerung nach vereinbarten Entgelten (Sollversteuerung) und
- die Vereinnahmung des Entgelts erfolgt vor der Ausführung der Leistung.

Liegen diese Voraussetzungen vor, so ist für die Zuordnung des Umsatzes maßgebend, in welchem Voranmeldungszeitraum der jeweilige Betrag vereinnahmt worden ist. Auf den Tag der Rechnungsstellung oder auf die Höhe des Betrags kommt es dann nicht an.

AUFGABE

A betreibt ein Großhandelsunternehmen für Büromöbel und versteuert seine Umsätze nach vereinbarten Entgelten. Umsatzsteuervoranmeldungen gibt er monatlich ab. Er erhält von der X-GmbH den Auftrag, 10 Büroräume zum Festpreis von netto 120.000 € zu möblieren. A stellt der X-GmbH im Juli 2024 eine Anzahlungsrechnung i. H. v. 90.000 € zzgl. 19 % USt 17.100 € = 107.100 €. Die X-GmbH überweist den Betrag im August 2024. Wann entstand die Umsatzsteuer für die Anzahlung?

LÖSUNG

Nach § 13 Abs. 1 Nr. 1a Satz 4 UStG gilt: Wird das Entgelt oder ein Teil des Entgelts vereinnahmt, bevor die Leistung oder die Teilleistung ausgeführt worden ist, so entsteht insoweit die Steuer mit Ablauf des Voranmeldungszeitraums, in dem das Entgelt oder das Teilentgelt vereinnahmt worden ist („Mindest-Ist-Besteuerung"). Da A im August 2024 die Anzahlung vereinnahmt hatte, entstand die Steuer also auch im August 2024.

AUFGABE

(Fortsetzung)

1 An einem **zur Sicherheit übereigneten Gegenstand** wird durch die Übertragung des Eigentums noch keine Verfügungsmacht verschafft. Das bedeutet, dass der Kreditgeber zur Sicherheit das Eigentum an einer Sache übertragen bekommt, nutzen darf es aber weiterhin der Kreditnehmer.

Im September 2024 wurde die Möblierung durch A ordnungsgemäß ausgeführt. Mit Datum 27.9.2024 stellt A folgende Schlussrechnung. Wann und in welcher Höhe entsteht die Umsatzsteuer?

Möblierung, 10 Büroräume zum Festpreis:		120.000 €
19 % USt		22.800 €
		142.800 €
abzgl. erhaltene Anzahlung	- 90.000 €	
	- 17.100 €	
		- 107.100 €
noch zu entrichten		35.700 €

LÖSUNG

Nach § 13 Abs. 1 Nr. 1a Satz 1 UStG entsteht die Steuer für Lieferungen und sonstige Leistungen bei der Berechnung der Steuer nach vereinbarten Entgelten (§ 16 Abs. 1 Satz 1 UStG) mit Ablauf des Voranmeldungszeitraums, in dem die Leistungen ausgeführt worden sind. Da A die Leistung im September 2024 erbracht hatte, entsteht die Steuer mit Ablauf des VAZ September 2024. Die Höhe beträgt 22.800 € abzgl. 17.100 € = 5.700 €.

9.2 Ist-Besteuerung (§§ 13 Abs. 1 Nr. 1b, 20 UStG)

Bei der Besteuerung nach vereinnahmten Entgelten erfolgt gem. § 20 Satz 1 UStG die Zuordnung zu einem Voranmeldungs- oder Besteuerungszeitraum allein auf den Zeitpunkt der Vereinnahmung des Entgelts. Das Entgelt gilt als dann vereinnahmt, wenn der Unternehmer über den Geldbetrag verfügen kann. Mit anderen Worten: Die Steuer entsteht mit Ablauf des Voranmeldungszeitraums, in dem das Entgelt vereinnahmt worden ist. Zu unterscheiden sind folgende Fälle:

Bargeld	Vereinnahmung mit Entgegennahme des Geldbetrages
Überweisung	Vereinnahmung mit Gutschrift auf dem Konto
Scheck	Vereinnahmung mit Entgegennahme des Schecks (Voraussetzung der Scheck muss gedeckt sein)

Die Ist-Besteuerung kommt gem. § 20 Satz 1 UStG nur nach einem genehmigten Antrag zustande. Die Voraussetzungen hierzu sind in § 20 UStG aufgeführt:

- Der Gesamtumsatz (die Berechnung des Gesamtumsatzes ist in § 19 Abs. 3 UStG beschrieben!) darf im vorangegangenen Kalenderjahr nicht mehr als 800.000 € (bis 31.12.2023: 600.000 €) betragen haben, oder
- der Unternehmer ist von der Verpflichtung, Bücher zu führen und aufgrund jährlicher Bestandsaufnahmen regelmäßig Abschlüsse zu machen, nach § 148 AO befreit, oder
- soweit der Unternehmer Umsätze aus einer Tätigkeit als Angehöriger eines freien Berufs i. S. d. § 18 Abs. 1 Nr. 1 EStG ausführt, oder
- der eine juristische Person des öffentlichen Rechts ist, soweit er nicht freiwillig Bücher führt und auf Grund jährlicher Bestandsaufnahmen regelmäßig Abschlüsse macht oder hierzu gesetzlich verpflichtet ist.

Unter diesen Voraussetzungen kann ein Unternehmer die Ist-Besteuerung beantragen. Der Antrag hierfür ist formfrei und kann bis zur Bestandskraft der Jahressteuerfestsetzung gestellt werden.

9.3 Teilleistungen

Eine weitere Besonderheit in der **Soll-Versteuerung** liegt in den Teilleistungen. Der Unternehmer schuldet die Umsatzsteuer nach § 13 Abs. 1 Nr. 1a Satz 2 UStG auch bereits bei Ausführung von Teilleistungen. Voraussetzungen für Teilleistungen sind:

- Das Vorliegen einer Leistung, die
- nach wirtschaftlicher Betrachtungsweise überhaupt teilbar sein muss und

- diese wird nicht als Ganzes, sondern in Teilen geschuldet und bewirkt. D. h. eine Leistung wird in Teilen geschuldet und/oder es werden für bestimmte Teile das Entgelt gesondert vereinbart.

BEISPIEL

Teilleistungen sind regelmäßig bei Vermietungen vorgesehen. Beispielsweise wird eine monatliche Mietzahlung vereinbart.

9.4 Innergemeinschaftlicher Erwerb (§ 13 Abs. 1 Nr. 6 UStG)

Die Steuer entsteht für den innergemeinschaftlichen Erwerb i. S. d. § 1a UStG mit Ausstellung der Rechnung, spätestens jedoch mit Ablauf des dem Erwerb folgenden Kalendermonats.

10. Steuersätze

Die Steuersätze bestehen gem. § 12 UStG aus

- dem allgemeinen Steuersatz (§ 12 Abs. 1 UStG),
- dem ermäßigten Steuersatz (§ 12 Abs. 2 UStG) und
- dem Nullsteuersatz (§ 12 Abs. 3 UStG)

Der allgemeine Steuersatz oder auch als **Regelsteuersatz** bezeichnet, beträgt seit dem 01.01.2007 gem. § 12 Abs. 1 UStG 19 %. Im Rahmen der Corona-Pandemie wurde der Regelsteuersatz befristet vom 01.07.2020 bis 31.12.2020 auf 16 % gesenkt (vgl. § 28 Abs. 1 UStG).

Der **ermäßigte Steuersatz** beträgt nach § 12 Abs. 2 UStG 7 %. In § 12 Abs. 2 Nr. 1 UStG wird im Rahmen von Lieferungen, die Einfuhr und der innergemeinschaftliche Erwerb auf Anlage 2 verwiesen (im Zweifel also Anlage 2 aufschlagen!). Auch der ermäßigte Steuersatz wurde befristet vom 01.07.2020 bis 31.12.2020 auf 5 % gesenkt (vgl. § 28 Abs. 2 UStG).

Mit Wirkung zum 01.01.2023 wurde der sogenannte **Nullsteuersatz** mit § 12 Abs. 3 UStG eingeführt. Die Lieferung von Solarmodulen an den Betreiber einer Photovoltaikanlage, einschließlich der wesentlichen Komponenten und eines Speichers unterliegen dem Steuersatz von 0 %.

TIPP

Der Nullsteuersatz eignet sich gut als Prüfungsfrage. Nullsteuersatz bedeutet eben nicht, dass eine Lieferung steuerfrei ist. Der wesentliche Unterschied liegt in der Rechtsfolge. Durch den Nullsteuersatz wird in der Rechnung über die Bauteile von kleineren Photovoltaikanlagen ab 2023 keine Vorsteuer mehr ausgewiesen sein. Damit entfällt der Bedarf, zur Regelbesteuerung zu optieren, und damit die im Regelfall einschlägige Kleinunternehmerregelung abzuwählen. Auch beim selbst verbrauchten Strom (Eigenverbrauch) ergeben sich keine Konsequenzen. Da keine Vorsteuer abzuziehen ist (Umsatzsteuersatz 0 %), kommt es nicht zur Besteuerung einer unentgeltlichen Wertabgabe.

11. Pkw-Nutzung

Die Überlassung eines Pkw erfolgt i. d. R. umsatzsteuerlich im Rahmen eines Leistungsaustauschs. Eine Leistung ist bekanntlich nur dann steuerbar, wenn ihr eine konkrete Gegenleistung gegenübersteht. Es kommt zum Leistungsaustausch, wenn folgende 3 Voraussetzungen erfüllt sind:

- 2 Beteiligte,
- Leistung und Gegenleistung,
- innere Verknüpfung zwischen Leistung und Gegenleistung

So führt bspw. die Überlassung eines betrieblichen Pkw an einen Mitarbeiter ohne ein gesondert berechnetes Entgelt dennoch zu einem Leistungsaustausch, denn ein Teil der Arbeitsleistung des Mitarbeiters kann Entgelt für diese Nutzungsüberlassung sein.

11.1 Pkw-Nutzung durch den Unternehmer

Die nichtunternehmerische Nutzung von dem Unternehmen zugeordneten Fahrzeugen ist als unentgeltliche Wertabgabe umsatzsteuerpflichtig.

1%-Regelung mit 20 % Abschlag (Nutzung mind. 50 % betrieblich)

Die sogenannte 1 %-Regelung für die private Nutzung eines Pkw bei der Einkommensteuer (§ 6 Abs. 1 Nr. 4 Satz 2 EStG) kann aus Gründen der Vereinfachung auch bei der Umsatzsteuer angewendet werden. Das ist dann der Fall, wenn kein Fahrtenbuch geführt wird.

Betriebliche Nutzung mindestens 50 %

Für die nicht mit Vorsteuern belasteten Aufwendungen kann der Unternehmer einen pauschalen Abschlag von 20 % vornehmen, sofern das Fahrzeug mindestens zu 50 % betrieblich genutzt wird. Der so ermittelte Betrag ist ein sog. Nettowert, auf den die Umsatzsteuer mit dem allgemeinen Steuersatz aufzuschlagen ist.

BEISPIEL

Unternehmer U fährt kein Fahrtenbuch. Er verwendet das Fahrzeug mindestens zu 60 % betrieblich. Es kommt die 1 %-Methode für die Berechnung des privaten Nutzungsanteils zum Tragen. Er kauft zu Jahresbeginn ein neues betriebliches Fahrzeug, das er auch privat benützen möchte. Der Bruttolistenpreis im Zeitpunkt der Erstzulassung beträgt 43.500 €. Tatsächlich bezahlt hat er nach intensiver Verhandlung mit dem Händler nur 38.560 € (32.403,36 € zzgl. 6.156,64 € 19 % USt). Da der Unternehmer weder ein Fahrtenbuch führt noch eine sachgerechte Schätzung des privaten Nutzungsanteils vornehmen kann oder will, kann er bei der Einkommen- und Umsatzsteuer die 1 %-Regelung anwenden.

MERKE

Bei der Anzahl der Nutzungsmonate gelten die angefangenen Monate.

BEISPIEL

(Fortsetzung)

Bruttolistenpreis (abgerundet)	43 500,00 €
43.500 € · 1 % · 12 Monate =	5 220,00 €
abzüglich 20 %	- 1 044,00 €
= umsatzsteuerpflichtiger Anteil	= 4 176,00 €
· 19 % Umsatzsteuer =	793,44 €
= Bruttobetrag	= 4 969,44 €

Fahrtenbuchregelung

Ermittelt der Unternehmer ertragsteuerlich den Privatnutzungsanteil durch ein ordnungsgemäßes Fahrtenbuch, ist von diesem Wert auch umsatzsteuerlich auszugehen.

Ordnungsgemäßes Fahrtenbuch

Ein ordnungsgemäßes Fahrtenbuch liegt dann vor, wenn die Aufzeichnungen im Fahrtenbuch zu den geschäftlichen Reisen Angaben enthalten, anhand derer sich die berufliche Veranlassung der Fahrten plausibel nachvollziehen und ggf. auch nachprüfen lässt. Hierfür hat das Fahrtenbuch neben dem Datum und den Fahrtzielen grundsätzlich auch den jeweils aufgesuchten Kunden oder Geschäftspartner bzw. – wenn ein solcher nicht vorhanden ist – den konkreten Gegenstand der dienstlichen Verrichtung aufzuführen.[1]

In die Bemessungsgrundlage sind jedoch diejenigen Ausgaben nicht einzubeziehen, für die der Unternehmer keinen Vorsteuerabzug hatte (z. B. Kfz-Versicherung, Kfz-Steuer). Dabei gehören die Fahrten des Unternehmers zwischen Wohnung und Betriebstätte umsatzsteuerlich zu den unternehmerischen Fahrten, also nicht zu den Privatfahrten.

Fahrzeuge, die nicht mehr als 50 % betrieblich genutzt werden

Betriebliche Nutzung unter 50 %

Wird das Fahrzeug zu nicht mehr als 50 % betrieblich genutzt, kommt es nicht zur Anwendung der 1 %-Regelung nach § 6 Abs. 1 Nr. 4 Satz 2 EStG. Der nach § 6 Abs. 1 Nr. 4 Satz 1 EStG für ertragsteuerliche Zwecke ermittelte Nutzungsanteil (Teilwert) ist nach Abschn. 15.23 Abs. 5 Nr. 2 UStAE grundsätzlich auch umsatzsteuerlich zugrunde zu legen. Der derartig ermittelte geschätzte private Nutzungsanteil wird auf die vorsteuerbelasteten Nutzungskosten angewendet. Umsatzsteuerlich erfolgt jedoch bei Elektro- und Hybridelektrofahrzeugen keine Kürzung der Aufwendungen, die auf das Batteriesystem entfallen.

11.2 Entgeltliche Pkw-Überlassung an einen Arbeitnehmer

Tauschähnlicher Umsatz

Bei der entgeltlichen Fahrzeugüberlassung zu Privatzwecken liegt ein tauschähnlicher Umsatz vor. Die Bemessungsgrundlage richtet sich nach dem Wert der nicht durch den Barlohn abgegoltenen Arbeitsleistung.

1 FG München Urteil vom 18.09.2012 - 2 K 687/10 (veröffentlicht am 25.11.2012).

Für die umsatzsteuerliche Bemessungsgrundlage können aus Vereinfachungsgründen die lohnsteuerlichen Werte abzgl. Umsatzsteuer angesetzt werden. Die lohnsteuerlichen Werte sind Bruttowerte, aus denen die Umsatzsteuer herauszurechnen ist.

AUFGABE

Architekt A betreibt in Heidenheim ein Architekturbüro. A hat den Architekten R angestellt und möchte diesen weiter an sich binden. Deshalb überlässt A dem R einen betrieblichen Pkw zur privaten Nutzung und für die Fahrten zwischen dessen Wohnung in Nattheim und der ersten Tätigkeitsstätte (Entfernung 20 km). R führt kein Fahrtenbuch. A hatte diesen Pkw, ausgestattet mit einem Dieselmotor, für 31.000 € inkl. 19 % USt angeschafft. Der Listenpreis beträgt 32.178 €. Wie ist der Fall umsatzsteuerlich zu bewerten?

LÖSUNG

Hier liegt eine sonstige Leistung in Form eines tauschähnlichen Umsatzes i. S. c. § 3 Abs. 9 i. V. m. Abs. 12 Satz 2 UStG vor. Ort der Leistung ist der Wohnort es R, also Nattheim (§ 3a Abs. 3 Nr. 2 Satz 3 UStG). Ausgangsbasis ist der Bruttolistenpreis, der auf volle 100 € abzurunden ist, also 32.100 €. Auf die tatsächlichen Anschaffungskosten kommt es nicht an. Für die Privatfahrten im Allgemeinen ist die 1 % Methode anzusetzen, also 32.100 € · 1 % · 12 Monate = 3.852 €. Für die Fahrten zwischen Wohnung und der ersten Tätigkeitsstätte werden 32.100 € · 0,03 % · 12 Monate · 20 km = 2.311 € angesetzt. Der geldwerte Vorteil des R beträgt 3.852 € zzgl. 2.311 € = 6.163 €. Dies ist umsatzsteuerlich ein Bruttowert. Die Bemessungsgrundlage nach § 10 Abs 1 i. V. m. § 10 Abs. 2 Sätze 2 und 3 UStG beträgt 6.163 € : 1,19 = 5.179 €, die Umsatzsteuer somit 984 €.

Gesellschafter-Geschäftsführer als Arbeitnehmer

Ein Gesellschafter-Geschäftsführer kann Arbeitnehmer im obigen Sinne sein. Das gilt für den Fall, dass der Gesellschafter-Geschäftsführer Arbeitnehmer seiner GmbH ist und die GmbH ihm den Pkw in seiner Eigenschaft als Arbeitnehmer überlässt und wenn der Gesellschafter-Geschäftsführer umsatzsteuerlich dem Personal zugeordnet wird. Es könnte dann ein tauschähnlicher Umsatz vorliegen. Das ist der Fall, wenn die Fahrzeugüberlassung nach lohnsteuerlichen Grundsätzen Arbeitslohn ist.

11.3 Unentgeltliche Pkw-Überlassung an einen Arbeitnehmer

Erhöhung Arbeitsentgelt

Eine unentgeltliche Überlassung eines betrieblichen Fahrzeugs stellt eine Erhöhung des Arbeitsentgelts durch den Arbeitgeber in Form einer Sachleistung dar. Zwischen Arbeitsleistung und Gegenleistung (Entgelterhöhung durch Nutzungsüberlassung) besteht der für die Steuerbarkeit erforderliche unmittelbare Zusammenhang.

Aus Vereinfachungsgründen wird es nach Abschn. 15.23 Abs. 11 UStAE nicht beanstandet, wenn für die umsatzsteuerliche Bemessungsgrundlage von den lohnsteuerlichen Werten ausgegangen wird. Die lohnsteuerlichen Werte sind aber Bruttowerte, aus denen die Umsatzsteuer herausgerechnet werden muss.

11.4 Pkw-Überlassung bei der Personengesellschaft

Kann der Gesellschafter einer Personengesellschaft einen betrieblichen Pkw auch für private Zwecke unentgeltlich nutzen, unterliegt dieser Vorgang auch der Umsatzsteuer. Es gelten die gleichen Grundsätze wie bei Arbeitnehmern oder bei Einzelunternehmern. Das bedeutet: Personengesellschaften, die für ertragsteuerliche Zwecke den Wert der Nutzungsentnahme nach der 1 %-Regelung ermitteln, dürfen diesen auch bei der Berechnung der umsatzsteuerlichen Bemessungsgrundlage für die Besteuerung des Pkw-Eigenverbrauchs zugrunde legen. Für die nicht mit Vorsteuern belasteten Kosten (z. B. Versicherungsbeiträge, Kfz-Steuern), darf ein pauschaler Abschlag von 20 % vorgenommen werden.

12. Kleinunternehmer (§§ 19, 19a UStG)

Man spricht von einem Kleinunternehmer, wenn dieser bestimmte Umsatzgrenzen nicht überschreitet. Kleinunternehmer erheben für ihre Ausgangsumsätze keine Umsatzsteuer, d. h. auf ihren Ausgangsrechnungen darf keine Umsatzsteuer ausgewiesen werden. Infolgedessen darf ein Kleinunternehmer keinen Vorsteuerabzug vornehmen.

MERKE

Allein die Umsatzgrenzen entscheiden nicht, ob ein Kleinunternehmer vorliegt oder nicht. Dem Unternehmer steht die Option zu, auf die Anwendung der Kleinunternehmerbesteuerung zu verzichten.

Da mit Wirkung zum 01.01.2025 die Kleinunternehmerregelung aus § 19 UStG grundlegend geändert wurde, werden in diesem Kapitel die Regelungen mit den Gültigkeitsbereichen „Bis 31.12.2024“ und „Ab 01.01.2025“ systematisch gegenübergestellt.

Meldeverfahren nach § 19a UStG

Zu beachten ist, dass mit dem 01.01.2025 ein besonderes Meldeverfahren für die Anwendung der Steuerbefreiung in einem anderen Mitgliedsstaat in Kraft getreten ist. Nach § 19a Abs. 1 Satz 1 UStG muss ein im Inland ansässiger Kleinunternehmer an dem besonderen Meldeverfahren für Kleinunternehmer teilnehmen, wenn er beabsichtigt, die Steuerbefreiung für Kleinunternehmer in einem anderen Mitgliedstaat in Anspruch zu nehmen.

Voraussetzungen

Entscheidend, ob ein Unternehmer steuerfreie Umsätze als Kleinunternehmer tätigt, ist die Höhe der Umsätze.

	Bis 31.12.2024	**Ab 1.1.2025**
Voraussetzung für das Vorliegen eines Kleinunternehmers	Der Gesamtumsatz i. S. d. § 19 Abs. 3 UStG a. F. darf im vorangegangenen Kalenderjahr 22.000 €[1] nicht überschritten haben und im laufenden Kalenderjahr 50.000 € nicht überschreiten.	Der Gesamtumsatz i. S. d. § 19 Abs. 2 n. F. UStG darf im vorangegangenen Kalenderjahr 25.000 € nicht überschritten haben und im laufenden Kalenderjahr 100.000 € nicht überschreiten.
Option gegeben?	Option zum Verzicht auf die Kleinunternehmerregelung nach § 19 Abs. 2 UStG a. F. gegeben.	Option zum Verzicht auf die Kleinunternehmerregelung nach § 19 Abs. 3 UStG n. F. gegeben.
Bindungsdauer bei Option	Grundlage § 19 Abs. 2 UStG a. F. Der Unternehmer kann dem Finanzamt bis zum Ablauf des zweiten auf den Besteuerungszeitraum folgenden Kalenderjahres erklären, dass er auf die Anwendung der Kleinunternehmerregelung verzichtet. Die Erklärung bindet den Unternehmer mindestens für **fünf Kalenderjahre.**	Grundlage § 19 Abs. 3 UStG n. F. Der Verzicht wird von Beginn des Besteuerungszeitraums an, für den er gelten soll, wirksam. Der Verzicht bindet den Unternehmer mindestens für **fünf Kalenderjahre.**

BEISPIEL

Prüfung, ob die Umsatzvoraussetzungen für eine Kleinunternehmereigenschaft erfüllt sind:

Unternehmer U erzielt im Kalenderjahr 2023 einen Gesamtumsatz i. H. v. 19.000 €. Für das Folgejahr 2024 ging er aufgrund einer belastbaren Schätzung von einem Gesamtumsatz von 40.000 € aus. Tatsächlich aber kommt es im Jahr 2024 zu einem Gesamtumsatz von 55.000 €. Da U den Gesamtumsatz für 2024 belastbar geschätzt hat, durfte er die Kleinunternehmerregelung für 2024 auch anwenden. Für den Zeitraum des Jahres 2025 überschreitet U allerdings die Grenze von 25.000 € der Ausgangsumsätze, da er tatsächlich 55.000 € erzielt. Es kommt damit zur Regelbesteuerung.

Berechnung des Gesamtumsatzes

Die Berechnung des Gesamtumsatzes ergibt sich für den Zeitraum bis 31.12.2024 aus § 19 Abs. 3 UStG a. F. Grundlage für die Berechnung des Gesamtumsatzes ab 2025 ist § 19 Abs. 2 UStG n. F.

Beide Berechnungsschemata sind sich sehr ähnlich. Dennoch gibt es bei einer Position eine Abweichung. Ab 2025 darf die Umsatzsteuer nicht berücksichtigt werden. Bis 31.12.2024 berechnet sich der maßgebliche Umsatz nach dem Wortlaut des § 19 Abs. 1 UStG a. F. „zuzüglich der darauf entfallenden Umsatzsteuer“. **Diese Hinzurechnung fällt ab 2025 weg.** Das Berechnungsschema im Einzelnen:

1 Bis zum 31.12.2019 belief sich die Gesamtumsatzgrenze auf 17.500 €.

		Änderung ab 2025
	Steuerbare Umsätze nach § 1 Abs. 1 Nr. 1 UStG, berechnet nach vereinnahmten Entgelten	
-	steuerfreie Umsätze nach § 4 Nr. 8 Buchst. i UStG, § 4 Nr. 9 Buchst. b UStG und § 4 Nr. 11–29 UStG	
-	steuerfreie Hilfsumsätze nach § 4 Nr. 8 Buchst. a–h UStG, § 4 Nr. 9 Buchst. a und 10 UStG (nur, wenn diese Umsätze nicht den Hauptzweck des Unternehmens darstellen)	
=	Gesamtumsatz, ggf. (bis 31.12.2024) hochgerechnet auf einen Jahresumsatz	
-	Umsätze von Wirtschaftsgütern des Anlagevermögens (Verkauf und Entnahme)	
=	Umsatz nach § 19 Abs. 1 Satz 2 UStG;	= ab 2025 die **maßgebliche Umsatzgrenze** (ab 01.01.2025: § 19 Abs. 2 UStG n. F.)
+	Umsatzsteuer (soweit Umsatz steuerpflichtig)	ab 01.01.2025 entfällt diese Hinzurechnung
=	Umsatz i. S. d. § 19 Abs. 1 UStG	

13. Leistungsempfänger als Steuerschuldner (§ 13b UStG)

In den meisten Fällen ist der Unternehmer verpflichtet, die Umsatzsteuer an das Finanzamt abzuführen. Er ist Schuldner der Umsatzsteuer (Steuerschuldner). In Ausnahmefällen kann jedoch auch der Leistungsempfänger Schuldner der Umsatzsteuer sein. Die Umkehr der Steuerschuldnerschaft wird häufig auch als „Reverse Charge-Verfahren" bezeichnet.

Steuerentstehung

Für steuerpflichtige Umsätze i. S. d. § 13b UStG entsteht die Steuer mit **Ausstellung der Rechnung**, spätestens jedoch mit Ablauf des der **Ausführung der Leistung folgenden Kalendermonats**.

Die wichtigsten Fälle, wenn die Steuerschuldnerschaft auf den Leistungsempfänger übergeht, sind:

	Hinweise
Werklieferungen eines im **Ausland ansässigen Unternehmers** (§ 13b Abs. 2 Nr. 1 Alt. 1 UStG)	Zu den Werklieferungen gehören i. d. R. solche der Bauunternehmer, Montagefirmen und sonstiger Handwerksbetriebe.
Sonstige Leistungen eines im **Ausland** oder **im übrigen Gemeinschaftsgebiet** ansässigen Unternehmers (§ 13b Abs. 1 und Abs. 2 Nr. 1 Alt. 2 UStG)	§ 13b Abs. 1 und Abs. 2 Nr. 1 UStG erfassen alle sonstigen Leistungen der im Ausland ansässigen Unternehmer **(es wird nicht unterschieden, ob diese im Gemeinschaftsgebiet oder im Drittland ansässig sind)**. Die Unterscheidung nach Abs. 1 und 2 UStG ist deswegen notwendig, weil der Entstehungszeitpunkt der Steuer jeweils ein anderer ist.
Umsätze, die unter das GrEStG fallen (§ 13b Abs. 2 Nr. 3 UStG)	Bei steuerpflichtigen Umsätzen, die unter das GrEStG fallen, ist der Erwerber stets Steuerschuldner. Unter das GrEStG fallen insbesondere Kaufverträge.

Bauleistungen (= Werklieferung und sonstige Leistungen, die der Herstellung, Instandsetzung, Instandhaltung, Änderung oder Beseitigung von Bauwerken dienen, an Bauunternehmer (§ 13b Abs. 2 Nr. 4 UStG)	Betroffen sind Werklieferungen und sonstige Leistungen, die sich auf die Substanz des Bauwerkes auswirken.

MERKE

Das Reverse-Charge-Verfahren gilt nicht, wenn der leistende Kleinunternehmer nach § 19 UStG ist.

14. Innergemeinschaftlicher Erwerb

Der innergemeinschaftliche Erwerb[1] im Inland gegen Entgelt gehört zu den steuerbaren Umsätzen gem. § 1 Abs. 1 Nr. 5 UStG. Lieferungen von einem vorsteuerabzugsberechtigten Unternehmer an einen anderen vorsteuerabzugsberechtigten Unternehmer innerhalb der EU sind als innergemeinschaftlicher Erwerb im Bestimmungsland (Bestimmungslandprinzip) steuerpflichtig.

Gemäß § 1a UStG werden für den innergemeinschaftlichen Erwerb zwei Arten unterschieden:

- Nach Abs. 1 der innergemeinschaftliche Erwerb gegen Entgelt
- Nach Abs. 2 das innergemeinschaftliche Verbringen

Zunächst werden diese beiden Arten des innengemeinschaftlichen Erwerbs erläutert und die Rechtsfolgen, die daraus entstehen (z. B. hinsichtlich des Vorsteuerabzugs). Des Weiteren werden noch die Sonderfälle „Erwerb von Fahrzeugen" und „Innergemeinschaftliches Dreiecksgeschäft" besprochen.

MERKE

Für den Bezug durch Privatpersonen und Bezug für das Unternehmen gilt: Privatpersonen können, ausgenommen beim Erwerb neuer Fahrzeuge, nicht zur Besteuerung im Rahmen des innergemeinschaftlichen Erwerbs herangezogen werden. Unternehmer signalisieren durch Verwendung der USt-IdNr., dass sie den bestellten Gegenstand für ihr Unternehmen beziehen wollen.

14.1 Innergemeinschaftlicher Erwerb gegen Entgelt (§ 1a Abs. 1 UStG)

Körperliches Gelangen in ein EU-Mitgliedsstaat

Nach § 1a Abs. 1 Nr. 1 UStG muss ein Gegenstand bei einer Lieferung an den Abnehmer (Erwerber) aus dem Gebiet eines Mitgliedstaates in das Gebiet eines anderen Mitgliedstaates gelangen, auch wenn der Lieferer den Gegenstand in das Gemeinschaftsgebiet eingeführt hat. Das „Gelangen" in einen anderen Mitgliedstaat setzt einen beweglichen Liefergegenstand voraus. Es muss sich demnach immer um einen Liefervertrag handeln, der im Wege einer Versendungs- oder Beförderungslieferung zu erfüllen ist.

MERKE

Ein innergemeinschaftlicher Erwerb kann nur vorliegen, wenn bei einer Warenlieferung der Gegenstand über eine innergemeinschaftliche Grenze gelangt ist. Er muss ins Inland bewegt werden. Zu beachten ist dabei allerdings, dass Lieferungen, bei denen die Versendung oder Beförderung **im Drittlandsgebiet beginnt** und die an in EU-Mitgliedstaaten ansässige Abnehmer ausgeführt werden, schließen den innergemeinschaftlichen Erwerb aus. Das gilt auch, wenn die Gebiete verschiedener Mitgliedstaaten im Weg der **Durchfuhr** der Gegenstände berührt werden. Hier verbleibt es bei der Besteuerung der Einfuhr im Inland.

BEISPIEL

Der französische Lieferant F liefert ein Bauteil von seiner Fabrik in Cannes (Südfrankreich) über die Schweiz nach Augsburg aus. Lieferant und Abnehmer verwenden ihre USt-IDNr. Für den Unternehmer aus Augsburg kommt es zu einem steuerbaren innergemeinschaftlichen Erwerb, weil die Beförderung im Gemeinschaftsgebiet beginnt und in Deutschland (Inland) endet.

Einfuhrumsatzsteuer

Ein innergemeinschaftlicher Erwerb liegt also vor, wenn ein Gegenstand aus dem Gebiet eines EU-Mitgliedstaates in das Gebiet eines anderen EU-Mitgliedstaates gelangt. Dies gilt auch dann, wenn die Beförderung oder Versendung im **Drittlandsgebiet** beginnt und der Gegenstand im Gebiet eines EU-Mitgliedstaates der **Einfuhrumsatzsteuer** unterworfen wird, bevor er in das Gebiet des anderen EU-Mitgliedstaates gelangt. Kein Fall des innergemeinschaftlichen Erwerbs liegt demnach vor, wenn die Ware aus einem Drittland im Wege der Durchfuhr durch

1 Die Vorschriften zum innergemeinschaftlichen Erwerb bestehen aus § 1 Abs. 1 Nr. 5 UStG, §§ 1a, 1b und 1c UStG, § 3d UStG, § 4b UStG, § 13 Abs. 1 Nr. 6 u. 7 UStG und § 13a Abs. 1 Nr. 2 UStG.

das Gebiet eines anderen EU-Mitgliedstaates in das Inland gelangt und erst hier einfuhrumsatzsteuerrechtlich zur Überlassung zum freien Verkehr abgefertigt wird (Abschn. 1a.1. Abs. 1 Sätze 4 und 5 UStAE).

BEISPIEL

Ein deutscher Unternehmer D mit Sitz in Berlin bestellt beim polnischen Unternehmer P eine Maschine. Da P die Maschine nicht vorrätig hat, besorgt er diese beim Unternehmer N aus Norwegen. In Polen wird die Maschine zoll- und umsatzsteuerlich zum freien Verkehr abgefertigt und nach Deutschland versendet. Obwohl die Beförderung oder Versendung im Drittlandsgebiet (Norwegen) beginnt, liegt ein steuerbarer innergemeinschaftlicher Erwerb vor, da die Maschine der Einfuhrumsatzsteuer unterworfen wurde, bevor diese auf das Gebiet eines EU-Mitgliedsstaats (hier Polen) gelangt ist und die Voraussetzungen des § 1 Abs. 1 Nr. 5 i. V. m. § 1a Abs. 1 UStG erfüllt sind.

Abnehmer

Als Abnehmer im Rahmen eines innergemeinschaftlichen Erwerbs kommen nach § 1a Abs. 3 Nr. 1 UStG **nicht** infrage:

- Unternehmer, die ausschließlich steuerfreie Umsätze tätigen und damit zum Vorsteuerabzug nicht berechtigt sind,
- eine juristische Person ist, die nicht Unternehmer ist oder die den Gegenstand nicht für ihr Unternehmen erwirbt
- Pauschalierende Landwirte und
- Unternehmer, die unter die Kleinunternehmerregelung fallen.

Für diese Unternehmer gelten Erwerbsschwellen. Diese sind nicht anzuwenden, wenn der Gesamtbetrag der Entgelte für Erwerbe i. S. d. § 1a Abs. 1 Nr. 1 und 2 UStG den Betrag von 12.500 € im vorangegangenen Kalenderjahr nicht überstiegen und diesen Betrag im laufenden Kalenderjahr voraussichtlich auch nicht übersteigen wird. Wenn die Erwerbsschwelle überschritten wird, kommt es auch zur Besteuerung des Warenbezugs aus anderen EU-Mitgliedstaaten. Der Erwerber kann jedoch gem. § 1a Abs. 4 UStG auf die Anwendung des § 1a Abs. 3 UStG verzichten. Als Verzicht gilt die Verwendung einer dem Erwerber erteilten Umsatzsteuer-Identifikationsnummer gegenüber dem Lieferer.

MERKE

Bezüglich des Schwellenwerts ist zu beachten: Die Erwerbsbesteuerung für obigen Personenkreis erfolgt, wenn der Schwellenwert überschritten wurde bzw. voraussichtlich im laufenden Kalenderjahr in Deutschland überschreiten wird. Berechnungsgröße sind Entgelte für **alle Erwerbe**. Die von den jeweiligen Mitgliedstaaten festgelegten Schwellenwerte beziehen sich auf den **Gesamtumfang aller Warenbezüge** aus dem übrigen Gemeinschaftsgebiet.

BEISPIEL

Der in Leipzig ansässige Arzt D beabsichtigt im Jahr 2024 ein Laborgerät für seine Leipziger Arztpraxis zu beschaffen. Der tschechischer Hersteller T bietet dem D das Gerät für 21.000 € an. Da D ausschließlich steuerfreie Umsätze tätigt und daher vom Vorsteuerabzug ausgeschlossen ist, ist er nicht im Besitz einer USt-IdNr. und würde das Gerät daher zzgl. der tschechischen Umsatzsteuer berechnet bekommen. Die Besteuerung eines innergemeinschaftlichen Erwerbs in Deutschland könnte jedoch unterbleiben, wenn D (hier wird die Erwerbsschwelle überschritten) den Antrag auf Erteilung einer USt-IdNr. stellen würde. Damit erhält er einen Anspruch auf steuerfreie innergemeinschaftliche Lieferungen. Die nicht vorsteuerabzugsfähige Erwerbsteuer würde ansonsten neben der ausländischen Steuer zur Doppelbelastung führen.

Lieferanten

Auch der Lieferer muss beim innergemeinschaftlichen Erwerb bestimmte Voraussetzungen erfüllen:

- Die Lieferung muss durch einen Unternehmer gegen Entgelt im Rahmen seines Unternehmens ausgeführt werden und
- Der Unternehmer darf nicht nach dem Recht seines Mitgliedstaats aufgrund einer Sonderregelung für Kleinunternehmer steuerfrei gestellt sein.

Ort des innergemeinschaftlichen Erwerbs

Nach § 3d Satz 1 UStG gilt der innergemeinschaftliche Erwerb an dem Ort als bewirkt, an dem die Beförderung oder Versendung der Gegenstände **endet**. Es kommt auf den **körperlichen Warenweg** an. Anders ausgedrückt: In dem Mitgliedstaat, wo der Gegenstand im Zusammenhang mit einer Lieferung ankommt, ist der Warenbezug steuerbar.

Zeitpunkt des innergemeinschaftlichen Erwerbs

Steuerschuld mit Tag der Rechnung

Die Steuerschuld entsteht nicht mit dem Eintreffen der Ware beim Besteller im Mitgliedsstaat! Gem. § 13 Abs. 1 Nr. 6 UStG entsteht die Steuerschuld des Erwerbers mit dem Tag der Rechnungsausstellung des Lieferers.

Für den Fall, dass zwar die Ware eingegangen ist, aber keine Rechnung sieht § 13 Abs. 1 Nr. 6 UStG vor, dass als spätesten Zeitpunkt für das Eintreten des Erwerbsteuertatbestands der Monat für die Steuerentstehung entscheidend ist, der dem Monat des Wareneingangs (des innergemeinschaftlichen Erwerbs) folgt.

BEISPIEL

Ein französischer Unternehmer F liefert an den deutschen Unternehmer D am 09.10.2024 eine Maschine. D erstellt monatliche Umsatzsteuer-Voranmeldungen. Ein Rechnungseingang zu dieser Warenlieferung liegt bis Ende November 2024 jedoch nicht vor. Die Erwerbsteuerschuld tritt nach § 13 Abs. 1 Nr. 6 UStG – auch ohne das Vorliegen der Rechnung – für den Monat November 2024 ein. D hat den Vorgang in seiner Umsatzsteuer-Voranmeldung des Monats November zu deklarieren.

Bemessungsgrundlage und Steuersatz

Die Bemessungsgrundlage setzt sich gem. § 10 Abs. 1 UStG aus allem zusammen, was der Erwerber aufwendet, um die Lieferung zu erhalten.[1]

Der Steuersatz richtet sich nach dem für die Lieferung des Gegenstands maßgeblichen inländischen Steuersatz.

Abzug von Vorsteuer

Liegen die Voraussetzungen für einen innergemeinschaftlicher Erwerb vor, also wenn u. a. das Ende der Beförderung oder Versendung i. S. d. § 3d UStG im Inland liegen, dann kann der Unternehmer als Warenempfänger unter den allgemeinen Voraussetzungen des § 15 UStG zum Zeitpunkt ihres Entstehens den Vorsteuerabzug vornehmen.

Einfuhrumsatzsteuer

Der Unternehmer kann neben der Vorsteuer auch die entstandene Einfuhrumsatzsteuer gem. § 15 Abs. 1 Satz 1 Nr. 2 UStG für Gegenstände abziehen, die für sein Unternehmen eingeführt worden sind. Die Entstehung der Einfuhrumsatzsteuer ist durch einen zollamtlichen Beleg nachzuweisen.

AUFGABE

D betreibt einen Handel mit hochwertigem Porzellangeschirr in Hannover. Im Oktober 2024 erwarb er aus einer griechischen Porzellanmanufaktur G eine wertvolle Vase für 4.500 €. D holte die Vase, damit auf dem Transport nichts schiefgeht, persönlich mit dem eigenen Fahrzeug ab. Wie ist der Sachverhalt umsatzsteuerlich zu bewerten?

LÖSUNG

Es liegt ein innergemeinschaftlicher Erwerb i. S. d. § 1a Abs. 1 UStG vor. Denn der Gegenstand (Vase) gelangt bei einer Lieferung an den Abnehmer (Erwerber) aus dem Gebiet eines Mitgliedstaates (Griechenland) in das Gebiet eines anderen Mitgliedstaates (Deutschland). D und G sind Unternehmer. Der Ort der Leistung ist gem. § 3d Satz 1 UStG das Inland (Hannover). Der Vorgang ist i. S. d. § 1 Abs. 1 Nr. 5 UStG steuerbar. Die Bemessungsgrundlage beträgt 4.500 € und die darauf entfallende Umsatzsteuer beläuft sich auf 4.500 € · 19 % = 855 €. Als Vorsteuerabzug steht dem D gem. § 15 Abs. 1 Nr. 3 UStG 855 € zu.

14.2 Innergemeinschaftliches Verbringen (§ 1a Abs. 2 UStG)

Voraussetzungen für ein innergemeinschaftliches Verbringen

Als innergemeinschaftlicher Erwerb gegen Entgelt gilt nach § 1a Abs. 2 UStG auch das innergemeinschaftliche Verbringen eines Gegenstandes in das Inland. Ein innergemeinschaftliches Verbringen liegt nach Abschn. 1a.2. Abs. 1 Satz 3 UStAE vor, wenn ein Unternehmer

- einen Gegenstand seines Unternehmens aus dem Gebiet eines EU-Mitgliedstaates (Ausgangsmitgliedstaat) zu seiner Verfügung in das Gebiet eines anderen EU-Mitgliedstaates (Bestimmungsmitgliedstaat) befördert oder versendet und
- den Gegenstand im Bestimmungsmitgliedstaat nicht nur vorübergehend verwendet.

Der Unternehmer gilt im Ausgangsmitgliedstaat als Lieferer, im Bestimmungsmitgliedstaat als Erwerber (Abschn. 1a.2. Abs. 1 Satz 4 UStAE).

Kein innergemeinschaftliches Verbringen

Ein innergemeinschaftliches Verbringen liegt insbesondere **nicht** in folgenden Fällen vor:

- **Innenumsätzen** eines einzigen Unternehmens nur im Inland.
- Verbringen nur zur **vorübergehenden Verwendung** eines Gegenstands

1 Siehe Kap. II 7.1.

- Verbringen, wenn die zum 01.01.2020 einführte Sonderregelung für **Konsignationslager** greift, d. h. in den Fällen des § 6b UStG (vgl. § 1a Abs. 2a UStG).

Innenumsätze

Im Rahmen des Verbringens ist darauf zu achten, ob eine Auslandsbezug vorliegt. Wenn ein Verbringen **innerhalb** eines einzigen Unternehmens im **Inland** erfolgt, dann kommt es zu einem nicht steuerbaren Innenumsatz.

Das ist bspw. der Fall, wenn der Unternehmer U im Inland einen Getränkehandel und eine Gastwirtschaft betreibt und die Gastwirtschaft dabei ihre Getränke aus dem Getränkehandel des U bezieht.

Vorübergehende Verwendung

Ein innergemeinschaftliches Verbringen liegt auch dann nicht vor, wenn der Gegenstand zu einer nur vorübergehenden Verwendung durch den Unternehmer in den Bestimmungsmitgliedstaat gelangt. Eine nicht nur vorübergehende Verwendung liegt nach Abschn. 1a.2. Abs. 5 und 6 Satz 1 UStAE vor, wenn der Gegenstand in dem dort gelegenen Unternehmensteil entweder dem Anlagevermögen zugeführt oder als Roh,- Hilfs- oder Betriebsstoff verarbeitet oder verbraucht wird. Eine nicht nur vorübergehende Verwendung liegt auch dann vor, wenn der Unternehmer den Gegenstand mit der konkreten Absicht in den Bestimmungsmitgliedstaat verbringt, ihn dort (unverändert) an einen noch nicht feststehenden Abnehmer weiterzuliefern.

BEISPIEL

Hierzu einige Beispiele:

- Der italienische Unternehmer I verbringt eine Maschine aus seinem Unternehmen in Italien in seinen Zweigbetrieb nach Deutschland, um sie dort auf Dauer einzusetzen. Da die Maschine auf Dauer in Deutschland eingesetzt werden soll, kommt es nicht zu einer nur vorübergehenden Verwendung. I bewirkt mit dem Verbringen der Maschine nach § 1a Abs. 2 UStG somit einen innergemeinschaftlichen Erwerb.
- Der deutsche Zweigbetrieb kauft in München Spezialöl und verbringt es in die französische Zentrale, um damit Maschinen zu schmieren. Das Öl wird verarbeitet bzw. verbraucht. Das Verbringen des Öls ist in Deutschland eine innergemeinschaftliche Lieferung i. S. d. § 3 Abs. 1a in Verbindung mit § 6a Abs. 2 UStG.
- Der Niederländer N betreibt eine Käserei. N befördert im eigenen Lkw den Käse nach Deutschland, um ihn dort auf den Wochenmärkten in Grenznähe zu verkaufen. Den nicht verkauften Käse nimmt er am selben Tag wieder mit zurück in die Niederlande. N bewirkt in Bezug auf den verkauften Käse einen innergemeinschaftlichen Erwerb nach § 1a Abs. 2 UStG in Deutschland. Er hat den Verkauf des Käses als Inlandslieferung zu versteuern. Das Verbringen des nicht verkauften Käses nach Deutschland muss nicht als innergemeinschaftlicher Erwerb i. S. d. § 1a Abs. 2 UStG, das Zurückverbringen des nicht verkauften Käses nicht als innergemeinschaftliche Lieferung i. S. d. § 3 Abs. 1a i. V. m. § 6a Abs. 2 UStG behandelt werden.

Konsignationslager

Ein Konsignationslager muss man sich in diesem Zusammenhang als einen tatsächlichen Lagerplatz im EU-Ausland vorstellen. Dieses Lager hat den Vorteil, schnell vor Ort die Ware für den Kunden bereitzuhalten.

Umsatzsteuerlich erbringt der Lieferant eine steuerfreie innergemeinschaftliche Lieferung als wäre die Lieferung ohne das zwischengeschaltete Konsignationslager erfolgt. Die Lieferung an den Erwerber wird einer steuerbaren und steuerfreien innergemeinschaftlichen Lieferung gleichgestellt. D. h., es liegt im Ergebnis eine direkte innergemeinschaftliche Lieferung an den Erwerber vor. Es findet hinsichtlich der Lieferung in ein Konsignationslager also kein innergemeinschaftliches Verbringen statt. Der Erwerber im anderen EU-Mitgliedstaat muss folglich einen innergemeinschaftlichen Erwerb versteuern. Der Lieferant muss sich nicht im anderen EU-Mitgliedstaat registrieren und hat auch dort keinen innergemeinschaftlichen Erwerb zu versteuern.

14.3 Innergemeinschaftlicher Erwerb neuer Fahrzeuge (§ 1b UStG)

Ein innergemeinschaftlicher Erwerb ist gem. § 1a Abs. 1 Nr. 2 UStG nur einem bestimmten Erwerberkreis möglich:

- Unternehmer, der den Gegenstand für sein Unternehmen erwirbt, oder
- eine juristische Person, die nicht Unternehmer ist oder die den Gegenstand nicht für ihr Unternehmen erwirbt.

Privatperson wie ein Unternehmer

Es gibt hierzu jedoch eine Ausnahme. Ist der Gegenstand des Kaufs ein neues Fahrzeug, dann gibt es keine Beschränkung im Erwerberkreis. Ein innergemeinschaftlicher Erwerb wäre in diesem besonderen Fall dann auch für eine Privatperson möglich. Damit ein innergemeinschaftlicher Erwerb zustande kommt, muss neben der Erfüllung der allgemeinen Voraussetzungen des § 1a Abs. 1 Nr. 1 UStG ein

- neues
- Fahrzeug

vorliegen.

MERKE

Erwirbt eine Privatperson ein neues Fahrzeug im Rahmen eines innergemeinschaftlichen Erwerbs, gilt immer das Bestimmungslandprinzip.

„Neu“

Nach § 1b Abs. 3 UStG gilt ein Fahrzeug als neu, wenn das

- Landfahrzeug nicht mehr als **6.000 Kilometer** zurückgelegt hat **oder** wenn seine erste Inbetriebnahme im Zeitpunkt des Erwerbs **nicht mehr als sechs Monate** zurückliegt.
- Wasserfahrzeug nicht mehr als **100 Betriebsstunden** auf dem Wasser zurückgelegt hat **oder** wenn seine erste Inbetriebnahme im Zeitpunkt des Erwerbs **nicht mehr als drei Monate** zurückliegt;
- Luftfahrzeug nicht länger als **40 Betriebsstunden** genutzt worden ist **oder** wenn seine erste Inbetriebnahme im Zeitpunkt des Erwerbs **nicht mehr als drei Monate** zurückliegt.

MERKE

Bei der Prüfung, ob ein „neues“ Fahrzeug vorliegt, müssen zwei Schritte erfolgen. Zum einen kommt es auf den Umfang der zurückgelegten Leistung an (z. B. 6.000 Kilometer), zum anderen ist auch der Zeitpunkt der Inbetriebnahme gesondert zu überprüfen.

„Fahrzeug“

Fahrzeuge sind gem. § 1b Abs. 2 Satz 1 UStG:

- motorbetriebene Landfahrzeuge mit einem Hubraum von mehr als **48 Kubikzentimetern oder** einer Leistung von mehr als **7,2 Kilowatt** (aufgrund der „Oder-Formulierung sind beide Alternativen zu prüfen!);
- Wasserfahrzeuge mit einer Länge von mehr als **7,5 Metern**;
- Luftfahrzeuge, deren Starthöchstmasse mehr als **1.550 Kilogramm** beträgt.

BEISPIEL

Privatperson P mit Wohnsitz in Hamburg erwirbt im 12.07.2024 beim dänischen Händler D mit Sitz in Kopenhagen einen Neuwagen zum Preis von 40.000 €. Das Fahrzeug wird nach Deutschland verbracht und soll in Hamburg zugelassen werden. Unabhängig vom Tag der Zulassung schuldet P zum **Zeitpunkt des Erwerbs** die Umsatzsteuer i. H.v. 7.600 € gem. § 13 Abs. 1 Nr. 7 UStG. Die Umsatzsteuererklärung ist bis spätestens **10 Tage nach Erwerb des neuen Fahrzeugs** ohne gesonderte Aufforderung bei dem zuständigen Finanzamt (i. d. R. wird dies das Wohnsitz-Finanzamt sein) abzugeben.

MERKE

Nach § 2a Satz 1 UStG gilt: Wer im Inland ein neues Fahrzeug liefert, das bei der Lieferung in das übrige Gemeinschaftsgebiet gelangt, wird, wenn er nicht Unternehmer im Sinne des § 2 UStG ist, für diese Lieferung wie ein Unternehmer behandelt.

Bei der **Weiterlieferung** eines neuen Fahrzeugs muss auch der Nichtsteuerpflichtige wie ein Unternehmer behandelt werden. Wenn das Neufahrzeug mit der bereits zum Zeitpunkt des Erwerbs definitiv entrichteten Umsatzsteuer belastet bliebe, würde es zu einer Benachteiligung bei Privatverkäufen gegenüber denen gewerblicher und damit vorsteuerabzugsberechtigter Händler. Der Vorsteuerabzug wird maximal bis zum Betrag der Umsatzsteuer gewährt, der auf das Entgelt für die Lieferung anfallen würde, wenn diese steuerpflichtig wäre. Die Obergrenze ist jedoch die bei Anschaffung gezahlte Umsatzsteuer.

BEISPIEL

Die Privatperson P mit Wohnsitz in Füssen erwarb dort einen neuen Pkw für 25.000 € + 19 % USt (= 4.750 €). Der Pkw wird bereits nach 8 Monaten nach Erstzulassung mit einer Laufleistung von 4.000 Kilometern verkauft. Käufer ist die Privatperson Ö mit Wohnsitz in Reutte (Österreich), die hinsichtlich des Erwerbs steuerpflichtig ist. P erzielt einen Verkaufspreis von 20.000 €. In der abzugebenden Umsatzsteuer-Voranmeldung kann P eine Vorsteuererstattung von (20.000 € · 19 % =) 3.800 € geltend machen. Erzielte P wider Erwarten einen Verkaufspreis von 28.000 €, wäre nur ein Vorsteueranspruch von 4.750 € auf die ursprünglichen Anschaffungskosten möglich.

14.4 Innergemeinschaftliches Dreiecksgeschäft (§ 25b UStG)

Ein innergemeinschaftliches Dreiecksgeschäft i. S. d. § 25b UStG ist ein Spezialfall im Rahmen der Reihengeschäfte. Nach § 25b Abs. 1 Satz 1 UStG liegt ein innergemeinschaftliches Dreiecksgeschäft dann vor, wenn

- drei Unternehmer über denselben Gegenstand Umsatzgeschäfte abschließen und dieser Gegenstand unmittelbar vom ersten Lieferer an den letzten Abnehmer gelangt,
- die Unternehmer in jeweils verschiedenen Mitgliedstaaten für Zwecke der Umsatzsteuer erfasst sind (USt-IDNr.),
- der Gegenstand der Lieferungen aus dem Gebiet eines Mitgliedstaates in das Gebiet eines anderen Mitgliedstaates gelangt und
- der Gegenstand der Lieferungen durch den ersten Lieferer oder den ersten Abnehmer befördert oder versendet (keine Abholung!) wird.

Der Warenweg im innergemeinschaftlichen Dreiecksgeschäft:

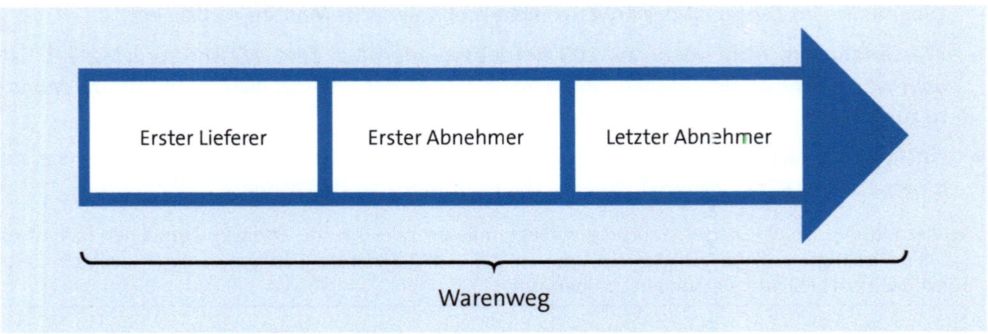

Rechtsfolgen

Als Rechtsfolgen aus dem innergemeinschaftlichen Dreiecksgeschäft ergeben sich nach § 25b UStG wie folgt:

- Der letzte Abnehmer schuldet die Steuer für die Lieferung an ihn. Er kann diese als Vorsteuer abziehen. Die Gegenleistung gilt als Entgelt.
- Der innergemeinschaftliche Erwerb des ersten Abnehmers gilt als besteuert.
- Die Aufzeichnungspflichten (vgl. § 22 UStG) sind zu erfüllen.

BEISPIEL

Anbei ein Beispiel für ein innergemeinschaftliches Dreiecksgeschäft:[1]

Der belgische Unternehmer B bestellt bei dem deutschen Unternehmer D eine Maschine. D hat die Maschine nicht vorrätig und gibt die Bestellung weiter an den spanischen Hersteller SP. Alle Beteiligten treten unter der USt-IdNr. ihres Landes auf. SP befördert die Maschine mit eigenem Lkw nach Belgien und übergibt sie dort an B.

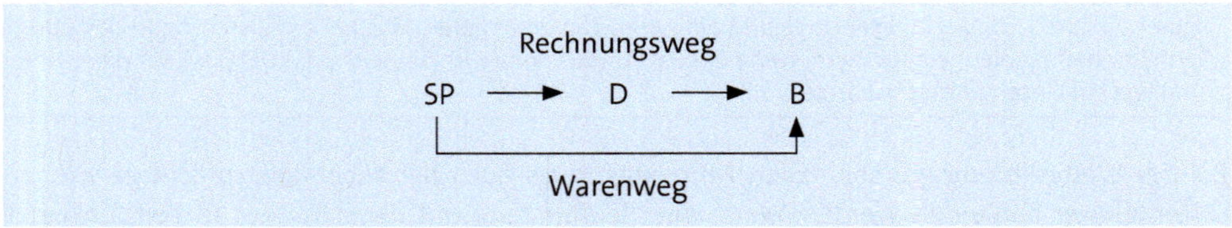

Hier liegt ein innergemeinschaftliches Dreiecksgeschäft i. S. d. § 25b Abs. 1 UStG vor, weil

- drei Unternehmer (SP, D und B) über denselben Gegenstand (Maschine) Umsatzgeschäfte abschließen und dieser Gegenstand unmittelbar vom ersten Lieferer (SP) an den letzten Abnehmer (B) gelangt,
- die Unternehmer in jeweils verschiedenen Mitgliedstaaten für Zwecke der Umsatzsteuer erfasst sind (USt-IDNr.),
- der Gegenstand der Lieferungen aus dem Gebiet eines Mitgliedstaates (Spanien) in das Gebiet eines anderen Mitgliedstaates (Belgien) gelangt und
- der Gegenstand der Lieferungen durch den ersten Lieferer oder den ersten Abnehmer befördert oder versendet wird.

1 Vgl. Abschn. 25b.1. Abs. 3 UStAE.

Die Beförderung ist der ersten Lieferung (SP an D) zuzuordnen. Ort der Lieferung ist nach § 3 Abs. 6 Satz 5 i.V.m. Satz 1 UStG Spanien, da in Spanien die Beförderung beginnt. Die Lieferung ist als innergemeinschaftliche Lieferung in Spanien steuerfrei. Der Erwerb des Gegenstands unterliegt bei D grundsätzlich der Besteuerung des innergemeinschaftlichen Erwerbs in Belgien, da die Beförderung dort endet (§ 3d Satz 1 UStG), und in Deutschland, da D seine deutsche USt-IdNr. verwendet (§ 3d Satz 2 UStG).

Die zweite Lieferung (D an B) ist eine ruhende Lieferung. Lieferort ist nach § 3 Abs. 7 Satz 2 Nr. 2 UStG Belgien, da sie der Beförderungslieferung nachfolgt. Die Lieferung des D ist nach belgischem Recht zu beurteilen.

15. Schadensersatz

Ganz allgemein gesprochen, versteht man unter Schadensersatz die Wiedergutmachung eines Schadens, den jemand gegen oder ohne seinen Willen durch eine andere Person oder eine Sache erlitten hat. Voraussetzung ist i. d. R. eine rechtswidrige Rechtsgutverletzung als Haftungsgrundlage.

Umsatzsteuerlich ist es von großer Bedeutung, ob es zwischen dem Schädiger und dem Geschädigten zu einem **Leistungsaustausch** kommt. In diesem Zusammenhang ist echter vom unechten Schadensersatz zu unterscheiden. Nur beim echten Schadensersatz fehlt es am Leistungsaustausch und damit ist die Schadensersatzleistung nicht steuerbar.

Echter Schadensersatz

Nach Abschn. 3.1 Abs. 1 UStAE liegt ein echter Schadensersatz insbesondere vor

- bei Schadensbeseitigung durch den Schädiger oder durch einen von ihm beauftragten selbständigen Erfüllungsgehilfen,
- bei Zahlung einer Geldentschädigung durch den Schädiger,
- bei Entschädigung durch eine Versicherung,
- bei Schadensbeseitigung durch den Geschädigten oder in dessen Auftrag durch einen Dritten ohne einen besonderen Auftrag des Ersatzverpflichteten.

BEISPIEL

Bei einem Unfall erlitt das betriebliche Fahrzeug des Unternehmers U einen Totalschaden. Das Fahrzeug ist vollkaskoversichert. Die Entschädigung für den Schaden am Fahrzeug erfolgt vollständig durch ein Versicherungsunternehmen. Es liegt in diesem Fall ein echter Schadensersatz vor, der Vorgang ist umsatzsteuerlich nicht steuerbar.

Unechter Schadensersatz

Beim unechten Schadensersatz kommt es zum Leistungsaustausch. Wenn bspw. der Geschädigte im Auftrag des Schädigers einen ihm zugefügten Schaden selbst beseitigt, ist die Schadensersatzleistung als Entgelt im Rahmen eines Leistungsaustauschs anzusehen.

AUFGABE

Das Motorenwerk M stellt spezielle Motoren für den Rennsport her. M hat sich verpflichtet, 5 leistungsstarke Motoren für den Rennstall APT bis spätestens zum 30.01.2025 auszuliefern. Für den Fall einer verspäteten Auslieferung wurde eine Konventionalstrafe von 10.000 € je Tag vereinbart, damit APT frühzeitig sich auf die neue Rennsaison vorbereiten kann. M liefert die Motoren 5 Tage zu spät aus. APT verlangt eine Konventionalstrafe i. H. v. 50.000 € von M. Echter oder unechter Schadensersatz?

LÖSUNG

Bei der Konventionalstrafe handelt es sich um einen nicht steuerbaren echten Schadensersatz. Es fehlt am Leistungsaustausch.

MERKE

Kein echter Schadensersatz liegt vor, wenn der Besteller eines Werks, das sich als mangelhaft erweist, vom Auftragnehmer Schadensersatz wegen Nichterfüllung verlangt und den Rechnungsbetrag entsprechend kürzt. In der Zahlung des Auftragnehmers liegt vielmehr eine Minderung des Entgelts i. S. d. § 17 Abs. 1 UStG (Abschn. 3.1 Abs. 1 Satz 5 UStAE).

16. Ausstellung von Rechnungen (§§ 14, 14a, 14c UStG)

Hier werden die wesentlichen Anforderungen an eine ordnungsgemäße Rechnung aufgeführt. Am Ende dieses Abschnitts werden die Rechtsfolgen eines unrichtigen und unberechtigten Steuerausweises dargestellt.

16.1 Rechnungsangaben (§ 14 Abs. 4 UStG)

Gemäß § 14 Abs. 4 UStG muss eine Rechnung folgende Angaben enthalten:

a) den vollständigen Namen und die vollständige Anschrift des leistenden Unternehmers und des Leistungsempfängers,

b) die dem leistenden Unternehmer vom Finanzamt erteilte Steuernummer oder die ihm vom Bundeszentralamt für Steuern erteilte Umsatzsteuer-Identifikationsnummer,

c) das Ausstellungsdatum,

d) eine fortlaufende Nummer mit einer oder mehreren Zahlenreihen, die zur Identifizierung der Rechnung vom Rechnungsaussteller einmalig vergeben wird (Rechnungsnummer),

e) die Menge und die Art (handelsübliche Bezeichnung) der gelieferten Gegenstände oder den Umfang und die Art der sonstigen Leistung,

f) den Zeitpunkt der Lieferung oder sonstigen Leistung; in den Fällen des § 14 Abs. 5 Satz 1 den Zeitpunkt der Vereinnahmung des Entgelts oder eines Teils des Entgelts, sofern der Zeitpunkt der Vereinnahmung feststeht und nicht mit dem Ausstellungsdatum der Rechnung übereinstimmt,

g) das nach Steuersätzen und einzelnen Steuerbefreiungen aufgeschlüsselte Entgelt für die Lieferung oder sonstige Leistung (§ 10 UStG) sowie jede im Voraus vereinbarte Minderung des Entgelts, sofern sie nicht bereits im Entgelt berücksichtigt ist,

h) den anzuwendenden Steuersatz sowie den auf das Entgelt entfallenden Steuerbetrag oder im Fall einer Steuerbefreiung einen Hinweis darauf, dass für die Lieferung oder sonstige Leistung eine Steuerbefreiung gilt,

i) in den Fällen des § 14b Abs. 1 Satz 5 UStG einen Hinweis auf die Aufbewahrungspflicht des Leistungsempfängers und

j) in den Fällen der Ausstellung der Rechnung durch den Leistungsempfänger oder durch einen von ihm beauftragten Dritten gemäß Absatz 2 Satz 5 die Angabe „Gutschrift".

Zusätzliche Pflichten

In § 14a UStG werden zusätzliche Pflichten bei der Ausstellung von Rechnungen in besonderen Fällen geregelt. Darunter fallen u. a. innergemeinschaftliche Fernverkäufe i. S. d. § 3c UStG, innergemeinschaftliche Lieferungen i. S. d. § 6a UStG, Leistungserbringungen i. S. d. § 13b Abs. 2 UStG, für die der inländische Leistungsempfänger gem. § 13b Abs. 5 die Steuer schuldet, oder bei Vorliegen einer Differenzbesteuerung nach § 25a UStG.

16.2 Kleinbetragsrechnung (§ 33 UStDV)

Für Rechnungen über Kleinbeträge, deren Gesamtbetrag 250 € nicht übersteigt, gelten nach § 33 UStDV Vereinfachungen bei der Rechnungsausstellung. „Gesamtbetrag" der Rechnung von 250 € versteht sich als Bruttobetrag, also inkl. Umsatzsteuer. Die Mindestvoraussetzungen für eine ordnungsgemäße Rechnung sind unter § 33 Satz 1 UStDV aufgeführt („Checkliste"). Nicht anwendbar sind die Regelung zur Kleinbetragsrechnung für die Fälle (nicht auswendig lernen, Gesetz aufschlagen!):

- § 3c UStG (Verlagerung des Orts der Lieferung in das Bestimmungsland bei Fernverkäufen),
- § 6a UStG (innergemeinschaftliche Lieferung) und
- § 13b UStG (Leistungsempfänger als Steuerschuldner).

16.3 Pflicht zur elektronischen Rechnung ab 1.1.2025

Ab dem 01.01.2025 sind unter Beachtung von Übergangsfristen elektronische Rechnung im B2B-Bereich verpflichtend, wenn leistender Unternehmer und Leistungsempfänger im Inland ansässig sind.

Die Verpflichtung zu elektronischen Rechnungen ist sehr ausgedehnt. Ausnahmen sind allerdings noch möglich. Ausnahmen sind bspw.:

- Rechnungen über sonstige Leistungen und Lieferungen an Nichtunternehmer (B2C).
- Rechnungen über nichtsteuerbare Vorgänge (z. B. Schadenersatz, echte Zuschüsse)

16.4 Unrichtiger und unberechtigter Steuerausweis (§ 14c UStG)

Bei der Rechnungsstellung kann es zu einem „unrichtigen Steuerausweis" oder auch zu einem „unberechtigten Steuerausweis" kommen.

Unrichtiger Steuerausweis

Wenn ein Unternehmer in einer Rechnung einen **höheren** Steuerbetrag ausweist, als er nach dem Gesetz schuldet, kommt es zu einem **unrichtigen** Steuerausweis. Nach § 14 c Abs. 1 Satz 1 UStG schuldet er auch den Mehrbetrag. Bei einem zu **niedrigen** Steuerausweis schuldet der Unternehmer die gesetzlich vorgeschriebene Steuer. Der Unternehmer hat in diesem Fall die Steuer unter Zugrundelegung des maßgeblichen Steuersatzes aus dem Gesamtrechnungsbetrag herauszurechnen.

MERKE

Der Leistungsempfänger darf als Vorsteuer nur den in der Rechnung (zu niedrigen) ausgewiesenen Steuerbetrag abziehen.

Unberechtigter Steuerausweis

Wer in einer Rechnung einen Steuerbetrag ausweist, obwohl er dazu nicht berechtigt ist (unberechtigter Steuerausweis), schuldet nach § 14c Abs. 2 Satz 1 UStG den ausgewiesenen Betrag. Dies betrifft bspw. einen Kleinunternehmer, der – sofern er nicht zur Regelbesteuerung optiert hat – eine Rechnung mit gesondertem Steuerausweis erstellt hat, obwohl dies unzulässig ist.

MERKE

Ein Vorsteuerabzug ist in den Fällen eines unberechtigten Steuerausweises nicht möglich (vgl. Abschn. 15.2 Abs. 1 Satz 2 UStAE).

17. Zahllast, Umsatzsteuervorauszahlung

Die Umsatzsteuerzahllast umschreibt die Differenz zwischen der Umsatzsteuer (Traglast) und der abzugsfähigen Vorsteuer, also:

Umsatzsteuerzahllast = Summe der Umsatzsteuerbeträge abzgl. Summe der Vorsteuerbeträge.

Sofern die Umsatzsteuerzahllast negativ ist, so kommt es zu einer Umsatzsteuererstattung durch das Finanzamt. Ist die Umsatzsteuerzahllast positiv, entsteht eine Steuerschuld gegenüber dem Finanzamt.

Zur Berechnung der Zahllast müssen die jeweilig vorgelegten Sachverhalte entsprechend umsatzsteuerlich gewürdigt werden. An allererster Stelle steht die Prüfung an, ob das beschrieben Unternehmen zum Abzug von Vorsteuer berechtigt ist oder nicht. Vorstellbar sind auch Fälle, in denen der Unternehmer nur einen Teil der Vorsteuer in Abzug bringen darf.

AUFGABE

P betreibt einen kleinen Obstladen. Im Monat August erzielt er durch den Obstverkauf Einnahmen i. H. v. 3.300 €. Als Nebengeschäft verkauft P Tageszeitungen, für die er 460 € einnimmt. Durch den Verkauf von Cola, Mineralwasser und Säften nimmt P im August weitere 390 € ein. Die Aufwendungen im Monat August bestehen aus der umsatzsteuerfreien Ladenmiete i. H. v. 990 € und Aufwendungen von 781 € inkl. 19 % USt. Zu berechnen ist die Umsatzsteuervorauszahlung für den Monat August.

LÖSUNG

Sachverhalt	Entgelt/BMG	Steuer
Umsätze:		
Obstverkauf (7 %)	3.084,12 €	215,88 €
Zeitungen (7 %)	429,91 €	30,09 €
Getränke (19 %)	327,73 €	62,27 €
Traglast:		308,24 €
Vorsteuer:		
Miete (steuerfrei)		0 €
Aufwendungen (19 %)	656,30 €	- 124,70 €
Vorsteuer:		**- 124,70 €**
Umsatzsteuervorauszahlung:		**183,54 €**

18. Übungsaufgaben mit Lösung in Tabellenform

Im Folgenden sollen typische Fälle gezeigt werden und deren Lösung in Tabellenform. Hinter der Tabelle befinden sich die dazu gehörigen Lösungshinweise.

18.1 Fälle mit Lieferungen

AUFGABE

Die A-GmbH produziert an ihrem Hauptsitz in Bremen (Inland) Bürostühle. Alleingesellschafter und Geschäftsführer ist A. Die Versteuerung der Umsätze erfolgt nach vereinbarten Entgelten. Folgende Fälle sind umsatzsteuerlich zu lösen.

Fallkreis 1 „Messe in der Schweiz“

A besucht eine Messe in Bern (Schweiz). Dort erhält er vom Unternehmer U den Auftrag, 100 Bürostühle in dessen Hauptsitz nach Hamburg (Inland) zu liefern. Als Preis wurde 400 € zzgl. 19 % USt vereinbart. Die Stühle wurden sofort aus dem Werk in Bremen nach Hamburg geliefert.

LÖSUNG

Art des Umsatzes	Ort der Leistung	steuerbar	BMG	USt
Lieferung, § 3 Abs. 1 UStG	Bremen, § 3 Abs. 6 UStG	Ja, § 1 Abs. 1 Nr. 1 UStG	40.000 €, § 10 Abs. 1 UStG	40.000 € · 19 % = 7.600 €

Das Geschäft wurde im Drittland Schweiz geschlossen. Für den Ort der Leistung ist dies jedoch unerheblich. Denn gem. § 3 Abs. 6 UStG gilt die Lieferung als dort ausgeführt, wo die Beförderung oder Versendung an den Abnehmer oder in dessen Auftrag an einen Dritten beginnt, also in Bremen.

AUFGABE

Noch während der Messe gelingt es dem A 5 Stühle, die zu Ausstellungszwecken in die Schweiz mitgebracht wurden, an einen schweizerischen Rechtsanwalt für dessen Kanzlei in Zürich (Schweiz) für insgesamt 3.000 € netto zu verkaufen.

LÖSUNG

Art des Umsatzes	Ort der Leistung	steuerbar
Lieferung, § 3 Abs. 1 UStG	Bern, § 3 Abs. 6 UStG	Nein, Lieferung nicht im Inland, sondern Drittland

Damit eine Lieferung steuerbar ist, muss diese im Inland erfolgen. Nach § 3 Abs. 6 UStG gilt die Lieferung als dort ausgeführt, wo die Beförderung oder Versendung an den Abnehmer oder in dessen Auftrag an einen Dritten beginnt. Die Lieferung beginnt hier im Drittland Schweiz, weshalb hier eine nichtsteuerbare Lieferung vorliegt.

Fall: „Auftrag aus Norwegen“

AUFGABE

Die A-GmbH erhält vom norwegischen Unternehmer B den Auftrag zur Lieferung von 10 Bürostühlen zum Stückpreis von 200 € netto an dessen Unternehmenssitz in Oslo (Norwegen). A beauftragt eine deutsche Spedition. Die Stühle werden unmittelbar von Bremen nach Oslo geliefert.

LÖSUNG

Art des Umsatzes	Ort der Leistung	steuerbar	steuerfrei	BMG
Ausfuhrlieferung, § 3 Abs. 1 UStG	Bremen, § 3 Abs. 6 UStG	Ja, § 1 Abs. 1 Nr. 1 UStG	Ja, § 4 Nr. 1a i.V. m. § 6 Abs. 1 Nr. 1 UStG	2.000 €, § 10 Abs. 1 UStG

Die A-GmbH liefert Stühle an ein Unternehmen aus einem Drittland. Es liegt daher eine Ausfuhrlieferung vor. Da Ausfuhren steuerfrei sind, entfällt die Angabe bzw. Berechnung einer Umsatzsteuer.

Fall: „Familie, Freunde und Verwandte“

AUFGABE

Die Tochter T des A hat ihr Medizinstudium sehr gut gemeistert. Zur Eröffnung ihrer Augenarztpraxis in Ulm (Inland) verkauft A an T einen hochwertigen Chefsessel aus Tierleder für 2.499 € inkl. 19 % USt. Die A-GmbH hatte den Chefsessel für 4.200 € zzgl. 19 % USt zu Verkaufszwecken erworben. Da Sessel mit Tierleder wegen sinkender Nachfrage im Preis verloren haben, beträgt der Einkaufswert dieses Chefsessels nur noch 3.500 € zzgl. 19 % USt.

LÖSUNG

Art des Umsatzes	Ort der Leistung	steuerbar	BMG	USt
Lieferung, § 3 Abs. 1 UStG	Bremen, § 3 Abs. 6 UStG	Ja, § 1 Abs. 1 Nr. 1 UStG	3.500 €, § 10 Abs. 5 Nr. 1 i.V. m. Abs. 4 Nr. 1 UStG	665 € (3.500 € · 19 %)

Zweifelsfrei erbringt die A-GmbH eine steuerbare Lieferung an T. Problematisch in diesem Fall ist die BMG, denn hier stehen 3 Werte zur Auswahl: Der Verkaufspreis an T, der Einkaufspreis der A-GmbH und der inzwischen gesunkene Zeitwert zum Zeitpunkt des Verkaufs. Hier liegt eine Lieferung an eine nahe stehende Person (T) i. S. d. § 10 Abs. 5 Nr. 1 UStG vor. Demnach gilt § 10 Abs. 4 UStG entsprechend. Zum Ansatz kommen als BMG die Selbstkosten zum Zeitpunkt des Umsatzes gem. § 10 Abs. 4 Nr. 1 UStG, also 3.500 €.

Fallkreis 4 „Betrieb und Privates"

A entnimmt aus dem Lager einen Bürostuhl, um diesen seiner Ehefrau E zum Geburtstag zu schenken. Der Verkaufspreis liegt bei 450 € zzgl. 19 % USt. Der Beschaffungspreis liegt bei 280 € netto zzgl. Transpostkosten von 15 € netto.

Art des Umsatzes	Ort der Leistung	steuerbar	BMG	USt
Unentgeltliche Lieferung, § 3 Abs. 1b Nr. 1 UStG	Bremen, § 3 Abs. 6 UStG	Ja, § 1 Abs. 1 Nr. 1 UStG	295 € (Einkaufspreis 280 € zzgl. Nebenkosten 15 €), § 10 Abs. 4 Nr. 1 UStG	43,70 € (295 € · 19 %)

Gemäß § 3 Abs. 1b UStG werden Entnahmen eines Gegenstands durch einen Unternehmer aus seinem Unternehmen für Zwecke, die außerhalb des Unternehmens liegen, einer Lieferung gegen Entgelt gleichgestellt. Dies ist hier der Fall. Bei „Art des Umsatzes" ist also nur die Bezeichnung „Unentgeltliche Lieferung" die richtige. Eine weitere Schwierigkeit liegt in der Bestimmung der BMG, wieder sind mehrere Werte im Sachverhalt genannt. Einschlägig ist § 10 Abs. 4 Nr. 1 UStG, der vorsieht: *Der Umsatz wird bemessen... bei Lieferungen im Sinne des § 3 Abs. 1b UStG nach dem Einkaufspreis zuzüglich der Nebenkosten für den Gegenstand.*

18.2 Fälle mit Erwerb

Fallkreis 1 „Beschaffung aus dem Ausland"

Die A-GmbH bestellt beim spanischen Lieferanten S 10.000 Rollen für die Produktion ihrer Bürostühle zum Einzelpreis von 1,50 €. S ließ die Rollen durch eine Spedition nach Bremen anliefern.

Art des Umsatzes	Ort der Leistung	steuerbar	BMG	USt	Abziehbare VSt
Innergemeinschaftlicher Erwerb, § 1a Abs. 1 UStG	Inland (Bremen), § 3d UStG	Ja, § 1 Abs. 1 Nr. 5 UStG	15.000 € (10.000 € · 1,50 €), § 10 Abs. 1 UStG	2.850 € (15.000 € · 19 %)	2.850 €, § 15 Abs. 1 Nr. 3 UStG

Die Voraussetzungen für einen innengemeinschaftlichen Erwerb sind erfüllt. Neben dem körperlichen Gelangen der Gegenstände (10.000 Rollen) vom übrigen Gemeinschaftsgebiet (Spanien) in das Inland setzt der Erwerbstatbestand einen Abnehmer voraus, der Unternehmer ist (A-GmbH) und den Gegenstand für sein Unternehmen bezieht.

Der Unternehmer K mit Sitz in Hamburg erwirbt zum Zweck der Weiterveräußerung an seine Kunden Handelswaren im Wert von 2.000 € von seinem Lieferanten aus der Schweiz. Die Kaufvereinbarung beinhaltet die Klausel „unverzollt und unversteuert". Der abzuführende Zoll beträgt 8 %.

Art des Umsatzes	steuerbar	steuerfrei	BMG	USt	Abziehbare VSt
Einfuhr	Ja, § 1 Abs. 1 Nr. 4 UStG	Nein, da Sachverhalt nicht nach § 5 UStG zutreffend	2.160 €, § 11 Abs. 1 und 3 UStG	410,40 € (2.160 € · 19 %)	410.40 €, § 15 Abs. 1 Nr. 2 UStG

Der abzuführende Zoll erhöht nach § 11 Abs. 1 und 3 UStG die Bemessungsgrundlage. Also 2.000 € zzgl. 8 % = 2.160 €.

18.3 Fälle mit sonstigen Leistungen

Rechtsanwalt R betreibt in München-Zentrum eine Rechtsanwaltskanzlei. R hat den aufstrebenden Anwalt A angestellt. R überlässt dem A einen betrieblichen Pkw mit Verbrennungsmotor zur privaten Nutzung und für die Fahrten zwischen dessen Wohnung in München-Pasing und der ersten Tätigkeitsstätte (Entfernung 25 km), wobei ein Fahrtenbuch nicht geführt wird. Der Listenpreis beträgt 42.550 € zum Zeitpunkt der Erstzulassung, die Anschaffungskosten betrugen für den R vor 2 Jahren 41.111 €. Wie ist der Fall umsatzsteuerlich zu bewerten?

LÖSUNG

Art des Umsatzes	Ort der Leistung	steuerbar	BMG	USt
Sonstige Leistung (Tauschähnlicher Umsatz), § 3 Abs. 9 i.V.m. § 3 Abs. 12 Satz 2 UStG	Inland (München-Pasing), § 3a Abs. 3 Nr. 2 Satz 3 UStG	Ja, § 1 Abs. 1 Nr. 1 UStG	4.553 €, § 10 Abs. 1 UStG i.V.m. § 10 Abs. 2 Sätze 2 und 3 UStG	865 €

Berechnung:

Inländischer Bruttolistenpreis	42.550 €
Auf volle 100 € abzurunden	42.500 €
Für Privatfahrten für ein ganzes Jahr: 42.500 € · 1 % · 12 Monate	5.100 €
Fahrten Wohnung zur ersten Tätigkeitsstätte und umgekehrt: 42.500 € · 0,03 % · 25 km	318 €
Geldwerter Vorteil 5.100 € + 318 €	5.418 €
BMG 5.418 € : 1,19	4.553 €
Umsatzsteuer	865 €

AUFGABE

Maurermeister M mit Wohnsitz in Regensburg möchte für seine geliebte Tochter T ein Wohnhaus in Ravensburg errichten. Zu diesem Zweck beauftragt er den befreundeten Architekten A aus Regensburg, die Baupläne hierfür anzufertigen. A stellt dem M 3.780 € (brutto) in Rechnung. Der Sachverhalt ist umsatzsteuerlich zu beurteilen.

LÖSUNG

Art des Umsatzes	Ort der Leistung	steuerbar	BMG	USt
Sonstige Leistung, § 3 Abs. 9 UStG	Inland (Ravensburg-Pasing), (§ 3a Abs. 3 Satz 2 Nr. 1 Buchst. c UStG	Ja, § 1 Abs. 1 Nr. 1 UStG	3.176,47 €, § 10 Abs. 1 UStG	603,53 €

A erbringt eine sonstige Leistung i. S. d. § 3 Abs. 9 UStG. Der Ort der Leistung befindet sich in Ravensburg, also dort, wo das Grundstück belegen ist (§ 3a Abs. 3 Satz 2 Nr. 1 Buchst. c UStG).

AUFGABE

Der inländische Unternehmer U mit Sitz in Mainz vermietet einen Teil seines Geschäftsgebäudes an den selbstständigen Versicherungsvertreter V für monatlich 900 €. Wenn möglich, würde U gerne umsatzsteuerpflichtig vermieten.

LÖSUNG

Art des Umsatzes	Ort der Leistung	steuerbar	steuerfrei	BMG	USt
Sonstige Leistung, § 3 Abs. 9 UStG	Inland (Mainz), (§ 3a Abs. 3 Satz 2 Nr. 1a UStG	Ja, § 1 Abs. 1 Nr. 1 UStG	Grds. Steuerfrei, da Vermietungsleistung vorliegt, aber Möglichkeit einer Option nach § 9 Abs. 1 UStG	10.800 €, § 10 Abs. 1 UStG	2.052 €

18.4 Sonstige Fälle

Fallkreis „Steuerbar oder nichtsteuerbar?"

AUFGABE

Bei einer Anlieferung von Bürostühlen eines Kunden in Kiel (Inland) fiel ein Stuhl vom Lkw und beschädigte das Auto des M. Die Versicherung der A-GmbH übernahm den Schaden und erstattete 1.800 € an M.

Art des Umsatzes	steuerbar
Echter Schadensersatz	Nein, keine Zahlung von Entgelt, kein Leistungsaustausch

LÖSUNG

Echter und unechter Schadensersatz sind umsatzsteuerlich genau zu unterscheiden. Ein echter Schadensersatz ist nicht steuerbar und liegt dann vor, wenn kein Leistungsaustausch zwischen dem Schädiger (A-GmbH) und dem Geschädigten (M) erkennbar ist. Da es zwischen der A-GmbH und M keinerlei Vereinbarungen oder Entgeltzahlungen vorliegen, ist von einem nicht steuerbaren Schadensersatz auszugehen.

AUFGABE

Bei einer Anlieferung von Bürostühlen eines Kunden in Kiel (Inland) durch A fiel ein Stuhl vom Lkw und beschädigte das Auto des M. M gibt sich als Inhaber eines Karosseriebaubetriebes mit Sitz in Kiel zu erkennen und bietet A an, den an seinem Auto entstandenen Blechschaden kostengünstig im eigenen Betrieb zu reparieren. A willigt ein und reicht die kurze Zeit später bei ihm eingegangene Rechnung i. H. v. 2.250 € netto des M bei seiner Versicherung ein.

Art des Umsatzes	Ort der Leistung	steuerbar	BMG	VSt
Unechter Schadensersatz	Inland (Bremen), § 3a Abs. 2 UStG	Ja, § 1 Abs. 1 Nr. 1 UStG	2.250 €, § 10 Abs. 1 UStG	427,50 € (2.250 € · 19 %)

Der gesetzliche Schadensersatzanspruch des M gegenüber der A-GmbH wird umsatzsteuerlich dadurch zum steuerbaren und steuerpflichtigen „unechten" Schadensersatz, dass die A-GmbH (bzw. dessen Versicherung) an M ein Entgelt als Gegenleistung für einen Reparaturauftrag, welchen die A-GmbH dem M durch ihre Einwilligung erteilt hat, überweist. M muss also in seiner Rechnung die Umsatzsteuer ausweisen.

Der behandelnde Arzt erteilt einem Gericht einen Bericht über den bei seinem Patienten festgestellten Befund und erhält dafür eine Vergütung nach § 10 Abs. 1 JVEG.

Die Vergütung von Sachverständigen, Dolmetschern und Übersetzern ist Entgelt für eine Leistung. Ob jemand als Zeuge, sachverständiger Zeuge oder Sachverständiger anzusehen ist, richtet sich nach der tatsächlich erbrachten Tätigkeit. Für die Einordnung ist ausschlaggebend, ob er als Zeuge „unersetzlich" oder als Sachverständiger „auswechselbar" ist. Bei ärztlichen Befundberichten kann regelmäßig auf die Abrechnung nach dem JVEG abgestellt werden. Der Arzt handelt als „unersetzlicher" sachverständiger Zeuge. Die Vergütung ist echter Schadensersatz (vgl. Abschn. 1.3 Abs. 15 UStAE).

Ein hinzugezogener Arzt erstellt für ein Gericht ein Gutachten über den Gesundheitszustand einer Person und erhält eine Vergütung nach JVEG.

Der Arzt handelt als „auswechselbarer" Sachverständiger. Die Vergütung ist Leistungsentgelt. Damit ist der Vorgang steuerbar.

Privatmann P aus Bielefeld verkauft seinem Nachbarn N ein Baugrundstück für 100.000 € in Lemgo.

Es liegt eine Lieferung gem. § 3 Abs. 1 UStG vor. Ort der Lieferung ist Lemgo i. S. d. § 7 Abs. 1 Satz 1 UStG. Nach dieser Vorschrift gilt: Wird der Gegenstand der Lieferung nicht befördert oder versendet, wird die Lieferung dort ausgeführt, wo sich der Gegenstand zur Zeit der Verschaffung der Verfügungsmacht (hier Lemgo) befindet. Privatmann erfüllt jedoch die Unternehmereigenschaft des § 2 UStG nicht. Der Vorgang ist daher nicht steuerbar.

19. Übungsaufgaben ohne Vorgabe einer Tabelle

Fall: Umsatzsteuer-Voranmeldungen

Der Augenarzt O. betreibt in Wolfsburg eine Augenarztpraxis. Er berechnet die Umsatzsteuer nach vereinnahmten Entgelten. Neben seinen ärztlichen Leistungen verkauft O Kontaktlinsen und hierfür notwendige Pflegemittel. Im Monat Januar 2024 vereinnahmte O für Heilbehandlungen 120.400 €. Die Einnahmen aus dem Verkauf von Kontaktlinsen und Pflegemittel betrugen 2.690 €. Folgende Aufwendungen hatte O im Monat Januar zu tragen:

- Abschlag Strom 430 € inkl. 19 % USt (Stadtwerke Wolfsburg)
- Abschlag Wasser 130 € inkl. 7 % USt (Stadtwerke Wolfsburg)
- Putzleistungen durch das Unternehmen „Fix & Fertig" 690 € inkl. 19 % USt
- Reparatur eines medizinischen Geräts für 575 € inkl. 19 % USt am 12.01. Die Rechnung erhielt O am 13.02.

Berechne die Umsatzsteuervorauszahlung bzw. -erstattung.

Sachverhalt		Entgelt/BMG	Steuer
Umsätze:			
Heilberufe, steuerfrei nach § 4 Nr. 14 UStG		120.400,00 €	0,00 €

Kontaktlinsen/Pflegemittel (19 %)		2.260,50 €	429,50 €
Traglast:			**429,50 €**
Vorsteuer:			
Strom (19 %)	68,66 €		
Wasser (7 %)	8,50 €		
Putzleistungen (19 %)	110,17 €		
	187,33 €		
Aufteilung der VSt nach Umsätzen (netto!) i. S. d. § 15 Abs. 4 Satz 3 UStG. $\text{Abziehbare Vorsteuer} = \frac{2.260{,}50\ € \ (\textit{Steuerpflichtige Teil})}{122.660{,}50\ € \ (\textit{Gesamteinnahmen})} \cdot 187{,}33\ € = 3{,}45\ €$			
Vorsteuer:			**- 3,45 €**
Umsatzsteuervorauszahlung:			**426,05 €**

Fall: Innergemeinschaftlicher Erwerb

AUFGABE

Der Belgier B betreibt eine kleine Schokoladenfabrik in der Nähe zur Grenze nach Deutschland. B befördert im eigenen Lkw die Schokolade nach Aachen, um diese dort auf den Wochenmärkten zu verkaufen. Die nicht verkaufte Schokolade nimmt er am selben Tag wieder zurück nach Belgien. Liegt ein innergemeinschaftlicher Erwerb durch B vor?

LÖSUNG

B bewirkt in Bezug auf die verkaufte Schokolade einen innergemeinschaftlichen Erwerb nach § 1a Abs. 2 UStG in Deutschland. Er hat den Verkauf der Schokolade als Inlandslieferung zu versteuern. Das Verbringen der nicht verkauften Schokolade nach Deutschland ist nicht als innergemeinschaftlicher Erwerb im Sinne des § 1a Abs. 2 UStG zu versteuern. Das Zurückverbringen der nicht verkauften Schokolade ist nicht als innergemeinschaftliche Lieferung i. S. d. § 3 Abs. 1a i. V. m. § 6a Abs. 2 UStG zu behandeln.

Fallkreis „Fahrzeuge"

AUFGABE

Privatmann P gelingt es während seines Urlaubs in der Bretagne (Frankreich), seinen neuen Pkw (Laufleistung 3.000 Kilometer, 3 Monate alt) für 22.000 € an den französischen Pkw-Händler F zu verkaufen. Wie ist der Vorgang für 2024 umsatzsteuerlich zu bewerten?

LÖSUNG

Zunächst liegt eine Lieferung nach § 3 Abs. 1 UStG vor. Der Ort der Lieferung liegt gem. § 3 Abs. 6 UStG in Frankreich. Die Lieferung des P ist, da die Lieferung nicht im Inland ausgeführt wurde, nicht steuerbar. P wird auch nicht i. S. d. § 2a Satz 1 UStG wie ein Unternehmer behandelt, da das neue Fahrzeug nicht im Inland geliefert wurde.

AUFGABE

Unternehmer U betreibt in Kassel einen Teehandel. Für betriebliche Zwecke erwarb U zum 01.07.2023 einen zwei Jahre alten Pkw beim Gebrauchtwagenhändler G für 38.080 € inkl. 19 % USt. Die Nutzungsdauer zur Berechnung de AfA beträgt 5 Jahre. U führt ein ordnungsgemäßes Fahrtenbuch. Für das Jahr 2024 betrug der private Anteil an der Fahrzeugnutzung 15 %. Bzgl. des Fahrzeug sind weitere Aufwendungen entstanden:

- Versicherung: 1.050 €
- Kfz-Steuer: 300 €
- Treibstoffe und Reparaturen: 1.900 € zzgl. 361 € (19 % USt) = 2.261 €

Wie ist der Vorgang für 2024 umsatzsteuerlich zu bewerten?

LÖSUNG

Es liegt eine sonstige, unentgeltliche Leistung vor. Gemäß § 9a UStG wird die Verwendung eines dem Unternehmen zugeordneten Gegenstands (hier das Fahrzeug), der zum vollen oder teilweisen Vorsteuerabzug berechtigt hat (hier: Fahrzeug dient hauptsächlich unternehmerischen Zwecken mit steuerpflichtigen Ausgangsumsätzen), durch einen Unternehmer für Zwecke, die außerhalb des Unternehmens liegen (hier Privatfahrten) einer sonstigen Leistung gegen Entgelt gleichgestellt. Der Ort der Leistung ist dort, wo U sein Unternehmen betreibt, also in Kassel (§ 3a Abs. 1 UStG). Als Bemessungsgrundlage werden gem. § 10 Abs. 4 Nr. 2 UStG bei sonstigen Leistungen i. S. d. § 3 Abs. 9a Nr. 1 UStG nach den bei der Ausführung dieser Umsätze entstandenen Ausgaben, soweit sie zum vollen oder teilweisen Vorsteuerabzug berechtigt haben, angesetzt. Vorsteuerabzug ist bei der Anschaffung des Fahrzeugs und bei den Aufwendungen für Treibstoffe und Reparaturen möglich. Die Bemessungsgrundlage beträgt also:

Netto-Anschaffungskosten Fahrzeug: 32.000 € : 5 Jahre Nutzungsdauer = 6.400 €

Treibstoffe/Reparaturen: 1.900 €

Insgesamt: 8.300 €; davon 15 % Anteil der privaten Nutzung: 8.300 € · 15 % = 1.245 €. Die Umsatzsteuer für den privaten Nutzungsanteil beträgt 1.245 € · 19 % = 236,55 €.

AUFGABE

Unternehmer G mit Sitz in München hat sich im Jahr 2023 einen vorwiegend betrieblich genutzten Pkw mit Verbrennermotor für 39.544 € inkl. 19 % USt angeschafft. Als G das Fahrzeug angemeldet hatte, betrug der Bruttolistenpreis 46.000 €. G führt kein Fahrtenbuch. Der Privatanteil der Nutzung liegt bei 30 %.

LÖSUNG

Es liegt eine unentgeltlich sonstige Leistung nach § 3 Abs. 9a Nr. 1 UStG vor. Ort der Leistung ist der Ort des Unternehmenssitzes, also München. Nach pauschalen Vorsteuerabzug von 20 % ergibt sich die Bemessungsgrundlage wie folgt: 46.000 € (Bruttolistenpreis des Fahrzeugs mit Verbrennermotor) · 1 % · 12 Monate · 80 % = 4.416 €. Die USt zu 19 % Steuersatz beträgt 4.416 € · 19 % = 839,04 €.

HINWEIS

Der Bruttolistenpreis wird auf volle Hundert abgerundet. Das war hier nicht notwendig, da der Bruttolistenpreis „gerade" ist.

Fall: Ist-Versteuerung möglich?

AUFGABE

Die G-GmbH erzielt im Jahr 2023 einen Gesamtumsatz von 650.000 €. Darf die GmbH die Umsatzsteuer für 2024 nach vereinnahmtem Entgelt berechnen?

LÖSUNG

Ja, denn der Gesamtumsatz liegt gem. § 20 Satz 1 Nr. 1 UStG unter 800.000 €.

AUFGABE

Rechtsanwältin Inge Myslisch erzielt im Jahr 2023 einen Gesamtumsatz von 850.000 €. Darf sie die Umsatzsteuer für 2024 nach vereinnahmtem Entgelt berechnen?

LÖSUNG

Ja, denn als Rechtsanwältin erzielt sie Umsätze aus einer Tätigkeit als Angehöriger eines freien Berufs i. S. d. § 18 Abs. 1 Nr. 1 EStG (§ 20 Satz 1 Nr. 3 UStG). Auf die Höhe des Gesamtumsatzes kommt es nicht an.

III. Gewerbesteuer

1. Allgemeines zum Prüfungsteil „Gewerbesteuer“

Die Fragestellung genau lesen. Was ist gefragt?

Der Prüfungsteil „Gewerbesteuer“ macht in etwa 8 bis 10 Punkte aus der Gesamtpunktzahl von 100 aus. Die Prüfung besteht

- in den meisten Fällen aus der Berechnung eines GewSt-Aufwands, einer GewSt-Rückstellung, eines Erstattungsanspruchs oder auch „nur“ in der Berechnung des Steuermessbetrags.
- Hin und wieder wird auch als Zusatzfrage (wird gerne überlesen!) nach dem endgültigen handelsrechtlichen Jahresergebnis gefragt. Zur Beantwortung dieser Frage muss i. d. R. gedanklich nur ein Buchungssatz gebildet werden. Z. B. Steueraufwand an GewSt-Rückstellung. In diesem Fall ist der Steueraufwand einfach nur vom handelsrechtlichen Ergebnis abzuziehen und die Frage ist beantwortet.
- In schöner Unregelmäßigkeit kann man aber auch mal einer GewSt-Zerlegung begegnen.

1.1 Besonderheiten bei Einzelunternehmen und Personengesellschaften

Als Rechtsformen erscheinen neben der GmbH regelmäßig das Einzelunternehmen und die Personengesellschaften (OHG, KG). Für die Berechnung der Gewerbesteuer beinhaltet die Rechtsform des Einzelunternehmens bzw. Personengesellschaften typische Stolperfallen. Diese treten oftmals bei den **Spenden** für gemeinnützige Zwecke und im Bereich der **Sonderbetriebseinnahmen** bzw. **-ausgaben** auf. Zudem darf nicht übersehen werden, dass rechtsformabhängig einem Einzelunternehmen und einer Personengesellschaft ein **Freibetrag** i. H. v. 24.500 € zusteht. Eine Kapitalgesellschaft erhält keinen Freibetrag.

1.1.1 Spenden bei Einzelunternehmen und Personengesellschaften

gemeinnützige Zwecke

Bei Einzelunternehmen und bei Personengesellschaften dürfen Spenden für gemeinnützige Zwecke (anders als bei Kapitalgesellschaften!) den Gewinn nicht mindern. Sie sind bei der Einkommensteuer des Einzelunternehmers bzw. Mitunternehmers als Spende nach § 10b EStG abzugsfähig. Daher sind Spenden außerhalb der Bilanz hinzuzurechnen, sofern diese gewinnmindernd gebucht wurden.

BEISPIEL

A betreibt in Kassel ein Einzelunternehmen. Sein vorläufiger Jahresüberschuss beträgt 80.000 €. Dabei hat er eine Spende i. H. v. 2.000 € an eine gemeinnützige Einrichtung als betrieblichen Aufwand erfasst. Da Spenden steuerlich als Entnahme erfasst werden, beträgt der Gewinn des A i. S. d. § 7 GewStG 82.000 €. A kann jedoch in seiner ESt-Erklärung nach § 10b EStG 2.000 € als Sonderausgaben geltend machen.

Kürzung unabhängig von der Rechtsform

Da Spenden auch bei der Gewerbesteuer abzugsfähig sind, werden sie nach § 9 Nr. 5 GewStG wieder abgezogen, soweit sie aus den Mitteln des Gewerbebetriebs geleistet werden und den Gewinn noch nicht gemindert haben. Der Abzug nach § 9 Nr. 5 GewStG erfolgt auch für Kapitalgesellschaften.

1.1.2 Sonderbetriebseinnahmen bzw. -ausgaben bei Einzelunternehmen und Personengesellschaften

Ein Mitunternehmer kann sog. Sonderbetriebseinnahmen erzielen. Darunter sind persönliche Erträge eines Gesellschafters, die wirtschaftlich durch seine Beteiligung an der Personengesellschaft bedingt sind, zu verstehen. Diese können u. a. sein:

- Gehalt für die Tätigkeit des Gesellschafters für seine Gesellschaft,
- Mieteinnahmen aus der Vermietung eines Grundstücks, Gebäudes oder bewegliche Gegenstände an die Gesellschaft,
- Zinseinnahmen aus der Verzinsung eines Darlehens, das der Gesellschafter seiner Gesellschaft gewährt hat.

Dabei kennt das Steuerrecht den Begriff der „Sonderbetriebseinnahmen“ gar nicht. Denn § 15 Abs. 1 Satz 1 Nr. 2 EStG spricht von „Vergütungen, die der Gesellschafter von der Gesellschaft für seine Tätigkeit im Dienst der Gesellschaft oder für die Hingabe von Darlehen oder für die Überlassung von Wirtschaftsgütern bezogen hat".

Ob eine Sondervergütung angemessen ist oder nicht, spielt hier keine Rolle: der gesamte handelsrechtliche Aufwand hierfür unterliegt der Hinzurechnung aufgrund der Zuordnung nach § 15 Abs. 1 EStG.

Merke: Keine Prüfung der Angemessenheit

AUFGABE

A und B sind zu je 50 % an der AB-OHG beteiligt. A übernimmt für die OHG die Leitung der Abteilung „Technik" und erhält dafür monatlich 5.000 €. B leitet die Abteilung „Verwaltung" und erhält dafür eine Monatsvergütung von 6.000 €. Zudem überlässt A der OHG seit dem 01.06.2024 ein betriebliches Grundstück für 4.000 €/Monat. B wiederum hat der OHG ein Darlehen i. H. v. 200.000 € überlassen, das mit 4 % pro Jahr zu verzinsen ist. Der Handelsbilanzgewinn beträgt 100.000 €. Der steuerliche Gewinn der OHG für 2024 ist zu berechnen.

LÖSUNG

	A	B	Zusammen
Handelsbilanzgewinn	50.000 €	50.000 €	100.000 €
+ Tätigkeitsvergütungen	+ 60.000 €	+ 72.000 €	+ 132.000 €
+ Überlassung Grundstück	+ 28.000 €		+ 28.000 €
+ Zinsen für Darlehen		+ 8.000 €	+ 8.000 €
= steuerlicher Gewinn	138.000 €	130.000 €	268.000 €

1.1.3 Aufteilung des Gewerbesteuer-Messbetrags

Ab und zu wird eine Aufgabe aus der Gewerbesteuer mit einem Teil aus der Einkommensteuer vermischt. Dann kommt die Ermäßigung der tariflichen Einkommensteuer nach § 35 EStG ins Spiel. Demnach wird die tarifliche Einkommensteuer um das 3,8- (bis VAZ 2019) bzw. 4-Fache (ab VAZ 2020) des Gewerbesteuer-Messbetrags gemindert. Gesellschafter von OHG oder KG müssen sich dann die Minderung entsprechend ihrer Beteiligung teilen.

Allerdings gibt es zwei wichtige Höchstgrenzen der Gewerbesteueranrechnung:

Tipp: Höchstgrenzen prüfen und dies in der Prüfung auch zu Papier bringen!

- die tatsächlich zu zahlende Gewerbesteuer des Unternehmens (§ 35 Abs. 1 Satz 5 EStG) und
- die Beschränkung auf die Höhe der festgesetzten Einkommensteuer. Eine Erstattung von Einkommensteuer ist nicht möglich.

1.2 Vorgehensweise zur Berechnung von Gewerbesteuer

Die besondere Schwierigkeit einer Berechnungsaufgabe zum GewSt-Aufwand liegt darin, die richtige Reihenfolge einzuhalten. Denn bis man zum Berechnungsschema zur Gewerbesteuer überhaupt gelangt, müssen im ersten Schritt evtl. buchhalterische Punkte (eher selten) und im zweiten und dritten Schritt die Unterschiede zwischen Handelsrecht und Steuerrecht bearbeitet werden („fast immer"). Dabei sind die steuerliche Abzugsfähigkeit von handelsrechtlichen Aufwendungen zu untersuchen sowie die Bewertungsunterschiede im Rahmen einer Handels- und Steuerbilanz vorzunehmen.

Beachte: im Aufgabentext befinden sich die Angaben zu den Schritten verstreut

1. Schritt: Buchhaltung	**Typische Fälle:** Spenden, Abschreibungen, Rückstellungen, Zinsaufwand sind nachzubuchen bzw. zu korrigieren, Periodengerechte Zuordnung von Ein- und Auszahlungen
2. Schritt: Nicht abziehbare Betriebsausgaben	**Typische Fälle:** Betriebsausgaben nach § 4 Abs. 5 EStG (Geschenke, Bewirtung, Geldbußen, Ordnungsgelder, Verwarnungsgelder)
3. Schritt: Abweichungen zwischen Handels- u. Steuerbilanz	**Typische Fälle:** Ansatz von Drohverlustrückstellungen, Abschreibung Firmenwert
4. Schritt: Berechnungsschema Gewerbesteuer	Siehe unter Kap. III Nr. 5

2. Buchhaltung (1. Schritt)

1 Periodengerechte Verbuchung

Nicht selten wird Ihnen das Problem der periodengerechten Zuordnung von Ertrag/Aufwand (Betriebsvermögensvergleich) bzw. Einnahmen/Ausgaben (EÜR) begegnen oder mit anderen Worten: in welchem Geschäftsjahr muss der Sachverhalt berücksichtigt werden?

Dazu muss zunächst festgestellt werden, ob es sich im vorgegebenen Sachverhalt um einen Bilanzierer (Betriebsvermögensvergleich) oder Einnahmen/Ausgaben-Rechner handelt.

Periodenabgrenzung	
Betriebsvermögensvergleich	**Einnahmen/Ausgaben-Rechnung**
Gemäß § 252 Abs. 1 Nr. 5 HGB, ist das Periodisierungsprinzip für den Bilanzierenden maßgeblich. Erträge und Aufwendungen werden unabhängig vom Zahlungszeitpunkt in dem Jahr erfasst, in dem diese wirtschaftlich verursacht wurden.	Zu- und Abflussprinzip (§ 11 EStG), davon wenige Ausnahmen, wie z. B. regelmäßig wiederkehrende Einnahmen und Ausgaben (10-Tage-Regel).

TIPP

In aller Regel wird sich der vorgegebene Sachverhalt auf ein Unternehmen beziehen, das den Betriebsvermögensvergleich durchführt. Bei Fragen der periodengerechten Abgrenzung kommt es also auf das Jahr der wirtschaftlichen Verursachung an.

Im nächsten Schritt ist die Frage zu klären, in welcher Periode bzw. in welchem Geschäftsjahr ein Sachverhalt zu berücksichtigen ist.

AUFGABE

Die EF-OHG nimmt am 09.06.2022 ein endfälliges Darlehen i. H. v. 250.000 € mit einer Verzinsung von 5 % p. a. auf. Die Bank bucht die fälligen Zinsen für 2024 am 02.01.2025 vom Geschäftskonto der OHG ab. Der Zinsaufwand wurde bei der OHG für das Jahr 2025 erfasst.

LÖSUNG

Der Zinsaufwand von 12.500 € (250.000 € · 5 %) muss 2024 erfasst werden (§ 252 Abs. 1 Nr. 5 HGB), denn die wirtschaftliche Verursachung liegt im Jahr 2024. In der Buchhaltung muss eine entsprechende Korrektur erfolgen.

3. Nicht abzugsfähige Betriebsausgaben (2. Schritt)

Im Rahmen der bilanzsteuerlichen Korrekturen ist die Bearbeitung nicht abziehbarer Betriebsausgaben ein Dauerbrenner.

Geschenke

Gemäß § 4 Abs. 5 Satz 1 Nr. 1 EStG sind Aufwendungen für Geschenke an Personen, die **nicht Arbeitnehmer** des Steuerpflichtigen sind, nicht als Betriebsausgaben ansetzbar. Grundvoraussetzung für den – beschränkten – Abzug von Geschenkaufwendungen ist immer die **betriebliche Veranlassung**, z. B., um Geschäftsbeziehungen zu der beschenkten Person anzuknüpfen, zu sichern oder zu verbessern. Geschenke sind allerdings nur dann Betriebsausgaben, wenn die Anschaffungs- oder Herstellungskosten der dem Empfänger im Wirtschaftsjahr zugewendeten Gegenstände **insgesamt 50 €** (bis zum 31.12.2023 lag die Grenze bei 35 €) nicht übersteigen. Zu beachten ist insbesondere:

- Die Obergrenze von 50 € ist eine **Freigrenze**. Übersteigt die Summe der Geschenkaufwendungen je Empfänger den Betrag von 50 € im Wirtschaftsjahr, wenn auch nur um einen Cent, entfällt jeglicher Abzug.
- Nicht zu den Anschaffungs- oder Herstellungskosten eines Geschenks gehören **Verpackungs- und Versandkosten**. Die Kosten der Verpackung gehören dann zu den Anschaffungskosten, wenn die Verpackung zum Geschenk gehört. Bei **nicht vorsteuerabzugsberechtigten** Unternehmern, wie z. B. Humanmediziner, gehört die nicht abziehbare Vorsteuer zu den Anschaffungs- und Herstellungskosten.

Vorsteuer

Für Geschenke aus betrieblicher Veranlassung an Personen, die nicht Arbeitnehmer des Steuerpflichtigen sind, ist der Vorsteuerabzug ausgeschlossen, wenn die Anschaffungs- oder Herstellungskosten der einem Empfänger im Wirtschaftsjahr zugewendeten Gegenstände zusammengerechnet 50 € übersteigen.

Bewirtungsaufwendungen

Steuerlich zu 70 % abziehbar

Betrieblich veranlasste Bewirtungsaufwendungen sind zunächst Betriebsausgaben i. S. d. § 4 Abs. 4 EStG. Handelsrechtlich sind Bewirtungsaufwendungen zu 100 % abziehbar, auch wenn sie unangemessen sind. Steuerlich dagegen sind Bewirtungskosten aus betrieblichem Anlass gem. § 4 Abs. 5 Satz 1 Nr. 2 EStG nur zu 70 % der als angemessen anzusehenden Aufwendungen anzusetzen. Damit 70 % der Aufwendungen als Betriebsausgaben ansetzbar sind, müssen allerdings einige Voraussetzungen erfüllt sein:

- Angemessenheit der Bewirtungsaufwendungen. Maßstab für die Angemessenheit ist die allgemeine Verkehrsauffassung. Wenn bspw. der gewerbliche Verkäufer von Luxusyachten nach einem erfolgreichen Geschäft seinen Käufer zu einem Abendessen für 2.000 € einlädt, kann dies angemessen sein.
- Bewirtungskosten müssen nach § 4 Abs. 7 EStG auf einem gesonderten Konto innerhalb der Buchführung oder in einer besonderen Spalte innerhalb der Ausgabenaufzeichnungen ausgewiesen werden.
- Nachweispflichten sind zu erfüllen. So müssen bspw. der Anlass der Bewirtung und die teilnehmenden Personen dokumentiert werden.

Zu beachten ist, dass sich die Vorschrift des § 4 Abs. 5 Satz 1 Nr. 2 EStG dem Wortlaut nach auf die „Bewirtung von Personen aus geschäftlichem Anlass" bezieht. Unter diesen Personenkreis fallen weder Arbeitnehmer noch Privatpersonen aus dem Umfeld des Unternehmers. Dazu ein Beispiel:

BEISPIEL

Der Einzelunternehmer E feiert sein 25jähriges Firmenjubiläum. Es nehmen 80 Personen teil (50 Geschäftsfreunde, 20 Arbeitnehmer und 10 private Gäste des E). Die Gesamtkosten der Feier (Essen und Getränke) betragen 10.000 €. Nach zulässiger Aufteilung nach Köpfen ergibt sich folgendes Bild:

62,5 % (50/80) der Kosten sind geschäftlich veranlasst (Geschäftsfreunde) und nur zu 70 % abziehbar, 25 % der Kosten sind betrieblich veranlasst (Arbeitnehmer) und dürfen vollständig als Betriebsausgaben abgezogen werden, 12,5 % der Kosten sind privat veranlasst und dürfen den Gewinn nicht mindern.

Vorsteuer

Sofern die Bewirtungskosten angemessen sind, darf bei Bewirtungskosten die volle (nicht 70% davon!) Vorsteuer in Abzug gebracht werden. Für Zwecke der Umsatzsteuer sieht § 15 Abs. 1a Satz 2 UStG einen Vorsteuerausschluss aber dann vor, wenn die Bewirtungsaufwendungen **unangemessen** sind oder **nicht ordentlich nachgewiesen** werden.

Gewerbesteuer

Nach § 4 Abs. 5b EStG sind die Gewerbesteuer und ihre Nebenleistungen (vgl. „Checkliste" der Nebenleistungen nach § 3 Abs. 4 AO), keine Betriebsausgaben und daher bei der Gewinnermittlung nicht abziehbar.

MERKE

Gewerbesteuer muss für ein Unternehmen nicht nur Aufwand bzw. nicht abziehbare Betriebsausgabe bedeuten. So kann eine Gewerbesteuererstattung aus dem Vorjahr auch einen Ertrag darstellen. Analog zur Aufwandsbehandlung stellt eine Gewerbesteuererstattung keine zu versteuernde Betriebseinnahme dar. Sie muss also mit umgekehrtem Vorzeichen herausgerechnet werden.

AUFGABE

Es liegt folgende stark vereinfachte handelsrechtliche GuV zum 31.12.2024 vor:

Aufwendungen	530.000 €	Erlöse	850.000 €
GewSt-VZ 2024	42.000 €	Erstattung GewSt Vj.	6.500 €
Verspätungsschlag zur GewSt 2022	300 €		
Jahresüberschuss	284.200 €		
	856.500 €		856.500 €

Wie hoch ist der Gewinn i. S. d. § 7 Abs. 1 GewStG (Gewinn lt. EStG bzw. KStG)?

LÖSUNG

Die Aufwendungen und Erträge (inkl. der Nebenleistungen), die mit der GewSt zusammenhängen, sind gem. § 4 Abs. 5b EStG vom Jahresüberschuss abzuziehen bzw. hinzuzurechnen. Gewinn i. S. d. § 7 Abs. 1 GewStG: 284.200 € + 42.000 € (GewSt VZ 2024) + 300 € (Verspätungszuschlag zur GewSt) - 6.500 (Erstattung zur GewSt) = 320.000 €

AUFGABE

Die H-GmbH hat für den VAZ 2021 eine GewSt-Rückstellung i. H. v. 15.000 € eingestellt. Am 01.07.2024 erhält die H-GmbH von ihrer Steuergemeinde die Aufforderung zur Bezahlung von 16.300 € Gewerbesteuer für den VAZ 2021 (unstrittig). Für 2021 wurden keine Vorauszahlungen geleistet. Zudem fällt ein Zinsaufwand i. H. v. 1.300 € gem. § 233a AO an, die im Jahr 2024 gewinnmindernd erfasst wurden. Welche bilanzsteuerrechtlichen Korrekturen sind vorzunehmen?

LÖSUNG

Buchhalterisch ist die GewSt-Rückstellung (15.000 €) gegen die Steuerforderung (16.300 €) gegenzurechnen. Der verbleibende Betrag von 1.300 € darf gem. § 4 Abs. 5b EStG nicht als Betriebsausgabe abgezogen werden. Das gleiche gilt für den Zinsaufwand, da dieser als Nebenleistung zur Gewerbesteuer auch nicht als Betriebsausgabe abziehbar ist. In Summe beträgt die bilanzsteuerliche Korrektur also 2.600 €.

Korrekturen: Fehler vermeiden

Dabei wiederholen sich die anzuwendenden Paragrafen wie eine Art Checkliste. Dennoch steckt der Teufel im Detail. Hier einige typische Fehlerquellen:

§§	Sachverhalt	Fehlerquellen
§ 4 Abs. 5 Nr. 1 EStG	Geschenke	► Bei den Anschaffungskosten die Grenze von 50 € nicht beachtet. Z. B. bei nicht zum VSt-Abzug berechtigten Unternehmern zählt die Vorsteuer zu den Anschaffungskosten. ► Die 50 € Grenze nicht als Freigrenze, sondern als Freibetrag behandelt.
§ 4 Abs. 5 Nr. 2 EStG	Bewirtung	► Unterscheidung zwischen angemessenen und unangemessenen Bewirtungsaufwendungen und deren umsatzsteuerliche Behandlung ► Verletzung von Aufzeichnungspflichten übersehen
§ 4 Abs. 5b EStG	Nicht abzugsfähige GewSt einschließlich der Nebenleistungen	► Nebenleistungen („Checkliste" der Nebenleistungen, vgl. § 3 Abs. 4 AO) nicht beachtet ► GewSt nicht vollständig berücksichtigt: neben VZ, Rückstellungen müssen auch Erstattungsansprüche korrigiert werden
§ 4 Abs. 5 Nr. 1 bis 4 EStG	Aufwendungen im Sinne des Absatzes 5 Satz 1 Nummer 1 bis 4 sind einzeln und getrennt von den sonstigen Betriebsausgaben aufzuzeichnen.	Leicht zu übersehen: Verletzung der Aufzeichnungspflichten i. S. d. § 4 Abs. 7 EStG kann zum Abzugsverbot führen.
§ 5 Abs. 4a EStG	Rückstellung aus drohenden Verlusten	

Bewirtungsaufwendungen (§ 4 Abs. 5 Nr. 2 EStG)

Betrieblich veranlasste Bewirtungsaufwendungen sind handelsrechtlich zu 100 % abziehbar. Steuerrechtlich dürfen hingegen Bewirtungskosten aus geschäftlichem Anlass nur zu 70 % als angemessen anzusehenden Kosten den Gewinn mindern, wenn die im Gesetz genannten Nachweispflichten erfüllt sind (§ 4 Abs. 5 Satz 1 Nr. 2 EStG). Ob die Kosten angemessen sind und ob die Aufzeichnungspflichten erfüllt sind, ergibt sich aus dem Sachverhalt der Aufgabe. Es müssen keine Abwägungen oder Begründungen vorgenommen werden. Der 70 %ige Betriebsausgabenabzug setzt des Weiteren voraus, dass die Bewirtungskosten auf einem gesonderten Konto innerhalb der Buchführung oder in einer besonderen Spalte innerhalb der Ausgabenaufzeichnungen ausgewiesen werden (§ 4 Abs. 7 EStG).

VSt-Abzug

Beachte, dass die Vorsteuer für alle **angemessenen** und ordentlich nachgewiesenen Bewirtungsaufwendungen abgezogen werden kann, vgl. § 15 Abs. 1a Satz 2 UStG. Für den unangemessenen Bewirtungsaufwand entfällt der Abzug von Vorsteuer.

AUFGABE

Die F-GmbH weist in ihrer GuV einen Bewirtungsaufwand von 875 € (netto) aus. Sie hat für die gesamten Bewirtungsaufwendungen die Vorsteuer i. H. v. 875 € · 19 % = 166,25 € geltend gemacht. Nun stellt sich heraus, dass ein Aufwand von 325 € (netto) nicht angemessen ist. Wie hoch sind die nicht abziehbaren Aufwendungen i. S. d. § 4 Abs. 5 Nr. 2 EStG?

LÖSUNG

Nicht abziehbare Bewirtungsaufwendungen:	
Unangemessene Aufwendungen (netto)	325,00 €
VSt Abzug (325 € · 19 %) aus unangemessenen Aufwendungen nicht möglich	61,75 €
30 % aus den angemessenen Aufwendungen: 875 € - 325 € = 550 €, davon 30 %	165,00 €
Summe der nicht abziehbaren Aufwendungen	**551,75 €**

Grundfall Gewerbesteuer (§ 4 Abs. 5b EStG)

BEISPIEL

Die X-GmbH mit Sitz in Bremen erzielt einen Jahresüberschuss aus der Handelsbilanz i. H. v. 278.000 €. Den Gewinn gemindert hat eine GewSt-VZ von 38.000 €.

Lösung: Der Gewinn i. S. d. § 7 GewStG beträgt 278.000 € + 38.000 € = 316.000 €.

Rückstellung für drohende Verluste (§ 5 Abs. 4a EStG)

Nach § 5 Abs. 4a EStG dürfen Rückstellungen für drohende Verluste aus schwebenden Geschäften nicht gebildet werden. Unter eine handelsrechtlich mögliche Rückstellung für drohende Verluste aus schwebenden Geschäften (sog. Verlustrückstellung) fallen künftige, noch nicht realisierte Verluste. Ein Verlust aus einem schwebenden Geschäft droht, wenn sich Erträge und Aufwendungen aus demselben noch nicht abgewickelten Geschäft nicht ausgleichen.

BEISPIEL

Die X-GmbH betreibt einen Rohstoffhandel. Sie hat sich gegenüber der F-OHG verpflichtet, Rohstoffe zu einem Fixpreis zu liefern, sobald diese verfügbar sind. Zum 31.12. hat die X-GmbH die Lieferung noch nicht erbracht, es liegt also ein schwebendes Geschäft vor. Wenn sich die Marktpreise für Rohstoffe ändern und die X-GmbH dadurch einen Verlust erleiden würde, muss sie eine Rückstellung für diesen drohenden Verlust in der Handelsbilanz bilden. Steuerrechtlich besteht jedoch ein Abzugsverbot.

4. Abweichungen von Wertansätzen zwischen Handels- und Steuerbilanz (3. Schritt)

Handels- und Steuerbilanz müssen nicht zwingend übereinstimmen. In einer Steuerbilanz wird das Betriebsvermögen unter Beachtung steuerlicher Grundsätze aufgestellt. In der Abschlussprüfung wird die Aufstellung einer Steuerbilanz zwar nicht erwartet, aber eine Überleitungsrechnung i. S. d. § 60 Abs. 2 EStDV von den handelsrechtlichen zu den steuerrechtlichen Werten dagegen schon. Zunehmend werden in der Handelsbilanz Positionen ausgewiesen, die nach dem Steuerrecht nicht aktivierbar oder passivierbar sind. Gleiches gilt für steuerlich vorgeschriebene Wertansätze, die vom handelsrechtlich zulässigen bzw. zwingenden Ansatz abweichen. Da abweichende Wertansätze nur vereinzelt abgefragt werden, hier nur eine beispielhafte Aufzählung im Rahmen von Rückstellungen:

- Für Verpflichtungen, die nur zu erfüllen sind, soweit künftig Einnahmen oder Gewinne anfallen, sind Verbindlichkeiten oder Rückstellungen erst anzusetzen, wenn die Einnahmen oder Gewinne angefallen sind (§ 5 Abs. 2a EStG).
- Rückstellungen wegen Verletzung fremder Patent-, Urheber- oder ähnlicher Schutzrechte dürfen erst gebildet werden, wenn der Rechtsinhaber Ansprüche wegen der Rechtsverletzung geltend gemacht hat oder mit einer Inanspruchnahme wegen der Rechtsverletzung ernsthaft zu rechnen ist (§ 5 Abs. 3 EStG).
- Jubiläumsrückstellungen dürfen nur gebildet werden, wenn das Dienstverhältnis mindestens 10 Jahre bestanden hat, das Dienstjubiläum das Bestehen eines Dienstverhältnisses von mindestens 15 Jahren voraussetzt, die Zusage schriftlich erteilt ist und soweit der Zuwendungsberechtigte seine Anwartschaft nach dem 31.12.1992 erwirbt (§ 5 Abs. 4 EStG).
- Rückstellungen für drohende Verluste aus schwebenden Geschäften dürfen nicht gebildet werden (§ 5 Abs. 4a Satz 1 EStG).

- Rückstellungen für Aufwendungen, die in künftigen Wirtschaftsjahren als Anschaffungs- oder Herstellungskosten eines Wirtschaftsguts zu aktivieren sind, dürfen nicht gebildet werden (§ 5 Abs. 4b Satz 1 EStG).

5. Berechnungsschema Gewerbesteueraufwand (4. Schritt)

§ 11 GewStG: Fußgängerpunkte sichern

Das Berechnungsschema zur Gewerbesteuer ist sehr hilfreich. Zum Ende des Schemas können durch richtige Anwendung des § 11 GewStG (Abrunden, Freibetrag für Nicht-Kapitalgesellschaften, Steuermesszahl 3,5 %) noch bequem Fußgängerpunkte abgeholt werden.

	Gewinn aus Gewerbebetrieb			§ 7 GewStG
	Hinzurechnungen (I)		Summe	§ 8 Nr. 1 Buchst. a - Buchst. f GewStG
	Freibetrag	-	200.000 €	
	Differenz	=	Rest (darf niemals negativ werden!)	
	Ansatz	·	25 % bzw. 1/4	
+	Hinzurechnungsbetrag (I)	=		
+	Hinzurechnungen (II)			§ 8 Nr. 4, Nr. 5, Nr. 8 - 10, Nr. 12 GewStG
-	Kürzungen			§ 9 GewStG
=	Gewerbeertrag			§ 7 Satz 1 u. § 10 GewStG
-	Gewerbeverlust			§ 10a GewStG
=	Zwischensumme (abgerundet auf volle 100 €)			§ 11 Abs. 1 Satz 3 GewStG
-	Freibetrag:	Natürliche Personen und Personengesellschaften	24.500 €	§ 11 Abs. 1 Satz 3 GewStG
		Kapitalgesellschaften		
		Bestimmte juristische Personen		
=	Gewerbeertrag nach Freibetrag			
·	Steuermesszahl 3,5 %			§ 11 Abs. 2 GewStG
=	Gewerbesteuermessbetrag (auf volle Euro abzurunden)			§ 11 Abs. 1 Satz 1 und Satz 2 u. § 14 GewStG
·	Hebesatz (Prozentzahl der Gemeinde)			§ 16 GewStG
=	Gewerbesteueraufwand			

5.1 Hinzurechnungen nach § 8 GewStG

Finanzierungskosten (§ 8 Nr. 1 GewStG)

Die Regelung des § 8 Nr. 1 GewStG umfasst den gesamten Bereich der Finanzierungskosten. Zu beachten ist, dass diese Kosten vorher als Aufwand verbucht sein müssen.

Die AB-OHG hat versehentlich den Zinsaufwand für ein betriebliches Darlehen statt für 2024 in den Aufwand 2025 verbucht. Wie ist zu verfahren?

AUFGABE

Zur Berechnung des Gewerbeertrags müssen hier zwei Schritte gemacht werden: Korrektur des Buchungsfehlers (siehe oben) als Gewinnminderung und danach Vornahme der Hinzurechnung nach § 8 Nr. 1a GewStG.

LÖSUNG

Reihenfolge beachten

Trotz der Hektik einer Prüfung darf die Reihenfolge der Berechnung der Finanzierungskosten nicht durcheinanderkommen: zuerst muss die Summe aus § 8 Nr. 1 Buchst. a bis f GewStG ermittelt werden. Im Anschluss daran wird der Freibetrag bis 200.000 € abgezogen. Im letzten Schritt werden von diesem Restbetrag 25 % ermittelt. Also:

1. Schritt: Summe ermitteln

Nr. 1a	100 % Entgelte für Schulden	€
Nr. 1b	100 % Renten u. dauernde Lasten	€
Nr. 1c	100 % Gewinnanteil typisch (!) stiller Gesellschafter	€
Nr. 1d	20 % Miete/Pacht bewegl. WG	€
Nr. 1e	50 % Miete/Pacht unbewegl. WG	€
Nr. 1f	25 % Überlassung von Rechten	€
	Summe	€

↓

2. Schritt: Freibetrag

- Freibetrag bis max. 200.000 € (nach Abzug niemals negativen Wert!) = verbleibender Betrag	€

↓

3. Schritt: 25 %

· 25 % bzw. 1/4	€

Entgelte für Schulden (§ 8 Nr. 1a GewStG)

Zinsen Darlehen

Typische Fälle

Hier sind die Zinsen aus Darlehen anzusetzen. Nicht selten sind die Zinsen selbst zu berechnen. Eine Falle, die immer wieder vorkommt, ist die Zinsberechnung für unterjährige, neu aufgenommene Darlehen. Bei der Anzahl der Zinsmonate kann man sich schnell vertun.

Die A-GmbH nimmt zum 01.06.2024 ein endfälliges Darlehen von 100.000 € zu 5 % auf. Der Zinsaufwand beträgt 100.000 € · 5 % = 5.000 € : 12 Monate · 7 Monate (nicht 6 Monate!) = 2.916,67 €.

BEISPIEL

Miete/Pacht beweglicher Wirtschaftsgüter (§ 8 Nr. 1d GewStG)

Für den Miet- bzw. Pachtaufwand beweglicher Wirtschaftsgüter sind 20 % der Gesamtaufwendungen anzusetzen. Die Schwierigkeiten liegen nicht bei der GewSt selbst, sondern beim Berechnen der Aufwendungen unter Zeitdruck. Denn oftmals werden Mengen, Brutto- u. Nettoaufwendungen, Gesamtpreise und Datumsangaben in der Aufgabe vermengt.

Die F-KG mietet seit dem 01.06.2024 fünf Lkw zu einer monatlichen Leasingrate von 1.500 € zzgl. 19 % USt pro Lkw an. Weiterhin besteht für die Telefonanlage ein Leasingvertrag mit einem Jahresmietaufwand von 2.380 € inkl. 19 % USt.

BEISPIEL

Miete/Pacht unbeweglicher Wirtschaftsgüter (§ 8 Nr. 1e GewStG)

Nach § 8 Nr. 1e GewStG werden 50 % der **Miet- und Pachtzinsen** für die Benutzung **unbeweglicher Wirtschaftsgüter** des Anlagevermögens im Rahmen der Ermittlung des Gewerbesteuermessbetrags hinzugerechnet. **Mietnebenkosten** sind **nicht** zu berücksichtigen.

AUFGABE

Die GuV der B-GmbH enthält zum 31.12.2024 folgende Positionen:

- Miete von Büroräumen für 11.500 € (netto) pro Monat. Zusätzlich fielen pro Monat Nebenkosten von 1.200 € an.
- Anmietung zweier Außenlagerplätze für 130.000 € und 178.000 € pro Jahr (jeweils netto)
- Leasingraten für fünf gleichartige Lastwagen zu 1.190 € pro Monat inkl. 19 % USt pro Fahrzeug. Alle Lastwägen wurden ab dem 01.03.2024 geleast.
- Zinsen für ein betriebliches Darlehen i. H. v. 37.000 €

- Die B-GmbH hat zum 01.06.2024 ein weiteres Darlehen i. H. v. 500.000 € aufgenommen. Dieses ist zum Ende der 10-jährigen Laufzeit in einer Summe zur Zahlung fällig. Der Zinssatz beträgt 4 %. Das Darlehen wurde zu 96 % ausbezahlt.

Die Höhe der Hinzurechnung nach § 8 GewStG ist zu berechnen. Beträge sind auf volle Euro zu runden.

LÖSUNG

Hinzurechnungen nach § 8 GewStG		
Nr. 1a	Entgelte für Schulden	37.000 €
Nr. 1a	Entgelte für Schulden: 500.000 € · 4 % für 7 Monate	11.667 €
Nr. 1a	Disagio auf 10 Jahre verteilt: 500.000 € zu 96 % = 480.000 € (= Auszahlungsbetrag). Differenzbetrag von 20.000 € auf 10 Jahre verteilt, für 2024 für 7 Monate	1.167 €
Nr. 1d	20 % Miete für bewegliche Wirtschaftsgüter: 5 · 1.000 € (netto) · 10 Monate, davon 20 %	10.000 €
Nr. 1e	50 % Miete für unbewegliche Wirtschaftsgüter: Büroräume 11.500 € · 12 Monate, davon 50 %	69.000 €
Nr. 1e	50 % Miete für unbewegliche Wirtschaftsgüter: Außenlager 308.000 € für 12 Monate, davon 50 %	154.000 €
	Summe:	282.834 €
	- Freibetrag, maximal 200.000 €	- 200.000 €
	Verbleibender Betrag	82.834 €
	Davon 25 %	**20.708 €**

Spenden durch eine Kapitalgesellschaft (§ 8 Nr. 9 GewStG)

Gemäß § 8 Nr. 9 GewStG sind Ausgaben im Sinne des § 9 Abs. 1 Nr. 2 KStG hinzuzurechnen. Gemeint sind – vereinfacht ausgedrückt – alle Spenden zur Förderung steuerbegünstigter Zwecke im Sinne der §§ 52 bis 54 AO (also nicht Spenden an politische Parteien!). Warum diese Vorschrift, die nur für Kapitalgesellschaften anzuwenden ist? Die Norm dient nämlich dazu, dass Gewerbebetriebe von Körperschaften hinsichtlich des Abzugs von Spenden den Betrieben natürlicher Personen gleichzustellen sind. Außerdem ermöglicht sie es die Minderung des Gewerbeertrags um die abziehbaren Zuwendungen einheitlich in § 9 Nr. 5 GewStG zu regeln. Denn die Kürzung von Spenden gem. § 9 Nr. 5 GewStG gilt rechtsformunabhängig für alle Gesellschaften.

5.2 Kürzungen nach § 9 GewStG

Grundbesitz bis 31.12.2024 (§ 9 Nr. 1 GewStG a. F.):

- Für die Ermittlung des Gewerbeertrags ist gem. § 9 Nr. 1 GewStG eine Kürzung i. H. v. 1,2 % des maßgebenden Einheitswerts vorzunehmen, wenn der Grundbesitz zum Betriebsvermögen zählt. Der maßgebende Einheitswert ermittelt sich entweder nach den Wertverhältnissen zum 01.01.1964 gem. § 121a BewG oder
- nach den Wertverhältnissen zum Jahr 1935 nach § 133 BewG (diese Vorschrift fällt zum 01.01.2025 weg)

Liegen laut Sachverhalt Grundstücke nach den Wertverhältnissen zum 01.01.1964 vor, sind nach § 121a BewG Grundstücke (§ 70 BewG) und Betriebsgrundstücke i. S. d. § 99 Abs. 1 Nr. 1 BewG für die Gewerbesteuer mit 140 % des Einheitswerts anzusetzen.

Bezüglich der Behandlung des Kürzungsbetrags nach § 9 Nr. 1 GewStG ist insbesondere auf Folgendes besonders zu achten:

Wird das Grundstück ganz oder zum Teil betrieblich genutzt?	Kürzung nur für den **betrieblichen Teil**, § 20 Abs. 2 GewStDV
Wo befindet sich das Grundstück?	Anwendung der Wertverhältnisse zum Jahr 1964 (§ 121a BewG) oder zum Jahr 1935 (§ 133 BewG). Ab dem Jahr 2025 fällt die Vorschrift des § 133 BewG allerdings weg.

Seit wann befindet sich das Grundstück im Betriebsvermögen?	Gem. § 20 Abs. 1 Satz 2 GewStDV ist dabei der Stand zu **Beginn** des Kalenderjahrs maßgebend. Wenn bspw. während des Geschäftsjahres ein Grundstück angeschafft wird, scheidet eine Kürzung i. S. d. § 9 Nr. 1 GewStG aus.

Grundfall:

Die AB-OHG ist Eigentümer eines mit einer Lagerhalle bebauten Grundstücks in Augsburg. Der Einheitswert (EHW) beträgt 200.000 € nach den Wertverhältnissen zum 01.01.1964. Höhe des Kürzungsbetrags für das Jahr 2024?

EHW 200.000 € · 1,2 % (§ 9 Nr. 1 GewStG) · 140 % (§ 121a BewG) = 3.360 €.

Gemischte Nutzung:

E betreibt in Hamburg eine Autowerkstatt. Auf dem Grundstück befindet sich neben der Werkstatt auch sein Wohnhaus, das 30 % der Fläche ausmacht. Der Einheitswert (EHW) für das gesamte Grundstück beträgt 200.000 € nach den Wertverhältnissen zum 01.01.1964. Höhe des Kürzungsbetrags?

EHW 200.000 € · 70 % (betrieblicher Anteil) · 1,2 % (§ 9 Nr. 1 GewStG) · 140 % (§ 121a BewG) = 2 352 €.

Wertverhältnisse aus dem Jahr 1935:

F stellt in Dresden kosmetische Produkte her. Sie ist Eigentümerin eines mit einer Fabrik bebauten Grundstücks. Der Einheitswert (EHW) beträgt 60.000 € nach den Wertverhältnissen zum Jahr 1935. Höhe des Kürzungsbetrags für 2024?

EHW 60.000 € · 1,2 % (§ 9 Nr. 1 GewStG) · 400 % (§ 133 Nr. 2 BewG) = 2.880 €.

Änderung der Verhältnisse:

G betreibt in Kaufbeuren eine Gärtnerei auf fremden Grund. Zum 01.07.2024 erwirbt G ein geeignetes Grundstück, um seinen Gärtnereibetrieb zu erweitern für 250.000 €. Der Einheitswert beträgt 60.000 € nach den Wertverhältnissen zum 01.01.1964. Wie hoch ist die Kürzung für 2024?

Nach § 20 Abs. 1 Satz 2 GewStDV sind die Verhältnisse zu Beginn des Kalenderjahres maßgebend. Zum 01.01.2024 war der Grund noch nicht im Betriebsvermögen des G. Somit entfällt eine Kürzung i. S. d. § 9 Nr. 1 GewStG.

Grundbesitz ab 01.01.2025 (§ 9 Nr. 1 GewStG n. F):

Mit Wirkung zum 01.01.2025 wurde die Kürzung nach § 9 Nr. 1 GewStG grundlegend geändert. Nach § 9 Nr. 1 Satz 1 GewStG erfolgt die Kürzung um die im Erhebungszeitraum als Betriebsausgabe erfasste Grundsteuer für zum Betriebsvermögen des Unternehmers gehörenden Grundbesitz.

A entrichtet für ein Grundstück, das privat und betrieblich genutzt wird, eine Grundsteuer in Höhe von 2.300 €. Der betriebliche Anteil liegt bei 80 %. Der Kürzungsbetrag beträgt nach § 9 Nr. 1 GewStG n. F. 2.300 € · 80 % = 1.840 €.

Gewinnanteile (§ 9 Nr. 2 GewStG)

Nach § 9 Nr. 2 Satz 1 GewStG sind die Anteile am Gewinn einer in- oder ausländischen offenen Handelsgesellschaft, einer Kommanditgesellschaft oder einer anderen Gesellschaft, bei der die Gesellschafter als Unternehmer (Mitunternehmer) des Gewerbebetriebs anzusehen sind, gekürzt, wenn die Gewinnanteile bei der Ermittlung des Gewinns angesetzt worden sind.

Zeitpunkt = Gewinnentstehung

Entscheidend ist das Jahr der **Gewinnentstehung** nicht das Jahr der tatsächlichen Gewinnausschüttung.

Das Einzelunternehmen des F ist an der AB-OHG mit Sitz in Straubing aus betrieblichen Gründen zu 30 % beteiligt. Der Gewinnanteil des F für 2023 beträgt 40.000 €. Die AB-OHG hat den Gewinnanteil aus 2023 an das Privatkonto des F am 20.05.2024 überwiesen. In welchem Jahr ist der Beteiligungsertrag gem. § 9 Nr. 2 GewStG zu kürzen?

Auf den Zeitpunkt der Gewinnausschüttung kommt es nicht an. Die wirtschaftliche Verursachung liegt im Jahr 2023. Die Ausschüttung stammt aus der Beteiligung an einer inländischen OHG. F muss die Kürzung i. S. d. § 9 Nr. 2 GewStG im Steuerjahr 2023 i. H. v. 40.000 € vornehmen.

Spenden für gemeinnützige Zwecke (§ 9 Nr. 5 GewStG)

Werden Spenden mit Mitteln des Gewerbebetriebs für gemeinnützige, mildtätige oder kirchliche Zwecke geleistet (keine Spenden an politische Parteien!), können Spenden bis zu gewissen Höchstbeträgen gekürzt, werden. Dabei beträgt der Höchstbetrag:

20 % des Gewinns aus Gewerbebetrieb zuzüglich Zurechnungsbetrag nach § 8 Nr. 9 GewStG (nur bei Kapitalgesellschaften) oder 4 ‰ aus der Summe von Umsatz und Löhnen und Gehältern des Wirtschaftsjahrs.

Gekürzt werden kann der höhere Betrag.

AUFGABE

A betreibt einen Einzelhandel mit Gartenzwergen in Erfurt. Dabei spendet er 500 € an die örtliche Kirchengemeinde und verbucht diesen als betrieblichen Aufwand, Sein handelsrechtlicher Überschuss beträgt 49.700 €. Wie hoch fällt der maßgebliche Gewerbeertrag aus?

LÖSUNG

Die Spenden für die hier vorliegenden kirchlichen Zwecke stellen keinen betrieblichen Aufwand dar. A hat deswegen diese Spende als Sonderausgaben anzusetzen. Als bilanzsteuerrechtliche Korrektur sind 500 € dem handelsrechtlichen Überschuss hinzuzuaddieren. Nach § 9 Nr. 5 GewStG sind die aus den Mitteln des Gewerbebetriebs geleisteten Zuwendungen (Spenden und Mitgliedsbeiträge) zur Förderung steuerbegünstigter Zwecke im Sinne der §§ 52 bis 54 der AO bis zur Höhe von insgesamt 20 % des um die Hinzurechnungen nach § 8 Nr. 9 erhöhten Gewinns aus Gewerbebetrieb (§ 7 GewStG) abziehen. Der Rechenweg lautet also:

Jahresüberschuss lt. HB	49.700 €
Bilanzsteuerrechtliche Korrektur:	
+ Spende für kirchliche Zwecke	500 €
= Gewinn gem. § 7 Satz 1 GewStG	50.200 €
- Kürzung nach § 9 Nr. 5 GewStG Spende für kirchliche Zwecke: max. 20 % von 50.200 € = max. 10.040 €	- 500 €
= maßgebender Gewerbeertrag	49.700 €

5.3 Verlust nach § 10a GewStG

Gewerbeverluste werden in § 10a GewStG geregelt. Demnach sind bei der Gewerbesteuer negative Gewerbeerträge, die sich bei der Ermittlung der Gewerbeerträge für die vorangegangenen Erhebungszeiträume ergeben haben, als Gewerbeverlust zu berücksichtigen. Dabei wird der maßgebende Gewerbeertrag **bis zu einem Betrag i. H. v. 1 Mio. € gekürzt.** Darüber hinaus ist der 1 Mio. € übersteigende maßgebende Gewerbeertrag bis zu **60 % um noch nicht berücksichtigte Fehlbeträge** zu kürzen.

AUFGABE

Unternehmer S hat aus 2022 einen Gewerbeverlust von 600.000 € und aus 2023 einen weiteren Gewerbeverlust von 500.000 €. In 2024 erwirtschaftet S einen Gewinn in Höhe von 1.100.000 €. Wie hoch fällt der abzugsfähige Verlust aus?

LÖSUNG

Der abzugsfähige Verlust nach § 10a Satz 1 und 2 GewStG lässt sich folgendermaßen ermitteln:

Aus den Jahren 2022 und 2023 bestehender Verlust (gesondert festgestellt zum 31.12.2023)	1.100.000 €
Abzug von 1.000.000 €, § 10a Satz 1 GewStG	- 1.000.000 €
Ergibt den übersteigenden Teil von	100.000 €
Davon abziehbar 60 % gem. § 10a Satz 2 GewStG	- 60.000 €
Summe des abziehbaren Gewerbeverlusts	1.060.000 €
Erzielter Gewinn gem. § 7 Satz 1 GewStG	1.100.000 €
Nach § 10a Satz 1 GewStG unterliegender Gewinn im Jahr 2024	40.000 €

5.4 Weitere Rechenschritte nach § 11 GewStG

Abrunden des Gewerbeertrags

Mit § 11 GewSt beginnen die Fußgängerpunkte

Nach § 11 Abs. 1 Satz 3 GewStG ist der Gewerbeertrag auf volle 100 € nach unten abzurunden.

Freibetrag

Gemäß § 11 Abs. 1 Satz 3 Nr. 1 GewStG beträgt der Freibetrag bei **natürlichen Personen** sowie bei **Personengesellschaften** 24.500 €. Der „exotische" Freibetrag von 5.000 € gilt nur für Spezialfälle und ist nicht prüfungsrelevant.

Freibetrag: 24.500 € (nicht bei Kapitalgesellschaften!)

Steuermesszahl, Gewerbesteuermessbetrag, Hebesatz

Die Steuermesszahl beträgt gem. § 11 Abs. 2 GewStG 3,5 %.

Gemäß R14.1 Satz 3 GewStR ist der Steuermessbetrag erforderlichenfalls auf volle Euro nach unten abzurunden.

Der Hebesatz ergibt sich aus der Angabe zum Sachverhalt. Sollte in Ausnahmefällen im Sachverhalt angegeben sein, dass die Gemeinde den Mindesthebesatz bestimmt hat, beträgt der Hebesatz 200 % (§ 16 Abs. 4 Satz 2 GewStG).

6. Gewerbesteuerzerlegung

Unterhält ein Unternehmen mehrere Betriebsstätten in verschiedenen Steuergemeinden, muss eine sogenannte Gewerbesteuerzerlegung vorgenommen werden. Nach § 28 Abs. 1 Satz 1 GewStG ist in einem solchen Fall der Steuermessbetrag in die auf die einzelnen Gemeinden entfallenden Anteile (Zerlegungsanteile) zu zerlegen.

Zerlegungsmaßstab für den Messbetrag

Nach § 29 Abs. 1 GewStG ist der Zerlegungsmaßstab Verhältnis, in dem die Summe der Arbeitslöhne[1], die an die bei allen Betriebsstätten (§ 28 GewStG) beschäftigten Arbeitnehmer gezahlt worden sind, zu den Arbeitslöhnen steht, die an die bei den Betriebsstätten der einzelnen Gemeinden beschäftigten Arbeitnehmer gezahlt worden sind.

AUFGABE

Die X-GmbH unterhält in Hagen und Bochum zwei Betriebsstätte. Der gesamte Personalaufwand beträgt 80.000 €, wovon auf Hagen 20.000 € entfallen und auf Bochum 60.000 €. Der zutreffend festgestellte Steuermessbetrag beträgt 6.000 €. In welcher Höhe entfällt der Steuermessbetrag auf die Steuergemeinden Hagen und Bochum?

LÖSUNG

Auf die Stadt Hagen entfallen $\frac{20.000\text{ € } (\textit{Anteil Personalaufwand Hagen}) \cdot 100}{80.000\text{ € } (\textit{Gesamtaufwand Personal})} = 25{,}00\,\%$

Auf die Stadt Bochum entfallen $\frac{60.000\text{ € } (\textit{Anteil Personalaufwand Bochum}) \cdot 100}{80.000\text{ € } (\textit{Gesamtaufwand Personal})} = 75{,}00\,\%$

Auf die Steuergemeinde Hagen entfällt somit ein Steuermessbetrag von 6.000 € · 25 % = 1.500 € und auf die Steuergemeinde Bochum 6.000 € · 75 % = 4.500 €.

Begriff der Arbeitslöhne

In obiger Aufgabe waren die Arbeitslöhne für die Zerlegung einfach zu ermitteln. Der Begriff der Arbeitslöhne muss allerdings unter der Anwendung des § 31 GewStG differenzierter betrachtet werden. Nach dieser Vorschrift sind **Arbeitslöhne**:

- die Vergütungen i. S. d. § 19 Abs. 1 Nr. 1 EStG (z. B. Gehälter, Löhne, Gratifikationen, Tantiemen), soweit sie nicht durch andere Rechtsvorschriften von der Einkommensteuer befreit sind. Zuschläge für Mehrarbeit und für Sonntags-, Feiertags- und Nachtarbeit gehören unbeschadet der einkommensteuerlichen Behandlung zu den Arbeitslöhnen.

Nicht zu den **Arbeitslöhnen** gehören i. S. d. § 31 GewStG:

- Vergütungen, die an Personen gezahlt worden sind, die zu ihrer Berufsausbildung beschäftigt werden.
- Nach dem Gewinn berechnete einmalige Vergütungen (z. B. Tantiemen, Gratifikationen).

1 Auf Sonderregelungen für Zerlegungsmaßstäbe, z. B. im Rahmen der Energieversorgung, kann hier nicht eingegangen werden. Dies gilt auch für andere Sonderfälle, in denen die Zerlegung nach den Arbeitslöhnen zu einem offenbar unbilligen Ergebnis führen würde.

- Sonstige Vergütungen, soweit sie bei dem einzelnen Arbeitnehmer 50.000 € übersteigen. Diese gesetzliche Regelung bedeutet, dass eine Begrenzung von 50.000 € pro Arbeitnehmer (auch bei einem angestellten Geschäftsführer) eintritt. Ein Beispiel hierzu:

Betriebsstätte Hagen	**Lohn und Gehalt**	**Kürzung gem. § 31 Abs. 4 Satz 2 GewStG**	**Ansatz für GewSt-Zerlegung**
Geschäftsführer	130.000 €	80.000 €	50.000 €
Arbeitnehmer A	40.000 €	0 €	40.000 €
Arbeitnehmer B	80.000 €	30.000 €	50.000 €
Summe Betriebsstätte Hagen	**250.000 €**	**110.000 €**	**140.000 €**
Betriebsstätte Bochum	**Lohn und Gehalt**	**Kürzung gem. § 31 Abs. 4 Satz 2 GewStG**	**Ansatz für GewSt-Zerlegung**
Prokurist	100.000 €	50.000 €	50.000 €
Arbeitnehmer A	40.000 €	0 €	40.000 €
Arbeitnehmer B	80.000 €	30.000 €	50.000 €
Summe Betriebsstätte Bochum	**220.000 €**	**80.000 €**	**140.000 €**

Unternehmerlohn

Bei Unternehmen, die **nicht** von einer **juristischen Person** betrieben werden (Einzelunternehmen, Personengesellschaften), erfolgt ein Ansatz für die im Betrieb tätigen Unternehmer (Mitunternehmer) gem. § 31 Abs. 5 GewStG von **insgesamt** 25.000 €. Bei einer GewSt-Zerlegung muss die Summe des Unternehmerlohns also immer 25.000 € betragen („insgesamt"), auch wenn mehrere Mitunternehmer im Unternehmen vorhanden sind.

AUFGABE

A betreibt einen Großhandel mit Sitz in Dresden unterhält neben der Betriebsstätte in Dresden auch eine Betriebsstätte in Potsdam. A ist zu 80 % in Dresden tätig und zu 20 % in Potsdam. Der Unternehmerlohn i. S. d. § 31 Abs. 5 GewStG ist auf die Steuergemeinden Dresden und Potsdam aufzuteilen.

LÖSUNG

	Dresden	**Potsdam**	**Summe**
Unternehmerlohn	25.000 € · 80 % = 20.000 €	25.000 € · 20 % = 5.000 €	25.000 €

MERKE

Gemäß § 29 Abs. 3 GewStG sind bei Ermittlung der Verhältniszahlen die Arbeitslöhne auf volle 1.000 € abzurunden. Die Abrundung erfolgt dann, wenn alle Arbeitslöhne inkl. die Verteilung des Unternehmerlohns ermittelt worden sind.

Zusammenfassende Übung

AUFGABE

E betreibt in München einen Großhandel mit Biersorten aus aller Welt. Außerdem unterhält er eine Filiale in Bremen. Die Summe der Löhne und Gehälter in München beträgt 433.239 €. Darin enthalten sind 12.555 € Ausbildungsvergütungen. In Bremen belaufen sich die Löhne und Gehälter auf 177.422 €. Dort arbeiten zwei Azubis, die jeweils 8.677 € und 7.776 € an Ausbildungsvergütungen erhalten. Die Aufwendungen sind im Personalaufwand für den Standort Bremen enthalten. Da E am Standort Bremen eine gute Leitungskraft angestellt hat, besucht er diese Filiale nur selten zu betrieblichen Zwecken.

- Die Hebesätze betragen: 490 % (München), 460 % (Bremen)
- Zugrunde zu legen ist ein Steuermessbetrag von 12.300 €.

Die Gewerbesteuer für die Steuergemeinden München und Bremen ist zu berechnen.

LÖSUNG

§§	München	Bremen	Summe
§§ 29 Abs. 1, 31 Abs. 1 GewStG, Zerlegungsmaßstab sind die Arbeitslöhne	433.239 €	177.422 €	610.661 €
§ 31 Abs. 2 GewStG, Azubis	- 12.555 €	- 16.453 €	- 29.008 €
§ 31 Abs. 5 GewStG, Unternehmerlohn	+ 25.000 €	0 €	+ 25.000 €

Zwischensumme:	***445.684 €***	***160.969 €***	***606.653 €***
Abrunden volle Tausend, § 29 Abs. 3 GewStG	445.000 €	160.000 €	605.000 €
Anteil in %	73,56 %	26,44 %	100,00 %
Anteil Steuermessbetrag von 12.300 €	9.047,88 €	3.252,12 €	12.300 €
Gerundet auf volle Euro, R 14.1 Satz 3 GewStR	9.047 €	3.252 €	12.299 €
Hebesatz	490 %	460 %	
Steuermessbetrag 12.300 € · Hebesatz = Gewerbesteuer (gerundet)	**44.316 €**	**14.959 €**	**59.275 €**

Es ist bei GewSt-Zerlegungen empfehlenswert, neben den Spalten der Steuergemeinden eine Summenspalte wie in obiger Aufgabe hinzuzufügen. So hat man immer eine Summenkontrolle, z. B. muss die Summe der Anteile immer 100 % ergeben oder die Einzelbeträge der Steuermessbeträge muss in Summe dem ermittelten gesamten Steuermessbetrag entsprechen. Weiterhin empfiehlt es sich, die prozentuale Anteile auf zwei Nachkommastellen zu rechnen.

7. Übungsaufgaben

7.1 Übungsaufgabe I

Die Metallbau Eiren & Schmalz KG mit Sitz in Augsburg stellt komplette Baugruppen aus Blech und Stahl her. Für das Wirtschaftsjahr (= Kalenderjahr) 2024 liegen folgende Angaben vor:

Vorläufiger handelsrechtlicher Verlust	- 136.441 €
Folgende Positionen haben sich auf das vorläufige handelsrechtliche Ergebnis ausgewirkt:	
als Personalkosten gebuchtes Gehalt des Komplementärs Eiren	140.300 €
als Aufwand erfasste Spende an die Universität Augsburg	3.000 €
GewSt-Vorauszahlungen 2024	12.500 €
GewSt-Erstattung aus 2022	5.300 €
als Aufwand gebuchter Gewinnanteil der typisch stillen Gesellschafterin Isabelle Bel mit Wohnsitz in München	5.000 €
als Aufwand gebuchter Verlustanteil aus der Beteiligung an einer inländischen KG	13.520 €
Miete für eine Blechschneidemaschine	65.350 €
Miete für einen Lkw, den die KG seit dem 01.03.2024 gemietet hat	16.320 €
Miete für eine Lagerhalle in Augsburg	55.000 €
Miete für Geschäftsräume in Augsburg	33.000 €
Zinsen für einen Kontokorrentkredit	32.500 €

- Am 02.01.2023 wurde bei der Sparkasse Regensburg ein Darlehen in Höhe von 250.000 € aufgenommen. Die Laufzeit beträgt fünf Jahre, Auszahlung zu 100 %, Zinssatz 5 %. Das Darlehen wird in gleichmäßigen Raten zum Ende eines jeden Kalenderjahres getilgt. Die Zinsen wurden korrekt als Aufwand erfasst.
- Als Aufwand wurde auch die Miete für zwei identische Kleintransporter, die der Kommanditist Schmalz der KG mietweise für jeweils 5 Monate zur Verfügung stellte, gebucht. Die Monatsmiete betrug pro Fahrzeug und pro Monat 595 € inkl. 19 % USt.
- Am 01.05.2023 wurde eine Grundschuld zur Finanzierung eins Betriebsgrundstücks aufgenommen. Die Auszahlung erfolgte unter Einbehaltung eines Damnums in Höhe von 3.600 € (= 4 %). Die Laufzeit beträgt zehn Jahre, der Zinssatz 4,5 %. Die Tilgung erfolgt vereinbarungsgemäß am Ende der Laufzeit. Die Zinsen und das Damnum wurden richtig ge-

bucht. Der Einheitswertwert für dieses Betriebsgrundstück („Hauptstraße 1“) beträgt 159.000 €, der Erwerb erfolgte zum 01.05.2023.

- Mit eigenen Mitteln hat die KG zum 01.08.2024 ein weiteres Grundstück erworben. Dieses Grundstück wird zu 70 % betrieblich und zu 30 % privat vom Schwager des Eiren genutzt. Der Einheitswertwert für das gesamte Grundstück („Blumengasse 4“) beträgt 180.000 €.

Die Einheitswerte der Grundstücke entsprechen den Wertverhältnissen zum 01.01.1964.

Aus dem Erhebungszeitraum 2023 ergab sich ein steuerlich anzuerkennender Gewerbeverlust in Höhe von 6.000 €.

Der Hebesatz der Stadt Augsburg beträgt 470 %.

AUFGABE

Berechnen Sie in einer übersichtlichen Aufstellung unter Verwendung der steuerrechtlichen Begriffe die GewSt-Nachzahlung bzw. -Erstattung für den Erhebungszeitraum 2024 für die Metallbau Eiren & Schmalz KG mit Sitz in Augsburg.

LÖSUNG

Vorläufiger handelsrechtlicher Verlust		- 136.441 €
Gehalt Komplementär Eiren		+ 140.300 €
Miete Kleintransporter vom Kommanditisten Schmalz, 2 Fahrzeuge · 5 Monate · 500 € (netto)		+ 5.000 €
Spende Universität Augsburg		+ 3.000 €
GewSt-VZ 2024		+ 12.500 €
GewSt-Erstattung aus 2022		- 6.300 €
= Gewinn lt. EStG bzw. KStG i. S. d. § 7 GewStG		**18.059 €**
Hinzurechnungen nach § 8 GewStG:		
Zinsen Kontokorrentkredit	32.500 €	
Nr. 1a Zinsen für Darlehen Sparkasse, Zinssatz 5 % von 200.000 € (250.000 € Darlehenssumme abzgl. Rate 2023 i. H. v. 50.000 €)	10.000 €	
Nr. 1a Grundschuldzinsen 4,5 % von 90.000 €. Dreisatz: 3.600 € entsprechen 4 %. Darlehenssumme = 3.600 € : 4 % · 100 % = 90.000 €	4.050 €	
Nr. 1a Damnum, zu verteilen auf 10 Jahre Laufzeit: 3.600 € : 10 Jahre	360 €	
Nr. 1c Gewinnanteil des (typisch) stillen Gesellschafters	5.000 €	
Nr. 1d bewegliche Wirtschaftsgüter: Miete für eine Blechschneidemaschine, 20 % v. 65.350 €	13.070 €	
Nr. 1d bewegliche Wirtschaftsgüter: Miete für einen Lkw, 20 % von 16.320 €	3.264 €	
Der Mietaufwand für 2 Kleintransporter ist nicht anzusetzen, da diese den Gewinn nicht gemindert haben!	***0 €***	
Nr. 1e unbewegliche Wirtschaftsgüter: Lagerhalle in Augsburg, 50 % von 65.000 €	32.500 €	
Nr. 1e unbewegliche Wirtschaftsgüter: Geschäftsräume in Augsburg, 50 % von 83.000 €	41.500 €	

Zwischensumme:	142.244 €	
- Freibetrag 200.000 €, höchstens	- 142.244 €	
anzusetzen:		0 €
Nr. 8 Verlustanteil (inländische KG)		– 13.520 €
Kürzungen nach § 9 GewStG:		
Nr. 1 Grundstück „Hauptstraße 1" 159.000 € · 1,2 % · 140 % (§ 121a BewG)		- 2.688 €
Nr. 1 kein Ansatz des Grundstücks „Blumengasse 4". Maßgebend sind die Verhältnisse zum 01.01.2024 (§ 20 Satz 2 GewStDV)		0 €
Nr. 5 Spende Universität, 20 % von 18.059 € = 3.612 € (Höchstbetrag), Ansatz der tatsächlichen Spende		- 3.000 €
= Maßgebender Gewerbeertrag		25.891 €
- Gewerbeverlust nach § 10a GewStG		- 6.000 €
		19.891 €
abrunden auf volle 100 €		19.800 €
- Freibetrag, max. 24.500 €		- 19.800 €
Verbleibender Gewerbeertrag		0 €

Die Eiren & Schmalz KG hat für den Erhebungszeitraum 2024 einen GewSt-Erstattungsanspruch von 12.500 €: GewSt-VZ 2024 12.500 € - GewSt-Aufwand „0 €" = 12.500 €.

7.2 Übungsaufgabe II

Die Cousins Stuart & Granger betreiben in Berlin einen seit Jahren florierenden Comic-Laden unter der Firma Stuart & Granger OHG. Stuart ist kaufmännischer Leiter und Geschäftsführer der OHG. Die vorläufige Gewinn- und Verlustrechnung für das Wirtschaftsjahr (= Kalenderjahr) 2024 weist folgendes Bild aus:

Aufwendungen		Erträge	
Materialaufwand	125.000 €	Umsatzerlöse	630.000 €
Personalaufwand	155.000 €	Sonstige Erträge	3.000 €
GewSt-VZ 2024	22.700 €	Provisionserträge	1.500 €
Abschreibungen	5.000 €	Zinsertrag	6.500 €
Mietaufwendungen	122.800 €	Verzinsung Steuererstattung nach § 233a AO	400 €
Bewirtungsaufwendungen	3.600 €	Ertrag aus Auflösung GewSt-Rückstellung aus 2022	2.500 €
Zinsaufwendungen	10.000 €		
Spende an eine politische Partei	1.400 €		
Spende an eine gemeinnützige Einrichtung	850 €		

Sonstiger betrieblicher Aufwand	25.550 €		
Jahresüberschuss	172.000 €		
	643.900 €		643.900 €

Die Mietaufwendungen betreffen mit 98.000 € die Anmietung der Laden- und Büroflächen in Berlin. Weitere 12.000 € entfallen auf die Leasingraten für die beiden Fahrzeuge der Gesellschafter Stuart und Granger. Die Fahrzeuge dienen ausschließlich unternehmerischen Zwecken. Die verbleibenden Mietaufwendungen betreffen die Anmietung der Ladenausstattung.

Die Bewirtungsaufwendungen sind angemessen.

Im sonstigen betrieblichen Aufwand sind 50 identische Geschenke zu je 46 € (netto) enthalten, die die OHG zu Weihnachten an ihre wichtigsten Geschäftspartner verschickt hatte.

Im Januar 2024 hat die OHG ein kleines bebautes Grundstück in Potsdam gekauft, um dort später einen Laden eröffnen zu können. Der Einheitswert beträgt 150.000 € (Wertverhältnisse vom 01.01.1964). Zur Finanzierung hat Granger der OHG ein Darlehen zum 02.01.2024 in Höhe von 200.000 € mit einer Verzinsung von 5 % zur Verfügung gestellt (siehe GuV-Position „Zinsaufwendungen"). Die Laufzeit beträgt 10 Jahre und ist in einer Summe endfällig. Angemessen wäre eine Verzinsung von 3 % gewesen.

Im Personalaufwand ist die Tätigkeitsvergütung an Stuart in Höhe von 85.000 € enthalten.

Der Hebesatz der Stadt Berlin beträgt 410 %.

AUFGABE

Berechnen Sie in einer übersichtlichen Aufstellung unter Verwendung der steuerrechtlichen Begriffe die GewSt-Nachzahlung bzw. -Erstattung für den Erhebungszeitraum 2024 für die Stuart & Granger OHG mit Sitz in Berlin.

LÖSUNG

Vorläufiger handelsrechtlicher Verlust		172.000 €
Tätigkeitsvergütung Stuart		+ 85.000 €
Zinsen Darlehen von Gesellschafter Granger. Auf die Angemessenheit der Höhe der Verzinsung kommt es nicht an.		+ 10.000 €
Spende		+ 850 €
Geschenke unter 50 € netto als Betriebsausgabe abziehbar, § 4 Abs. 5 Nr. 1 EStG		0 €
30 % der Bewirtungsaufwendungen, § 4 Abs. 5 Nr. 2 EStG		+ 1.080 €
GewSt-VZ 2024		+ 22.700 €
GewSt-Erstattung aus 2022		- 2.500 €
Spende politische Partei, § 4 Abs. 6 EStG		+ 1.400 €
Kein Abzug der Erstattungszinsen i. S. d. § 233a AO (BMF, Schreiben vom 16.03.2021)		0 €
= Gewinn lt. EStG bzw. KStG i. S. d. § 7 GewStG		**290.530 €**
Hinzurechnungen nach § 8 GewStG:		
Der Zinsaufwand aus dem Gesellschafter-Darlehen ist nicht anzusetzen, da dieser den Gewinn nicht gemindert hat!	***0 €***	
Nr. 1d bewegliche Wirtschaftsgüter: Miete für Fahrzeuge, 20 % v. 12.000 €	2.400 €	
Nr. 1d bewegliche Wirtschaftsgüter: Miete für Ladeneinrichtung, 20 % v. 12.800 €	2.560 €	

Nr. 1e unbewegliche Wirtschaftsgüter: Ladenfläche in Berlin, 50 % von 98.000 €	49.000 €	
Zwischensumme:	53.960 €	
- Freibetrag 200.000 €, höchstens	- 53.960 €	
anzusetzen:		0 €
Kürzungen nach § 9 GewStG:		
Nr. 1 kein Ansatz des Grundstücks in Potsdam. Maßgebend sind die Verhältnisse zum 01.01.2024 (§ 20 Satz 2 GewStDV)		0 €
Nr. 5 Spende, 20 % von 290.530 € = 68.898 € (Höchstbetrag), Ansatz der tatsächlichen Spende		- 8.500 €
= Maßgebender Gewerbeertrag		282.030 €
abrunden auf volle 100 €		282.000 €
- Freibetrag, max. 24.500 €		- 24.500 €
Verbleibender Gewerbeertrag		257.500 €
· Steuermesszahl 3,5 %, § 11 Abs. 2 GewStG		9.012,50 €
Auf volle Euro abrunden, R 14.1 GewStR		9.012 €
· Hebesatz der Gemeinde (§ 16 Abs. 1 GewStG), 9.012 € · 410 %		36.949 €
- Vorauszahlung GewSt 2024		22.700 €
= Gewerbesteuerrückstellung (Abschlusszahlung)		**14.249 €**

IV. Körperschaftsteuer

1. Allgemeines zum Prüfungsteil „Körperschaftsteuer“

Ähnlich zur GewSt-Aufgabe macht der Prüfungsteil KSt in etwa 10 Punkte aus. In der Regel wird die Berechnung des KSt-Aufwands, der KSt-Rückstellung bzw. -erstattung verlangt.

TIPP

Die Prüfungsaufgabe genau lesen. Was wird verlangt? Rückstellung, KSt-Aufwand oder Erstattungsanspruch? Hier kann man leichtfertig Prüfungspunkte verlieren.

Gemischte Aufgaben KSt/GewSt

Möglich ist auch, dass die Aufgaben zur GewSt und KSt in einer Aufgabe zusammengefasst werden. Hier empfiehlt es sich, zuerst die Aufgabe zur KSt, dann die Aufgabe zur GewStG zu lösen. Denn § 7 GewStG beschreibt den Gewerbeertrag als den nach den Vorschriften des Einkommensteuergesetzes oder des Körperschaftsteuergesetzes zu ermittelnden Gewinn aus dem Gewerbebetrieb, vermehrt und vermindert um die in den §§ 8 (Hinzurechnung) und 9 (Kürzung) bezeichneten Beträge. Mit anderen Worten: wenn der steuerliche Gewinn zur KSt feststeht, kann man mit diesem Betrag bei der GewSt „loslaufen“. Die „richtige“ Vorgehensweise bleibt natürlich Geschmackssache.

Abweichend von der Aufgabe zur GewSt sind bzgl. der Rechtsform in der KSt-Aufgabe keine Überraschungen zu erwarten. Auch wenn theoretisch andere Kapitalgesellschaftsformen infrage kommen (z. B. Aktiengesellschaft, Genossenschaft), beschränkt sich die Aufgabe nach den Erfahrungen vieler Jahre auf die Rechtsform der GmbH.

Die Bearbeitung einer KSt-Aufgabe weist auch eine Reihe von Parallelen zur GewSt-Aufgabe aus. So sind die Bearbeitungspunkte „Buchhaltung“ (s. Kap. III.2), „Nicht abzugsfähige Betriebsausgaben“ (s. Kap. III.3) und „Abweichungen zwischen Handels- u. Steuerbilanz“ (s. Kap. III.4) analog anwendbar. Dazu eine Aufgabe:

AUFGABE

Die A-GmbH mit Sitz in Duisburg erzielt im Jahr 2024 einen handelsrechtlichen Jahresüberschuss i. H. v. 230.498 €. Folgende Sachverhalte haben sich auf das handelsrechtliche Jahresergebnis ausgewirkt:

- Die GmbH hat eine handelsrechtlich unstrittige Rückstellung für drohende Verluste aus schwebenden Geschäften i. H. v. 25.000 € gebildet (§ 249 Abs. 1 Satz 1 HGB).
- Eine weitere Rückstellung i. H. v. 35.000 € wurde für eine unterlassene Instandhaltung, die im Februar des darauffolgenden Wirtschaftsjahrs nachgeholt wurde, gebildet (§ 249 Abs. 1 Satz 2 Nr. 1 HGB).
- Ein Firmenwert mit Anschaffungskosten von 200.000 € wurde zum 1.6. des Wirtschaftsjahrs gebildet und zulässig auf 10 Jahre abgeschrieben (§ 253 Abs. 3 Satz 4 HGB).
- Vorratsvermögen wurde handelsrechtlich korrekt nach dem FiFo-Verfahren mit 80.000 € bewertet. Nach dem LiFo-Verfahren wäre das Vorratsvermögen mit 78.000 € zu bewerten.

Der Gewinn lt. Steuerbilanz mit Hilfe einer Überleitungsrechnung nach § 60 Abs. 2 EStDV ist zu ermitteln.

LÖSUNG

	Überschuss lt. Handelsbilanz	230.498 €
+	Drohverlustrückstellungen dürfen nach § 5 Abs. 4a Satz 1 EStG nicht gebildet werden	+ 25.000 €
	Die Rückstellung für unterlassene Instandhaltung ist steuerlich anzuerkennen (§ 249 Abs. 1 Satz 2 Nr. 1 HGB i. V. m. § 5 Abs. 1 Satz 1 EStG und R 5.7 Abs. 1 Satz 1 EStR	0 €
+	Der Firmenwert ist steuerlich auf 15 Jahre linear abzuschreiben (§ 7 Abs. 1 Satz 3 EStG), also AK 200.000 € : 15 Jahre · 7/12 Monate = 7.778 € (gerundet). Handelsrechtlich beträgt die AfA AK 200.000 € : 10 Jahre · 7/12 Monate = 11.667 € (gerundet). Die Differenz 11.667 - 7.778 € = 3.889 € erhöht den steuerlichen Gewinn	+ 3.889 €
-	Steuerlich ist bei der Bewertung des Vorratsvermögens nur das LiFo-Verfahren zulässig (§ 6 Abs. 1 Nr. 2a EStG): 80.000 € - 78.000 € = 2.000 €	- 2.000 €
	Gewinn lt. Steuerbilanz	**257.387 €**

Die Besonderheiten in der KSt-Aufgabe liegen an andere Stelle:

- in den nichtabziehbaren Aufwendungen (§ 10 KStG)

- im besonderen Verhältnis zwischen Gesellschafter und Gesellschaft (Stichwort: verdeckte Gewinnausschüttung nach § 8 Abs. 3 KStG)
- Beschränkt abzugsfähige Spenden (§ 9 Abs. 1 Nr. 2 KStG)
- Berücksichtigung eines Verlustabzugs (§ 10d EStG)
- im Verhältnis der Gesellschaft zu anderen Körperschaften (§ 8b KStG)

Auf diese wird im Folgenden näher eingegangen. Ein Übungsteil rundet den Prüfungspunkt „Körperschaftsteuer" ab.

2. Verdeckte Gewinnausschüttungen (§ 8 Abs. 3 Satz 2 KStG)

Verdeckte Gewinnausschüttungen (vGA – so darf man das auch in der Abschlussprüfung abkürzen!) sind inzwischen Dauergast bei den Abschlussprüfungen. Unabhängig davon, ob eine offene Gewinnausschüttung, also eine Ausschüttung aufgrund eines Gesellschafterbeschlusses oder eine vGA vorliegt: Ausschüttungen des Gewinns führen auf der Ebene der Körperschaft zu keiner Einkommensänderung; sie sind Maßnahmen der Gewinnverwendung. Hierzu rechnet nach dem Gesetzeswortlaut auch die sog. „verdeckte Gewinnausschüttung" (§ 8 Abs. 3 Satz 2 KStG). Die vGA grenzen sich zu den regulären Ausschüttungen u. a. dadurch ab, dass sie formell ein schuldrechtliches Vertragsverhältnis darstellen. Das können z. B. Arbeits-, Miet- oder Darlehensverträge zwischen Gesellschafter und Gesellschaft sein. Steuerrechtlich werden diese jedoch als Einkommensverwendung qualifiziert.

Eine Definition aus den Steuergesetzen (KStG, EStG), was denn eigentlich unter einer „Verdeckten Gewinnausschüttung" zu verstehen ist, gibt es nicht. Im Wesentlichen erkannt man eine vGA an folgenden Punkten:

- Vorliegen einer (bei der Körperschaft eintretende) Vermögensminderung oder verhinderte Vermögensmehrung,
- die durch das Gesellschaftsverhältnis veranlasst ist, d. h. auch, dass der Geschäftsführer seinen Willen durchsetzen kann (durch Mehrheit der Kapitalanteile an „seiner" Kapitalgesellschaft),
- sich auf die Höhe des Unterschiedsbetrags i. S. v. § 4 Abs. 1 Satz 1 EStG auswirkt und in keinem Zusammenhang mit einer offenen Ausschüttung steht.

In der Abschlussprüfung müssen vGA nicht ausführlich diskutiert und begründet werden. Im Sachverhalt befinden sich sog. „Key-Words", wie z. B. „angemessen", „normalerweise", „mit Dritten", „branchenüblich", die sofort auf eine vGA hindeuten.

Key-Words

AUFGABE

A ist 100%iger Gesellschafter und Geschäftsführer der A-GmbH. Er erhält eine Geschäftsführervergütung von 130.000 €. Branchenüblich (key-word!) ist eine Vergütung von 80.000 €.

LÖSUNG

Dem Gewinn aus der Steuerbilanz wird die vGA gem. § 8 Abs. 3 Satz 2 KStG i. H. v. 50.000 € hinzugerechnet. Der angemessene Teil der Geschäftsführervergütung von 80.000 € mindert das Betriebsergebnis der A-GmbH als Aufwand.

Die Fälle einer vGA:

Vorliegen eines Rechtsgeschäfts?	würde eine ordentliche und gewissenhafte Geschäftsführung zustimmen?	vGA: Ja/Nein
Es liegt ein zivilrechtlich wirksames Rechtsgeschäft (z. B. Arbeits- oder Mietvertrag) vor.	a) Das Rechtsgeschäft hält insgesamt einem Drittvergleich stand.	keine verdeckte Gewinnausschüttung
	b) Das Rechtsgeschäft wäre mit einem fremden Dritten überhaupt nicht abgeschlossen worden.	verdeckte Gewinnausschüttung bereits dem Grunde nach

	c) Das Rechtsgeschäft wäre mit einem fremden Dritten zwar abgeschlossen worden, jedoch zu günstigeren Bedingungen.	verdeckte Gewinnausschüttung i. H. d. unangemessenen Teils
Es liegt kein zivilrechtlich wirksames anderes Rechtsgeschäft vor.	-	verdeckte Gewinnausschüttung

Nahestehende Personen

Eine Falle besteht darin, dass ein Vermögensvorteil nicht dem Gesellschafter selbst zukommt, sondern einer ihm nahestehende Person. Eine nahestehende Person kann z. B. ein Ehegatte, ein leibliches Kind oder Schwester sein (§ 15 AO). Eine vGA ist auch möglich, wenn z. B. Leistungen einer GmbH zugunsten einer dem Geschäftsführer nahestehenden Person zugutekommen.

Achtung: Die Zurechnung der vGA erfolgt in diesen Fällen beim **Gesellschafter** und **nicht** bei der nahestehenden Person.

vGA bei der ESt

Zu beachten ist (gemischte Aufgaben zur ESt und KSt!), dass eine vGA zu den Einkünften aus Kapitalvermögen gehört, und zwar als „Sonstige Bezüge" i. S. d. § 20 Abs. 1 Nr. 1 Satz 2 EStG.

3. Verdeckte Einlagen

Offene Einlage

Neben offenen Einlagen gibt es auch verdeckte Einlagen. Eine offene Einlage liegt dann vor, wenn sich die Gesellschafter bei Gründung oder im Rahmen einer Kapitalerhöhung gegen Gewährung von Gesellschafterrechten verpflichten, der Gesellschaft Liquidität oder Sachmittel zuzuführen.

Verdeckte Einlage

Aber auch außerhalb eines Gründungsvorgangs einer Kapitalgesellschaft oder bei Erhöhung dessen Eigenkapitals durch Einlagen kann ein Gesellschafter seiner Gesellschaft einen Vorteil zuwenden. Wenn keine Gegenleistung zu diesem Vorteil besteht, kann es zu einer verdeckten Einlage kommen. Diese verlangt einen **einlagefähigen Vermögensvorteil** durch den Gesellschafter oder durch eine ihm nahestehende Person. Der Vermögensvorteil muss also durch das **besondere Gesellschaftsverhältnis** entstanden sein. Als einlagefähige Vermögensvorteile kommen z. B. infrage:

- Sachwerte (Pkw, Maschine, Grundstück etc.)
- Befreiung von einer Verbindlichkeit

BEISPIEL

Beispiele für eine verdeckte Einlage sind:

Verzicht auf Rückzahlung eines Darlehens, das der Gesellschafter seiner GmbH gewährt hat. Das Darlehen muss allerdings werthaltig sein und der Darlehensverzicht muss im Rahmen des besonderen Gesellschaftsverhältnis entstanden sein. Durch den Darlehensverzicht entsteht bspw. bei einer GmbH dann ein zu versteuernder Gewinn in Höhe des werthaltigen Teils, der den normalen Steuersätzen nach dem KStG und GewStG unterliegt.

Auch ein Gehaltsverzicht eines Gesellschafter-Geschäftsführers kann zu einer verdeckten Einlage führen.

4. Spendenabzug (§ 9 Abs. 1 Nr. 2 KStG)

Nach § 9 Abs. 1 Nr. 2 KStG sind Spenden unter bestimmten Voraussetzungen als Betriebsausgaben abziehbar. Spenden sind vorbehaltlich des § 8 Abs. 3 KStG zur Förderung steuerbegünstigter Zwecke im Sinne der §§ 52 bis 54 der AO bis zur Höhe von insgesamt

- 20 Prozent des Einkommens oder
- 4 Promille der Summe der gesamten Umsätze und der im Kalenderjahr aufgewendeten Löhne und Gehälter

als Aufwendungen steuerlich abziehbar.

Bei Anwendung der Vorschrift des § 9 Abs. 1 Nr. 2 KStG ist Einiges zu beachten:

Fallen Spenden an politische Parteien unter die Abzugsfähigkeit des § 9 Abs. 1 Nr. 2 KStG?	Nein, Spenden an politische Parteien sind nach § 4 Abs. 6 EStG nicht abzugsfähig.
Welche Spenden werden dann berücksichtigt?	Für steuerbegünstigte Zwecke: das sind mildtätige (§ 53 AO), kirchliche (§ 54 AO), sowie die in § 52 AO angegebenen gemeinnützigen Zwecke.
Was versteht man unter „Einkommen" als Bemessungsgrundlage für die Höhe der abzugsfähigen Spenden?	Als Einkommen gilt das Einkommen vor Abzug der Spenden und vor dem Verlustabzug nach § 10d EStG.
Als Abzugsgrenze sieht die Vorschrift 20 % des Einkommens **oder** 4 ‰ der Summe der gesamten Umsätze und der im Kalenderjahr aufgewendeten Löhne und Gehälter vor. Welche Alternative muss ausgewählt werden?	Die für den Steuerpflichten günstigere, also der höhere Wert aus beiden Alternativen. Die Grenze der Abzugsfähigkeit liegt natürlich in der Höhe der tatsächlich geleisteten Spenden.
Wie ist weiter zu verfahren, wenn Spenden nicht im vollen Umfang abzugsfähig sind?	Abziehbare Zuwendungen, die die Höchstbeträge überschreiten, sind im Rahmen der Höchstbeträge in den folgenden Veranlagungszeiträumen abzuziehen (§ 9 Abs 1 Satz 9 KStG).

AUFGABE

Die A-GmbH weist einen handelsrechtlichen Jahresüberschuss von 130.000 €. Folgende Sachverhalte wurden aufwandswirksam gebucht:

- Zuwendung an eine politische Partei: 1.000 €
- Spende an die Kath. Kirche: 5.000 €
- Spende an die Universität Bochum: 3.000 €

Die Summe der Umsätze, Löhne und Gehälter beträgt 480.000 €. Zu ermitteln ist das Einkommen (Gesamtbetrag der Einkünfte) der GmbH.

LÖSUNG

Jahresüberschuss lt. HB	130.000 €	
Spende an politische Partei abzugsfähig?	+ 1.000 €	Nein, nicht abzugsfähig, § 4 Abs. 6 EStG
Sind die Spenden an die Kath. Kirche und Universität Bochum abzugsfähig?		1. Schritt: Überprüfung, ob ein Spendenzweck i. S. d. § 9 Abs. 2 KStG vorliegt. Ergebnis: Spenden an die Kirche und Universität erfüllen steuerbegünstigte Zwecke des § 9 Abs. 2 KStG. 2. Schritt: Höhe des Spendenabzugs berechnen: Dazu ist zunächst die Bemessungsgrundlage für den 20%igen Höchstbetrag zu berechnen: 130.000 € + 1.000 € (politische Spenden) + 8.000 € (Spenden für kirchliche und wissenschaftliche Zwecke) = 139.000 € Davon 20 % = 27.800 € Im Anschluss ist die 2. Alternative zu berechnen: 4 ‰ aus der Summe der Umsatzerlöse und Löhne/Gehälter: 480.000 € · 4 ‰ = 1.920 € Zwischenergebnis: max. sind 27.800 € als Spenden abzugsfähig. Ergebnis: Die tatsächlichen Spenden betragen 8.000 €. Diese sind voll abzugsfähig. Da diese bereits handelsrechtlich als Aufwand gebucht wurden, erfolgt keine weitere Korrektur.
Einkommen:	**131.000 €**	

5. Nichtabziehbare Aufwendungen (§ 10 KStG)

Handelsrechtliche Aufwendungen, die steuerlich nicht anerkannt werden, bezeichnet man als nicht abzugsfähige Betriebsausgaben. Sie sind außerhalb der Bilanz hinzuzurechnen, so sind z. B. die Aufwendungen nach § 4 Abs. 5 EStG steuerlich nicht als Betriebsausgabe abziehbar (siehe Kap. III, Nr. 3). Für Kapitalgesellschaften gibt es die besondere Vorschrift des § 10 KStG, die „immer“ abgefragt wird. Der § 10 KStG besteht aus vier Nummern (keine Absätze!). Nichtabzugsfähige Betriebsausgaben gem. § 10 KStG werden nur in den Nummern 2 bis 4 geregelt.

Aufbau § 10 KStG

§ 10	Inhalt	Betrifft …	Prüfungsrelevanz?
Nr. 1	verbietet den Abzug der Aufwendungen für die Erfüllung von Zwecken des Steuerpflichtigen, die durch Stiftungsgeschäft, Satzung oder sonstige Verfassung vorgeschrieben sind. Von diesem Verbot ausgenommen sind nach Nr. 1 S. 2 die Ausgaben zur Förderung steuerbegünstigter Zwecke gem. § 9 Abs. 1 Nr. 2 KStG.	nicht Betriebsausgaben, sondern Einkommensverwendung	kaum
Nr. 2	Abzugsverbot für die Steuer vom Einkommen, die sonstigen Personen-Steuern, die USt für Umsätze, die Entnahmen oder verdeckte Gewinnausschüttungen sind, sowie die Vorsteuerbeträge auf Aufwendungen, für die die Abzugsverbote gem. § 4 Abs. 5 Satz 1 Nr. 1 bis 4 und 7 oder Abs. 7 EStG gelten. Das Abzugsverbot gilt auch für die auf diese Steuern entfallenden Nebenleistungen.	Betriebsausgaben	Sehr hoch: ein Dauerbrenner
Nr. 3	verbietet den Abzug von Geldstrafen und Leistungen zur Erfüllung von Auflagen und Weisungen, soweit sie nicht nur der Wiedergutmachung der durch die Tat verursachten Schäden dienen, und erfasst ebenfalls „damit zusammenhängende Aufwendungen“	Betriebsausgaben	Wird vereinzelt abgefragt
Nr. 4	beschränkt den Abzug von Vergütungen an Personen, insbes. Aufsichtsräte, die mit der Überwachung der Geschäftsführung beauftragt sind, auf die **Hälfte** der Vergütungen.	Betriebsausgaben	Wird vereinzelt abgefragt

Entsprechend der Wichtigkeit für die Abschlussprüfung werden hier „nur“ die Nummern 2 bis 4 besprochen.

Abzugsverbot Steuer vom Einkommen und Anderes (§ 10 Nr. 2 KStG)

Nach § 10 Nr. 2 KStG dürfen Steuern vom Einkommen nicht als Betriebsausgabe abgezogen werden. Das gilt auch für deren Nebenleistungen.

Beachte: die Nichtabzugsfähigkeit der GewSt fällt unter § 10 Nr. 2 KStG i. V. m. § 4 Abs. 5b EStG.

Bei der Aufgabelösung ist zu wissen,

- welche Steuerarten auf das Einkommen unter § 10 KStG überhaupt fallen,
- für welche Jahre die Steuern angefallen sind und wie diese im Aufgabentext verarbeitet werden,
- welche Nebenleistungen unter die Nichtabziehbarkeit fallen.

Welche Steuerarten vom Einkommen und aus welchem Jahr (§ 10 Nr. 2 KStG)?

Zu korrigieren sind die Steuerarten

- Körperschaftsteuer
- Solidaritätszuschlag im Folgenden „SolZ“ (eigentlich keine eigene Steuerart, sondern eine Zuschlagsteuer)

- Gewerbesteuer
- Kapitalertragsteuer auf Zinserträge.

Der Körperschaftsteuer, sowie der SolZ und die Gewerbesteuer begegnet man in der Aufgabe i. d. R. als **Vorauszahlung für das Betrachtungsjahr**, die zum Jahresergebnis hinzuaddiert werden müssen.

Zu beachten ist, dass ebenfalls Korrekturen durchzuführen sind, die auch das Vorjahr betreffen. Deutlich wird dies durch GuV-Positionen, wie **„GewSt-Nachzahlung aus dem Vj."** (hinzuaddieren) oder **„KSt-Erstattungsanspruch aus dem Vj."** (abziehen). Sofern im Sachverhalt noch eine gebuchte Rückstellung für Steuerverpflichtungen aus dem Vj. angegeben ist, muss dies wiederum berücksichtigt werden.

AUFGABE

Die A-GmbH hat zum 31.12.2023 eine Steuerrückstellung für die KSt 2023 i. H. v. 32.000 € gebildet. Aufgrund des zutreffenden KSt-Bescheids für 2023 begleicht die A-GmbH am 27.09.2024 ihre Steuerschuld von 34.500 €. Die Buchhaltung bucht Steueraufwand an Bank, Betrag 34.500 €. Eine Korrektur der Rückstellung erfolgt nicht. Wie hoch ist die nichtabziehbare Aufwendung gem. § 10 Nr. 2 KStG?

LÖSUNG

Die Steuerrückstellung muss zunächst buchhalterisch korrigiert werden: Steuerrückstellung an Steueraufwand, Betrag 32.000 €. Als periodenfremder Steueraufwand verbleibt für 2024 34.500 € - 32.000 € = 2.500 €. Im Ergebnis beträgt die nicht abziehbare Aufwendung i. S. d. § 10 Nr. 2 KStG 2.500 €. Diese ist außerhalb der Bilanz hinzuzurechnen.

KapESt

Nicht selten bereitet die Behandlung von Kapitalertragsteuer (KapESt) Schwierigkeiten bei der Aufgabenbewältigung. Das mag daran liegen, dass die KapESt nicht eigens in § 10 KStG aufgeführt oder auch, dass diese als Steuer vom Einkommen gar nicht begriffen wird.

MERKE

Die Kapitalertragsteuer fällt unter § 10 Nr. 2 KStG, d. h. sofern die KapESt als Aufwand verbucht wurde, ist diese nach § 10 Nr. 2 KStG wieder hinzuzurechnen. Sie unterliegt einer besonderen Erhebungsform und hat Abgeltungswirkung. Die KapESt wird also am Ende der Steuerberechnung – im Prinzip wie die KSt-Vorauszahlungen – auf die KSt-Schuld angerechnet.

AUFGABE

Die N-GmbH weist folgende vereinfachte GuV zum 31.12.2024 aus:

Aufwendungen		**Erträge**	
Materialaufwand	470.000 €	Umsatzerlöse	1.100.000 €
Personalaufwand	320.000 €	Sonstige Erträge	3.000 €
Abschreibungen	10.000 €	KSt-Erstattung aus 2021	800 €
GewSt-VZ 2024	25.000 €	Zinserträge	1.600 €
KSt-VZ 2024	30.000 €	Ertrag aus Auflösung GewSt-Rückstellung aus 2021	1.500 €
VZ SolZ f. KSt 2024	1.650 €		
KapESt auf Zinserträge	400 €		
SolZ f. Zinserträge	22 €		
Jahresüberschuss	249.828 €		
	1.106.900 €		1.105.900 €

a) Berechne die nicht abziehbaren Aufwendungen gem. § 10 KStG!

b) Wie hoch ist die festzusetzende Körperschaftsteuer und die noch zu buchende Körperschaftsteuerrückstellung für 2024?

LÖSUNG

	Vorläufiger Jahresüberschuss nach Handelsrecht		249.828 €
	Nicht abziehbare Aufwendungen gem. § 10 KStG		
+	Nr. 2 KStG	KSt-VZ 2024	+ 30.000 €
+	Nr. 2 KStG	SolZ f. KSt 2024	+ 1.650 €
+	Nr. 2 KStG i. V. m. § 4 Abs. 5b EStG	GewSt-VZ 2024	+ 25.000 €
-	Nr. 2 KStG	KSt-Erstattung aus 2021	- 800 €
+	Nr. 2 KStG	KapESt inkl. SolZ	+ 422 €
-	Nr. 2 KStG i. V. m. § 4 Abs. 5b EStG	Ertrag Auflösung GewSt-Rückstellung	- 1.500 €
	Zwischensumme nicht abziehbare Aufwendungen		**54.772 €**

=	Zu versteuerndes Einkommen	304.600 €
·	**davon 15 % KSt-Satz (§ 23 Abs. 1 KStG) = festzusetzende Körperschaftsteuer**	**45.690 €**
-	KSt-VZ 2024	- 30.000 €
-	KapESt	- 400 €
=	**Körperschaftsteuerrückstellung 2024**	**15.290 €**

6. Verlustabzug (§ 10d EStG)

Sofern eine Kapitalgesellschaft über einen Verlustvortrag verfügt, kommt ein Verlustabzug gem. § 10d EStG[1] i.V.m. § 8 Abs. 1 KStG infrage[2]. Demnach kann ein steuerlicher Verlust auf die Einkommen der beiden dem Verlustjahr vorangegangenen VAZ zurückgetragen werden (**Verlustrücktrag**) bzw. ohne eine zeitliche Begrenzung auf das Einkommen der dem Verlustjahr folgenden VAZ vorgetragen werden (**Verlustvortrag**).

In der Aufgabenstellung wird wohl die richtige Anwendung des Verlustrücktrags die gewichtigere Rolle spielen. Dieser ist in § 10d Abs. 2 Satz 1 EStG entsprechend geregelt. Nicht ausgeglichene negative Einkünfte sind in den folgenden VAZ bis zu einem Gesamtbetrag der Einkünfte von 1 Million € unbeschränkt, darüber hinaus bis zu 60 Prozent [ab 01.01.2024: 70 Prozent] [ab 01.01.2028: 60 Prozent] des 1 Million € übersteigenden Gesamtbetrags der Einkünfte abzuziehen (**Verlustvortrag**). Es wurde also zeitlich befristet für die VAZ 2024 bis 2027 der Verlustvortrag für einen den Sockelbetrag übersteigenden Teilbetrag auf 70 % erhöht. Ab VAZ 2028 soll bei der Mindestbesteuerung die Begrenzung auf 60 % wieder abgesenkt werden (im Gesetz nachlesen!).

BEISPIEL

Bei der A-GmbH wurde ein Verlustvortrag zum 31.12.2023 mit 1.500.000 € festgestellt. Im Jahr 2024 erzielt die A-GmbH aufgrund einer deutlichen Steigerung der Umsatzerlöse einen Gesamtbetrag der Einkünfte i.H.v. 1.100.000 €. Von diesen 1.100.000 € können nun 1.070.000 € (1.000.000 € + 70 % von 100.000 €) als Verlustabzug gekürzt werden, sodass die A-GmbH ein zu versteuerndes Einkommen 2024 von 30.000 € aufweist. Der Verlustvortrag zum 31.12.2024 wird auf 430.000 € festgestellt.

Die Berechnung eines Verlustvortrags für das Folgejahr könnte in der Aufgabenstellung als Zusatzfrage auftauchen, siehe auch obiges Beispiel:

Verlustvortrag zum 31.12. des Vorjahres

- in Anspruch genommenen Verlust im VAZ

= Verlustvortrag zum 31.12. des VAZ

MERKE

Im Bereich des Körperschaftsteuerrechts ist sowohl ein Verlustrücktrag als auch ein Verlustvortrag möglich. Gewerbesteuerliche Verluste i. S. d. § 10a GewStG können dagegen nur vorgetragen werden.

7. Steuerfreie Einnahmen

Steuerfreie Einnahmen sind bei der Berechnung des zu versteuernden Einkommens nicht zu berücksichtigen.

Beteiligung an anderen Körperschaften (§ 8b KStG)

Grundproblem

Nehmen wir an, die A-GmbH wäre zu 20 % an der B-GmbH beteiligt. Würde die B-GmbH Gewinne an die A-GmbH ausschütten, käme es zur Doppelbesteuerung, da die ausgeschütteten Gewinne für die A-GmbH zu versteuernde Erträge wären und die B-GmbH bereits ihren Gewinn mit 15 % KSt versteuert hat.

Zur Vermeidung dieser Doppelbesteuerung dient die Vorschrift des § 8b KStG. Sie stellt auf der Ebene der Körperschaft Gewinnausschüttungen anderer Körperschaften sowie Vermögensmehrungen im Zusammenhang mit Beteiligungen an diesen Körperschaften steuerfrei. Bestimmte Besonderheiten sind zu beachten bzw. im Klausurfall zu prüfen.

1 Vgl. die Ausführungen zu § 10d EStG unter Kap. I. 5.3.
2 Die Verlustberücksichtigung i. S. d. § 8c KStG (Beschränkung von Verlusten) wird hier nicht näher behandelt.

Steuerfrei sind im Wesentlichen:	Bezüge i. S. d. § 20 Abs. 1 Nr. 1 EStG, also Gewinnanteile (Dividenden) und sonstige Bezüge aus Aktien, Genussrechten, mit denen das Recht am Gewinn und Liquidationserlös einer Kapitalgesellschaft verbunden ist.
	Bezüge i. S. d. § 20 Abs. 2 Nr. 1 EStG, also der Gewinn aus der Veräußerung von Anteilen an einer Körperschaft i. S. d. § 20 Abs. 1 Nr. 1 EStG.
Beteiligung	Die Beteiligungsquote muss **mindestens 10 %** zu **Beginn des Kalenderjahres** betragen (§ 8b Abs. 4 KStG).
Betriebsausgabenabzug	Pauschales **Betriebsausgabenabzugsverbot** i. H. v. **5 % der Bezüge** von inländischen und ausländischen Kapitalgesellschaften, d. h. 5 % der Bezüge sind steuerpflichtig (§ 8b Abs. 5 Satz 1 KStG).
Kapitalertragsteuer	Kapitalertragsteuerabzug, aber **Kapitalertragsteuer** wird beim Empfänger **angerechnet**.
Verdeckte Gewinnausschüttung	Keine Steuerfreiheit bei verdeckten Gewinnausschüttungen, wenn verdeckte Gewinnausschüttung das Einkommen der anderen Kapitalgesellschaft gemindert hat (§ 8b Abs. 1 Satz 2 KStG).

AUFGABE

Die X-GmbH ist zum 01.01.2024 zu 7 % an der Y-GmbH beteiligt. Die Y-GmbH schüttet im März 2004 eine Dividende i. H. v. 100.000 € an die X-GmbH aus. Es sind 8.000 € im Rahmen der Beteiligungsfinanzierung für die X-GmbH entstanden. Wie ist der Sachverhalt steuerlich zu behandeln?

LÖSUNG

Dividende	100.000 €
Finanzierungsaufwand	- 8.000 €

Keine außerbilanzielle Korrektur gem. § 8b Abs. 1 KStG, da die Beteiligung zu Beginn des Kalenderjahrs geringer als 10 % beträgt.

Körperschaftsteuerliches Einkommen der X-GmbH	92.000 €

AUFGABE

Die X-GmbH (Jahresüberschuss im Wirtschaftsjahr 2024 von 2.000.000 €) hält einen Anteil an der Y-GmbH mit einem Buchwert von 400.000 € im Betriebsvermögen. Sie veräußert diesen Anteil 2024 für 1.000.000 €. Hierbei fallen Veräußerungskosten in Höhe von 50.000 € an. Wie hoch ist der Veräußerungsgewinn? Was sind die körperschaftsteuerlichen Konsequenzen?

LÖSUNG

Der Veräußerungsgewinn i. S. d. § 8b Abs. 2 S. 1 KStG beträgt:

Veräußerungspreis	1.000.000 €
- Veräußerungskosten	- 50.000 €
- Buchwert der Anteile	- 400.000 €
= Veräußerungsgewinn	**550.000 €**
Auswirkungen auf die Steuerbilanz der X-GmbH:	
Jahresüberschuss	2.000.000 €
Außerbilanzielle zu korrigieren:	
Steuerfreistellung § 8b Abs. 2 KStG	- 550.000 €
Nichtabziehbare Betriebsausgaben § 8b Abs. 3 Satz 1 KStG, 5 % v. 550.000 €	+ 27 500 €
= zu versteuerndes Einkommen:	**1.477 500 €**

MERKE

Erst wenn der Gewinn die Ebene der Körperschaft verlässt und an eine natürliche Person ausgeschüttet wird, kommt es zur steuerlichen Erfassung. Dies kann im Rahmen des Teileinkünfteverfahrens bzw. zur Versteuerung mit dem Abgeltungssteuersatz i. H. v. 25 % erfolgen.

Sonstige steuerfreie Einnahmen

Steuerfreie Einnahmen i. S. d. EStG sind im § 3 aufgelistet. Gemäß R 8.1 Abs. 1 Nr. 1 EStR 2022 sind die Regelungen zu steuerfreien Einnahmen aus § 3 Nr. 7, 8 Satz 1, Nr. 11 Satz 1 und 3, Nr. 18, 40a, 42, 44, 54, 70 und 71 EStG auf eine Kapitalgesellschaft übertragbar. Deren Relevanz für die Abschlussprüfung ist jedoch sehr gering.

MERKE

Gemäß § 3c EStG dürfen Ausgaben, soweit sie mit steuerfreien Einnahmen im unmittelbaren wirtschaftlichen Zusammenhang stehen, nicht als Betriebsausgaben abgezogen werden.

Investitionszulage = keine Einnahme

Prüfungsrelevant ist allerdings, dass eine Investitionszulage nach dem InvZulG an eine Kapitalgesellschaft keine Einnahme bedeutet. Sofern diese als Ertrag gebucht wurde, ist sie zur Ermittlung des zu versteuernden Einkommens wieder abzuziehen.

8. Gewinnausschüttung

Die Gewinnausschüttung einer GmbH basiert auf gesellschaftsrechtlichen Vorschriften und findet in aller Regel als offene Ausschüttung statt. Dabei sind bei Fällen der Ausschüttung zwei Ebenen zu betrachten:

- die Ebene der Gesellschaft und
- die Ebene der Gesellschafter.

Unabhängig von der Ausschüttung oder Thesaurierung (= Gewinneinbehalt) unterliegt das zu versteuernde Einkommen einer Kapitalgesellschaft einem einheitlichen Steuersatz von 15 % (§ 23 Abs. 1 KStG). Auf Ebene der Gesellschafter als natürliche Personen bedeuten die Gewinnausschüttungen Einnahmen i. S. d. § 20 Abs. 1 Nr. 1 EStG (Barausschüttung zuzüglich von der Kapitalgesellschaft für Rechnung des Gesellschafters einzubehaltende Kapitalertragsteuer). Also im Gegensatz zu Personengesellschaften wird dem Gesellschafter (Mitunternehmer) – unabhängig von einer Ausschüttung – der Gewinnanteil als Einkommen i. S. d. § 15 EStG unmittelbar zugerechnet. Im Rahmen einer offenen Ausschüttung ist eine Vorabausschüttung möglich. Bei einer GmbH sind Vorabausschüttungen handelsrechtlich bereits vor Ablauf des Wirtschaftsjahrs als Vorabausschüttung zulässig.

Vereinfacht zusammengefasst, bedeutet dies, dass die Belastung mit Körperschaftsteuer einer GmbH immer mit 15 % erfolgt. Der GmbH-Gesellschafter dagegen wird erst zum Zeitpunkt der Gewinnausschüttung steuerlich belastet.

AUFGABE

Die C-GmbH erwirtschaftet im Wirtschaftsjahr 2024 (= Kalenderjahr) einen steuerrechtlichen Gewinn von 3.213.000 € vor Abzug der Ertragssteuern. Die Gewerbesteuer für 2024 i. H. v. 600.275 € wurde als Aufwand buchhalterisch noch nicht berücksichtigt. Die Gesellschafterversammlung beschloss, den gesamten Gewinn aus 2024 auszuschütten. Wie hoch fällt der ausschüttbare Gewinn aus? Wie hoch fällt die maximal zu überweisende Gewinnausschüttung aus?

LÖSUNG

Steuerrechtlicher Gewinn vor Steuern	3.213.000,00 €
- Aufwand Gewerbesteuer (buchhalterisch noch zu erfassen)	- 600.275,00 €
Zwischensumme	2.612.725,00 €
- 15 % (§ 23 Abs. 1 KStG) BMG = 3.213.000,00 € zzgl. 600.275,00 € (Aufwand Gewerbesteuer als nicht abziehbare Betriebsausgabe, vgl. § 4 Abs. 5b EStG)	- 481.950,00 €
- 5,5 % SolZ von 481.950,00 €	- 26.507,25 €
= Gewinn nach Steuern, ausschüttbarer Gewinn	**2.104.267,75 €**

Ausschüttbarer Gewinn	2.104.267,75 €
- KapESt 25 % von 2.104.267,75 €	- 526.066,94 €
- 5,5 SolZ auf 526.066,94 €	- 28.933,68 €
= Maximaler Auszahlungsbetrag an die Gesellschafter	**1.549.267,13 €**

Achtung ist geboten, wenn eine Gewinnausschüttung, die eine Körperschaft als Gesellschafter bezieht, vorliegt. Hier ist unbedingt § 8b Abs. 1 KStG zu beachten, da eine Mehrfachbesteuerung in einer Ausschüttungskette von Kapitalgesellschaften dadurch vermieden wird.[1]

MERKE

9. Option zur Körperschaftsbesteuerung (§ 1a KStG)

Nach § 1a Abs. 1 Satz 1 KStG sind auf unwiderruflichen Antrag für Zwecke der Besteuerung nach dem Einkommen eine Personenhandels- oder Partnerschaftsgesellschaft wie eine Kapitalgesellschaft (optierende Gesellschaft) und ihre Gesellschafter wie die nicht persönlich haftenden Gesellschafter einer Kapitalgesellschaft zu behandeln. Diese Vorschrift ist erst am 1.7.21 in Kraft getreten. Die Folgen der Option können gem. § 34 Abs. 1a KStG ab dem Wirtschaftsjahr 2022 gezogen werden.

Beinhaltet die Aufgabenstellung die Wahrnehmung der Option i. S. d. § 1a KStG müssen gedanklich die Person des Mitunternehmers gegen einen Gesellschafter einer Kapitalgesellschaft ausgetauscht werden.

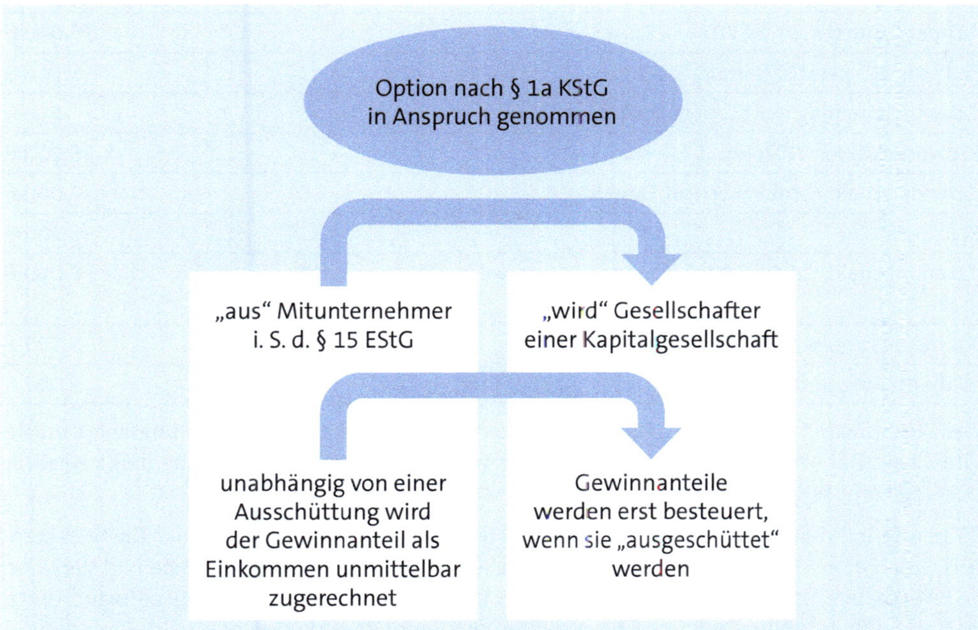

Durch den „Austausch" vom Mitunternehmer zum Gesellschafter einer Kapitalgesellschaft ergeben sich weitreichende steuerliche Auswirkungen:

- durch das Gesellschaftsverhältnis veranlasste Einnahmen werden zu Einkünften des Mitunternehmers i. S. d. § 20 Abs. 1 Nr. 1 EStG (sowohl offen als auch verdeckt),
- Einnahmen, die der Mitunternehmer von der Gesellschaft für seine Tätigkeit im Dienst der Gesellschaft bezieht, werden zu Einkünften i. S. d. § 19 EStG,
- Einnahmen des Mitunternehmers aus der Hingabe von Darlehen werden zu Einkünften i. S. d. § 20 Abs. 1 Nr. 7 oder Abs. 2 Satz 1 Nr. 7 EStG,
- Einnahmen des Mitunternehmers aus der Überlassung von Wirtschaftsgütern werden zu Einkünften i. S. d. § 21 oder § 22 EStG.

1 Vgl. Kap. IV 7.

10. Übungsaufgaben

Die folgenden Übungsaufgaben dienen zur Wiederholung und Verfestigung des Lernstoffs zur Körperschaftsteuer. Dabei wird eine Gewinn- und Verlustrechnung in Tabellenform mit weiteren Angaben vorgegeben oder alternativ auch als Fließtext.

10.1 Übungsaufgabe I

Die Fatz-GmbH mit Sitz in Hagen stellt hochwertige Teddybären her. Sie ermittelt für das Wirtschaftsjahr 2024 (= Kalenderjahr) einen vorläufigen handelsrechtlichen Jahresüberschuss in Höhe von 250.000 €. Alleinige Gesellschafterin und Geschäftsführerin ist Tatjana Fatz (TF). Bei Überprüfung des Jahresabschlusses 2024 durch TF stellt sich heraus, dass in der Buchhaltung übersehen wurde, eine handelsrechtlich erforderliche Drohverlustrückstellung (unstrittig) i. H. v. 12.000 € zu buchen. Zudem wurde die Verbuchung einer erforderlichen Rückstellung für unterlassene Instandhaltung (unstrittig) i. H. v. 38.500 € versehentlich unterlassen. Die Instandhaltungsmaßnahme wurde bis 07.03.2025 durchgeführt.

Folgende Ausgaben wurden in der GuV 2024 als Aufwand verbucht:

Körperschaftsteuer VZ 2024	28.000 €
SolZ zur Körperschaftsteuer VZ 2024	1.540 €
Säumniszuschlag zur Körperschaftsteuer	150 €
Gewerbesteuer VZ 2024	26.000 €
Spende an die FernUniversität Hagen	2.000 €
Parteispende	500 €
Ordnungsgeld, da die Fatz-GmbH gegen Umweltauflagen verstoßen hat	8.000 €
Darlehenszinsen	2.500 €
Aufwendungen für Bewirtungen	9.000 €

Der Zinsaufwand von 2.500 € stammt aus einem Gesellschafterdarlehen: TF überließ der Fatz-GmbH ein Darlehen i. H. v. 50.000 € zu 8 % Verzinsung. Angemessen wäre allerdings eine Verzinsung von 5 % gewesen.

TF feierte ihren 50. Geburtstag mit vielen Gästen ausgiebig. Ca. ein Drittel der Gäste bestand aus Geschäftspartnern. Die verbleibenden zwei Drittel der Gäste waren Freunde und Verwandte. Die Kosten hierfür betrugen 7.100 € inkl. USt. und wurden als Bewirtungsaufwand brutto gebucht. Die Bezahlung erfolgte über ein Geschäftskonto der Fatz-GmbH.

Zudem enthält die GuV-Position „Bewirtungsaufwendungen" noch 300 € (netto) für unangemessene Bewirtung. Hierfür wurde ein VSt-Abzug von 57 € vorgenommen.

AUFGABE

a) Ermitteln Sie die Rückstellungen bzw. Erstattungen für die Körperschaftsteuer und den SolZ 2024. Nichtansätze sind kurz zu begründen.

b) Ermitteln Sie das endgültige handelsrechtliche Jahresergebnis 2024 der Fatz-GmbH.

LÖSUNG

	Vorläufiger handelsrechtlicher Jahresüberschuss	250.000 €
-	Bildung einer Drohverlustrückstellung	- 12.000 €
-	Bildung einer Rückstellung aus unterlassener Instandhaltung	- 38.500 €
-	Für unangemessene Bewirtung wurde ein VSt-Abzug i. H. v. 57 € vorgenommen. Ein VSt-Abzug ist jedoch nach § 15 Abs. 1a Satz 1 UStG nicht möglich. Handelsrechtlich stellt die VSt einen Aufwand dar.	- 57 €
=	Vorläufiger handelsrechtlicher Jahresüberschuss vor Korrektur des Steueraufwands	= 199.443 €

+	Verdeckte Gewinnausschüttung, § 8 Abs. 3 Satz 2 KStG: Die Geburtstagsfeier ist nicht betrieblich veranlasst, sondern stellt Aufwendungen der privaten Lebensführung dar. Ein VSt-Abzug wurde nicht vorgenommen, da der Aufwand brutto verbucht wurde. Eine umsatzsteuerliche Korrektur entfällt also.	+ 7.100 €
+	Verdeckte Gewinnausschüttung, § 8 Abs. 3 Satz 2 KStG: Die Darlehensgewährung zu einem Zinssatz von 8 % ist unangemessen. Ein unabhängiger Dritter hätte ein Darlehen mit 5 % Verzinsung aufgenommen. Die Differenz von 3 % stellt eine verdeckte Gewinnausschüttung dar. 50.000 € · 3 % = 1.500 €	+ 1.500 €
	Die Rückstellung für unterlassene Instandhaltung ist steuerlich anzuerkennen, Rückstellungspflicht nach § 5 Abs. 1 Satz 1 EStG i.V. m. EStR 5.7 Abs. 11 EStG	0 €
+	Die Bildung einer Drohverlustrückstellung ist steuerlich nicht anzuerkennen, § 5 Abs. 4a Satz 1 EStG	+ 12.000 €
+	Nicht abziehbare Aufwendungen § 10 KStG: Nr. 2: KSt-VZ 2024 Nr. 2: SolZ-VZ 2024 Nr. 2: i.V. m. § 4 Abs. 5b EStG GewSt VZ 2024 Nr. 2: Nebenleistungen zu Steuern (KSt, KapESt, GewSt): Säumniszuschlag Nr. 2: Umsatzsteuer auf unangemessene Bewirtung	 + 28.000 € + 1.540 € +26.000 € + 150 € + 57 €
+	§ 4 Abs. 5 Nr. 2 EStG: 30 % der (verbleibenden) Bewirtungsaufwendungen: 9.000 € lt. GuV – 7.100 € (Geburtstagsfeier) – 300 € (netto) als unangemessene Bewirtung = 1.600 € · 30 % = 480 €	+ 480 €
+	§ 4 Abs. 5 Nr. 8 EStG: Ordnungsgelder	+ 8.000 €
+	§ 4 Abs. 6 EStG: Parteispenden	+ 500 €
+	Sonstigen Zuwendungen, hier Spende an die FernUni Hagen	+ 2.000 €
=	Summe der Einkünfte = Einkommen gem. § 9 Abs. 2 Satz 1 KStG	= 286.770 €
-	Abzgl. Zuwendungen, soweit der Höchstbetrag i. S. d. § 9 Abs. 1 Nr. 2 KStG nicht überschritten wird, also 286.770 € · 20 % = 57.354 € als maximaler Betrag. Die Spende an die FernUni Hagen ist voll abziehbar.	- 2.000 €
=	Gesamtbetrag der Einkünfte, entspricht dem zu versteuernden Einkommen, § 7 Abs. 1 KStG	= 284.770 €

Festzusetzende Körperschaftsteuer, § 23 Abs. 1 KStG: 284.770 € · 15 % = 42.715,50 €, gerundet 42.715 €	42.715 €
- KSt-VZ 2024	- 28.000 €
Körperschaftsteuer Zuführung zur Rückstellung	**= 14.715 €**

Festzusetzender SolZ: 5,5 % von 42.715 € = 2.349,33 €, gerundet 2.349 €	2.349 €
- SolZ-VZ 2024	- 1.540 €
SolZ Zuführung zur Rückstellung	**= 809 €**

Der handelsrechtliche Jahresüberschuss beträgt unter Berücksichtigung der zu bildenden Rückstellungen für die Körperschaftsteuer und SolZ 199.443 € zzgl. 14.715 € zzgl. 809 € = 214.967 €.

10.2 Übungsaufgabe II

Die Z-GmbH mit Sitz in Braunschweig stellt Süßigkeiten verschiedener Arten her. Die vorläufige Gewinn- und Verlustrechnung für das Wirtschaftsjahr (= Kalenderjahr) 2024 weist folgendes Bild aus:

Aufwendungen		Erträge	
Materialaufwand	1.265.000 €	Umsatzerlöse	2.183.000 €
Personalaufwand	425.000 €	Sonstige Erträge	3.000 €
Abschreibungen	15.000 €	KSt-Erstattung aus 2022	3.800 €
GewSt-VZ 2024	70.000 €	SolZ-Erstattung aus 2022	209 €
KSt-VZ 2024	75.000 €	Ertrag aus Auflösung GewSt-Rückstellung aus 2022	5.500 €
VZ SolZ f. KSt 2024	4.125 €	Zinsertrag	6.500 €
Spende an eine politische Partei	400 €	Investitionszulage	250.000 €
Spende an eine gemeinnützige Einrichtung	2.000 €		
Sonstiger betrieblicher Aufwand	153.000 €		
Jahresüberschuss	442.484 €		
	2.452.009 €		2.452.009 €

Alleiniger Gesellschafter-Geschäftsführer ist Josef Zucker. In den sonstigen betrieblichen Aufwendungen ist ein Zinsaufwand von 4.000 € enthalten. Die Hälfte davon entfällt auf ein Darlehen, das von Josef Zucker an die Z-GmbH gewährt wurde. Angemessen wäre nur die Hälfte gewesen. Im Personalaufwand ist die angemessene Vergütung i. H. v. 75.000 € an Josef Zucker enthalten.

Die Investitionszulage ist gem. § 13 InvZulG steuerfrei.

a) In einer übersichtlichen Darstellung ist die Nachzahlung bzw. der Erstattungsanspruch für die Körperschaftsteuer und den SolZ des Veranlagungszeitraums 2024 zu ermitteln.

b) Wie hoch beträgt das handelsrechtliche Ergebnis 2024?

Aufgabe a)

	Vorläufiger Jahresüberschuss nach Handelsrecht		442.484 €
-	Steuerfreie Investitionszulage gem. § 13 InvZulG		- 250.000 €
+	Verdeckte Gewinnausschüttungen (§ 8 Abs. 3 Satz 2 KStG): überhöhte Zinsen		+ 1.000 €
+	Verdeckte Gewinnausschüttungen (§ 8 Abs. 3 Satz 2 KStG): Geschäftsführergehalt, kein Ansatz, da das Gehalt angemessen ist.		0 €
	Nicht abziehbare Aufwendungen gem. § 10 KStG		
+	Nr. 2 KStG	KSt-VZ 2024	+ 75.000 €
+	Nr. 2 KStG	SolZ f. KSt 2024	+ 4.125 €
-	Nr. 2 KStG	KSt-Erstattung aus 2022	- 3.800 €
-	Nr. 2 KStG	SolZ-Erstattung aus 2022	- 209 €
+	Nr. 2 KStG i. V. m. § 4 Abs. 5b EStG	GewSt-VZ 2024	+ 70.000 €
-	Nr. 2 KStG i. V. m. § 4 Abs. 5b EStG	Ertrag aus Auflösung GewSt-Rückstellung aus 2022	- 5.500 €
	Sonstige nicht abziehbare Aufwendungen		
+	§ 4 Abs. 6 EStG	Parteispende	+ 400 €
	Sonstige Zuwendungen (Spenden) gem. § 9 Abs. 2 Satz 1 KStG		+ 2.000 €
	Einkommen gem. § 9 Abs. 2 Satz 1 KStG		**335.500 €**

	Bemessungsgrundlage ist das Einkommen gem. § 9 Abs. 2 Satz 1 KStG, also 335.500 € · 20 % = 67.100 €. Die geleistete Spende ist in voller Höhe als Betriebsausgabe abziehbar.	- 2.000 €
=	Gesamtbetrag der Einkünfte	333.500 €
=	Zu versteuerndes Einkommen	333.500 €
·	davon 15 % KSt-Satz (§ 23 Abs. 1 KStG) = festzusetzende Körperschaftsteuer	50.025 €
-	KSt-VZ 2024	- 75.000 €
=	**Körperschaftsteuererstattung 2024**	**24.975 €**

Festzusetzender SolZ:

5,5 % aus 50.025 €	= 2.751,38 €
Abzgl. Vorauszahlungen SolZ	- 4.125,00 €
Ergibt Erstattung SolZ 2024	= 1.373,62 €

Aufgabe b)

Endgültiger handelsrechtlicher Jahresüberschuss:

Vorläufiger handelsrechtlicher Jahresüberschuss	442.484,00 €
+ Körperschaftsteuererstattung 2024	+ 24.975,00 €
+ SolZ Erstattung 2024	+ 1.373,62 €
Endgültiger handelsrechtlicher Jahres-überschuss	468.832,62 €

V. Abgabenordnung

1. Allgemeines zum Prüfungsteil „Abgabenordnung"

Die Abgabenordnung stellt im Prüfungsteil „Steuerrecht" eine gewisse Besonderheit dar. Im Gegensatz zu den anderen Prüfungsteilen des Steuerrechts wird hier kein bekanntes Berechnungsschema, um bspw. zu einem zu versteuernden Einkommen zu gelangen, abgefragt. Vielmehr wird ein Sachverhalt vorgegeben, der häufig die Rechte (z. B. Einspruch), Pflichten (z. B. Abgabe von Steuererklärungen) und Rechtsfolgen (z. B. Säumniszuschlag) umfasst.

Dabei liegt die Kunst darin, den abstrakten Gesetzestext auf den vorliegenden Sachverhalt anzuwenden. Denn die Abgabenordnung gilt als zentrales Gesetz der deutschen Steuerverwaltung und ist somit allgemeingültig und dementsprechend abstrakt formuliert. Für Steuerrechtler ist die Abgabenordnung eine Art „Grundgesetz". Die Abgabenordnung umfasst mehr als 400 Paragrafen. Der Prüfungsstoff umfasst jedoch nicht einmal 30 Paragrafen, die jedoch „bunt verstreut" im Gesetz zu finden sind. Angesichts der Größe der Abgabenordnung ist es empfehlenswert, einer Logik zu folgen, um das Blättern im Gesetz zu vermeiden. So könnte eine Logik aussehen:

Checkliste Nebenleistungen

Wenn gefragt ist, mit welcher steuerlichen Nebenleistung ein Steuerpflichtiger zu rechnen hat, dient § 3 Abs. 4 AO quasi als Checkliste. Hier sind sogar die Fundstellen im Gesetz der steuerlichen Nebenleistungen angeführt.

Sollte nach den zuständigen Finanzämtern (z. B. Betriebs-Finanzamt, Wohnsitz-Finanzamt) gefragt sein, dann kommen nur die §§ 16 ff. AO infrage. Mit den richtigen Markierungen im Gesetz kann man in sehr kurzer Zeit die jeweiligen Zuständigkeiten der Finanzbehörden herausfinden. Die Vorschriften zum Einspruch befinden sich unter §§ 347 ff. AO. Ohne Anspruch auf Vollständigkeit, lässt sich der Prüfungsstoff wie folgt zusammenfassen:

Stichworte	§§ nach Reihenfolge	Prüfungsinhalte
Sachliche und örtliche Zuständigkeiten	§§ 16 ff. AO	Welches Finanzamt ist für welchen steuerlichen Sachverhalt zuständig?
Verwaltungsakt	§ 118 AO	Definition: was ist ein Verwaltungsakt?
Bekanntgabe	§§ 122, 122a AO	Wie ist der Tag der Bekanntgabe im Rahmen von Fristberechnungen (Einspruchsfrist, Zahlungsfrist) zu berechnen? Was ist dessen Bedeutung?
Buchführungspflicht	§§ 140 ff. AO	Wann und wie müssen Bücher und Aufzeichnungen geführt werden?
Verspätungszuschlag	§ 152 AO	Rechtsfolgen verspäteter Abgabe einer Steuererklärung/ Steueranmeldung
Vorbehalt der Nachprüfung, vorläufige Steuerfestsetzung	§§ 164, 165 AO	Wie ist mit einer Ungewissheit über den steuerlichen Sachverhalt umzugehen?
Festsetzungsverjährung	§§ 169 ff. AO	Wann ist ein Fall endgültig abgeschlossen?
Korrekturvorschriften	§§ 173, 173a, 175 AO	Kann man einen Steuerbescheid nach Ablauf der Einspruchsfrist noch ändern?
Zinsen	§§ 233 ff. AO	Was und wie wird im Steuerrecht verzinst?
Säumniszuschlag	§ 240 AO	Zulässigkeit und Berechnung eines Säumniszuschlags unter Berücksichtigung verschiedener Zahlungsarten (Überweisung, Scheckzahlung) durch den Steuerpflichtigen
Außergerichtliches Rechtsbehelfsverfahren	§§ 347 ff. AO	Prüfung: Einspruch: Aussicht auf Erfolg? Aussetzung der Vollziehung möglich?

2. Sachliche und örtliche Zuständigkeiten

Die sachliche Zuständigkeit der Finanzbehörden richtet sich gem. § 16 AO nach dem Gesetz über die Finanzverwaltung, soweit nichts anderes bestimmt ist. Die örtlichen Zuständigkeiten ergeben sich aus den §§ 17 ff. AO wie folgt:

Steuerart	§§	Örtliche Zuständigkeiten	Inhalte
Für die gesonderte bzw. gesonderte und einheitliche Feststellung des Gewinns bei gewerblichen Betrieben; für die Festsetzung und Zerlegung der Steuermessbeträge bei der GewSt (§ 18 Abs. 1 Nr. 2 AO).	§ 18 Abs. 1 Nr. 2 AO	Betriebs-FA	Gesonderte Feststellung durch das Finanzamt, in dessen Bezirk sich die Geschäftsleitung befindet
Für die gesonderte bzw. gesonderte und einheitliche Feststellung des Gewinns bei Einkünften aus § 18 EStG (§ 18 Abs. 1 Nr. 3 AO).	§ 18 Abs. 1 Nr. 3 AO	Tätigkeits-FA	Gesonderte Feststellung bei Einkünften aus selbständiger Arbeit durch das Finanzamt, von dessen Bezirk aus die Tätigkeit vorwiegend ausgeübt wird
Für die gesonderte und einheitliche Feststellung an anderen Einkünften als Gewinn-Einkünfte (§ 18 Abs. 1 Nr. 4 AO)	§ 18 Abs. 1 Nr. 4 AO	Verwaltungs-FA	Gesonderte Feststellung bei einer Beteiligung **mehrerer Personen** an Einkünften, die **keine** Einkünfte aus Land- und Forstwirtschaft, aus Gewerbebetrieb oder aus selbständiger Arbeit sind und die nach § 180 Abs. 1 Satz 1 Nr. 2 Buchst. a AO gesondert festgestellt werden
Einkommensteuer	§ 19 Abs. 1 AO	Wohnsitz-FA	Bearbeitung ESt-Erklärungen
Körperschaftsteuer	§ 20 Abs. 1 AO	Geschäftsleitungs-FA	Besteuerung von Körperschaften, Personenvereinigungen und Vermögensmassen nach dem Einkommen und Vermögen
Bauleistungen	§ 20a AO	Unternehmenssitz-FA	Besteuerung von Unternehmen, die Bauleistungen im Sinne von § 48 Abs. 1 Satz 3 EStG erbringen
Umsatzsteuer	§ 21 Abs. 1 AO	Unternehmenssitz-FA	örtliche Zuständigkeit für die USt einschl. der entsprechenden Prüfungsanordnungen
Realsteuern (GrSt, GewSt)	§ 22 Abs. 1 AO	Lage-FA (GrSt) Betriebs-FA (GewSt)	Festsetzung und Zerlegung der Steuermessbeträge
Lohnsteuer	§ 41a Abs. 1 Nr. 1 EStG	Betriebsstätten-FA	Abführung der Lohnsteuer

TIPP

Die Bezeichnungen der Finanzämter sind häufig im Gesetz selbst aufgeführt und müssen nicht gelernt werden: Betriebsstätten-FA (§ 41a EStG), Wohnsitz-FA (§ 19 Abs. 1 AO), Lage-FA und Betriebs-FA beide in § 22 Abs. 1 AO).

3. Bekanntgabe von Verwaltungsakten

In diesem Kapital werden zunächst die allgemein gültigen Regelungen im Rahmen der Bekanntgabe von Verwaltungsakten besprochen. Aufgrund der besonderen Prüfungsrelevanz wird die Umsatzsteuer als Anmeldesteuer im Anschluss daran gesondert erläutert.

3.1 Allgemein gültige Regelungen

Definition Verwaltungsakt

Ein Verwaltungsakt ist nach § 118 Satz 1 AO jede Verfügung, Entscheidung oder andere hoheitliche Maßnahme, die eine Behörde zur Regelung eines Einzelfalls auf dem Gebiet des öffentlichen Rechts trifft und die auf unmittelbare Rechtswirkung nach außen gerichtet ist.

AUFGABE

A betreibt einen Reparaturbetrieb für Handys, Computer und Drucker. Im Februar 2024 erhält A ein Schreiben seines zuständigen Finanzamts, dass A ab 2025 verpflichtet ist, Bücher gem. § 141 AO zu führen. Handelt es sich bei diesem Schreiben um einen Verwaltungsakt?

LÖSUNG

Hier liegt ein Verwaltungsakt vor. Das Schreiben ist eine Verfügung, die eine Behörde (Finanzamt) zur Regelung eines Einzelfalls (A ist alleinig betroffen) auf dem Gebiet des öffentlichen Rechts (Abgabenordnung), getroffen hat und auf eine unmittelbare Wirkung nach außen (A muss Bücher führen) gerichtet ist (vgl. § 118 AO).

Die Bekanntgabe eines Verwaltungsakts ist von großer Wichtigkeit. Denn ein Verwaltungsakt wird erst mit der Bekanntgabe wirksam, und zwar gegenüber der Person, für die er bestimmt ist und zum Zeitpunkt, in dem er bekanntgegeben wurde. Mit der Wirksamkeit wird ein Verwaltungsakt (z. B. ein Steuerbescheid) sowohl für den Steuerpflichtigen als auch für die erlassende Finanzbehörde (z. B. Finanzamt) verbindlich. Die Bekanntgabe kann gegenüber

- dem betroffenen Steuerbürger,
- einem Bevollmächtigten (Empfangsbevollmächtigten) oder auch
- einem Rechtsnachfolger des Steuerbürgers, z. B. einem Erben

erfolgen.

Wirksamkeit versus Nichtigkeit

Die Wirksamkeit ist von der Nichtigkeit eines Verwaltungsakts zu unterscheiden. Ist bspw. ein Steuerbescheid fehlerhaft und daher rechtswidrig, weil das Finanzamt zu Unrecht Sonderausgaben nicht anerkennt, dann ist der Steuerbescheid dennoch wirksam. Es entstehen für den Steuerpflichtigen Rechte und Pflichten. Ist hingegen der Steuerbescheid nichtig, entfaltet er keine Wirkung (§ 124 Abs. 3 AO). Er kann nicht bestandskräftig werden. Gem. § 125 Abs. 1 AO ist ein Verwaltungsakt dann nichtig, wenn er an einem besonders schwerwiegenden Fehler leidet.

TIPP

In aller Regel dürfte die Aufgabenstellung so gewählt sein, dass kein nichtiger Steuerbescheid vorliegt. Denn dann würde dieser keine Wirkung entfalten und die Aufgabe wäre schon „zu Ende“.

Zu beachten ist, dass es verschiedene Formen der Bekanntgabe gibt:

- mit einfacher Post (§ 122 Abs. 2 AO),
- elektronisch übermittelt (§ 122 Abs. 2a AO),
- durch Bereitstellung zum Datenabruf (§ 122a AO).

TIPP

Vorsicht ist geboten! Die Paragrafen „122 Abs. 2“, „122 Abs. 2a“ und „§ 122a“ klingen sehr ähnlich und können im Prüfungsstress leicht verwechselt werden. Deswegen die Angaben im Sachverhalt genau lesen.

Bei der Zusendung im **Inland** gilt nach § 122 Abs. 2 Nr. 1 AO ein Verwaltungsakt am **dritten** Tag (bis 2024) nach Aufgabe zur Post (Datum des Bescheids!) als bekanntgegeben. Fällt das Ende der „3-Tage-Frist“ auf einen Sonnabend (Samstag), Sonntag oder gesetzlichen Feiertag, dann verlängert sich die Frist bis zum nächstfolgenden Werktag. Diese „3-Tage-Frist“ gilt aber **nicht** für die Fälle, in denen der Verwaltungsakt tatsächlich **später** zugegangen ist.

4-Tages-Fiktion ab 2025

Die Laufzeitvorgaben für die Zustellung von Briefen durch die Post werden verlängert. Als indirekte Folge wird auch die „3-Tage-Frist“ der AO angepasst werden. Aus der „3-Tage-Fiktion“ wird ab 2025 eine „4-Tage-Fiktion“.

Dabei ist der Tag der Bekanntgabe nicht nur für die Berechnung einer **Einspruchsfrist** wichtig. So richtet sich z. B. auch die **Fälligkeit** zur Zahlung von Einkommensteuer gem. § 36 Abs. 4 EStG als einem Monat nach dem Tag der Bekanntgabe. Bei Übermittlung durch die Post ins **Ausland** gilt ein Steuerbescheid grundsätzlich einen Monat nach der Aufgabe zur Post als bekanntgegeben (§ 122 Abs. 2 Nr. 2 AO).

AUFGABE

Wann ist der Tag der Bekanntgabe?

Kalenderauszug 2024:

März 2024							
Nr.	Mo	Di	Mi	Do	Fr	Sa	So
9					1	2	3
10	4	5	6	7	8	9	10
11	11	12	13	14	15	16	17
12	18	19	20	21	22	23	24
13	25	26	27	28	29	30	31

April 2024							
Nr.	Mo	Di	Mi	Do	Fr	Sa	So
14	1	2	3	4	5	6	7
15	8	9	10	11	12	13	14
16	15	16	17	18	19	20	21
17	22	23	24	25	26	27	28
18	29	30					

a) A erhält am 08.03.2024 seinen ESt-Bescheid 2023 mit Datum 07.03.2024.

b) B erhält am 26.03.2024 seinen ESt-Bescheid 2023 mit Datum 22.03.2024.

c) C erhält am 28.03.2024 seinen ESt-Bescheid 2023 mit Datum 26.03.2024.

LÖSUNG

a) Der Steuerbescheid 2023 ist zum 07.03.2024 datiert. Tag der Bekanntgabe wäre nach der „3-Tages-Fiktion" der 07.03.2024 + 3 Tage = 10.03.2024. Da dieser Tag auf einen Sonntag fällt, ist der Tag der Bekanntgabe der 11.03.2024.

b) Der Steuerbescheid 2023 ist zum 22.03.2024 datiert. Tag der Bekanntgabe wäre nach der „3-Tages-Fiktion" der 22.03.2024 + 3 Tage = 25.03.2024. Tatsächlich erhält B den Bescheid erst am 26.03.2024, also nach Ablauf der „3-Tages-Fiktion". Tag der Bekanntgabe ist folglich der 26.03.2024 (Achtung: Auf den tatsächlichen Zugang werden nicht nochmals 3 Tage hinzugerechnet!).

c) Der Steuerbescheid 2023 ist zum 26.03.2024 datiert. Tag der Bekanntgabe wäre nach der „3-Tages-Fiktion" der 26.03.2024 + 3 Tage = 29.03.2024. Dieser Tag ist ein Feiertag (Karfreitag). Der nächste Werktag ist der 02.04.2024 (Dienstag) und damit Tag der Bekanntgabe.

TIPP

Die Feiertage muss man nicht auswendig lernen. Sie sind im Prüfungskalender entsprechend markiert, können aber im Prüfungsstress leicht überlesen werden.

AUFGABE

Der Steuerpflichtige U nimmt am Datenabruf-Bekanntgabeverfahren teil. Am 05.12.2024 (Freitag) erhält U vom zuständigen Finanzamt eine E-Mail, dass der ESt-Bescheid über das Elster-Portal zum Abruf zur Verfügung steht. Da U sich ein verlängertes Wochenende zum Skifahren gönnt, ruft er den Steuerbescheid erst am 11.12.2024 ab. Wann wurde der ESt-Bescheid wirksam bekannt gegeben?

LÖSUNG

Gemäß § 122a Abs. 4 AO gilt ein zum Abruf bereitgestellter Verwaltungsakt am dritten Tag nach Absendung der elektronischen Benachrichtigung über die Bereitstellung der Daten an die abrufberechtigte Person als bekannt gegeben. Also: Tag der Versendung 05.12.2024 zzgl. 3 Tage = 08.12.2024 (Montag). Der Tag der Bekanntgabe ist also Montag, der 08.12.2024. Auf den Zeitpunkt, an dem U den Steuerbescheid abgerufen hat, kommt es nicht an.

3.2 Gültige Regelungen für die Umsatzsteuer (Steueranmeldung)

Eine gewisse Sonderrolle spielt die Umsatzsteuer. Das liegt daran, dass der Steuerpflichtige die Steuer **selbst zu berechnen** hat. Sowohl bei den Personensteuern (Besteuerung natürlicher und juristischer Personen) als auch bei den Realsteuern (Gewerbesteuer, Grundsteuer) gibt der Steuerpflichtige lediglich die Besteuerungsgrundlagen in der Steuererklärung an. Hier wird dann die Steuer durch das Finanzamt berechnet und festgesetzt. Bei der Umsatzsteuer dagegen hat der Steuerpflichtige nach § 150 Abs. 1 Satz 3 AO auch die Steuer selbst zu berechnen (Steueranmeldung).

Festsetzung nur bei abweichender Steuer

Das Finanzamt erstellt in aller Regel keinen Umsatzsteuerbescheid. Denn nach § 167 Abs. 1 Satz 1 AO ist bei einer anzumeldenden Steuer eine Festsetzung der Steuer nach § 155 nur erforderlich, wenn die Festsetzung zu einer **abweichenden** Steuer führt.

MERKE

Eine Steueranmeldung steht nach § 168 Satz 1 AO **stets einer Steuerfestsetzung unter dem Vorbehalt der Nachprüfung gleich** (Achtung: bei der Umsatzsteuer ist § 168 AO zu zitieren). Führt die Steuerfestsetzung zu einer Herabsetzung der bisher zu entrichtenden Steuer oder zu einer Steuervergütung, bedarf sie der Zustimmung durch die Finanzbehörde gem. § 168 Satz 2 AO. Diese Zustimmung erfolgt formfrei, z. B. durch Überweisen des Geldbetrags durch das Finanzamt.

4. Fristenberechnung

Die Berechnung von Fristen gehört zu den Grundaufgaben im Steuerrecht. Im Folgenden soll zunächst auf die allgemeinen Grundsätze zur Berechnung einer Frist eingegangen werden. Des Weiteren werden die prüfungsrelevanten Fristen zum Steuerrecht einzelnen betrachtet: Berechnung der Abgabefrist von Steuererklärungen, Einspruchs- und Zahlungsfristen sowie der Festsetzungsfrist.

4.1 Allgemeine Grundsätze

Unter „Frist" ist ein abgegrenzter bestimmter Zeitraum zu verstehen, der einen genau definierten Anfang und einen Endzeitpunkt hat. Termin hingegen ist ein festgelegter Zeitpunkt. Bei den Fristen sind Ereignisfristen und Beginnfristen zu unterscheiden. Diese Unterscheidung ist deshalb wichtig, damit der erste Tag eines Fristlaufs bestimmt werden kann.

Ereignisfrist

Nach § 187 Abs. 1 BGB[1] bleibt der Kalendertag, in den das Ereignis fällt, welcher für den Anfang einer Frist maßgebend ist, bei der Berechnung außer Ansatz. Die Frist beginnt folglich um 0:00 Uhr des Folgetags. Zu beachten ist, dass der Fristbeginn (im Gegensatz zum Fristende!) auf ein Wochenende oder einen Feiertag fallen darf. Zu den Prüfungsklassikern einer Ereignisfrist zählt der Tag der Bekanntgabe eines Steuerbescheids.

BEISPIEL

Der Steuerpflichtige erhält seinen ESt-Bescheid 2023 vom 12.11.2024 (Dienstag) am 13.11.2024 per Post. Der Tag der Bekanntgabe ist der 12.11.2024 + 3 Tage = 15.11.2024 (Freitag). Die Einspruchsfrist beginnt am ersten Tag nach dem Tag der Bekanntgabe, hier also ein Samstag (16.11.2024).

Beginnfrist

Bei Beginnfristen beginnt die Frist bereits bei Anfang des Tages. Nach § 187 Abs. 2 Satz 1 BGB gilt: Soll der Anfang des Tages der für den Fristbeginn maßgebliche Zeitpunkt sein, so wird dieser Tag als der erste des Fristlaufes mitgezählt. Wichtige Beispiele hierfür sind: Abschluss eines Arbeits- oder eines Mietvertrages für einen bestimmten Zeitraum, wobei der erste Tag bereits mitgezählt wird. Besondere Bedeutung kommt § 187 Abs. 2 Satz 2 BGB zu, denn zur Berechnung des Lebensalters wird der Tag der Geburt mitgerechnet.

BEISPIEL

E ist am 09.06.1969 um 12 Uhr mittags geboren. Wann vollendet E sein 55. Lebensjahr? Mit Ablauf des 08.06.2024 (24:00 Uhr) vollendet E sein 55. Lebensjahr (1969 + 55 Jahre = 2024). Der Tag der Geburt, 09.06.1969, wird als voller Tag gerechnet.

Wiedereinsetzung in den vorigen Stand

Wie ist zu verfahren, wenn eine Frist unverschuldet (z. B. durch Krankheit) versäumt wurde? Das Steuerrecht sieht dazu die Wiedereinsetzung in den vorigen Stand i. S. d. § 110 AO vor. Nach § 110 Abs. 1 AO ist jemanden, der **ohne Verschulden** verhindert ist, eine **gesetzliche** Frist einzuhalten, auf Antrag Wiedereinsetzung in den vorigen Stand zu gewähren. Das Verschulden eines Vertreters (z. B. des Steuerberaters) ist dem Vertretenen (z. B. dem Steuerpflichtigen) zuzurechnen.

1 In der Textausgabe NWB „Wichtige Steuergesetze" sind in der Fußnote zu § 108 AO die Paragraphen aus dem BGB zu den Fristen - §§ 187 bis 193 BGB - abgedruckt.

Nach § 110 Abs. 2 AO ist der Antrag **innerhalb eines Monats nach Wegfall des Hindernisses** zu stellen.

Die Voraussetzungen, um eine versäumte Frist zu „retten", sind:

- Unverschulden, d. h. der Beteiligte beachtet seine Sorgfaltspflicht, die für einen gewissenhaften, seine Rechte und Pflichten sachgemäß wahrnehmenden Bürger geboten ist (i. d. R. geht es im Sachverhalt um eine Krankheit; hier ist das Verschulden unstrittig und erspart Diskussionen)
- Antrag (i. d. R. ist im Sachverhalt davon auszugehen, dass alle notwendigen Anträge gestellt wurden)
- Innerhalb eines Monats (ein Monat und nicht 4 Wochen!)
- Nach Wegfall des Hindernisses (i. d. R. nach Genesung oder Entlassung aus dem Krankenhaus bei Erkrankung).

AUFGABE

Der Steuerpflichtige S erhält am 14.12.2024 (Samstag) seinen ESt-Bescheid 2023 vom 12.12.2024. Das Finanzamt berücksichtigt die von S angegebenen außergewöhnlichen Belastungen nicht in voller Höhe. S möchte Einspruch erheben. Am 14.01.2025 macht er sich zu Fuß auf den Weg zum Finanzamt, um sein Einspruchsschreiben persönlich dort einzuwerfen. Dabei rutscht er ohne Verschulden auf einer Eisplatte aus und bricht sich den Fuß. Völlig gesund wird S am 15.03.2025. Hat S die Möglichkeit, seinen Einspruch fristwahrend einzulegen?

LÖSUNG

Die Rechtsbehelfsfrist endet zum 16.01.2025: 12.12.2024 + 3 Tage = 15.12.2024 (Sonntag). Tag der Bekanntgabe ist der nächste Werktag, 16.12.2024 (Montag). Die Einspruchsfrist beginnt am 17.12.2024 (0:00 Uhr), dauert 1 Monat und endet mit Ablauf des 16.01.2025 (24:00 Uhr), einem Donnerstag. A macht sich innerhalb der Rechtsbehelfsfrist auf den Weg, seinen Einspruch zu erheben. Zudem trifft S kein Verschulden. Die Einsetzung in den vorigen Stand i. S. d. § 110 AO ist dem S somit zu gewähren. S muss seinen Einspruch innerhalb eines Monats nach Genesung (15.03.2025) einlegen.

4.2 Pflicht und Frist zur Abgabe von Steuererklärungen

Verpflichtung

Nach § 149 Abs. 1 Satz 1 AO ergibt sich die Verpflichtung zur Abgabe von Steuererklärungen aus den einzelnen Steuergesetzen. Hierzu einige Abgabepflichten aus den jeweiligen Steuergesetzen, wobei zwischen Jahressteuererklärungen und Voranmeldungen zu unterscheiden ist:

§§, Steuergesetz	Inhalt
Pflicht zur Abgabe von Jahressteuererklärungen	
§ 25 Abs. 1 EStG	Die Einkommensteuer wird nach Ablauf des Kalenderjahres (Veranlagungszeitraum) nach dem Einkommen veranlagt, das der Steuerpflichtige in diesem Veranlagungszeitraum bezogen hat, soweit nicht nach § 43 Abs. 5 und § 46 eine Veranlagung unterbleibt. Tipp: § 46 Abs. 2 EStG führt die Fälle auf, für die eine Veranlagung durchgeführt werden muss, wenn das Einkommen **ganz oder teilweise** aus Einkünften **aus nichtselbständiger Arbeit,** von denen ein Steuerabzug vorgenommen worden ist, besteht.
§ 18 Abs. 3 UStG	Der Unternehmer hat für das **Kalenderjahr** oder für den kürzeren Besteuerungszeitraum eine Steuererklärung nach amtlich vorgeschriebenem Datensatz durch Datenfernübertragung zu übermitteln.
§ 14a Satz 1 GewStG	Der Steuerschuldner hat für steuerpflichtige Gewerbebetriebe eine Erklärung zur Festsetzung des Steuermessbetrags und in den Fällen des § 28 außerdem eine Zerlegungserklärung nach amtlich vorgeschriebenem Datensatz durch Datenfernübertragung zu übermitteln.
§ 31 Abs. 1a Satz 1 KStG	Die Körperschaftsteuererklärung und die Erklärung zur gesonderten Feststellung von Besteuerungsgrundlagen sind nach amtlich vorgeschriebenem Datensatz durch Datenfernübertragung zu übermitteln.

Voranmeldungen	
§ 18 Abs. 1, 2 UStG	Beträgt die Steuer für das vorangegangene Kalenderjahr: ► mehr als 9.000 € (vormals 7.500 €), ist der Kalendermonat Voranmeldungszeitraum ► unter 9.000 € (vormals 7.500 €), aber über 2.000 € (vormals 1.000 €), ist das Kalendervierteljahr Voranmeldungszeitraum ► Höchstens 2.000 € (vormals 1.000 €), kann das Finanzamt den Unternehmer von der Verpflichtung zur Abgabe der Voranmeldungen und Entrichtung der Vorauszahlungen befreien. Für **Monats- und Quartalsanmeldungen** gilt: Der Unternehmer hat **bis zum zehnten Tag** nach Ablauf jedes Voranmeldungszeitraums eine Voranmeldung nach amtlich vorgeschriebenem Datensatz durch Datenfernübertragung zu übermitteln, in der er die Steuer für den Voranmeldungszeitraum (Vorauszahlung) selbst zu berechnen hat. Beachte: Beantragt der Unternehmer eine **Dauerfristverlängerung** i. S. d. § 46 UStDV, so hat das Finanzamt die Fristen für die Übermittlung der Voranmeldungen und für die Entrichtung der Vorauszahlungen (§ 18 Abs. 1, 2 und 2a UStG) **um einen Monat zu verlängern.**
§ 41a EStG	Anmeldezeitraum für die **Lohnsteuer** ist: ► der Kalendermonat, wenn die abzuführende Lohnsteuer für das vorangegangene Kalenderjahr mehr als 5.000 € betragen hat (§ 41a Abs. 2 Satz 1 EStG) ► das Kalendervierteljahr, wenn die abzuführende Lohnsteuer für das vorangegangene Kalenderjahr mehr als 1.080 €, aber höchstens 5.000 € betragen hat (§ 41a Abs. 2 Satz 2 EStG) ► das Kalenderjahr, wenn die abzuführende Lohnsteuer für das vorangegangene Kalenderjahr nicht mehr als 1.080 € betragen hat (§ 41a Abs. 2 Satz 2 EStG). Maßgebend für die Bestimmung des Anmeldezeitraums ist die Summe der einbehaltenen und übernommenen Lohnsteuer aller Mitarbeiter. Die Lohnsteuer-Anmeldung muss **spätestens am 10. Tag nach Ablauf des Lohnsteuer-Anmeldezeitraums** abgegeben werden.

MERKE

Nach § 149 Abs. 1 Satz 3 AO bleibt die Verpflichtung zur Erstellung einer Steuererklärung auch dann bestehen, wenn das Finanzamt die Besteuerungsgrundlagen geschätzt hat.

Frist

Gemäß § 149 Abs. 2 Satz 1 AO sind Steuererklärungen, die sich auf ein Kalenderjahr beziehen, spätestens 7 Monate nach Ablauf des Kalenderjahrs abzugeben, soweit die Steuergesetze nichts anderes bestimmen. Werden Angehörige der steuerberatenden Berufe mit der Erklärungserstellung betraut, gilt nach § 149 Abs. 3 AO eine grundsätzliche Fristverlängerung bis Ende Februar des zweiten auf den Besteuerungszeitraum folgenden Kalenderjahrs.

Im Rahmen der Corona-Pandemie wurden die Abgabefristen für die VAZ 2020 bis 2023 großzügiger geregelt. Ab dem Besteuerungsjahr 2024 gilt wieder der Normalzustand: Abgabetermin ist dann wieder der 31.07. des Folgejahrs, wenn der Steuerpflichtige nicht steuerlich beraten wird.

Besteuerungs-zeitraum	2020	2021	2022	2023
Nicht beratene Steuerpflichtige	01.11.2021 / 02.11.2021	31.10.2022 / 01.11.2022	02.10.2023	02.09.2024
Beratene Steuerpflichtige	31.08.2022	31.08.2023	31.07.2024	02.06.2025

TIPP

Im Grundsatz sind also alle nach dem Kalenderjahr bestimmten Steuererklärungen (z. B. ESt, KSt, GewSt, USt …) bis zum 31.07. beim Finanzamt abzugeben, wenn der Steuerpflichtige nicht steuerlich beraten wird. I. d. R. erfolgt dies in elektronischer Form. Die Ausnahmeregelungen im Rahmen der Corona-Pandemie müssen nicht auswendig gelernt werden. Sie sind im „Kleingedruckten" als Fußnote zum § 149 AO aufgeführt (genau lesen!).

4.3 Rechtsbehelfsfrist (Einspruchsfrist)

Nach § 355 Abs. 1 AO ist der Einspruch nach § 347 Abs. 1 Satz 1 AO innerhalb **eines Monats** (nicht 4 Wochen!) nach Bekanntgabe des Verwaltungsakts einzulegen. Ein Einspruch gegen eine **Steueranmeldung** (z. B. USt-Voranmeldung) ist **innerhalb eines Monats nach Eingang der Steueranmeldung** bei der Finanzbehörde einzulegen.

Fällt dabei das Ende einer Frist auf einen Sonntag, einen gesetzlichen Feiertag oder einen Sonnabend, so endet gem. § 108 Abs. 3 AO die Frist mit dem Ablauf des nächstfolgenden Werktags.

AUFGABE

Der Steuerpflichtige A erhält seinen ESt 2023 vom 14.06.2024 (Freitag) am 20.06.2024. A ist erbost, da die Werbungskosten nicht in voller Höhe vom Finanzamt anerkannt wurden. Bis wann müsste A spätestens Einspruch erhoben haben?

LÖSUNG

Der ESt-Bescheid erreicht den A außerhalb der 3-Tages-Fiktion (14.06.2024 zzgl. 3 Tage = 17.06.2024 [Montag]). Der Tag der Bekanntgabe ist somit der Tag des tatsächlichen Zugangs, also der 20.06.2024. Die Einspruchsfrist beginnt am 21.06.2024 (0:00 Uhr) und beträgt einen Monat. Die Einspruchsfrist endet mit Ablauf des 20.07.2024 (Samstag). Da das Ende der Einspruchsfrist auf einen Samstag fällt, endet die Einspruchsfrist gem. § 108 Abs. 3 AO am nächsten Werktag. A muss also mit Ablauf des 22.07.2024 (Montag) Einspruch erheben.

MERKE

Die Einspruchsfrist beträgt nach § 355 AO grundsätzlich einen Monat nach dem Tag der Bekanntgabe. Nach § 356 Abs. 2 Satz 1 AO – sollte die Rechtsbehelfsbelehrung **unterblieben** oder **unrichtig erteilt** worden sein – beträgt die Einspruchsfrist **ein Jahr**.

4.4 Zahlungsfristen und Art der Bezahlung

Steuern sind bis zum Ablauf des Fälligkeitstags zu entrichten, sonst droht ein Säumniszuschlag[1].

Überweisung oder Scheck?

Dabei kann es wichtig sein, in welcher Form eine fällige Steuerschuld beglichen wird: als Banküberweisung oder Hingabe eines Schecks beim Finanzamt. Denn hier gelten unterschiedliche Rechtsfolgen. Dazu später.

Zahlungsfristen

Im ersten Schritt ist die Zahlungsfrist zu ermitteln. Diese ergeben sich aus den Steuergesetzen. Die wichtigsten Zahlungsfristen lauten:

§§, Steuergesetz	Inhalt
	Zahlungsfrist bei Jahressteuererklärungen
§ 36 Abs. 4 EStG	In der Regel ist die Einkommensteuer innerhalb **eines Monats** nach **Bekanntgabe** des ESt-Steuerbescheids zu entrichten (Abschlusszahlung).
§ 18 Abs. 4 UStG	Berechnet der Unternehmer die zu entrichtende Steuer oder den Überschuss in der Steueranmeldung für das Kalenderjahr **abweichend von der Summe der Vorauszahlungen**, so ist der Unterschiedsbetrag zugunsten des Finanzamts **einen Monat nach dem Eingang der Steueranmeldung** fällig und bis dahin vom Unternehmer zu entrichten.

1 Zum Säumniszuschlag, siehe Kap. V 7.2.

GewSt	Der Gewerbesteuermessbetrag bildet die Grundlage für die Festsetzung der Gewerbesteuer. Die Gewerbesteuer wird von der jeweiligen Gemeinde durch Gewerbesteuerbescheid festgesetzt. Die Gewerbesteuer wird einen Monat nach Bekanntgabe des Steuerbescheids zur Zahlung fällig.
§ 31 Abs. 1 Satz 1 KStG	Die Vorschriften des EStG sind entsprechend anzuwenden. Entsprechend § 36 Abs. 4 EStG ist die Zahlung innerhalb eines Monats nach der Bekanntgabe des KSt-Steuerbescheids fällig.
Zahlungsfrist bei Voranmeldungen	
§ 18 Abs. 2 Satz 1 UStG	Zahlungsfrist für Quartals- und Monatszahler ist der 10. Tag nach Ablauf des Voranmeldungszeitraums. Für Quartalszahler betragen die Fälligkeiten demnach: 10.04., 10.07., 10.10. und für das 4. Kalendervierteljahr zum 10.01. des folgenden Jahres.
§ 41a Abs. 1 Satz 1 Nr. 2 EStG	Der Arbeitgeber hat spätestens **am zehnten Tag nach Ablauf eines jeden Lohnsteuer-Anmeldungszeitraums** die insgesamt einbehaltene und übernommene Lohnsteuer an das Betriebsstättenfinanzamt abzuführen.

Fristende

Zu beachten ist, dass auch für Zahlungsfristen von Steuern gilt: fällt der letzte Tag der Frist auf einen Sonntag, Feiertag oder einen Samstag (Sonnabend), so tritt an die Stelle eines solchen Tages der nächste Werktag, vgl. § 108 Abs. 3 AO.

AUFGABE

Der Steuerpflichtige S erhält am 15.10.2024 seinen ESt-Bescheid 2023 vom 14.10.2024. Nach Abzug der Vorauszahlungen verbleibt beim S eine Steuerschuld von 1.300 €. Bis wann ist die Steuerschuld zur Zahlung fällig?

LÖSUNG

Nach § 36 Abs. 4 EStG ist die Steuer innerhalb eines Monats nach Bekanntgabe des ESt-Bescheid zur Zahlung fällig. Der Tag der Bekanntgabe ist der 14.10.2024 zzgl. 3 Tage = 17.10.2024 (Donnerstag). Die Zahlungsfrist beginnt am 18.10.2024 zu laufen und beträgt 1 Monat. Die Zahlung hat also bis zum 17.11.2024 (Sonntag) zu erfolgen. Da das Fristende auf einen Sonntag fällt, muss S die Steuer bis zum nächsten Werktag, 18.11.2024 entrichten.

Zeitpunkt der Entrichtung

Im zweiten Schritt ist der Zeitpunkt der Zahlung zu ermitteln. Zu welchem Zeitpunkt gilt denn eine Steuerzahlung überhaupt als entrichtet? Antwort: Es kommt auf die Art der Bezahlung an, vgl. § 224 Abs. 2 AO:

Art der Zahlung	§§	Zeitpunkt der Entrichtung
Bar[1]	§ 224 Abs. 2 Nr. 1 AO	bei Übergabe oder Übersendung von Zahlungsmitteln **am Tag des Eingangs**
Scheckzahlung	§ 224 Abs. 2 Nr. 1 AO	bei Hingabe oder Übersendung von Schecks jedoch **drei Tage** nach dem Tag des Eingangs
Überweisung	§ 224 Abs. 2 Nr. 2 AO	bei Überweisung oder Einzahlung auf ein Konto der Finanzbehörde an dem Tag, an dem der Betrag der Finanzbehörde **gutgeschrieben wird**
Lastschrifterteilung	§ 224 Abs. 2 Nr. 3 AO	bei Vorliegen eines SEPA-Lastschriftmandats am **Fälligkeitstag**

1 Nach § 224 Abs. 3 Satz 1 AO sind Zahlungen an die Finanzbehörden unbar zu leisten. Ausnahmen sind jedoch nach § 224 Abs. 3 Satz 2 AO möglich.

Schonfrist

Keine Schonfrist bei Scheckzahlung

Wenn die Entrichtung der Steuerschuld erst 3 Tage („Schonfrist") nach Fälligkeit beim Finanzamt erfolgt, wird dennoch auf einen Säumniszuschlag verzichtet, vgl. § 240 Abs. 3 Satz 1 AO. Dies gilt nach § 240 Abs. 3 Satz 2 AO aber nicht bei Zahlung nach § 224 Abs. 2 Nr. 1 AO, also bei Scheckzahlung.

Die Art der Zahlung kann also entscheidend sein, ob ein Säumniszuschlag anfällt oder nicht. Zahlung durch Überweisung und Scheckzahlung werden deshalb für eine bessere Übersichtlichkeit gegenübergestellt:

Art der Bezahlung	Tag der Entrichtung	Schonfrist 3 Tage?
Überweisung	Gutschrift beim Finanzamt	Ja
Scheck	3 Tage nach dem Eingang	Nein

Verjährung

Nach § 228 AO unterliegen Ansprüche aus dem Steuerschuldverhältnis einer besonderen Zahlungsverjährung. Die übliche Verjährungsfrist beträgt fünf Jahre. Eine Verjährung kann nach § 231 AO allerdings unterbrochen werden. Das wäre bspw. der Fall bei Zahlungsaufschub, Stundung oder Aussetzung der Vollziehung, sowie aufgrund einer Mahnung durch die Finanzbehörde.

4.5 Festsetzungsfrist

Auch wenn es schwerfällt: Irgendwann muss ein Steuerfall auch einmal abgeschlossen sein. Das dient der Rechtssicherheit und dem Rechtsfrieden. Damit ein Steuerfall zum endgültigen Abschluss kommt, muss Festsetzungsverjährung eingetreten bzw. die Festsetzungsfrist abgelaufen sein. Wie bei jeder Fristberechnung müssen Beginn, Dauer und Ende einer Frist bestimmt werden. Ergänzend hierzu sind Ablaufhemmnisse zu berücksichtigen.

Beginn der Festsetzungsfrist

Nach § 170 Abs. 1 AO beginnt die Festsetzungsfrist grundsätzlich mit Ablauf des Kalenderjahres, in dem der Anspruch entstanden ist. Da jedoch in aller Regel in einer Abschlussprüfung Sachverhalte gegeben sind, die eine Steuererklärung oder Steueranmeldung vorsehen, liegt eine Anlaufhemmungen i. S. d. § 170 Abs. 2 AO vor. Wann eine Festsetzungsfrist beginnt, hängt davon ab, ob bzw. wann der Steuerpflichtige eine Steuererklärung abgegeben hat.

TIPP

Der Grundfall des § 170 Abs 1 AO gilt im Wesentlichen nur dann, wenn - was bei Steuern praktisch selten vorkommt – keine Pflicht zur Abgabe einer Steuererklärung/Anmeldung besteht. Also: in einer Abschlussprüfung gleich bei der Anlaufhemmung gem. § 170 Abs. 2 AO beginnen!

Die Festsetzungsfrist beginnt nach § 170 Abs. 2 Satz 1 Nr. 1 AO – Regelfall für laufend veranlagte Steuern - mit Ablauf des Kalenderjahres, in dem diese **abgegeben** worden ist, **spätestens** aber mit **Ablauf des dritten Kalenderjahres**, das auf die Entstehung des Steueranspruches folgt.

BEISPIEL

Wann beginnt in folgenden Fällen die Festsetzungsfrist?

Sachverhalt	Lösung	Begründung
A gibt seine ESt-Erklärung 2023 am 09.06.2024 ab	31.12.2024 (24:00 Uhr)	Mit Ablauf des Kalenderjahres, in dem die Steuererklärung abgegeben wurde.
B gibt seine ESt-Erklärung 2022 am 30.12.2024 ab	31.12.2024 (24:00 Uhr)	Mit Ablauf des Kalenderjahres, in dem die Steuererklärung abgegeben wurde.
C gibt seine ESt-Erklärung 2018 am 06.02.2024 ab	31.12.2021 (24:00 Uhr)	spätestens aber mit Ablauf des dritten Kalenderjahres, das auf die Entstehung des Steueranspruches folgt: Steuerentstehung mit Ablauf des 31.12.2018 zzgl. 3 Jahre = 31.12.2021
D gibt trotz Abgabepflicht seine ESt-Erklärung 2019 überhaupt nicht ab	31.12.2022 (24:00 Uhr)	spätestens aber mit Ablauf des dritten Kalenderjahres, das auf die Entstehung des Steueranspruches folgt: Steuerentstehung mit Ablauf des 31.12.2019 zzgl. 3 Jahre = 31.12.2022

Dauer der Festsetzungsfrist

Die Festsetzungsfrist beträgt nach § 169 Abs. 2 AO:

- **ein Jahr** bei Verbrauchsteuern (z. B. Biersteuer, Kaffeesteuer)
- **vier Jahre** für die übrigen Steuern, z. B. Einkommensteuer, Körperschaftsteuer, Umsatzsteuer oder Gewerbesteuer sowie Prämien und Zulagen.
- Soweit eine Steuer hinterzogen worden ist, beträgt die Festsetzungsfrist **zehn Jahre**, soweit eine Steuer leichtfertig verkürzt wurde, **fünf Jahre**.

TIPP

Verbrauchssteuern sind nicht prüfungsrelevant. Ebenso wenig Fälle der Steuerhinterziehung oder leichtfertigen Steuerverkürzung. Auszugehen ist also „immer" von einer Festsetzungsfrist von **4 Jahren**.

Ablauf der Festsetzungsfrist, Ablaufhemmungen

Der Ablauf der Festsetzungsfrist wird gem. § 171 AO in einigen Fällen hinausgeschoben (Ablaufhemmung). Besonders prüfungsrelevant sind:

§ 171 Abs. 4 AO: Außenprüfung	Wird vor Ablauf der Festsetzungsfrist mit einer Außenprüfung begonnen oder wird deren Beginn auf Antrag des Steuerpflichtigen hinausgeschoben, so läuft die Festsetzungsfrist für die Steuern, auf die sich die Außenprüfung erstreckt oder im Fall der Hinausschiebung der Außenprüfung erstrecken sollte, nicht ab, bevor die aufgrund der Außenprüfung zu erlassenden Steuerbescheide unanfechtbar geworden sind.
§ 171 Abs. 8 AO: Vorläufige Steuerfestsetzung	Im Umfang des vorläufig erklärten Teils der Festsetzung endet bei Vorläufigkeit nach § 165 Abs. 1 Satz 1 AO die Festsetzungsfrist insoweit nicht vor Ablauf eines Jahres, nachdem die Ungewissheit beseitigt ist und die Finanzbehörde hiervon Kenntnis erhalten hat.; bei Vorläufigkeit nach § 165 Abs. 1 S. 2 AO nicht vor Ablauf von zwei Jahren, nachdem die Ungewissheit beseitigt ist und die Finanzbehörde hiervon Kenntnis erlangt hat.
§ 171 Abs. 10 AO: Grundlagenbescheid	Gewährt eine maximale Anpassungsfrist von zwei Jahren nach Bekanntgabe eines Grundlagenbescheides.

5. Änderung Steuerbescheid während der Rechtsbehelfsfrist

Innerhalb der Rechtsbehelfsfrist gibt es für den Steuerpflichtigen die Möglichkeit, statt der Einlegung eines Einspruchs einen Antrag auf schlichte Änderung zu stellen. Beide Verfahren werden im Folgenden dargestellt und welches dieser Verfahren sich für einen vorgegebenen Sachverhalt als vorteilhafter erweist.

5.1 Einspruch

Der Steuerpflichtige hat die Möglichkeit, einen Steuerverwaltungsakt nochmalig durch das Finanzamt überprüfen zu lassen. Dafür steht ihm das Einspruchsverfahren zur Verfügung. Der Einspruch stellt für den Steuerpflichtigen ein kostenfreies außergerichtliche Rechtsbehelfsverfahren dar.

MERKE

Wenn ein Grundlagenbescheid vorliegt, z. B. als Gewerbesteuermessbescheid oder als gesonderte Feststellung von gewerblichen Einkünften (Feststellungsbescheid), darf sich ein Einspruch nur gegen den Grundlagenbescheid richten, da dieser Bindungswirkung für den Folgebescheid (z. B. ESt-Bescheid) hat.

Ein erfolgreicher Einspruch muss **zulässig** (vgl. § 358 AO) und **begründet** sein.

Zulässigkeit eines Einspruchs

Es gibt eine Reihe von Zulässigkeitsvoraussetzungen: Statthaftigkeit und Ausschluss des Einspruchs nach den §§ 347, 348 AO, Beschwer und Einspruchsbefugnis bei der einheitlichen Feststellung nach den §§ 350, 352 AO, Verzicht und Rücknahme nach den §§ 354, 362 AO, die Einspruchsfrist nach § 355 AO und Form und Inhalt nach § 357 AO. Im zu prüfenden Sachverhalt ist regelmäßig davon auszugehen, dass die Voraussetzungen zur Zulässigkeit erfüllt worden sind. Mit einer Ausnahme: in vielen Fällen ist die Einspruchsfrist zu berechnen.[1] Die wesentlichen Inhalte einer Zulässigkeitsprüfung zeigt folgende Übersicht:

Statthaftigkeit des Einspruchs gem. § 347 Abs. 1 Satz 1 AO	Im Steuerrecht richtet sich der Einspruch in den meisten Fällen gegen einen Steuerbescheid und ist damit statthaft. Ein Einspruch gegen eine **Einspruchsentscheidung** (§ 348 Nr. 1 AO) ist **nicht** statthaft.
Form des Einspruchs	I. d. R. schriftlich (auch möglich per Fax) oder auch zur Niederschrift. Auf die Bezeichnung „Einspruch" kommt es nicht an. Aber für die Finanzbehörde muss es erkennbar sein, dass der Steuerpflichtige einen Einspruch begehrt.
Inhalt des Einspruchs	Bezeichnung des Einspruchsführers (§ 357 Abs. 1 AO) Beschwer (§ 350 AO), d. h. der Steuerpflichtige muss ein Rechtsschutzinteresse haben (Nachteil aus einem Steuerbescheid) Angabe der Tatsachen und der Beweismittel, welcher Steuerbescheid angefochten wird und inwieweit die Anfechtung des Steuerbescheids erfolgt und seine Aufhebung oder Änderung beantragt wird.
Einspruchsfrist	Die Einspruchsfrist beträgt einen Monat, beginnend mit Bekanntgabe des Steuerbescheids gem. § 355 Abs. 1 AO.

Begründetheit eines Einspruchs

Die Begründung eines Einspruchs besteht im Idealfall aus zwei Teilen:

- Sachverhaltsschilderung
- Rechtliche Würdigung

Die Sachverhaltsschilderung ist besonders wichtig, denn hier können dem Finanzamt Informationen übermittelt werden, von denen es möglicherweise überhaupt keine Kenntnis hatte und diese deswegen bei der Steuerfestsetzung nicht berücksichtigt wurden. Soweit möglich und erforderlich, wird die Sachverhaltsschilderung durch geeignete Dokumente unterstützt.

Verböserung

Das Finanzamt ist gem. § 367 Abs. 2 Satz 1 AO verpflichtet, den Steuerfall in vollem Umfang in tatsächlicher und rechtlicher Hinsicht zu überprüfen. Jetzt kann es passieren, dass ein Steuerpflichtiger einen Einspruch erhebt und dass das Finanzamt bei der vollumfänglichen Prüfung des Falls etwas entdeckt, das zu Lasten des Steuerpflichtigen geht. Dann könnte das Finanzamt den angefochtenen Verwaltungsakt zum Nachteil des Steuerpflichtigen (Einspruchsführers) ändern. Es käme dann zur Verböserung. Empfehlenswert ist folglich, den Einspruch bis zur Bekanntgabe der Einspruchsentscheidung nach § 362 AO zurückzunehmen. Hierzu bedarf es gem. § 367 Abs. 2 Satz 2 AO eines vorherigen Verböserungshinweises durch das Finanzamt (Prinzip des rechtlichen Gehörs).

1 Siehe Kap. V 4.3

AUFGABE

S betreibt ein Gewerbe als Innenausstatter in Bielefeld. Er ist unbeschränkt einkommensteuerpflichtig und ermittelt seinen gewerblichen Gewinn zulässigerweise bislang nach § 4 Abs. 3 EStG (EÜR). Für 2022 hat S im Rahmen seiner ESt-Erklärung, die er am 09.03.2024 beim Finanzamt Bielefeld eingereicht hat, einen Gewinn von 85.000 € ermittelt, die Umsatzerlöse i. S. d. § 19 Abs. 3 Satz 1 UStG belaufen sich auf 348.000 €. Das Finanzamt Bielefeld teilte ihm am 06.05.2024 daraufhin mit, dass er ab 2025 verpflichtet ist, Bücher zu führen. Zu Recht? Wie könnte sich S dagegen wehren?

LÖSUNG

Das Schreiben des Finanzamts stellt einen Verwaltungsakt dar. S müsste unter Einhaltung der Rechtsbehelfsfrist einen Einspruch erheben. Dieser hat allerdings keine Aussicht auf Erfolg, da der Gewinn von 85.000 € die Gewinngrenze zur Buchführungspflicht i. S. d. § 141 Abs. 1 Satz 1 Nr. 4 AO überschreitet.

Aussetzung der Vollziehung

Trotz Einspruch: Zahlungsverpflichtung bleibt

Wird ein Einspruch erhoben, bleibt dennoch eine mögliche Zahlungsverpflichtung aus dem Steuerbescheid bestehen. Um dieser zu entkommen, muss der Steuerpflichtige einen Antrag auf Aussetzung der Vollziehung (AdV) beim Finanzamt stellen. Dieser ist nur im Zusammenhang mit dem Einspruch möglich, ist aber als eigener Antrag zu behandeln. Bei Steuerbescheiden ist die Aussetzung der Vollziehung gem. § 361 Abs. 2 Satz 4 AO auf die festgesetzte Steuer, vermindert um die anzurechnenden Steuerabzugsbeträge und um die festgesetzten Vorauszahlungen, beschränkt.

Soweit ein Einspruch gegen einen Steuerbescheid, eine Steueranmeldung oder einen Verwaltungsakt, der einen Steuervergütungsbescheid aufhebt oder ändert, oder gegen eine Einspruchsentscheidung über einen dieser Verwaltungsakte endgültig keinen Erfolg gehabt hat, ist der geschuldete Betrag, hinsichtlich dessen die Vollziehung des angefochtenen Verwaltungsakts ausgesetzt wurde, i. S. d. § 237 zu verzinsen.

5.2 Antrag auf schlichte Änderung

Nach § 172 Abs. 1 Nr. 2a AO darf ein Steuerbescheid, soweit er nicht vorläufig oder unter dem Vorbehalt der Nachprüfung ergangen ist, nur aufgehoben oder geändert werden, soweit der Steuerpflichtige zustimmt (Antrag auf schlichte Änderung).

BEISPIEL

Der Steuerpflichtige ruft nach Erhalt seines ESt-Bescheids beim Finanzamt an und begehrt die Anerkennung seiner geltend gemachten Sonderausgaben, die im Steuerbescheid nicht berücksichtigt wurden.

Wie der Name schon sagt, handelt es sich beim Antrag auf schlichte Änderung um ein vereinfachtes Verfahren, das im Vergleich zum Einspruch Vor- und Nachteile aufweist. Zunächst aber gibt es eine Gemeinsamkeit: beide Verfahren müssen innerhalb eines Monats nach dem Tag der Bekanntgabe anlaufen. Die Unterschiede zum Einspruch lassen sich kurz zusammenfassen:

Antrag auf schlichte Änderung	Einspruch
formfrei (er kann auch mündlich oder fernmündlich gestellt werden)	Schriftlich oder elektronisch
er muss auf eine bestimmte Änderung gerichtet sein. Eine Änderungsmöglichkeit besteht nur, soweit der Antrag reicht. eine Erweiterung des Antrages ist nur innerhalb der 1-monatigen Einspruchsfrist möglich	Bei einem Einspruch muss das Finanzamt den gesamten Steuerfall prüfen. Dabei ist es möglich, dass ein weiterer Sachverhalt zu Ungunsten des Steuerpflichtigen aufgedeckt wird (Möglichkeit der **Verböserung**!)
keine Aussetzung der Vollziehung gem. § 361 AO möglich	Einspruch als Voraussetzung für die Aussetzung der Vollziehung (§ 361 AO)

5.3 Einspruch oder Antrag auf schlichte Änderung?

Gelegentlich ist eine Aufgabe daraus ausgerichtet, ob ein Einspruch oder ein Antrag auf schlichte Änderung zu empfehlen ist.

AUFGABE

Die Steuerpflichtige F mit Wohnsitz in Dortmund erhält am 19.07.2024 (Freitag) ihren ESt-Bescheid 2023 vom 17.07.2024 (Mittwoch). F betreibt in Dortmund ein Tanzstudio. Das Finanzamt Dortmund setzt die gewerblichen Einkünfte um 2.500 € niedriger an als von F erklärt. Dagegen hat das Finanzamt Spenden i. H. v. 850 € als Sonderausgaben nicht im Steuerbescheid 2023 berücksichtigt. Welche Vorgehensweise ist F anzuraten?

F muss zunächst innerhalb eines Monats nach Bekanntgabe des Steuerbescheids 2023 reagieren. Der Tag der Bekanntgabe fällt zunächst auf den 17.07.2024 zzgl. 3 Tage = 20.07.2024 (Samstag). Der nächste Werktag ist der 22.07.2024. Die einmonatige Frist beginnt am 23.07.2024 (0:00 Uhr) zu laufen und endet mit Ablauf des 22.08.2024 (24:00 Uhr), einem Donnerstag. Im vorliegenden Fall droht – würde F Einspruch erheben – die Verböserung, weil die zu niedrig angesetzten gewerblichen Einkünfte aufgedeckt werden könnten. Daher ist der F zu raten, bis zum Ablauf des 22.08.2024 einen Antrag auf schlichte Änderung zu stellen, damit der Spendenabzug berücksichtigt werden könnte.

In der Aufgabe wird oftmals nicht direkt gefragt, welche Möglichkeit für den Steuerpflichtigen die bessere ist: Antrag auf schlichte Änderung oder Einspruch? Die Fragestellung muss der Prüfling aus dem gegebenen Sachverhalt erkennen. Hierzu können bestimmte Hinweise aus dem Sachverhalt den Weg zur Lösung erleichtern. Das sind bspw.:

Hinweis aus dem Sachverhalt (Beispiele)	Lösung
Der Steuerpflichtige möchte die Steuerzahlung aufgrund des Steuerbescheids auf keinen Fall leisten.	Hier kommt Antrag auf Aussetzung der Vollziehung infrage. Da dieser nur im Zusammenhang mit einem Einspruch möglich ist, sollte der Steuerpflichtige den Einspruch wählen.
Aus einem Bescheid geht hervor, dass das Finanzamt abweichend von der eigenen Steuererklärung einen Sachverhalt zugunsten des Steuerpflichtigen bewertet, einen anderen Sachverhalt zuungunsten des Steuerpflichtigen	Ein Einspruch beinhaltet die Möglichkeit einer Verböserung, d. h. ein Einspruch würde den Steuerpflichtigen sogar belasten. Folglich liegt die Empfehlung beim Antrag auf schlichte Änderung, weil nur der Punkt, der sich zugunsten des Steuerpflichtigen auswirkt, aufgegriffen wird.

6. Änderung Steuerbescheid nach der Rechtsbehelfsfrist

Mit Verstreichen der Rechtsbehelfsfrist ist ein Steuerbescheid formell rechtskräftig. Das bedeutet jedoch nicht immer, dass der Steuerpflichtige die festgesetzte Steuer auch zu seinen Ungunsten hinnehmen muss. Denn die Änderungsvorschriften der Abgabenordnung berechtigen nicht nur die Finanzverwaltung, Bescheide zu Lasten des Steuerpflichtigen zu ändern, sondern geben auch dem Steuerpflichtigen das Recht, einen Änderungsantrag zu seinen Gunsten zu stellen.

6.1 Offenbare Unrichtigkeiten beim Erlass eines Verwaltungsakts (§ 129 AO)

Nach § 129 Satz 1 AO kann die Finanzbehörde **Schreibfehler, Rechenfehler und ähnliche offenbare Unrichtigkeiten**, die **beim Erlass eines Verwaltungsakts** unterlaufen sind, **jederzeit** berichtigen. „Jederzeit" darf man aber nicht wörtlich nehmen. Denn gem. § 169 Abs. 1 AO ist eine Änderung aufgrund offenbarer Unrichtigkeiten nur innerhalb der Festsetzungsfrist möglich.

G betreibt gewerblich einen Schreibwarenladen. Seinen ESt-Bescheid 2019 vom 09.10.2024 erhält er am 10.10.2024 per Post. G hat seine ESt-Erklärung 2019 bereits am 10.07.2020 beim zuständigen Finanzamt in elektronischer Form eingereicht. Am 08.12.2024 bemerkt G, dass dem Finanzamt unstrittig ein Schreibfehler zu seinem Nachteil beim Erlass des ESt-Bescheids unterlaufen ist. Kann der ESt-Bescheid 2019 noch geändert werden?

Es kommt eine Änderung aufgrund einer offenbaren Unrichtigkeit i. S. d. § 129 AO infrage. Unstrittig ist das Vorliegen einer offenbaren Unrichtigkeit. Zu prüfen ist, ob die Festsetzungsfrist überschritten wurde. Beginn der Festsetzungsfrist erfolgt mit Ablauf des 31.12.2020 (24:00 Uhr) gem. § 170 Abs. 2 Satz 1 Nr. 1 AO (Jahr der Einreichung der Steuererklärung). Dauer 4 Jahre gem. § 169 Abs, 2 Satz 1 Nr. 2 AO. Das Ende der Festsetzungsfrist ist demnach mit Ablauf des 31.12.2024 (24:00 Uhr) erreicht. Bis dahin kann der ESt-Bescheid noch geändert werden.

6.2 Vorbehalt der Nachprüfung (§ 164 AO)

Nach § 164 Abs. 1 Satz 1 AO können die Steuern, solange der Steuerfall nicht abschließend geprüft ist, **allgemein** oder **im Einzelfall** unter dem Vorbehalt der Nachprüfung festgesetzt werden, ohne dass dies einer Begründung bedarf.

BEISPIEL

C setzt sich für den Tierschutz ein, besonders für Pferde. Deshalb ruft sie eine Pferdepension ins Leben, in der alte Pferde noch ein würdiges Leben gegen Entgelt der Pferdeeigentümer führen dürfen. In ihrer Steuererklärung setzt sie einen Gewerbeverlust von 3.000 € an. Zudem macht C 1.500 € Spenden an ein gemeinnütziges Tierheim als Sonderausgaben geltend. Das zuständige Finanzamt bezweifelt die Gewinnerzielungsabsicht und erlässt den ESt-Bescheid für C unter dem Vorbehalt der Nachprüfung hinsichtlich des Gewerbebetriebs „Pferdepension". In diesem Fall hat das Finanzamt also den Vorbehalt der Nachprüfung im Einzelfall (= gewerbliche Einkünfte) erlassen. Nicht unter dem Vorbehalt der Nachprüfung stehen hier die Spenden als Sonderausgaben der C. Dazu hätte der gesamte Steuerfall unter dem Vorbehalt der Nachprüfung stehen müssen.

Wenn Steuerbescheide unter dem Vorbehalt der Nachprüfung stehen, kann gem. § 164 Abs. 2 Satz 1 AO die Steuerfestsetzung aufgehoben oder geändert werden. Natürlich nur innerhalb der Festsetzungsfrist nach den § 169 ff. AO. Der Steuerpflichtige kann nach § 164 Abs. 2 Satz 2 AO die Aufhebung oder Änderung der Steuerfestsetzung jederzeit beantragen.

MERKE

Eine Änderung einer Steuerfestsetzung im Rahmen des Vorbehalts der Nachprüfung kann sowohl vom **Finanzamt** als auch vom **Steuerpflichtigen** herbeigeführt werden.

VORSICHT

Es ist nicht zulässig, einen nach einer Änderungsvorschrift ergangenen Änderungsbescheid unter dem Vorbehalt der Nachprüfung zu erlassen.

6.3 Vorläufige Steuerfestsetzung, Aussetzung der Steuerfestsetzung (§ 165 AO)

Im § 165 AO werden die vorläufige Steuerfestsetzung und die Aussetzung der Steuerfestsetzung geregelt, wenn ungewiss ist, ob und inwieweit die Voraussetzungen für die Entstehung einer Steuerschuld eingetreten sind.

Zeitlich sind die Korrekturmöglichkeiten nach § 165 Abs. 2 AO – wie sonst auch in Korrekturfällen - durch die Festsetzungsverjährung begrenzt.

MERKE

Eine vorläufige Festsetzung oder die Aussetzung einer Steuerfestsetzung i. S. d. § 165 AO führt zu einer Ablaufhemmung im Rahmen der Festsetzungsverjährung (§ 171 Abs. 8 AO).

Unterschied zum Vorbehalt der Nachprüfung

Unter Anwendung des § 165 AO werden Fälle erfasst, über die eine tatsächliche oder rechtliche Ungewissheit herrscht. Darunter fällt bspw. ein noch ausstehendes verfassungsrechtliches Urteil. Die Steuerfestsetzung wird also nur bei einem bestimmten Punkt offengelassen. Der Vorbehalt der Nachprüfung nach § 164 AO dagegen betrifft die Fälle, für die eine Aufklärung zwar möglich wäre, aber aus Gründen knapper Ressourcen in der Steuerverwaltung noch keine Nachprüfung erfolgt.

6.4 Änderung aufgrund neuer Tatsachen und Beweismittel (§ 173 AO)

Nach § 173 AO sind Steuerbescheide aufzuheben oder zu ändern,

- soweit Tatsachen oder Beweismittel nachträglich bekannt werden, die zu einer **höheren Steuer** führen,
- soweit Tatsachen oder Beweismittel nachträglich bekannt werden, die zu einer **niedrigeren Steuer** führen und den Steuerpflichtigen **kein grobes Verschulden** daran trifft, dass die Tatsachen oder Beweismittel erst nachträglich bekannt werden.

Es liegen neue Tatsachen i. S. d. § 173 AO vor: Aufhebung oder Änderung des Steuerbescheids …	
zum Nachteil des Steuerpflichtigen: **Pflichtaufgabe des Finanzamts**	zum Vorteil des Steuerpflichtigen: **Pflichtaufgabe des Finanzamts** nur, wenn dem Steuerpflichtigen **kein Verschulden** trifft. Grobes Verschulden bedeutet Vorsatz und grobe Fahrlässigkeit.

6.5 Schreib- oder Rechenfehler durch den Steuerpflichtigen (§ 173a AO)

Steuerpflichtigen können bei der Erstellung ihrer Steuererklärungen einfache Fehler, wie z. B. Zahlendreher oder Additionsfehler, unterlaufen. Steuerbescheide sind gem. § 173a AO aufzuheben oder zu ändern, soweit dem Steuerpflichtigen **bei Erstellung** seiner Steuererklärung **Schreib- oder Rechenfehler** unterlaufen sind und er deshalb der Finanzbehörde bestimmte, nach den Verhältnissen zum Zeitpunkt des Erlasses des Steuerbescheids rechtserhebliche Tatsachen unzutreffend mitgeteilt hat. Es ist **ohne Bedeutung**, ob dabei dem Steuerpflichtigen ein **Verschulden** an dem Schreib- oder Rechenfehler trifft.

AUFGABE

G erzielt Einkünfte aus Vermietung und Verpachtung i. S. d. § 21 EStG. Bei der Ermittlung der Werbungskosten unterläuft ihm ein Zahlendreher. Die Grundsteuer setzt er versehentlich mit 189 € statt mit 819 € an, weil er im Moment des Eintrags in die Steuererklärung abgelenkt worden ist. Das Finanzamt übernimmt die erklärten 189 € als Werbungskosten. Nach Ablauf der Einspruchsfrist, aber innerhalb der Festsetzungsfrist, bemerkt G seinen Fehler. Ist der ESt-Bescheid noch änderbar?

LÖSUNG

Da die Rechtsbehelfsfrist verstrichen ist, kommt ein Einspruch nicht infrage. Der Steuerbescheid ist jedoch nach § 173a AO innerhalb der Festsetzungsfrist zu ändern, da dem G bei der Erstellung der Steuererklärung ein ungewollter mechanischer Fehler unterlaufen ist. Dem Finanzamt wurde so eine rechtserhebliche Tatsache (zu niedrig angesetzte Werbungskosten) fehlerhaft mitgeteilt.

6.6 Änderung von Steuerbescheiden (Grundlagenbescheiden, rückwirkende Ereignisse) nach § 175 AO

Eine Änderung nach § 175 Abs. 1 AO beinhaltet zwei Grundfälle, um einen Steuerbescheid zu erlassen, aufzuheben oder zu ändern:

- Wenn ein **Grundlagenbescheid** (§ 171 Abs. 10), dem Bindungswirkung für diesen Steuerbescheid zukommt, erlassen, aufgehoben oder geändert wird,
- wenn ein Ereignis eintritt, das steuerliche Wirkung für die Vergangenheit hat **(rückwirkendes Ereignis)**.

Änderung aufgrund eines Grundlagenbescheids

Grundlagenbescheide stellen **mit verbindlicher Wirkung** Besteuerungsgrundlagen für Folgebescheide (§ 182 Abs. 1 AO) fest. Ein Grundlagenbescheid i. S. d. § 171 Abs. 10 AO ist insb. ein Feststellungsbescheid (§§ 179 bis 183 AO) und ein Steuermessbescheid (§ 184 AO). Ein Grundlagenbescheid muss jedoch nicht unbedingt vom Finanzamt kommen. Hierfür kommen auch Verwaltungsakte **anderer Behörden** infrage, z. B. die behördliche Feststellung über den Grad einer Behinderung durch das Versorgungsamt.

BEISPIEL

Die Steuerpflichtigen A und B führen im Rahmen einer Gesellschaft bürgerlichen Rechts ein Unternehmen. Der steuerliche Gewinn (oder Verlust) der Gesellschaft und die Verteilung auf A und B wird durch das Betriebsstättenfinanzamt festgestellt. Die Wohnsitzfinanzämter der beiden Gesellschafter müssen den jeweiligen Ergebnisanteil in die ESt-Bescheide der Gesellschafter übernehmen.

AUFGABE

Einzelhändler E mit Wohnsitz in Gelsenkirchen betreibt in Dortmund einen Einzelhandel mit Bio-Lebensmitteln. E erhält von seinem Wohnsitzfinanzamt Gelsenkirchen einen geänderten ESt-Bescheid 2023, in dem die Einkünfte aus Gewerbebetrieb für das Jahr 2023 aufgrund einer gesonderten Feststellung des Finanzamts Dortmund von 55.000 € auf 62.000 € erhöht werden. Durfte das Finanzamt Gelsenkirchen den ESt-Bescheid ändern?

LÖSUNG

Der Bescheid über die gesonderte Feststellung der Einkünfte nach § 15 EStG durch das Finanzamt Dortmund ist ein Grundlagenbescheid i. S. d. § 171 Abs. 10 AO. Der ESt-Bescheid 2023 ist somit nach § 175 Abs. 1 Nr. 1 AO zu ändern.

Änderung aufgrund eines rückwirkenden Ereignisses

Ausnahmsweise muss im Steuerrecht ein Geschehnis mit rückwirkender Bedeutung berücksichtigt werden. Durch das rückwirkende Ereignis wird der zunächst rechtmäßige Steuerbescheid nachträglich rechtswidrig. Rechtsgrundlage für eine Änderung ist § 175 Abs. 1 Satz 1 Nr. 2 AO. Welche Gründe rechtlicher oder tatsächlicher Art zur Sachverhaltsänderung geführt haben, spielt bei der Fallbeurteilung keine Rolle.

VORSICHT

In folgenden Fällen liegt ein rückwirkendes Ereignis nicht vor:

- Änderung steuerrechtlicher Normen,
- Änderung der Rechtsprechung,
- Nichtigerklärung einer Norm durch das Bundesverfassungsgericht

BEISPIEL

Ein Ehepaar wird geschieden. Nach beiderseitigem Einvernehmen kommt es zum sogenannten Realsplitting: die geschiedene Ehefrau erhält Unterhaltsleistungen i. S. d § 22 Nr. 1a EStG von ihrem ehemaligen Ehemann, der diese Aufwendungen als Sonderausgaben geltend machen möchte. Eine betragsmäßige Erweiterung eines bereits vorliegenden Antrags zum Realsplitting ist in diesem Zusammenhang möglich. Wird der Antrag auf Erweiterung nach Bestandskraft des Einkommensteuerbescheids gestellt, ist dieser nach § 175 Abs. 1 Satz 1 Nr. 2 AO zu ändern.

7. Steuerliche Nebenleistungen

Steuerliche Nebenleistungen sind Leistungen, die im Zusammenhang mit einem Besteuerungsverfahren von der Finanzverwaltung erhoben werden. Sie dienen u. a. als Druckmittel gegenüber den Steuerpflichtigen oder zum Ausgleich von Zinsvorteilen. Die steuerlichen Nebenleistungen umfassen nach der Aufzählung in § 3 Abs. 4 AO u. a.:

steuerliche Nebenleistung	§§ der AO	Ziel
Verspätungszuschlag	§ 152 AO	Fristgerechte Abgabe seiner Steuererklärungen erzogen werden
Verzögerungsgelder	§ 146 Abs. 2b AO	Durchsetzung steuerlicher Mitwirkungspflichten
Zinsen	§§ 233ff. AO	Ausgleich von monetären Vorteilen sowohl zugunsten als auch zuungunsten der Staatskasse bzw. des Steuerpflichtigen
Säumniszuschläge	§ 240 AO	Fristgerechte Bezahlung der Steuerverbindlichkeiten
Zwangsgelder	§ 329 AO	Erzwingung einer Leistung

TIPP

Die in obiger Tabelle aufgeführten Nebenleistungen gehören zum Prüfungsstoff, der immer wieder auch abgefragt wird. Eine Markierung dieser Nebenleistungen im Gesetzbuch in der „Checkliste" des § 3 Abs. 4 AO ist zu empfehlen. Denn in § 3 Abs. 4 AO stehen auch die verschiedenen Rechtsquellen der Nebenleistungen. Das erspart das Blättern und Suchen in der Abgabenordnung.

MERKE

Keine Nebenleistung auf eine Nebenleistung! Beispielsweise ist ein Säumniszuschlag auf einen nicht rechtzeitig bezahlten Säumniszuschlag nicht möglich.

7.1 Verspätungszuschlag

Gegen denjenigen, der seiner Verpflichtung zur Abgabe einer Steuererklärung nicht oder nicht fristgemäß nachkommt, kann oder muss gem. § 152 AO ein Verspätungszuschlag festgesetzt werden. Zugegeben: der § 152 AO erschließt sich nicht beim ersten Lesen. Es ist sinnvoll, sich den Aufbau der prüfungsrelevanten Inhalte des § 152 AO vor Augen zu führen:

Abs. 1: „Kann"-Regelung (Ermessensausübung)	Das Finanzamt **kann** nach **Ermessen** einen Verspätungszuschlag festlegen. Sie gilt als Grundregel für die Fälle, in denen die „Muss-Regelung" des § 152 Abs. 2 AO nicht anzuwenden ist *(Tipp: zuerst prüfen, ob eine Muss-Entscheidung i. S. d. § 152 Abs. 2 AO vorliegt).*
Abs. 2: „Muss"-Regelung (kein Ermessen)	Aus einer Kann-Entscheidung wird eine Muss-Entscheidung. Nämlich dann, wenn Steuererklärungen, die sich auf ein Kalenderjahr (z. B. ESt-Erklärungen) beziehen, nicht binnen 14 Monaten nach Ablauf des Besteuerungszeitraums abgegeben werden. Aufgrund der Corona-Pandemie wurde der Zeitraum von 14 Monaten wie folgt angepasst: VAZ 2020 und 2021 „20 Monate" VAZ 2022 „19 Monate" VAZ 2023 „17 Monate" VAZ 2024 „16 Monate".
Abs. 5: Berechnungsvorgaben	Bei Steuererklärungen für das Kalenderjahr, also u. a. bei ESt-Erklärungen, beträgt der Zuschlag 0,25 % der festgesetzten Steuer abzüglich festgesetzter Vorauszahlungen und Anrechnungsbeträge, mindestens 25 €, · angefangene Monate der eingetretenen Verspätung *(Tipp: bei Berechnung des Verspätungszuschlags ist zu überprüfen, ob der Mindestbetrag von 25 € für jeden angefangenen Monat erfüllt ist).*
Abs. 8: Ausnahmeregelung für unterjährige Anmeldungen und Lohnsteuer-Jahresanmeldungen	Bei vierteljährlich oder monatlich abzugebenden Steueranmeldungen ist Berechnung des Verspätungszuschlags nach Abs. 5 nicht möglich. Für die Höhe des Verspätungszuschlags sind die Dauer und Häufigkeit der Fristüberschreitung zu berücksichtigen.
Abs. 9: Bemessung bei Nichtabgabe der Steuererklärung	Bei **Nichtabgabe** der Steuererklärung ist der Verspätungszuschlag für einen Zeitraum bis zum Ablauf desjenigen Tages zu berechnen, an dem die erstmalige Festsetzung der Steuer wirksam wird.
Abs. 10: Höchstbetrag	Der Verspätungszuschlag ist auf volle Euro **abzurunden** und **darf höchstens 25.000 €** betragen *(Tipp: bei Berechnung des Verspätungszuschlags ist zu prüfen, ob die Höchstgrenze überschritten wurde).*

AUFGABE

Der Steuerpflichtige A reichte seine ESt-Erklärung 2022 am 28.12.2023 in elektronischer Form beim Finanzamt ein. Am 09.01.2024 (Tag der Bekanntgabe) erhält A seinen ESt-Bescheid 2022. Das Finanzamt hat darin einen Verspätungszuschlag festgesetzt. War das Finanzamt dazu berechtigt?

LÖSUNG

A war verpflichtet, seine ESt-Erklärung 2022 bis spätestens 02.10.2023 beim Finanzamt einzureichen. Üblicherweise hätte A bis 31.07.2023 seine Steuererklärung abgeben müssen. Aufgrund der Neuregelungen im Rahmen der Corona-Pandemie ist der späteste Abgabetag jedoch der 02.10.2023. Da die Abgabe erst am 28.12.2023 erfolgt, ist das Finanzamt berechtigt, gem. § 152 Abs. 1 AO einen Verspätungszuschlag zu erheben. Die Abgabe erfolgte innerhalb 19 Monate nach Ablauf des Kalenderjahrs 2022. Das Finanzamt durfte eine Ermessensentscheidung (§ 5 AO) treffen.

Betriebsausgabe?

Verspätungszuschläge sind steuerliche Nebenleistungen. Sie können als Betriebsausgaben dann abgezogen werden, wenn die zugehörige Steuer ebenso als Betriebsausgaben geltend gemacht werden kann. Verspätungszuschläge auf betriebliche Steuern, z. B. Umsatzsteuer, betriebliche Kfz-Steuer sind Betriebsausgabe. Verspätungszuschläge auf bspw. Einkommensteuer oder Gewerbesteuer sind nicht abzugsfähig.

MERKE

Bei **freiwilliger** Veranlagung zur Einkommensteuer darf es zu **keinem** Verspätungszuschlag kommen.

7.2 Säumniszuschlag

Wenn ein Steuerpflichtiger seine Steuerschuld zu spät begleicht, fallen gem. § 240 AO Säumniszuschläge an. Die Festsetzung von Säumniszuschlägen erfolgt automatisch, d. h. das Finanzamt hat hier keinen Ermessensspielraum (§ 5 AO). Es kommt übrigens nicht darauf an, ob dem Steuerpflichtigen ein Verschulden trifft oder nicht. Ein Erlass des Säumniszuschlags kommt allenfalls aus Billigkeitsgründen infrage.

Der Säumniszuschlag beträgt nach § 240 Abs. 1 AO für jeden **angefangenen Monat** der Säumnis **1 %** des rückständigen Steuerbetrags, der auf den **nächsten durch 50 € teilbaren Betrag** abgerundet wird. Die Säumnis beginnt mit Ablauf des Fälligkeitstags.

AUFGABE

E erhält seinen ESt-Bescheid. Er entnimmt daraus, dass seine Steuerschuld i. H. v. 3.981 € am 10.06. fällig wird. Der 10.07. ist ein Sonntag, am 11.08. wird durch E gezahlt. Wie hoch fällt der Säumniszuschlag aus?

LÖSUNG

Mit Ablauf des 10.08. sind 2 Monate verstrichen. Am 11.08. hat der 3. Monat begonnen, sodass der Säumniszuschlag 3 % beträgt. Berechnung: 3.981 € auf volle 50 € abrunden = 3.950 € · 3 % = 118,50 €.

MERKE

Bei **Anmeldesteuern** (Umsatzsteuer, Lohnsteuer) können Säumniszuschläge ohne Anmeldung oder Festsetzung nicht entstehen. Erst wenn der Unternehmer die Steuer nachmeldet oder das Finanzamt die Vorauszahlung festsetzt (§ 167 AO), können Säumniszuschläge entstehen.

7.3 Verzinsung

Allgemein gültig bei Verzinsungen

Nach § 233 Satz 1 AO werden Ansprüche aus dem Steuerschuldverhältnis (§ 37 AO) nur verzinst, soweit dies durch Bundesrecht oder Recht der Europäischen Union vorgeschrieben ist. Ansprüche auf steuerliche Nebenleistungen (§ 3 Abs. 4 AO) und die entsprechenden Erstattungsansprüche werden nach § 233 Satz 2 AO nicht verzinst. Für alle Fälle der Verzinsung gilt im Allgemeinen:

Zinsen sind gem. § 239 Abs. 2 AO auf volle Euro zum Vorteil des Steuerpflichtigen gerundet festzusetzen. Sie werden nur dann festgesetzt, wenn sie mindestens 10 Euro betragen. Nach § 238 Abs. 1 AO betragen die Zinsen für jeden Monat einhalb Prozent. Sie sind von dem Tag an, an dem der Zinslauf beginnt, nur für volle Monate zu zahlen; angefangene Monate bleiben außer Ansatz.

Zusammengefasst heißt das über alle Zinsen:

- Rundung auf volle Euro zum Vorteil des Steuerpflichtigen
- Mindestbetrag 10 €
- Zinssatz: 0,5 % nur für volle Monate mit Ausnahme der Vollverzinsung i. S. d. § 238 Abs. 1a AO[1]

1 Zur Vollverzinsung, siehe Kap. 7.3.3.

7.3.1 Zinsen bei Aussetzung der Vollziehung (§ 237 AO)

Ist die Vollziehung eines Steuerbescheids im Rahmen eines Einspruchsverfahrens nach § 361 AO ausgesetzt worden[1] und hat der Einspruch oder die Klage ganz oder teilweise keinen Erfolg, ist der nunmehr nachzuzahlende Steuerbetrag gem. § 237 Abs. 1 AO zu verzinsen.

Beginn des Zinslaufs:	Der Zinslauf beginnt mit dem Tag des Eingangs des Rechtsbehelfs bei der Finanzbehörde, deren Verwaltungsakt angefochten wird.
Dauer der Verzinsung:	Zinsen sind von dem Tag an, an dem der Zinslauf beginnt, nur für volle Monate zu zahlen; angefangene Monate bleiben außer Ansatz (§ 238 Abs. 1 Satz 2 AO).
Ende des Zinslaufs:	Der Zinslauf endet mit dem Tag des Ablaufs der Aussetzung der Vollziehung, der sich aus der Aussetzungsentscheidung ergibt.
Höhe des Zinssatzes:	Die Verzinsung erfolgt gem. § 238 Abs. 1 Satz 1 AO zu 0,5 %.
Rundung:	Für die Berechnung der Zinsen wird der zu verzinsende Betrag auf den nächsten durch 50 € teilbaren Betrag abgerundet (§ 238 Abs. 2 AO).

AUFGABE

Der ESt-Bescheid des Steuerpflichtigen R mit dem eine Steuerschuld von 4.112 € festgesetzt ist, wurde am 10.09. wirksam bekannt gegeben. Nach § 36 Abs. 4 EStG ist die Steuer am 10.10. fällig. R legt am 20.09. Einspruch ein, der auch zulässig ist. R trägt gewichtige Gründe gegen die Rechtmäßigkeit des angegriffenen ESt-Bescheids vor.

Wann beginnt der Zinslauf für folgende Varianten?

a) Gleichzeitig beantragt er die Aussetzung, die noch am selben Tag ausgesprochen wird

b) Gleichzeitig beantragt er die Aussetzung, die ihm mit am 20.10. zur Post gegebenen Verwaltungsakt „ab Bekanntgabe dieses Schreibens“ gewährt wird

c) die Aussetzung antragsgemäß ab „01.11.“ ausgesprochen

LÖSUNG

a) mit Beginn des 11.10., weil die Steuer erst zum 10.10. fällig ist

b) mit Beginn des 23.10. (Bekanntgabe, 3-Tages-Fiktion)

c) mit Beginn des 01.11. (§ 237 Abs. 2 Satz 2 AO)

7.3.2 Zinsen bei Stundung (§ 234 AO)

Für die Dauer einer gewährten Stundung von Ansprüchen aus dem Steuerschuldverhältnis werden gem. § 234 Abs. 1 Satz 1 AO Zinsen erhoben.

TIPP

Die Bearbeitungszeit einer Abschlussprüfung ist bekanntlich knapp bemessen. Für die Inanspruchnahme von Anwendungserlassen oder Richtlinien ist kaum Zeit. Im Falle einer Stundungszinsberechnung kann jedoch ein Blick in den AEAO zu § 234 hilfreich sein, da dort Beispiele ausführlich dargestellt sind.

AUFGABE

Die X-GmbH, welche am 21.06.2024 die KSt-Abschlusszahlung i. H. v. 10.000 € leisten müsste, befindet sich in Zahlungsschwierigkeiten. Mit Schreiben vom 11.06.2024 stellt sie beim Finanzamt Kaufbeuren einen Antrag auf Stundung. In dem Antrag bittet die X-GmbH, die Schlusszahlung in 4 Raten zu je 2.500 € begleichen zu können. Die Raten sollen jeweils zum 11. des Monats bezahlt werden. Die erste Rate leistet die X-GmbH am 11.07.2024. Das Finanzamt stimmt dem Antrag zu. Wie hoch ist der Stundungszins?

LÖSUNG

Für jeden vollendeten Monat fällt eine Verzinsung von 0,5 % an.[2]

Stundungsbeginn	Stundungsende	Zu verzinsender Betrag	Zinsmonate	%	Betrag
22.06.2024	11.07.2024	2.500 €	0	0	0 €
22.06.2024	11.08.2024	2.500 €	1	0,5	12,50 €
22.06.2024	11.09.2024	2.500 €	2	1,0	25,00 €
22.06.2024	11.10.2024	2.500 €	3	1,5	37,50 €
				Summe:	75,00 €

Die Stundungszinsen betragen 75 €. Eine Rundung auf volle Euro ist nicht vorzunehmen. Der Mindestbetrag 10 € ist überschritten.

1 Zur Aussetzung der Vollziehung, siehe auch Kap. 4.1.

2 Siehe Kap. 7.3. Allgemeines zur Verzinsung.

MERKE

Eine vorzeitige Tilgung führt nicht automatisch zu einer Ermäßigung der Stundungszinsen. Eine verspätete Zahlung der Stundungszinsen löst zusätzlich Säumniszuschläge aus.

AUFGABE

Der Steuerpflichtige S ist in finanziellen Schwierigkeiten. Er beantragt eine Stundung seiner ESt-Schuld, des SolZ i. H. v. 468,30 € und des Verspätungszuschlags i. H. v. 277 €. Die Beträge werden zum 02.07.2024 geschuldet. Das Finanzamt gewährt eine Stundung bis 02.11.2024. Fallen Stundungszinsen für den SolZ und den Verspätungszuschlag an? Wenn ja, in welcher Höhe?

LÖSUNG

Eine Verzinsung auf Verspätungszuschläge ist nach § 233 Satz 2 AO nicht möglich. Eine Verzinsung auf gestundeten SolZ ist dagegen möglich. SolZ 468,30 €, gerundet 450 €. Es fallen 4 Zinsmonate an, also 0,5 % · 4 Monate = 2 %. 450 € · 2 % = 9 €. Da die Zinsen geringer als 10 € betragen, sind Zinsen gem. § 239 Abs. 2 Satz 2 AO nicht anzusetzen. Beachte: die Berechnung der Zinsen für den SolZ ist von der Zinsberechnung aus einer ESt-Schuld getrennt hinsichtlich der 10 €-Grenze zu betrachten!

7.3.3 Verzinsung von Steuernachforderungen und Steuererstattungen (§ 233a AO)

Zwischen dem Entstehungszeitpunkt einer Steuer und der Fälligkeit der Abschlusszahlung liegt oftmals ein längerer Zeitraum dazwischen. Manchmal auch von mehreren Jahren. Mit § 233a AO soll ein Ausgleich geschaffen werden, indem die Vorteile einer späten Steuerfestsetzung durch Nachzahlungszinsen abgeschöpft und etwaige Nachteile durch Zahlung von Erstattungszinsen ausgeglichen werden.

MERKE

Die Vollverzinsung i. S. d. § 233a AO kann sowohl zugunsten als auch zuungunsten des Steuerpflichtigen wirken.

Nach § 233a Abs. 2 AO beginnt der Zinslauf 15 Monate nach Ablauf des Kalenderjahrs, in dem die Steuer entstanden ist, also „immer" (außerhalb der Corona-Sonderregelungen) am 01.04. Wenn bspw. für den Steuerpflichtigen S sein ESt-Bescheid 2022 erst im Juni 2024 ergeht und S daraus eine Steuernachzahlung leisten müsste, würde die Verzinsung am 01.04.2024 beginnen.

Corona-Regelung

Im Rahmen der Corona-Pandemie wurde allerdings der Zinslaufbeginn für die Veranlagungszeiträume 2019 bis 2024 verschoben. Das hängt mit den aufgrund der Corona-Pandemie verlängerten Erklärungsfristen zusammen. Im Einzelnen:

VAZ	Zinsbeginn i. S. d. § 233a AO
2019	01.10.2021
2020	01.10.2022
2021	01.10.2023
2022	01.09.2024
2023	01.07.2025
2024	01.06.2026

Abweichend von dem für alle anderen Zinsen i. S. d. § 233 AO geltenden Zinssatz von 0,5 % pro vollen Monat, also 6 % pro Jahr, beträgt er für Nachzahlungs- und Erstattungszinsen gem. § 233a AO für Verzinsungszeiträume ab 01.01.2019 0,15 % pro Monat, d. h. 1,8 % pro Jahr. Wie bei den anderen Verzinsungen wird der zu verzinsende Betrag auf den nächsten durch 50 € teilbaren Betrag abgerundet.

Der Zinslauf endet nach § 233a Abs. 2 Satz 3 AO mit Ablauf des Tages, an dem die Steuerfestsetzung wirksam wird, also mit dem Tag der Bekanntgabe.

AUFGABE

Es ist eine Zinsberechnung für den VAZ 2022 durchzuführen. Ein ESt-Bescheid für den VAZ 2022 wird am 19.02.2025 (Mittwoch) gegenüber dem Steuerpflichtigen S wirksam bekannt gegeben. Die Steuerverbindlichkeit beträgt nach Abzug aller Vorauszahlungen 4.818 €.

Der Zinslauf beginnt aufgrund der Sonderregelung im Rahmen der Corona-Pandemie am 01.09.2024. Er endet mit dem Tag, in dem der Bescheid wirksam wurde, also der Tag der Bekanntgabe, hier der 19.02.2025. Zu verzinsen sind 5 volle Monate mit 0,15 % von 4.800 € (abrunden nicht vergessen!) = 36,00 €.

Hinweis zu dieser Aufgabe:

Würde der Nachzahlungsbetrag nur 1.000 € betragen, ergäben sich Zinsen von 7,50 €, gerundet 7 €. Das sind weniger als 10 €, sodass eine Zinsfestsetzung nach § 239 Abs. 2 Satz 1 AO unterbleiben würde.

8. Übungsaufgaben

Fallkreis 1: Tag der Bekanntgabe, Einspruchsfrist, Festsetzungsverjährung

Der Steuerpflichtige S erhält per Post am 27.07.2024 (Samstag) seinen ESt-Bescheid 2023 vom 25.07.2024 (Donnerstag). Wann ist der Bescheid wirksam geworden?

Der ESt-Bescheid 2023 wird mit dem Tag der Bekanntgabe wirksam. Nach § 122 Abs. 2 Nr. 1 AO gilt ein schriftlicher Verwaltungsakt, der durch die Post übermittelt wird, am dritten Tage[1] nach der Aufgabe zur Post als bekannt gegeben. Der Tag der Bekanntgabe wäre demnach 25.07.2024 + 3 Tage = 28.07.2024 (Sonntag). Der Tag der Bekanntgabe ist der darauffolgende Werktag, also der 29.07.2024 (Montag).

Der Steuerpflichtige S erhält per Post am 22.05.2024 (Mittwoch) seinen ESt-Bescheid 2023 vom 15.05.2024 (Mittwoch). Wann gilt der Bescheid als bekannt gegeben?

Nach § 122 Abs. 2 Nr. 1 AO gilt ein schriftlicher Verwaltungsakt, der durch die Post übermittelt wird, am dritten Tage nach der Aufgabe zur Post als bekannt gegeben. Der Tag der Bekanntgabe wäre demnach 15.05.2024 + 3 Tage = 18.05.2024 (Samstag). Der Tag der Bekanntgabe wäre der darauffolgende Werktag, also der 21.05.2024 (der 20.05.2024 ist Pfingstmontag und damit gesetzlicher Feiertag). Der tatsächliche Zugang ist allerdings erst am nächsten Tag. Nach § 122 Abs. 2 AO ist in solchen Fällen der Tag des tatsächlichen Zugangs auch Tag der Bekanntgabe.

Die Steuerpflichtige V aus Köln erhält am 18.09.2024 (Mittwoch) eine E-Mail mit dem Hinweis, dass der ESt-Bescheid 2023 zum Abruf im ElsterOnline-Portal zur Verfügung steht. Als Abschlusszahlung hat das Finanzamt Köln einen Betrag i. H. v. 1.470 € festgesetzt. V ist empört. Das Finanzamt hat ihre Spende für fußmalende Künstler nicht anerkannt. Wann beginnt und wann endet die Einspruchsfrist?

Der Tag der Bekanntgabe ist gem. § 122a Abs. 4 Satz 1 AO drei Tage nach Absendung der elektronischen Benachrichtigung über die Bereitstellung der Daten, also 18.09.2024 zzgl. 3 Tage[2] = 21.09.2024 (Samstag). Gemäß § 108 Abs. 3 AO fällt der Tag der Bekanntgabe auf den folgenden Werktag, also der 23.09.2024 (Montag). Beginn der Einspruchsfrist ist der 24.09.2024 und endet mit Ablauf eines Monats (§ 355 AO), also dem 23.10.2024 (Mittwoch, 24:00 Uhr).

Die Steuerpflichtige H gibt ihre ESt-Erklärung 2022 am 10.06.2024 bei ihrem zuständigen Wohnsitz-Finanzamt ab. Wann beginnt und wann endet die Festsetzungsverjährung? Was sind im Allgemeinen die Rechtsfolgen einer Festsetzungsverjährung?

Die Rechtsfolgen einer Festsetzungsverjährung im Allgemeinen sind:

- alle Ansprüche aus dem Steuerschuldverhältnis sind erloschen, also auch Erstattungs- und Vergütungsansprüche
- eine Steuerfestsetzung, Aufhebung und Änderung eines Steuerbescheids, Berichtigung einer offenbaren Unrichtigkeit nach § 129 AO werden unzulässig,
- auch Steuerbescheide unter Vorbehalt der Nachprüfung dürfen nicht aufgehoben oder geändert werden,

1 Ab 2025 tritt anstelle der 3-Tages-Fiktion, dass ein **schriftlicher** Verwaltungsakt am vierten Tag nach der Aufgabe zur Post als bekannt gegeben gilt.

2 Ab 2025 tritt anstelle der 3-Tages-Fiktion im Fall der Bekanntgabe von Verwaltungsakten durch **Bereitstellung zum Datenabruf** (§ 122a AO) die 4-Tages-Regelung.

- ein Steuerbescheid, der nach Ablauf der Festsetzungsfrist erlassen wird, ist rechtswidrig, aber nicht nichtig.

Festsetzungsverjährung im Fall des Steuerpflichtigen H:

Die Festsetzungsverjährung beginnt mit Ablauf des Kalenderjahrs, in dem die Steuererklärung eingereicht wurde, also mit Ablauf des 31.12.2024, 24:00 Uhr (Anlaufhemmung gem. § 170 Abs. 2 Nr. 1 AO). Die Verjährungsfrist dauert nach § 169 Abs. 2 Nr. 2 AO 4 Jahre und endet mit Ablauf des 31.12.2028, 24:00 Uhr. Ob der 31.12.2028 auf ein Wochenende fällt oder nicht, ist unerheblich.

Fallkreis 2: Steuerliche Nebenleistungen

AUFGABE

Welche steuerlichen Nebenleistungen gibt es?

LÖSUNG

Gemäß § 3 Abs. 4 AO gibt es folgende steuerlichen Nebenleistungen:

1. Verzögerungsgelder nach § 146 Abs. 2c,
2. *Verspätungszuschläge nach § 152,*
3. Zuschläge nach § 162 Abs. 4 und 4a,
4. Mitwirkungsverzögerungsgelder nach § 200a Abs. 2 und Zuschläge zum Mitwirkungsverzögerungsgeld nach § 200a Abs. 3,
5. *Zinsen nach den §§ 233 bis 237 sowie Zinsen nach den Steuergesetzen, auf die die §§ 238 und 239 anzuwenden sind,* sowie Zinsen, die über die §§ 233 bis 237 und die Steuergesetze hinaus nach dem Recht der Europäischen Union auf zu erstattende Steuern zu leisten sind,
6. *Säumniszuschläge nach § 240,*
7. *Zwangsgelder nach § 329,*
8. Kosten nach den §§ 89, 89a Abs. 7 sowie den §§ 178 und 337 bis 345,
9. Zinsen auf Einfuhr- und Ausfuhrabgaben nach Artikel 5 Nr. 20 und 21 des Zollkodex der Union,
10. Verspätungsgelder nach § 22a Abs. 5 des EStG und
11. Kosten nach § 10 Abs. 5 und § 11 Abs. 7 des Plattformen-Steuertransparenzgesetzes.

Die kursiven Nebenleistungen sind prüfungsrelevant.

AUFGABE

Am 22.08.2024 (Donnerstag) wird dem K der ESt-Bescheid 2023 bekannt gegeben. Die Steuernachforderung beträgt 935 € zulasten des K. Bis wann muss K diesen Betrag per Banküberweisung entrichten, um einer steuerlichen Nebenleistung zu entgehen?

LÖSUNG

Nach § 36 Abs. 4 EStG ist die Abschlusszahlung innerhalb eines Monats nach Bekanntgabe des Steuerbescheids zu entrichten. Tag der Bekanntgabe ist der 22.08.2024. Die Zahlungsfrist endet mit Ablauf des 21.09.2024 (Samstag, 24:00 Uhr) und diesem Fall mit Ablauf des nächsten Werktags (§ 108 Abs. 3 AO), dem 22.09.2024. Beginn der Schonfrist ist der 23.09.2024, diese endet nach 3 Tagen mit Ablauf des 26.09.2024, (Donnerstag, 24:00 Uhr). Um einem Säumniszuschlag zu entgehen, muss K dafür sorgen, dass der überwiesene Betrag spätestens am 26.09.2024 dem Finanzamt zur Verfügung steht.

AUFGABE

Wie hoch wäre der Säumniszuschlag, wenn K im obigen Fall erst am 02.10.2024 die Überweisung tätigt und der Betrag am 04.10.2024 beim Finanzamt gutgeschrieben wäre?

LÖSUNG

Der Säumniszuschlag beträgt nach § 240 Abs. 1 AO 1 % für jeden angefangenen Monat des nach unten auf volle 50 € abgerundeten Betrags. Die gerundete Steuerschuld beträgt 900 €. Davon 1 % für einen angefangenen Monat 900 € · 1 % = 9 €.

AUFGABE

K überlegt sich, für den obigen Fall Einspruch einzulegen. Müsste K für diesen Fall die Abschlusszahlung leisten, ohne dass es zu einem Säumniszuschlag kommt?

LÖSUNG

Ein Einspruch befreit K nicht von der Verpflichtung, fristgerecht die Abschlusszahlung zu leisten. Er müsste ergänzend zum Einspruch Antrag auf Aussetzung der Vollziehung stellen.

AUFGABE

Der Steuerpflichtige M ist unerwartet in finanzielle Schwierigkeiten geraten. Als Abschlusszahlung für die ESt 2023 schuldet M dem Finanzamt 1.347 €, die am 11.11.2024 zur Zahlung fällig ist. Das Finanzamt stimmt einem Stundungsvorschlag des M zu, sodass der Betrag bis 19.12.2024 gestundet wird. Welche Nebenleistung und in welcher Höhe kommt auf den M zu?

LÖSUNG

Zulasten des M werden Stundungszinsen (§§ 234, 238 AO) erhoben. Der Stundungsbetrag wird mit 0,5 % für jeden vollen Monat des nach unten auf 50 € abgerundeten Betrags verzinst. Abgerundeter Betrag: 1.300 €, Zinssatz 0,5 % für 1 vollen Monat. M müsste mit einer Stundungsverzinsung von 1.300 € · 0,5 % = 6,50 € rechnen. Da jedoch unter 10 € keine Zinsen festgelegt werden (§ 239 Abs. 2 Satz 2 AO), entfallen auf M keine Aufwendungen.

B. Prüfungsteil Rechnungswesen

Der Prüfungsteil Rechnungswesen umfasst im Wesentlichen Aufgaben zur Einnahmen-Überschuss-Rechnung, Durchführung von laufenden Buchungen bzw. Jahresabschlussbuchungen sowie Sonderaufgaben. Dementsprechend ist der Abschnitt „Prüfungsteil Rechnungswesen" aufgebaut:

1. Gewinnermittlung nach § 4 Abs. 3 EStG
2. Grundlagen der Buchführung für Industrie- und Handelsbetriebe
3. Abschlüsse nach Handels- und Steuerrecht inkl. betriebswirtschaftliche Auswertungen

Viele Ausführungen zu diesem Prüfungsteil betreffen mehrere Abschnitte. So entfallen bspw. die Ausführungen zu Anschaffungskosten oder Abschreibungen auf die Einnahmen-Überschuss-Rechnung und auf die Bilanzierer. Die Bildung oder Auflösung von Rückstellungen oder die Bewertung von Forderungen, um Beispiele zu nennen, haben in der Einnahmen-Überschuss-Rechnung nichts zu suchen.

Das Rechnungswesen kann man nicht auswendig lernen. Es ist wichtig, die Grundprinzipien zu verstehen. Also üben, üben und nochmals üben! Deshalb endet dieser Abschnitt mit einem Übungsteil zur Überprüfung des Erlernten.

1. Gewinnermittlung nach § 4 Abs. 3 EStG (EÜR)

1.1 Einführung

Im EStG sind verschiedene Möglichkeiten zur Gewinnermittlung geregelt. So sieht § 4 Abs. 1 EStG bzw. § 5 EStG den Betriebsvermögensvergleich vor. Hier wird das Betriebsvermögen zum Ende eines Wirtschaftsjahres mit dem Betriebsvermögen zu Beginn des Wirtschaftsjahres, vermehrt um den Wert der Entnahmen und vermindert um den Wert der Einlagen, verglichen. Unter gewissen Voraussetzungen ist der Gewinn eines Betriebs der Land- und Forstwirtschaft nach Durchschnittssätzen nach § 13a EStG zu ermitteln.

Rechtsgrundlage

Für Steuerpflichtige, die jedoch nicht aufgrund gesetzlicher Vorschriften verpflichtet sind, Bücher zu führen und regelmäßig Abschlüsse zu erstellen, sieht das Steuerrecht die **Einnahmen-Überschuss-Rechnung** nach § 4 Abs. 3 EStG als eine vereinfachte Form der Gewinnermittlung vor („EÜR"). Infrage kommen für die Anwendung der EÜR bspw. Mediziner oder Rechtsanwälte, so genannte freie Berufe.

AUFGABE

Die A betreibt einen Friseursalon. Noch am 31.12.2024 schneidet sie dem C die Haare. Der zerstreute C hat jedoch seinen Geldbeutel zu Hause vergessen und zahlt vereinbarungsgemäß am 02.01.2025 40 € an die A. A erfasst die Einnahme für das Jahr 2025 als Einnahme. Ist das korrekt?

LÖSUNG

Die Betriebseinnahme bestimmt sich nach dem Zufluss i. S. d. § 11 Abs. 1 Satz 1 EStG. A hat diese Einnahme korrekt behandelt.

Aufbewahrungspflichten

Hier besteht die Pflicht zur Aufzeichnung der Betriebseinnahmen (vgl. § 22 UStG, ggf. i. V. m. § 20 UStG, § 63 UStDV). Nach § 4 Abs. 3 Satz 5 EStG sind zudem Wirtschaftsgüter des Anlagevermögens und Wirtschaftsgüter des Umlaufvermögens unter Angabe des Tages der Anschaffung oder Herstellung und der Anschaffungs- oder Herstellungskosten in laufend zu führende Verzeichnisse aufzunehmen. Die Aufbewahrungsfrist für Bücher, Aufzeichnungen und Inventare sowie für Belege und sonstige für die Besteuerung relevanten Unterlagen beträgt **10 Jahre**.

Wesentliches Element der EÜR ist, dass alle Zugänge an Geld und Geldeswert, die durch den Betrieb veranlasst sind und dem Steuerpflichtigen im Rahmen seines Betriebs zufließen, Betriebseinnahmen sind. Darunter fallen alle Erlöse aus Verkäufen oder Leistungen, wie z. B. Warenverkäufe, Verkäufe von Anlagevermögen, Provisions- und Zinseinnahmen. Betriebseinnahmen können auch dann entstehen, wenn einer Einnahme keine unmittelbare Gegenleistung entgegensteht. Das ist z. B. bei Erhalt von Schadensersatz der Fall.

Der Zufluss kann in Geld oder Sachbezügen erfolgen. Gemäß § 8 Abs. 2 EStG sind Einnahmen, die nicht in Geld bestehen (Wohnung, Kost, Waren, Dienstleistungen und sonstige Sachbezüge), mit den um übliche Preisnachlässe geminderten üblichen Endpreisen am Abgabeort anzusetzen.

Private Vorgänge, wie z. B. Schenkungen oder Erbschaften haben in der EÜR nichts zu suchen. Auch ein erhaltenes Darlehen stellt keine Betriebseinnahme dar, ebenso durchlaufende Posten. Auch sind private Steuern (z. B. Einkommensteuer, Grundsteuer) keine Betriebsausgaben.

Im Rahmen der EÜR ist die **Umsatzsteuer** nicht als durchlaufender Posten zu sehen, sondern als Einnahme oder Ausgabe zu erfassen.

Umsatzsteuer = kein durchlaufender Posten

1.2 Prüfungsschwerpunkte

In der Regel muss in der Abschlussklausur die Gewinnermittlung aus EÜR durchgeführt werden, wobei zu Beginn der Aufgabe eine kurze Beschreibung der beruflichen oder unternehmerischen Tätigkeit erfolgt. Hier finden sich bereits sehr wichtige Informationen zur Behandlung der Umsatzsteuer. Also, ob die Ausgangsumsätze ausschließlich oder teilweise steuerfrei sind. Dementsprechend muss auch die Vorsteuer aus Eingangsrechnungen berücksichtigt werden.

Nicht selten lässt ein Sachverhalt ein Wahlrecht zu. Damit man auch die richtige Variante aus einem Wahlrecht anwendet, enthält der Aufgabentext einen **Bearbeitungshinweis**, z. B. „A wünscht einen möglichst geringen Gewinn".

TIPP: Es klingt trivial, wird aber immer wieder gerne missachtet: Bearbeitungshinweise sind genau zu lesen!

1.2.1 Abgrenzung betriebliches von privatem Vermögen

Es ist streng zu unterscheiden, ob privates oder betriebliches Vermögen vorliegt. Als Betriebsvermögen gilt die Summe aller Wirtschaftsgüter, die einem Unternehmer zugerechnet werden und in einen tatsächlichen oder wirtschaftlichen Förderungszusammenhang zum Betrieb gestellt sind. Es sind aber auch Mischformen möglich, wenn bspw. ein Fahrzeug zu 80 % betrieblich und zu 20 % privat genutzt wird. Privat veranlasste Vorgänge haben in der Ergebnisrechnung nichts zu suchen. Wenn der Steuerpflichtige einen privaten Vorgang als betrieblich behandelt hat, muss eine entsprechende Korrektur erfolgen.

BEISPIEL: A betreibt einen Gewerbebetrieb. Er selbst lebt in einer Eigentumswohnung. Als eine Reparatur in seiner Wohnung berechnet wird, erfasst er den Aufwand unter dem betrieblichen Aufwand. Die Buchung ist zu korrigieren.

AUFGABE: B betreibt ein Fitnessstudio. Er erwarb zum 15.04.2024 eine Waschmaschine für 1.190 € inkl. 19 % USt., die er zu 30 % privat nutzt (Nutzungsdauer 6 Jahre). Welchen Abschreibungswert und welche Betriebseinnahme darf B maximal ansetzen?

LÖSUNG: Die Vorsteuer gehört nicht zu den Anschaffungskosten. Die degressive Abschreibung beträgt 20 %, jedoch maximal 20 % (Obergrenze) der Anschaffungs- und Herstellungskosten. Also: 1.000 € netto · 20 % für 9 Monate = 150 € (unter der Obergrenze, günstiger als lineare Abschreibung für 6 Jahre Nutzungsdauer). Die Betriebsausgabe beträgt 150 €. Als Betriebseinnahme hat B 150 € · 30 % = 45 € anzusetzen.

1.2.2 Regelmäßig wiederkehrende Einnahmen und Ausgaben

Nach § 11 Abs. 1 Satz 2 i. V. m. Abs. 2 Satz 2 EStG gelten regelmäßig wiederkehrende Ausgaben, die bei dem Steuerpflichtigen kurze Zeit vor Beginn oder kurze Zeit nach Beendigung des Kalenderjahres, zu dem sie wirtschaftlich gehören, abgeflossen sind, als in diesem Kalenderjahr geleistet. Was bedeutet hier „kurze Zeit"?

Prüfschritt „regelmäßig wiederkehrend"

Als „kurze Zeit" i. S. d. § 11 EStG ist ein Zeitraum **bis zu 10 Tagen** anzusehen.

Prüfschritt „Kurze Zeit"

Innerhalb dieses Zeitraumes von 10 Tagen zum Ende des Kalenderjahres müssen die Zahlungen **fällig** und **geleistet** worden sein. Das bedeutet, dass beide Voraussetzungen (Fälligkeit und Leistung der Zahlung) erfüllt sein müssen. Wenn bspw. eine Mietzahlung für den Januar 2024 aufgrund vertraglicher Vereinbarung bereits am 22.12.2023 zur Zahlung fällig ist und die Miete auch pünktlich am 22.12.2023 bezahlt ist, werden die Mietaufwendungen noch als Aufwand im Jahr 2023 angesetzt. Denn:

Prüfschritt: „Zahlung und Fälligkeit"

- Eine Miete gehört zu den wiederkehrenden Ausgaben,

- sie ist innerhalb von 10 Tagen zum Jahresende gem. vertraglicher Vereinbarung fällig und
- sie wird innerhalb von 10 Tagen zum Jahresende auch bezahlt.

Im Ergebnis wird der Mietaufwand noch für 2023 als Aufwand angesetzt. Auf die wirtschaftliche Zugehörigkeit, also Januar 2024, kommt es nicht an.

AUFGABE

P ist Augenarzt. Die Monatsmiete seiner Praxis ist jeweils am 8. des Monats als Vorauszahlung fällig. P überweist aufgrund einer Unachtsamkeit seines Buchhalters die Dezember-Miete 2023 erst am 12.01.2024. In welchem Jahr muss die Mietzahlung als Betriebsausgabe angesetzt werden?

LÖSUNG

Bei der Monatsmiete für den Dezember handelt es sich um eine regelmäßig wiederkehrende Ausgabe. Jedoch liegt die Fälligkeit (08.12.2023) und die Zahlung (12.01.2024) nicht innerhalb der 10 Tage zum Jahresende. Folglich ist die Dezember-Miete erst für 2024 als Betriebsausgabe zu erfassen.

Umsatzsteuer: monatliche Vorauszahlungen

Monatliche Umsatzsteuervorauszahlungen und -erstattungen stellen grundsätzlich regelmäßig wiederkehrende Ausgaben bzw. Einnahmen dar; die 10-Tage-Regelung ist entsprechend anzuwenden.

Umsatzsteuer: vierteljährliche Vorauszahlungen

Auch bei Umsatzsteuervoranmeldungen für ein Quartal handelt es sich grundsätzlich um regelmäßig wiederkehrende Ausgaben bzw. Einnahmen, sodass auch die 10-Tage-Regelung gilt. Das gilt auch für die Umsatzsteuervoranmeldung für das 4. Quartal, die bis zum 10. Januar des Folgejahres abzugeben ist (also innerhalb der 10-Tage-Frist).

Wird die Umsatzsteuervoranmeldung quartalsweise abgegeben, verschiebt sich der Fälligkeitstermin bei einer **Dauerfristverlängerung** für das 4. Quartal auf den 10.2. des Folgejahres. Aufgrund der Dauerfristverlängerung liegt die Abgabefrist dann außerhalb des 10-Tage-Zeitraums.

Umsatzsteuer: Besonderheit bei Dauerfristverlängerung

Unternehmer, die für die Abgabe ihrer **monatlichen** Umsatzsteuer-Voranmeldungen eine **Dauerfristverlängerung** beantragt haben, müssen die Voranmeldung für den Monat Dezember bis zum 10.02. des Folgejahres abgeben. Also außerhalb des 10-Tages-Zeitraums. Allerdings ist die Voranmeldung für den Monat November bis zum 10.01. des Folgejahres abzugeben, sodass hier die 10-Tage-Regelung anzuwenden ist.

MERKE

Der 10-Tages-Zeitraum kann auch in besonderen Einzelfällen nicht erweitert werden. Wird bspw. ein fälliger Betrag nach Ablauf der 10-Tages-Regelung aufgrund von Krankheit, Urlaub oder aus einem Versehen heraus überweisen, verlängert sich der 10-Tages-Zeitraum nicht.

1.2.3 Abschreibung auf Anlagevermögen

Abschreibung auf GWG

In der Aufgabenstellung steht häufig ein Hinweis, ob der Steuerpflichtige einen möglichst niedrigen oder (in Ausnahmefällen!) einen möglichst hohen Gewinn ausweisen möchte. Eine Stellschraube liegt in der Abschreibung beweglicher Wirtschaftsgüter bis zu einem geringfügigen Anschaffungswert. Denn hier gibt es ein Wahlrecht: Für Steuerpflichtige stehen eine

- **Poolabschreibung** (der Anschaffungswert muss über 250 € liegen, darf aber nicht 1.000 € übersteigen) oder
- **Sofortabschreibung als geringwertiges Wirtschaftsgut** (der Anschaffungswert darf 800 € nicht übersteigen)

zur Auswahl.

MERKE

Anschaffungskosten von GWG mit einem Wert bis 250 € netto müssen nach § 6 Abs. 2a Satz 4 EStG nicht über Anlagevermögen geführt und abgeschrieben werden. Sie können in voller Höhe als Betriebsausgabe (Sofortaufwand) erfasst werden.

GWG

Nach § 6 Abs. 2 EStG dürfen die Anschaffungs- oder Herstellungskosten von abnutzbaren beweglichen Wirtschaftsgütern des Anlagevermögens, die einer selbstständigen Nutzung fähig sind, im Jahr der Anschaffung in voller Höhe als Betriebsausgaben abgezogen werden, wenn die Anschaffungs- oder Herstellungskosten, vermindert um einen darin enthaltenen Vorsteuerbetrag (§ 9b Abs. 1 EStG), für das einzelne Wirtschaftsgut 800 € nicht übersteigt.

AUFGABE

Die X-GmbH ist VSt-abzugsfähig. Sie erwirbt zum 20.05.2024 für eine Mitarbeitende einen Laptop zu 760 € zzgl. 19 % USt. Wie hoch ist die maximal mögliche Abschreibung?

LÖSUNG

Das Laptop ist abnutzbar, beweglich und selbstständig nutzbar. Die Anschaffungskosten liegen unter 800 €, da die X-GmbH zum VSt-Abzug berechtigt ist und damit die Vorsteuer nicht zu den Anschaffungskosten gehört. Die Abschreibung beträgt 760 €. Auf die unterjährige Anschaffung kommt es nicht an.

Poolabschreibung

Alternativ zur Abschreibung als GWG ist eine Poolabschreibung nach § 6 Abs. 2a EStG möglich. Hierbei handelt es sich um eine Sammelbewertung für GWG. Wirtschaftsgüter, deren Anschaffungskosten zwischen 250 € und 1.000 € (netto) liegen und selbstständig nutzbar sind, können als Sammelposten über 5 Jahre linear abgeschrieben werden. Das bedeutet: Alle geringwertigen Wirtschaftsgüter eines Jahres, können gebündelt in einer Position verwaltet werden. Die Anschaffungskosten werden dabei einfach addiert und der Pool wird wie ein einziges Wirtschaftsgut behandelt. Bei einer pauschale Nutzungsdauer von 5 Jahren ergibt sich eine Abschreibung von 20 % jährlich. Aber Achtung: auch wenn ein Wirtschaftsgut aus dem Pool, z. B. durch Entnahme ausscheidet oder zerstört wird: der Pool bleibt unverändert.

TIPP

Da der Steuerpflichtige in der Regel einen steuerlich möglichst niedrigen Gewinn ausweisen möchte, ist die Sofortabschreibung über ein GWG der Poolabschreibung vorzuziehen, sofern natürlich die Voraussetzungen erfüllt sind.

Abschreibung auf Anlagevermögen

Degressive Abschreibung

Neben der linearen Abschreibung hat der Steuerpflichtige unter bestimmten Voraussetzungen **steuerlich** noch die Möglichkeit einer geometrisch degressiven Abschreibung (keine weitere Möglichkeit!). Wesentliches Kriterium ist das Jahr der Anschaffung. Gemäß § 7 Abs. 2 EStG in diversen Fassungen ergeben sich folgende Möglichkeiten:

01.01.2011 bis 31.12.2019	Keine degressive Abschreibung
01.01.2020 bis 31.12.2022	► das 2,5-fache der linearen AfA, ► jedoch maximal 25 % (Obergrenze) der Anschaffungs- oder Herstellungskosten bzw. des Restbuchwerts
01.01.2023 bis 31.03.2024	Keine degressive Abschreibung
01.04.2024 bis 31.12.2024	► das 2-fache der linearen AfA, ► jedoch maximal 20 % (Obergrenze) der Anschaffungs- und Herstellungskosten bzw. des Restbuchwerts.

MERKE

Neben der linearen Abschreibung wird auch die degressive Abschreibung monatsgenau ermittelt. Der Monat der Anschaffung gilt als „voller" Monat. Wenn bspw. ein Vermögensgegenstand zum 03.08. bereitgestellt wird, dann wird der AfA-Betrag mit 10/12 Monate ermittelt, also der Zeitraum von März bis Dezember.

AUFGABE

A betreibt in Herne das medizinisches Labor A. e. K. Im Jahr 2023 leistet A eine Anzahlung i. H. v. 15.000 € zzgl. 19 % USt für den Erwerb eines neuen Mikroskops. Mit Lieferung am 02.05.2024 bezahlt A den Restbetrag von 3.800 € zzgl. 19 % USt. Wie hoch beträgt der maximal mögliche Abschreibungsbetrag bei einer Nutzungsdauer von 8 Jahren ohne Berücksichtigung von § 7g EStG?

LÖSUNG

Die Vorsteuer gehört nicht zu den Anschaffungskosten, A ist zum Abzug von Vorsteuer berechtigt. Die Anschaffungskosten betragen 15.000 € + 3.800 € = 18.800 €. Die Nutzungsmöglichkeit beginnt ab Mai 2024. Die AfA beträgt das 2-fache der linearen AfA, jedoch maximal 20 % (Obergrenze) der Anschaffungskosten. Also: 18.800 € · 20 % · 9/12 = 2.820 €. Der lineare AfA-Satz wäre 100/8 Jahre = 12,5 %. Das 2-fache hiervon wäre 25 %, die jedoch durch die Obergrenze von 20 % „gedeckelt" werden.

Außerplanmäßige Abschreibungen nach Handels- und Steuerrecht

Sachanlagen

Handelsrechtlich sind Vermögensgegenstände des Anlagevermögens allgemein bei voraussichtlich dauernder Wertminderung außerplanmäßig abzuschreiben, um die Vermögensgegenstände mit dem niedrigeren Wert anzusetzen, der ihnen am Abschlussstichtag beizulegen ist (§ 253 Abs. 3 Satz 5 HGB). Die Pflicht zur Durchführung außerplanmäßiger Abschreibungen besteht daher nur bei einer **voraussichtlich dauernden Wertminderung**. Bei einer **vorübergehenden** Wertminderung besteht daher ein Abschreibungsverbot. Mit dieser Beschränkung wird von dem **gemilderten Niederstwertprinzip** gesprochen.

Finanzanlagen

Bei Finanzanlagen besteht aber gem. § 253 Abs. 3 Satz 6 HGB bei voraussichtlich nicht dauernder, also vorübergehender Wertminderung ein Wahlrecht, sie auf den niedrigeren Wert abzuschreiben. Bei voraussichtlich dauernder Wertminderung gilt für sie, wie für alle Vermögensgegenstände des Anlagevermögens, das Gebot, sie auf den niedrigeren Wert abzuschreiben.

MERKE

Bei voraussichtlich dauerhafter Wertminderung gilt für das Sach- und Finanzanlagevermögen immer die Pflicht zu außerplanmäßigen Abschreibungen.

Steuerrecht

Steuerrechtlich gibt es hier ein Wahlrecht. Nach § 6 Abs. 1 Nr. 2 Satz 2 EStG **kann** ein niedrigerer Teilwert auf Grund einer **voraussichtlich dauernden Wertminderung** angesetzt werden.

AUFGABE

Zum Betriebsvermögen der Sanitär Mayer e. K. gehört ein unbebautes Grundstück, das mit den Anschaffungskosten von 200.000 € erfasst ist. Durch eine Umweltkatastrophe wird das Grundstück unstrittig dauerhaft um 50 % im Wert gemindert. Wie ist das Grundstück handelsrechtlich und steuerrechtlich zu behandeln?

LÖSUNG

Handelsrechtlich besteht die Verpflichtung, eine außerplanmäßige Abschreibung von 100.000 € vorzunehmen. Das Grundstück ist dann zum Buchwert von 100.000 € handelsrechtlich darzustellen. Steuerlich besteht ein Abschreibungswahlrecht i. H. v. 100.000 € nach § 6 Abs. 1 Nr. 2 Satz 2 EStG. Wünscht die Gesellschaft einen möglichst niedrigen steuerlichen Gewinn, wird sie diese Abschreibung vornehmen.

Sonderabschreibungen nach § 7g EStG

Sonderabschreibungen nach § 7g Abs. 5 EStG stehen nur kleinen und mittleren Betrieben zu. Dabei ist es unerheblich, ob der Gewinn durch Betriebsvermögensvergleich nach § 4 Abs. 1 oder § 5 EStG bzw. Einnahmenüberschussrechnung nach § 4 Abs. 3 EStG ermittelt wird. Wann gilt ein Betrieb als kleiner oder mittlerer Betrieb?

Gewinngrenze

Das hängt von der Gewinngrenze ab. Dazu müssen die Betriebe am Schluss des dem Jahr der Anschaffung oder Herstellung der begünstigten Wirtschaftsgüter vorangegangenen Wirtschaftsjahrs die in § 7g Abs. 1 Satz 2 EStG festgelegte Gewinngrenze von **200.000 €** erfüllen.

AfA-Satz

Nach § 7g Abs. 5 EStG darf eine Sonderabschreibung bis zu insgesamt 40 %[1] der Anschaffungs- oder Herstellungskosten in Anspruch genommen werden.

Wirtschaftsgüter

Für Sonderabschreibungen i. S. d. § 7g EStG kommen sowohl **neue** abnutzbare bewegliche Wirtschaftsgüter des Anlagevermögens infrage also auch **gebrauchte** Wirtschaftsgüter. Das Wirtschaftsgut muss im Jahr der Anschaffung oder Herstellung und im folgenden Wirtschaftsjahr ausschließlich oder fast ausschließlich betrieblich genutzt werden. Wenn das Wirtschaftsgut mindestens zu 90 % betrieblich genutzt, sind die Voraussetzungen des § 7g EStG unstrittig erfüllt.

TIPP

Sonderabschreibungen und 1 %-Regelung: Wird die Privatnutzung eines betrieblichen Pkw nach der sog. 1 %-Regelung des § 6 Abs. 1 Nr. 4 Satz 2 EStG berechnet, spricht dies grundsätzlich für eine nicht fast ausschließliche betriebliche Nutzung.

Normal- und Sonder-AfA

Sonderabschreibungen i. S. d. § 7g EStG treten neben den normalen Abschreiben nach § 7 EStG. Die Inanspruchnahme der Sonderabschreibungen während des Begünstigungszeitraums hat keine Auswirkung auf die vorzunehmende Normal-Abschreibung nach § 7 EStG. Zu beachten ist, dass die Sonderabschreibungen nach § 7g EStG sowohl neben der linearen AfA also auch der degressiven AfA zulässig sind.

AUFGABE

A betreibt ein Handelsgewerbe. Die Voraussetzungen zur Anwendung des § 7g EStG sind erfüllt. Für sein Anlagevermögen beschafft A eine Maschine im April 2024 für netto 100.000 €. Die Nutzungsdauer soll 8 Jahre betragen. Zu berechnen ist der größtmögliche AfA-Betrag für 2024.

LÖSUNG

Anschaffungskosten April 2024	100.000 €
Sonderabschreibungen 2024 (40 % von 100.000 €)	- 40.000 €
Degressive AfA: 20 % von 100.000 € · 9/12	- 15.000 €
Bilanzwert 31.12.2024	45.000 €
Summe AfA	**55.000 €**

1 Mit dem Wachstumschancengesetz wurde der AfA- Satz für die Sonderabschreibung nach § 7g Abs. 5 EStG von 20 % auf 40 % für bewegliche Wirtschaftsgüter des Anlagevermögens, die nach dem 31.12.2023 angeschafft oder hergestellt wurden, erhöht.

Nachträgliche Anschaffungskosten

X kauft im Jahr 2024 für 50.000 € eine Maschine, für die er Sonderabschreibungen nach § 7g Abs. 5 EStG von 40 % in Anspruch nehmen kann. Im Jahr 2025 wird die Maschine um ein Zusatzbauteil erweitert. Die dafür entstehenden Kosten betragen 10.000 €. Bei vollständiger Inanspruchnahme im Jahr 2024 betragen die höchstmöglichen Sonderabschreibungen zunächst 40 % von 50.000 € = 20.000 €. Durch die nachträglichen Herstellungskosten i. H. v. 10.000 € im Jahr 2025 erhöht sich die Bemessungsgrundlage für die Sonderabschreibungen auf 60.000 €. Von den danach zulässigen Sonderabschreibungen von 60.000 € · 40 % = 24.000 € sind 20.000 € „verbraucht". Als weitere Sonderabschreiben verbleiben somit 4.000 €

1.2.4 Ermittlung von Anschaffungskosten

Sachanlagen

Nach § 255 Abs. 1 Satz 1 HGB sind Anschaffungskosten die Aufwendungen, die geleistet werden, um einen Vermögensgegenstand zu erwerben und ihn in einen betriebsbereiten Zustand zu versetzen, soweit sie dem Vermögensgegenstand einzeln zugeordnet werden können. Zu den Anschaffungskosten gehören also der Anschaffungspreis, der ggf. um Anschaffungspreisänderungen korrigiert werden muss (z. B. durch Inanspruchnahme von Preisnachlässen), die Anschaffungsnebenkosten und die nachträglichen Anschaffungskosten.

BEISPIEL

Der Gewerbetreibende K erwirbt ein Fahrzeug, das zu 70 % betrieblichen Zwecken dienen soll. Der Fahrzeugpreis beträgt brutto 46.410 € (19 % USt), die Überführungskosten betragen netto 200 €. K muss zudem noch Zulassungsgebühren von 100 € aufbringen. Damit das Fahrzeug in einen betriebsbereiten Zustand versetzt werden kann, muss es u. a. überführt und zugelassen werden. Die Anschaffungskosten, die die AfA-Bemessungsgrundlage bilden, betragen also 39.000 € (46.410 € : 1,19) + 200 € + 100 € = 39.300 €.

Sonderfall Gebäude

Problematisch kann die Abgrenzung von Anschaffungskosten bei Gebäuden von Grundstücken sein. Hierzu eine kleine Übersicht:

Gebäude	Grund
Kaufpreis	Kaufpreis
Vermessungskosten: Festlegung der Gebäudelage/Einmessung des Hauses	Vermessungskosten: Festlegung der Grundstücksgrenzen
Grunderwerbsteuer, Notargebühren, Eigentümereintrag Grundbuch, Maklergebühren: i. d. R. Aufteilung im Verhältnis der Anschaffungskosten	Grunderwerbsteuer, Notargebühren, Eigentümereintrag Grundbuch, Maklergebühren: i. d. R. Aufteilung im Verhältnis der Anschaffungskosten
Abbruchkosten: Wird ein nutzungsfähiges, bebautes Grundstück in der Absicht erworben, das Gebäude abzureißen und an dessen Stelle ein neues Gebäude zu errichten, so gehören die Abbruchkosten zu den Herstellungskosten des Neubaus	
Hausanschlusskosten: Kosten des erstmaligen Anschlusses des Gebäudes an das Stromversorgungsnetz, an das Gasnetz und die Wasser- und Wärmeversorgung	
Kosten der Baugenehmigung	

BEISPIEL

G, der zum Vorsteuerabzug berechtigt ist, erwarb im Jahr 2024 ein bebautes Grundstück am Stadtrand von Kiel. Der Kaufpreis betrug 120.000 €, davon entfallen 30 % auf den Grund und Boden. Neben dem Kaufpreis für das Grundstück fielen noch folgende Kosten an:

- Grunderwerbsteuer 5 %,
- Notarkosten für die Beurkundung des Kaufvertrages 900 € + 19 % USt,
- Gerichtskosten für die Eintragung als Eigentümer 300 €,

- Maklergebühren in Höhe von 4.000 € + 19 % USt.

Wie hoch betragen die Anschaffungskosten des Gebäudes und des Grundstücks?

	Gebäude	Grundstück
Anschaffungskosten	84.000 €	36.000 €
Grunderwerbsteuer 5 %	4.200 €	1.800 €
Notargebühren	630 €	270 €
Gerichtskosten	210 €	90 €
Maklergebühren	2.800 €	1.200 €
Summe	91.840 €	39.360 €

Geringwertige Wirtschaftsgüter

GWG Eine besondere Schwierigkeit bei der Ermittlung der Anschaffungskosten eines GWGs spielt die Abziehbarkeit der Vorsteuer. Nach § 9b Abs. 1 EStG gehört der Vorsteuerbetrag i. S. d. § 15 UStG nicht zu den Anschaffungs- oder Herstellungskosten, wenn dieser abgezogen werden darf. Aber: Obwohl die USt nach § 9b Abs. 1 UStG eigentlich nur dann nicht zu den Anschaffungs- oder Herstellungskosten gehört, wenn der Abzug von Vorsteuer nach § 15 UStG möglich ist, wird sie auch bei nicht Vorsteuerabzugsberechtigten zur Ermittlung der 250 €- bzw. 800 €-Grenze ausgenommen. Das liegt am Wortlaut des § 6 Abs. 2 EStG: Es kommt auf den **reinen Warenwert** als Nettowert an.

AUFGABE

Der Zahnarzt Dr. Kloose erwirbt am 09.06.2024 ein medizinisches Gerät für 700 € zzgl. 133 € (19 % USt). Liegt ein GWG vor?

LÖSUNG

Das medizinische Gerät ist abnutzbar, beweglich und selbstständig nutzbar. Der Netto-Warenwert liegt mit 700 € zwischen 250 € und 800 €. Als Sofortabschreibung ergibt sich somit 700 € zzgl. 133 € = 833 €. Die Vorsteuer von 133 € gehört zu den Anschaffungskosten und daher sind die 133 € im Sinne einer Vorsteuer keine Betriebsausgabe!

1.2.5 Betriebseinnahmen, die nicht aus Entgelt bestehen

Betriebseinnahmen können auch ohne Entgelt sein. Denn unter Betriebseinnahmen ist jeder wirtschaftliche Vorteil zu verstehen, den der Steuerpflichtige im Rahmen von Gewinneinkünften erlangt. Es kommt also auf den betrieblichen Zusammenhang an. Dazu gehören alle Güter in Geld oder Geldeswert, Sachleistungen und Nutzungsvorteile.

BEISPIEL

Der Zahnarzt Z führt bei seinem besten Freund F eine Zahnreinigung mit einem Wert von 200 € unentgeltlich aus. Dafür repariert F das Fahrrad des Z. Z erzielt eine Betriebseinnahme i. H. v. 200 €.

Zu den Betriebseinnahmen gehören auch Sonderbetriebseinnahmen, die in die Ermittlung des Gewerbeertrags von Personengesellschaften einzubeziehen sind.

1.2.6 Betriebsausgaben, die nicht aus Entgelt bestehen

Regelmäßig kommen zahlungsunwirksame Geschäftsvorfälle aus Betriebsausgabe nicht infrage. So sind bspw. die Bildung von Rückstellungen und die Berichtigung von Forderungen keine Betriebsausgaben. Die wohl wichtigste Ausnahme hierfür liegt in den **Abschreibungen**. Der Zahlungsfluss des Unternehmers ist mit der Anschaffung des aktivierungsfähigen Wirtschaftsguts getätigt. Betriebsausgaben entstehen erst mit dem Ansatz von Abschreibungen. Zu beachten ist, dass Aufwendungen nicht zweimal erfasst werden dürfen. Hierzu ein Beispiel:

BEISPIEL

G betreibt einen Gemüsehandel. Im Jahr 2023 lagert er 500 kg Kartoffeln ein und bucht den Aufwand korrekt als Betriebsausgabe. Im Januar 2024 stellt G zu seinem Entsetzen fest, dass die Kartoffeln während der Lagerung unbrauchbar geworden sind. Eine erneute Aufwandserfassung im Jahr 2024 ist nicht möglich.

1.2.7 Sonstiges

Vereinnahmung/Verausgabung

Die Zuordnung der Betriebseinnahmen und -ausgaben erfolgt grundsätzlich nach dem jeweiligen Zu- oder Abfluss i. S. d. § 11 EStG.

BEISPIEL

Ein Kunde des A begleicht eine Rechnung per Kreditkarte am 30.12.2024. Der Betrag wird dem A erst am 03.01.2025 gutgeschrieben. Die Auftragserteilung an das Kreditinstitut gilt nicht als Einnahme. Entscheidend ist das Datum der Gutschrift auf das Konto des A. Die Einnahme ist erst 2025 zu erfassen.

Mehraufwand Verpflegung

Betriebsausgaben fallen für Mehraufwendungen für die Verpflegung des Steuerpflichtigen i. S. d. § 4 Abs. 5 Nr. 5 EStG an. Wird der Steuerpflichtige vorübergehend von seiner Wohnung und dem Mittelpunkt seiner dauerhaft angelegten betrieblichen Tätigkeit entfernt betrieblich tätig (z. B. aufgrund einer auswärtigen betrieblichen Veranstaltung oder Fortbildung) sind die Mehraufwendungen für Verpflegung i. S. d. § 9 Abs. 4a EStG abziehbar:

- 28 € für jeden Kalendertag, an dem der Arbeitnehmer 24 Stunden von seiner Wohnung und ersten Tätigkeitsstätte abwesend ist,
- jeweils 14 € für den An- und Abreisetag, wenn der Arbeitnehmer an diesem, einem anschließenden oder vorhergehenden Tag außerhalb seiner Wohnung übernachtet,
- 14 € für den Kalendertag, an dem der Arbeitnehmer ohne Übernachtung außerhalb seiner Wohnung mehr als 8 Stunden von seiner Wohnung und der ersten Tätigkeitsstätte abwesend ist.

BEISPIEL

Die C betreibt eine Zahnarztpraxis in Nürnberg. Sie nimmt an einer Fortbildungsveranstaltung für 2 Tage in München teil, wobei sie sich für eine Nacht ein Hotelzimmer ohne Frühstück für 150 € nimmt. Gem. § 4 Abs. 5 Nr. 5 EStG i. V. m. § 9 Abs. 4a EStG kann C demnach 2 · 14 € = 28 € als Betriebsausgabe ansetzen.

---

2. Grundlagen der Buchführung für Industrie- und Handelsbetriebe

Warum bedarf es eigentlich eines Rechnungswesens? Das Rechnungswesen erfüllt verschiedene Aufgaben. Diese liegen im Wesentlichen in den Informationszwecken für interne und externe Adressaten und in den Grundlagen zur Besteuerung.

Eigene Informationszwecke

Zunächst haben der Unternehmer bzw. die Gesellschafter ein natürliches Interesse, über die Finanzlage des Unternehmens informiert zu sein. Das beinhaltet u. a. sich ein Bild zu verschaffen über:

- die Vermögenslage (Vermögen, Schulden),
- die Ertragslage (Gewinn und Verlust-Situation),
- wie der geschäftliche Erfolg zustande kommt (z. B. besonders erfolgreiche Produkte oder Waren oder außergewöhnliche Erträge oder Aufwendungen),
- über die Höhe der Entnahmen oder Einlagen.

Fremde Informationszwecke

Nicht nur die Eigentümer eines Unternehmens besitzen ein Interesse an der Finanzlage. Auch künftige (Mit)Gesellschafter benötigen fundierte Informationen aus dem Rechnungswesen, ob sich der Einstieg in ein Unternehmen lohnt, z. B. im Rahmen künftiger Gewinnausschüttungen, Rentabilität der Beteiligung oder Risikobeurteilungen hinsichtlich der Prognose der Unternehmensfortführung. Darüber hinaus benötigen Fremdkapitalgeber gesicherte Entscheidungsgrundlagen, damit der Rückfluss und die Verzinsung von gegebenem Kapital innerhalb eines vertretbaren Risikos sichergestellt werden können.

Grundlage für die Steuern

Weiterhin dienen die Daten aus dem Rechnungswesen als Grundlage für die Jahressteuererklärungen (z. B. ESt, USt) und für die unterjährigen USt-Voranmeldungen.

2.1 Buchführungs -und Aufbewahrungspflicht

Die Pflicht zur Buchführung kann sich u. a. aus dem Handelsrecht oder aus dem Steuerrecht ergeben. Beide Fälle werden hier kurz erläutert. Besondere Buchführungspflichten, z. B. aus der

Gewerbeordnung oder nach dem Energiewirtschaftsgesetz werden hier jedoch nicht besprochen.

Buchführungspflicht nach Handelsrecht

Grundsätzlich ist jeder Kaufmann nach § 238 Abs. 1 Satz 1 HGB dazu verpflichtet, Bücher zu führen und darin seine Handelsgeschäfte und die Lage seines Vermögens nach den Grundsätzen ordnungsmäßiger Buchführung ersichtlich zu machen. Ob ein Unternehmer Kaufmann in diesem Sinne ist, richtet sich nach den §§ 1 ff. HGB. Buchführungspflichtig sind

- Istkaufleute (§ 1 HGB), d. h. Kaufleute, die ein Handelsgewerbe betreiben. Als Handelsgewerbe gilt jeder Gewerbebetrieb, es sei denn, das Unternehmen erfordert keinen nach Art oder Umfang in kaufmännischer Weise eingerichteten Geschäftsbetrieb;
- Kannkaufleute (§ 2 HGB), d. h. Kaufleute, bei denen die Voraussetzungen eines Istkaufmanns nicht vorliegen, die ihr Unternehmen aber freiwillig in das Handelsregister eintragen lassen;
- Kaufleute kraft Handelsregistereintragung (§ 5 HGB);
- Formkaufleute, also Handelsgesellschaften (§ 6 HGB), d. h. Personenhandelsgesellschaften (z. B. OHG, KG, Kapitalgesellschaften, Genossenschaften).

MERKE

Ob ein Einzelunternehmen buchführungspflichtig ist, kann im Einzelfall strittig sein. Buchführungspflicht ist dann gegeben, wenn ein in kaufmännischer Weise eingerichteter Geschäftsbetrieb vorliegt. Indizien hierfür sind bspw. Umsatzerlöse, Branche oder Anzahl der Mitarbeitenden.

Buchführungspflicht nach Steuerrecht

Wer nach Handelsrecht zur Buchführung verpflichtet ist, muss nach § 140 AO auch steuerrechtlich buchführungspflichtig. Nach § 141 Abs. 1 Satz 1 AO fallen unter die Buchführungspflicht - auch dann, wenn § 140 AO nicht zutrifft - gewerbliche Unternehmer sowie Land- und Forstwirte, die nach den Feststellungen der Finanzbehörde für den einzelnen Betrieb

- einen Gesamtumsatz i. S. d. § 19 Abs. 3 Satz 1 UStG von mehr als 800.000 € im Kalenderjahr oder
- selbstbewirtschaftete land- und forstwirtschaftliche Flächen mit einem Wirtschaftswert (§ 46 BewG) von mehr als 25.000 € oder
- einen Gewinn aus Gewerbebetrieb von mehr als 80.000 € im Wirtschaftsjahr oder
- einen Gewinn aus Land- und Forstwirtschaft von mehr als 80.000 € im Kalenderjahr

aufweisen.

Aufbewahrungspflichten

An dieser Stelle soll eine kurze Übersicht über die wichtigsten Aufbewahrungspflichten genügen, und zwar nach Handels- und Steuerrecht. Grundsätzlich (es gibt also Ausnahmen!) entsprechen die handelsrechtlichen Aufbewahrungspflichten auch den steuerlichen.

Aufbewahrung von Unterlagen	**Erläuterung**
Jahresabschluss	**10 Jahre**, Beginn ist der Schluss des Kalenderjahrs der Feststellung (§ 257 Abs. 1, 4 und 5 HGB)
Gewinn- und Verlustrechnung	**10 Jahre**, Beginn ist der Schluss des Kalenderjahrs der Feststellung (§ 257 Abs. 1, 4 und 5 HGB)
Buchungsbelege	**10 Jahre**, Ein- und Ausgangsrechnungen, Quittungen, Kontoauszüge, Datenträger usw. (vgl. § 238 Abs. 1 HGB)
Handelsbriefe	**6 Jahre**, Empfangene und verschickte Handelsbriefen die Handelsgeschäfte i. S. d. §§ 343ff. HGB betreffen, Beginn ist der Schluss des Kalenderjahrs der Absendung oder des Empfangs (§ 257 Abs. 1 und Abs. 3 bis 5 HGB)
Aufzeichnungen und Unterlagen (§ 147a Abs. 1 Satz 1 AO)	Steuerpflichtige, bei denen die Summe der positiven Einkünfte nach § 2 Abs. 1 Nr. bis 7 EStG (Überschusseinkünfte) **mehr als 500.000 €** im Kalenderjahr beträgt, haben die Aufzeichnungen und Unterlagen über die den Überschusseinkünften zu Grunde liegenden Einnahmen und Werbungskosten **sechs Jahre** aufzubewahren

2.2 Grundlagen der Finanzbuchhaltung

In der Finanzbuchhaltung gilt der Grundsatz „Keine Buchung ohne Beleg". Doch bevor es unter Kapitel 3 in die Tiefen von Buchungssätzen geht, müssen erst die „Basics" sitzen. Deshalb werden im Folgenden die Grundlagen einer Finanzbuchhaltung besprochen.

2.2.1 Inventur und Inventar

Nach § 240 Abs 1 HGB hat jeder Kaufmann **zu Beginn seines Handelsgewerbes** seine Grundstücke, seine Forderungen und Schulden, den Betrag seines baren Geldes sowie seine sonstigen Vermögensgegenstände genau zu verzeichnen und dabei den Wert der einzelnen Vermögensgegenstände und Schulden anzugeben. Für den Schluss eines jeden Geschäftsjahrs besteht die Verpflichtung nach § 240 Abs. 2 HGB, ein solches **Inventar** aufzustellen.

MERKE

Jeder Kaufmann muss zum Schluss jedes Geschäftsjahrs ein **Verzeichnis** erstellen, das die Vermögensgegenstände des Unternehmens erfasst. Dieses Verzeichnis nennt man „Inventar". Der Vorgang zur Erstellung des Inventars wird als „Inventur" bezeichnet. Für das **Anlagevermögen** gilt: In das Bestandsverzeichnis müssen sämtliche beweglichen Gegenstände des Anlagevermögens, auch wenn sie bereits in voller Höhe abgeschrieben sind, aufgenommen werden. Eine Ausnahme gibt es für geringwertige Wirtschaftsgüter (§ 6 Abs. 2 EStG), für Wirtschaftsgüter, die in einem Sammelposten erfasst werden (§ 6 Abs. 2a EStG) und für die mit einem Festwert angesetzten Wirtschaftsgüter (R 5.4 Abs. 1 Sätze 1 bis 3 EStR).

Die Inventur umfasst nicht nur die mengenmäßige Aufnahme des Inventars, sondern auch dessen Bewertung. Auch wenn Beides unter den Begriff der Inventur fällt, sind dies voneinander abzugrenzende Tätigkeiten im Rahmen eines Jahresabschlusses.

Im Rahmen einer Inventur werden **körperliche Gegenstände** (z. B. Lagerbestände) durch Sichten, Zählen, Messen, Wiegen oder Schätzen aufgenommen. Bei der "**Buch- und Beleginventur**" werden Mengen und Werte aus betrieblichen oder externen Aufzeichnungen erhoben, insbesondere weil eine körperliche Bestandsermittlung nicht möglich ist, z. B. für Forderungen oder Verbindlichkeiten. In der Praxis wird bspw. das Grundvermögen durch externe Grundbuchauszüge nachgewiesen, bei Forderungen und Verbindlichkeiten werden beim Debitor bzw. Kreditor Saldenbestätigungen stichprobenartig angefordert.

Inventurstichtag und -vereinfachung

Ein genaues Datum als Inventurstichtag sieht § 240 HGB nicht vor. Nach dieser Vorschrift ist „zu Beginn" des Handelsgewerbes und „für den Schluss" („Stichtagsinventur") eines Geschäftsjahrs ein Inventar zu erstellen. Als Stichtagsinventur gilt auch eine so genannte „ausgeweitete Stichtagsinventur". Hierbei handelt es sich um eine Inventur, die wenige Tage vor oder nach dem Abschlussstichtag stattfindet. Steuerlich ist gem. R 5.3 Abs. 1 EStR im Normalfall ein Zeitraum von **zehn Tage vor bzw. nach dem Abschlussstichtag** zugelassen. Im Rahmen der Anwendung des § 241 HGB gibt es verschiedene Methoden zur **Inventurvereinfachung**:

- Stichprobeninventur (§ 241 Abs. 1 HGB):

  Stichprobeninventuren sind Bestandserhebungen von Vermögensgegenständen ohne Vollerhebung. Der Aussagewert des aufgrund von Stichproben aufgestellten Inventars muss gem. § 241 Abs. 1 Satz 3 HGB dem Aussagewert eines aufgrund einer vollen körperlichen Bestandsaufnahme aufgestellten Inventars gleichkommen.

- Inventuren ohne körperliche Bestandsaufnahmen für den Bilanzstichtag (§ 241 Abs. 2 HGB):

  Die körperliche Bestandsaufnahme ist nicht immer möglich, z. B. wenn Güter aus produktionstechnischen Gründen körperlich nicht aufgenommen werden dürfen (Halbleiterproduktion und Reinheitsgebot), diese an schwer zugänglichen Orten liegen (z. B. im Ausland) oder nicht voneinander zu trennen sind (Schüttgüter). Als Lösung hierzu kommt u. a. eine „**permanente Inventur**" infrage[1]. Dabei werden die körperlichen Bestandsaufnahmen über das ganze Jahr hinweg verteilt. Die dabei festgestellten Mengen und Werten von Vermögensgegenständen werden auf den Bilanzstichtag fortgeschrieben.

1 Neben der permanenten Inventur kommen auch die Einlagerungsinventur und die systemgestützte Werkstattinventur in Betracht, auf die hier jedoch nicht näher eingegangen werden kann.

- vor- oder nachverlegte Stichtagsinventuren (§ 241 Abs. 3 HGB):

  Nach § 241 Abs. 3 HGB kann die jährliche körperliche Bestandsaufnahme ganz oder teilweise innerhalb der letzten drei Monate vor oder der ersten zwei Monate nach dem Bilanzstichtag durchgeführt werden. Der dabei festgestellte Bestand ist nach Art und Menge in einem besonderen Inventar zu verzeichnen. Der in dem besonderen Inventar erfasste Bestand ist auf den Tag der Bestandsaufnahme (Inventurstichtag) nach allgemeinen Grundsätzen zu bewerten. Der sich danach ergebende Gesamtwert des Bestands ist dann wertmäßig auf den Bilanzstichtag fortzuschreiben oder zurückzurechnen (R 5.3 Abs. 2 EStR).

BEISPIEL

Der Abschlussstichtag der X-GmbH ist der 31.12. Da zwischen dem 24.12. bis 06.01. des Folgejahrs Betriebsferien angeordnet ist, kann eine Inventur nicht durchgeführt werden. Lediglich im Versand arbeitet ein Notdienst für dringende Fälle. Die Inventur findet erst am 07.01. statt. Die nach dem 01.01. vom Notdienst entnommenen Teile müssen gesondert erfasst werden, damit der Bestand nach Menge und Wert auf den 31.12. zurückgerechnet werden kann.

2.2.2 Bilanz

Allgemeines

Die Bilanzaufstellung[1] zum Bilanzstichtag gehört zu den verpflichtenden Arbeiten im Rahmen der Jahresabschlussarbeiten buchführungspflichtiger Unternehmen. Mit (endgültiger) Aufstellung der Bilanz endet auch die Möglichkeit, weitere Buchungen vorzunehmen. Auf der Aktivseite der Bilanz findet sich das Vermögen (Anlage- und Umlaufvermögen, sowie passive Rechnungsabgrenzungsposten), auf der Passivseite dagegen steht das Eigenkapital, die Schulden und die passiven Rechnungsabgrenzungsposten.

MERKE

Die Handelsbilanz bildet die Ausgangsbilanz für die Steuerbilanz.

Die Gliederung einer Bilanz ergibt sich aus § 266 HGB. Demnach muss eine Bilanz in Kontoform aufgestellt werden. Dabei gibt es für mittelgroße und große Kapitalgesellschaften (§ 267 Abs. 2 und 3 HGB) Sonderregelungen. Kleine Kapitalgesellschaften (§ 267 Abs. 1 HGB) brauchen nur eine verkürzte Bilanz aufzustellen.

Das Schema einer Bilanz am Beispiel für mittelgroße und große Kapitalgesellschaften sieht folgendermaßen aus:

Aktivseite		Passivseite	
Anlagevermögen:	Immaterielle Vermögensgegenstände	Eigenkapital:	Gezeichnete Kapital
	Sachanlagen		Kapitalrücklage
	Finanzanlagen		Gewinnrücklagen
Umlaufvermögen	Vorräte		Gewinnvortrag/Verlustvortrag
	Forderungen und sonstige Vermögensgegenstände	Rückstellungen	Jahresergebnis
	Wertpapiere	Verbindlichkeiten	
	Kassenbestand, Bundesbankguthaben, Guthaben bei Kreditinstituten und Schecks	Rechnungsabgrenzungsposten	
Rechnungsabgrenzungsposten			

1 Man sollte zumindest davon gehört haben, dass es noch weitere Bilanzformen, so genannte Sonderbilanzen gibt, z. B. Liquidationsbilanzen bei Veräußerung eines Unternehmens oder Spaltungsbilanzen, wenn ein Unternehmen aufgespaltet wird.

Bestandsveränderungen

Während eines Geschäftsjahrs gibt es in einem Unternehmen naturgemäß viele Geschäftsvorfälle, die sich auf den Bestand des Vermögens und/oder des Kapitals niederschlagen. Wenn bspw. im Unternehmen ein Bankdarlehen aufgenommen wird, erhöht sich die Bilanzposition „Verbindlichkeiten gegenüber Kreditinstituten", während die Bilanzposition „Guthaben bei Kreditinstituten" in gleicher Höhe durch die Auszahlung des Darlehens angestiegen ist. In diesem Beispiel erhöht sich die Bilanzsumme auf der Aktivseite, da der Bankbestand angewachsen ist. Auf der Passivseite erhöhen sich die Verbindlichkeiten, da der Schuldenstand sich aufgrund des Bankdarlehens erhöht hat. Da also beide Seiten der Bilanz – Aktiv- und Passivseite – höher geworden sind, spricht man von einer Aktiv-Passiv-Mehrung. Es gibt vier Arten von Bestandsveränderungen:

Art der Bestandsveränderungen	**Beschreibung**	**Beispiele**
Aktiv-Tausch	Auf der Aktivseite werden Bilanzposten höher und mit dem gleichen Betrag niedriger.	Ein Unternehmen kauft ein Grundstück und bezahlt sofort. Da das Anlagevermögen steigt und der Bankbestand in gleicher Höhe sinkt, kommt es zum Aktiv-Tausch.
Aktiv-Passiv-Mehrung	Die Bilanzsumme insgesamt wird größer, da sich Bilanzpositionen auf der Aktiv- und Passivseite mit dem gleichen Betrag erhöhen.	Ein Unternehmen kauft Handelsware auf Ziel. Das Umlaufvermögen steigt und die Verbindlichkeiten ebenso in gleicher Höhe. Die Bilanzsumme erhöht sich.
Passiv-Tausch	Auf der Passivseite werden Bilanzposten höher und mit dem gleichen Betrag niedriger.	Ein Unternehmen nimmt ein Bankdarlehen auf, um eine Lieferantenverbindlichkeit zu bezahlen. Die Bilanzsumme bleibt gleich.
Aktiv-Passiv-Minderung	Die Bilanzsumme insgesamt wird niedriger, da sich Bilanzpositionen auf der Aktiv- und Passivseite mit dem gleichen Betrag absenken.	Ein Unternehmen tilgt eine Bankverbindlichkeit. Das Umlaufvermögen sinkt durch den Ablauf von liquiden Mitteln (Bankbestand). Die Verbindlichkeiten sinken ebenso in gleicher Höhe. Die Bilanz-summe wird kleiner.

AUFGABE

Es liegt folgende stark vereinfachte Eröffnungsbilanz der F-GmbH vor:

Aktivseite		01.01.	Passivseite		01.01.
Anlagevermögen:	Sachanlagen	90.000 €	Eigenkapital:	Gezeichnete Kapital	25.000 €
Umlaufvermögen	Vorräte	10.000 €		Gewinnrücklagen	35.000 €
	Forderungen	5.000 €	Rückstellungen	Rückstellung für unterlassene Instandhaltung	25.000 €
	Bankbestand	70.000 €	Verbindlichkeiten	Verbindlichkeiten gegenüber Kreditinstituten	90.000 €
Bilanzsumme		175.000 €	Bilanzsumme		175.000 €

Folgende Geschäftsvorfälle liegen vor:

a) die F-GmbH nimmt ein Darlehen i. H. v. 10.000 € auf. Dieses wird sofort ausbezahlt.

b) Ein Kunde begleicht seine Rechnung in Höhe von 2.000 €.

c) Es werden Vorräte für 30.000 € beschafft und sofort bezahlt.

d) Die gebildete Rückstellung für unterlassene Instandhaltung weist sich als verfehlt auf und wird vollständig gegen Ertrag aufgelöst.

Aufgaben:

Es ist die Schlussbilanz zu erstellen. Ein möglicher Jahresüberschuss soll vereinfachend als Gewinnrücklage dargestellt werden.

Welche Arten von Bestandsänderungen liegen vor?

LÖSUNG

Aktivseite		31.12.	Passivseite		31.12.
Anlagevermögen:	Sachanla-gen	90.000 €	Eigenkapital:	Gezeichnete Kapital	25.000 €
Umlaufvermögen	Vorräte	40.000 €		Gewinnrücklagen	60.000 €
	Forderungen	3.000 €	Rückstellungen	Rückstellung für unterlassene Instandhaltung	0 €
	Bankbestand	52.000 €	Verbindlichkeiten	Verbindlichkeiten gegenüber Kreditinstituten	100.000 €
Bilanzsumme		185.000 €	Bilanzsumme		185.000 €

Zu a) Darlehensverbindlichkeiten steigen um 10.000 €, der Bankbestand steigt in gleicher Höhe → Aktiv-Passiv-Mehrung.

Zu b) Da der Kunde lediglich seine Rechnung begleicht, kommt es zu keinem Ertrag. Mit Entstehen der Forderung wurde bereits in der Vorperiode ein Ertrag erzeugt. Hier geht es lediglich um den Bezahlvorgang. Folglich sinken die Forderungen um 2.000 €, der Bankbestand steigt um den gleichen Betrag → Aktiv-Tausch.

Zu c) Das Vorratsvermögen steigt um 30.000 €, der Bankbestand sinkt in gleicher Höhe → Aktiv-Tausch.

Zu d) Durch das Auflösen der Rückstellung entsteht ein Ertrag, der nicht zahlungswirksam ist. Die Rückstellungen sinken um 25.000 €, der Ertrag steigt um den gleichen Betrag. Hier vereinfachend als Gewinnrücklage dargestellt. → Passiv-Tausch.

Bestandskonten

Auf Bestandskonten werden die Bestände der Besitz-/Vermögenswerte auf der Aktivseite sowie der Schulden und des Kapitals/Eigenkapitals/Betriebsvermögens auf der Passivseite dargestellt. Aus diesem Grund lauten die Bezeichnungen auf:

- aktive Bestandskonten (Besitz-/Vermögenswerte) und
- passive Bestandskonten (Schulden und Kapital/Eigenkapital/Betriebsvermögen).

Die Seiten der Konten werden mit „Soll" für die linke Seite des Kontos und „Haben" für die rechte Seite des Kontos bezeichnet.

Aktive Bestandskonten

Soll		Haben	
Anfangsbestand*)	in Euro	Abgänge	in Euro
Zugänge	in Euro	Endbestand**)	in Euro
Summe	in Euro	Summe	in Euro

- *) Der Anfangsbestand wird über das Eröffnungsbilanzkonto aus der Eröffnungsbilanz übernommen.
- **) Der Endbestand wird über das Schlussbilanzkonto in die Schlussbilanz übernommen.

Passive Bestandskonten

Soll		Haben	
Abgänge	in Euro	Anfangsbestand*)	in Euro
Endbestand**)	in Euro	Zugänge	in Euro
Summe	in Euro	Summe	in Euro

- *) Der Anfangsbestand wird über das Eröffnungsbilanzkonto aus der Eröffnungsbilanz übernommen.

► **) Der Endbestand wird über das Schlussbilanzkonto in die Schlussbilanz übernommen.

2.2.3 Gewinn- und Verlustrechnung

Allgemeines

Alle Kaufleute nach Maßgabe des HGB sind nach § 242 Abs. 2 HGB, sofern sie nicht ausnahmsweise nach § 242 Abs. 4 HGB i.V.m. § 241a HGB von der Jahresabschlusserstellung und Buchführung befreit sind, verpflichtet, für den Schluss eines jeden Geschäftsjahres eine Gegenüberstellung der Aufwendungen und Erträge des Geschäftsjahres (Gewinn- und Verlustrechnung) aufzustellen.

Wie bei einem Erfolgskonto werden auf der Sollseite die Aufwendungen und auf der Habenseite die Erträge zusammengefasst. Ein Gewinn oder Verlust ergibt sich dann als Saldo der gegenüberstehenden Kontoseiten. Ein Gewinn steht dann auf der Soll- bzw. Aufwandsseite, ein Verlust auf der Haben- bzw. Ertragsseite.

BEISPIEL

Summe der Aufwendungen	873.000 €	Summe der Erträge	930.000 €
Jahresüberschuss	57.000 €		
Summe	930.000 €	Summe	930.000 €

TIPP

In Prüfungsaufgaben wird in den meisten Fällen von einem Jahresüberschuss ausgegangen. Dieser befindet sich auf der Soll-Seite einer GuV. Aber in Ausnahmen kann auch ein Jahresfehlbetrag vorliegen, also auf der Haben-Seite. Dann muss für weitere Berechnungen, z. B. für die Gewerbesteuer, ein Minuszeichen vorangehen.

Zwei Verfahren

Nach § 275 Abs. 1 Satz 1 HGB ist die Gewinn- und Verlustrechnung in Staffelform nach dem **Gesamtkostenverfahren oder dem Umsatzkostenverfahren** aufzustellen.

Umsatzkostenverfahren

Das Umsatzkostenverfahren beinhaltet eine Umsatzerfolgsrechnung. Zur Abgrenzung der Erträge und Aufwendungen werden „nur" die abgesetzten Mengeneinheiten herangezogen. Die Erträge und Aufwendungen werden nicht schon bei der Produktion, sondern erst beim Absatz der Produkte gezeigt.

Gesamtkostenverfahren

Das Gesamtkostenverfahren bezieht sich auf die Produktionserfolgsrechnung. Es werden die produzierten Mengen zur Abgrenzung der Erträge und Aufwendungen herangezogen. Erhöhungen des Bestands an fertigen und unfertigen Erzeugnissen sowie selbst erstellte Sachanlagen werden folglich als Erträge erfasst. Im Folgenden sollen GuV nach dem Gesamtkostenverfahren betrachtet werden.

Auszuweisende Positionen nach § 275 Abs. 2 HGB (Gesamtkostenverfahren):

	1. Umsatzerlöse	
+/-	2. Erhöhung oder Verminderung des Bestands an fertigen und unfertigen Erzeugnissen	
+	3. andere aktivierte Eigenleistungen	
+	4. sonstige betriebliche Erträge	
=	Gesamtleistung	
-	5. Materialaufwand	
		a) Aufwendungen für Roh-, Hilfs- und Betriebsstoffe und für bezogene Waren
		b) Aufwendungen für bezogene Leistungen
-	6. Personalaufwand	
		a) Löhne und Gehälter
		b) soziale Abgaben und Aufwendungen für Altersversorgung und für Unterstützung, davon für Altersversorgung

-	7. Abschreibungen	
		a) auf immaterielle Vermögensgegenstände des Anlagevermögens und Sachanlagen
		b) auf Vermögensgegenstände des Umlaufvermögens, soweit diese die in der Kapitalgesellschaft üblichen Abschreibungen überschreiten
-	8. sonstige betriebliche Aufwendungen	
=	Betriebsergebnis	
+	9. Erträge aus Beteiligungen	
+	10. Erträge aus anderen Wertpapieren und Ausleihungen des Finanzanlagevermögens	
+	11. sonstige Zinsen und ähnliche Erträge	
-	12. Abschreibungen auf Finanzanlagen und auf Wertpapiere des Umlaufvermögens	
-	13. Zinsen und ähnliche Aufwendungen	
+/-	14. Steuern vom Einkommen und vom Ertrag	
=	15. Ergebnis nach Steuern	
+/-	16. sonstige Steuern	
=	17. Jahresüberschuss/Jahresfehlbetrag	

Erfolgskonten

Während für eine Bilanz Bestandskonten angesprochen werden, werden bei einer GuV so genannte „Erfolgskonten" ausgewertet. Erfolgskonten verursachen Änderungen im Eigenkapital. Wenn bspw. Erträge generiert werden, steigt das Eigenkapital.

Aufwendungen werden im Soll verbucht und mindern das Eigenkapital. Erträge werden auf der Haben-Seite verbucht und erhöhen das Eigenkapital. Zu jeder Soll- oder Haben-Buchung gehört ein entsprechendes Gegenkonto. Typische Gegenkonten für den Ertrag oder Aufwand sind bspw.:

Soll-Konto	Haben-Konto
Typische Gegenkonten bei Erträgen:	**Typische Geschäftsvorfälle (Erträge):**
Bank	Warenverkauf
Kasse	Verkauf Anlagevermögen
Forderungen aus LuL	Auflösung von Rückstellungen
Typische Geschäftsvorfälle (Aufwendungen):	**Typische Gegenkonten bei Aufwendungen:**
Materialeinkauf	Verbindlichkeiten aus LuL
Personalaufwand	Bank
Bürobedarf	Kasse

2.2.4 Kontenrahmen und Kontenplan

Die Begriffe „Kontenrahmen" und „Kontenplan" werden gerne vermischt. Dabei sind diese genau zu trennen:

Ein Kontenrahmen ist ein standardisierter Organisations- und Gliederungsplan für alle Buchungskonten im betrieblichen Rechnungswesen. Dadurch werden die einzelnen Konten in einer Buchführung organisiert. Ein Kontenplan ist ein Verzeichnis aller für die Buchführung eines Unternehmens relevanten Konten, er basiert auf den offiziellen Kontenrahmen.

In der Prüfung zum Steuerfachangestellten kommen die Spezialkontenrahmen SKR 03 und SKR 04 zur Anwendung. Die Unterschiede lassen sich tabellarisch darstellen:

Kontenklasse	Kontenarten im SKR 03 mit Beispielen	Kontenarten im SKR 04 mit Beispielen
0	Anlage- und Kapitalkonten: Anlagevermögen, Eigenkapital, Rechnungsabgrenzungsposten	Anlagevermögen: immaterielle Wirtschaftsgüter, Sachanlagevermögen
1	Finanz- und Privatkonten: Bank, Kasse, Forderungen	Umlaufvermögen: Bestand Rohstoffe, Kasse, Bank, Rechnungsabgrenzungsposten
2	Abgrenzungskonten: Zinsen, Steuern vom Einkommen und Ertrag, sonstige Aufwendungen, sonstige Erträge	Eigenkapital: Festkapital, Privatentnahmen
3	Wareneingangs- und Bestandskonten	Fremdkapital: Rückstellungen, Verbindlichkeiten, Rechnungsabgrenzungsposten
4	Betriebliche Aufwendungen	Betriebliche Erträge: Umsatzerlöse, Bestandsveränderungen, sonstige betriebliche Erträge
5	Frei für Kostenrechnung	Betriebliche Aufwendungen: Materialaufwand
6	Frei für Kostenrechnung	Betriebliche Aufwendungen: Personalaufwand, sonstige betriebliche Aufwendungen
7	Bestände an Erzeugnissen	Finanzergebnis, außerordentliches Ergebnis, Steuern
8	Erlöskonten	Frei für Kostenrechnung
9	Vortragskonten und statistische Konten	Vortragskonten und statistische Konten

2.2.5 Buchungssatz

Die allgemeine Form eines Buchungssatzes lautet: SOLL an HABEN, Betrag.

Das heißt, es wird zuerst das Konto genannt, auf dem im Soll gebucht wird. Dann wird das Konto im Haben gebucht. Zuletzt wird der Betrag genannt.

BEISPIEL

Ein Kunde zahlt eine Rechnung in Höhe von 1.190 € in bar. Der Buchungssatz lautet: Konto 1600 Kasse (Soll, SKR 04) an Konto 1200 Forderungen aus LuL (Haben, SKR 04), 1.190 €. Da es sich bei der Kasse um ein Aktivkonto handelt und der Kassenbestand erhöht wird, wird hier also eine Eintragung im Soll durchgeführt. Die Forderungen aus LuL sind zwar auch ein Aktiv-Konto. Doch deren Bestand sinkt durch die Bezahlung des Kunden. Also muss hier eine Haben-Buchung vorgenommen werden.

3. Laufende Buchungen und Abschlussbuchungen

Der wohl anspruchsvollste und zeitintensivste Teil aus der Prüfung zum Rechnungswesen liegt im Abschnitt über die „Laufenden Buchungen und Abschlussbuchungen“. In der Lösung ist dabei zu beachten, dass die Buchungen sehr häufig chronologisch vorzunehmen sind. Diese Anforderung unterstützt den Prüfling, indem die Einhaltung des zeitlichen Ablaufs alle Sachverhalte berücksichtigt, die wiederum aufeinander aufbauen. So z. B. vom Eingang einer Rechnung über die Reklamation einer eingegangenen Ware bis hin zur Überweisung der offenen Rechnung unter Skontoabzug. Dabei ist es dringend empfehlenswert, neben dem jeweiligen Buchungssatz auch das Datum des Geschäftsvorfalls hinzuschreiben.

Nicht selten enthält eine Aufgabe eine Information, wie ein bestimmter Sachverhalt im Vorjahr behandelt wurde. Das kann bspw. die Bildung einer Rückstellung oder die Vornahme einer Forderungsberichtigung aus dem Vorjahr sein. Diese Informationen müssen dann für das laufende Buchungsjahr entsprechend verarbeitet werden, also z. B. wäre ein Auflösungsertrag aus einer Rückstellung oder die Korrektur einer Forderungsbewertung zu buchen. Die Kunst liegt in derartigen Fällen darin, dass der Buchungssatz aus dem Vorjahr gedanklich nachvollzogen wird.

BEISPIEL

Im Sachverhalt ist folgende Situation beschrieben: A erhält für 2023 im Buchungsjahr 2024 den zutreffenden GewSt-Bescheid 2023 mit einer Steuernachforderung von 13.000 € und begleicht seine Steuerschulden sofort durch Überweisung. Im Jahr 2023 hat A hierfür eine Rückstellung in Höhe von 12.000 € gebildet. Gedanklich muss man sich also den Buchungssatz aus dem Vorjahr vor Augen führen: „Steueraufwand an Steuerrückstellung, 12.000 €". Auf dem Rückstellungskonto ist zum 1.1.2024 ein Saldo von 12.000 €. Dieser muss 2024 durch eine Ertragsbuchung aufgelöst werden: „Rückstellung an Ertrag aus Auflösung von Rückstellung, 12.000 €". Im nächsten Schritt erfolgt die Aufwandsverbuchung aus der GewSt: „Aufwand aus Ertragssteuern an Bank, 13.000 €".

3.1 Allgemeine Hinweise

Führende Anwendung des SKR 04

Im Folgenden werden für die jeweiligen Verbuchungen der Sachverhalte die Konten aus dem SKR 04 und SKR 03 verwendet. Dabei werden die Konten aus dem SKR 03 jeweils in Klammern oder in kursiver Schrift angegeben, aber ohne die Kontenbezeichnung aus dem SKR 03 nochmals anzugeben. Die Konten aus dem SKR 04 werden dagegen zur besseren Orientierung und Zuordnung in den Kontenplan bezeichnet.

3.2 Prüfungsschwerpunkt: laufende Buchungen

3.2.1 Wareneingang

Für eine korrekte Verbuchung eines Wareneingangs müssen die einzelnen Bestandteile einer Rechnung geprüft und buchhalterisch berücksichtigt werden.

Der Aufbau einer Rechnung und die Verbuchung dazu könnte z. B. so aussehen:

		SKR 04		*SKR 03*	
		Soll	Haben	*Soll*	*Haben*
	Material, z. B. Schrauben	5200 Wareneingang		*3200*	
-	Rabatt über x %	5200 Wareneingang		*3200*	
	Zwischensumme				
+	Fracht	5800 Bezugskosten		*3800*	
+	Verpackung	5800 Bezugskosten		*3800*	
=	Rechnungsbetrag netto				
+	USt	1400 abz. Vorsteuer		*1570*	
=	Rechnungsbetrag brutto		3310 Verbindlichkeiten aus LuL		*1610*

Nach „5200 Wareneingang" gehören Rabatte, aber keine Bezugskosten und Vorsteuer

Das Konto „5200 Wareneingang" (SKR 04) dient der Erfassung der Ware, welche zur Be- oder Verarbeitung benötigt wird. Bei Vorliegen einer Eingangsrechnung wird dieses Konto unmittelbar angesprochen. Sieht die Eingangsrechnung einen gewährten Rabatt vor, so wird der Minderaufwand direkt im Konto 5200 (3200) erfasst. Der Rabatt wird einfach von den Nettoaufwendungen für den Wareneingang abgezogen.

Das Konto wird stets ohne Vorsteuer bebucht.

AUFGABE

Die Schreinerei-GmbH erhält am 31.08.2024 folgende Rechnung:

	Holzbretter	5.000 €
-	5 % Rabatt	250 €
	Zwischensumme	4.750 €
+	Fracht	500 €
+	Verpackung	350 €
=	Rechnungsbetrag netto	5.600 €
+	19 % USt	1.064 €
=	Rechnungsbetrag brutto	6.664 €

Wie lautet der Buchungssatz?

LÖSUNG

SKR 04 (03)		Soll	Haben
5200 (3200) Wareneingang		4.750 €	
5800 (3800) Bezugskosten		850 €	
1400 (1570) Vorsteuer		1.064 €	
	3310 (1610) Verb. aus LuL		6.664 €

Erläuterung: der in der Rechnung gewährte Rabatt i. H. v. 250 € senkt unmittelbar den Aufwand und wird vom Warenbezugswert einfach abgezogen. Die Bezugskosten bestehen aus Fracht- und Verpackungskosten (850 €) und sind auf einem eigenen Konto, „5800 Bezugskosten" (SKR 04), zu erfassen. Der Aufwand für den Wareneingang und für den Bezug bilden die Bemessungsgrundlage für die abziehbare Vorsteuer (4.750 € + 850 € = 5.600 €). Da die Rechnung zunächst erst einmal eingegangen und die Bezahlung noch offen ist, erfolgt die Haben-Buchung auf Konto „3310 Verbindlichkeiten aus LuL" (SKR 04).

Reklamation

Sofern der Empfänger der Waren mit der Qualität der Waren nicht einverstanden ist, gewährt ihm der Lieferant oftmals einen Nachlass. Dieser Nachlass vermindert zunächst die Aufwendungen. Allerdings mindert der Nachlass nicht die Aufwendungen über das Konto „5200 Wareneingang" (3200). Vielmehr ist ein **Nachlass auf Konto „5700 Nachlässe, Skonti, Boni für Wareneingang"** (SKR 04) quasi als Ertrag ins Haben zu buchen. Entsprechend verringert sich auch die Verbindlichkeit aus LuL. Vorsicht ist geboten bei der **Korrektur der Vorsteuer**[1]. Gewährt nämlich ein Unternehmer einem anderen einen Preisnachlass oder eine Preiserstattung außerhalb der eigentlichen Leistungskette, führt dies einer Minderung der Bemessungsgrundlage für den leistenden Unternehmer und zu einer Vorsteuerkürzung bei einem vorsteuerabzugsberechtigten Leistungsempfänger.

AUFGABE

Die Sanitär-GmbH macht gegenüber dem Lieferanten eine Reklamation geltend. Daraufhin erhält sie einen Nachlass von 5 % auf die rabattierten Wasserrohre. Die ursprüngliche Rechnung lautete:

	Wasserrohre	1.000,00 €
-	5 % Rabatt	50,00 €
	Zwischensumme	950,00 €
+	Fracht	50,00 €
+	Verpackung	25,00 €
=	Rechnungsbetrag netto	1.025,00 €
+	19 % USt	194,75 €
=	Rechnungsbetrag brutto	1.219,75 €

Wie lautet der Buchungssatz zur **Reklamation**?

1 Vgl. § 17 Abs. 1 UStG.

LÖSUNG

SKR 04 (03)		Soll	Haben
3310 (1610) Verb. aus LuL		56,53 €	
	5700 (3700) Nachlässe		47,50 €
	1400 (1570) Vorsteuer		9,03 €

Erläuterung: der Nachlass von der rabattierten Ware beträgt 950 € · 5 % = 47,50 €. Damit vermindert sich die Bemessungsgrundlage für die Vorsteuer um 47,50 € · 19 % USt = 9,03 €. In der Summe wird die Verbindlichkeit gegenüber dem Lieferanten um 56,53 € weniger.

3.2.2 Skontoabzug bei Eingangsrechnungen

Oftmals gewährt ein Lieferant ein Skonto. Damit ist ein Preisnachlass gemeint, der dann zum Tragen kommt, wenn innerhalb einer bestimmten Frist gezahlt wird. Die Verbuchung der Zahlung einer Lieferantenrechnung unter Abzug von Skonto sieht die Erhöhung des Ertrags durch Verbuchung auf **Konto „5700 Nachlässe, Skonti, Boni für Wareneingang"** (SKR 04) vor. Erhaltene Skonti erfordern die Korrektur der Vorsteuer.

TIPP

Manchmal wird im vorgelegten Sachverhalt die Möglichkeit einer Skontozahlung vorgegeben. Es wäre zu voreilig, wenn der Buchungssatz gleich die Inanspruchnahme von Skonto vorsehen würde. Denn oftmals ergibt sich an späterer Stelle im Sachverhalt die Information, dass Skontoabzug nicht in Anspruch genommen wurde. Also: die Datumsangaben sind genau zu lesen.

AUFGABE

Die X-GmbH erhält am 09.02.2024 eine Rechnung über Kleinwerkzeuge in Höhe von 200 € zzgl. 38 € (19 % USt.). Die Zahlungsfrist für Skontogewährung von 2 % beträgt 10 Tage. Nach korrekter Verbuchung der Eingangsrechnung bezahlt die X-GmbH bereits am 15.02.2024 den fälligen Betrag unter Abzug von 2 % Skonto. Wie ist der Zahlungsvorgang zu verbuchen?

LÖSUNG

SKR 04 (03)		Soll	Haben
3310 (1610) Verb. aus LuL		238,00 €	
	1800 (1200) Bank		233,24 €
	5700 (3700) Nachlässe		4,00 €
	1400 (1570) Vorsteuer		0,76 €

3.2.3 Innergemeinschaftliche Lieferung

Innergemeinschaftlichen Lieferungen umfassen Beförderungs- und Versendungslieferungen an Steuerpflichtige, bei denen die Warenbewegung im übrigen Gemeinschaftsgebiet endet. Für die Steuerbefreiung ist die Verwendung einer gültigen ausländischen USt-IdNr. des Warenempfängers, die richtige und vollständige Angabe des Umsatzes in der Zusammenfassenden Meldung und der Belegnachweis über die Beförderung bzw. Versendung in das übrige Gemeinschaftsgebiet als Voraussetzungen notwendig.

Im Rahmen der Verbuchung innergemeinschaftlicher Lieferungen werden bei korrekter Ausführung keine Umsatzsteuerkonten angesprochen. Die Steuerbefreiung ergibt sich nach § 4 Nr. 1 Buchst. b i.V. m. § 6a UStG.

AUFGABE

Die Rohr-GmbH liefert 1.000 Rohrschellen an ein österreichisches Unternehmen. Der Rechnungsbetrag lautet 1.190 €. Die Voraussetzungen einer innergemeinschaftlichen Lieferung sind erfüllt. Buchungssatz?

LÖSUNG

SKR 04 (03)		Soll	Haben
1210 (1410) Forderungen aus LuL		1.190,00 €	
	4125 (8125) Steuerfr. igL		1.190,00 €

Reklamation

Sofern der Warenempfänger eine Reklamation geltend macht und diese auch vom Unternehmer akzeptiert wird und darauf ein Nachlass gewährt wird, wird die Erlösminderung unter Konto „4724 Erlösschmälerungen steuerfreie igL" verbucht. Eine Korrektur der Umsatzsteuer muss entfallen, da der gesamte Vorgang keine Umsatzsteuer enthält.

Bei Abzug von Skonto entfällt infolgedessen ebenfalls die Berichtigung der Umsatzsteuer.

AUFGABE

Die Rohr-GmbH liefert 1.000 Rohrschellen an ein österreichisches Unternehmen. Der Rechnungsbetrag lautet 1.190 €. Die Voraussetzungen einer innergemeinschaftlichen Lieferung sind erfüllt. Das österreichische Unternehmen macht zu Recht einen Preisnachlass aufgrund Mängelware i. H. v. 200 € geltend. Unter Abzug von 2 % Skonto überweist diese den restlichen fälligen Betrag. Welche Buchungssätze sind bei Reklamation und bei Bezahlung durchzuführen?

LÖSUNG

Lösung Reklamation:

SKR 04 (03)		Soll	Haben
4724 (8724) Erlösschmälerung igL		200,00 €	
	1210 (1410) Forderungen aus LuL		200,00 €

Erläuterung: Der Nachlass mindert die Erlöse. Dazu gibt es für innergemeinschaftliche Lieferungen ein spezielles Konto 4724. Die Forderungen werden entsprechend weniger. Eine Korrektur im Rahmen der Umsatzsteuer ist nicht zulässig.

Lösung Bezahlvorgang:

SKR 04 (03)		Soll	Haben
1800 (1200) Bank		970,20 €	
4724 (8724) Erlösschmälerung igL		19,80 €	
	1210 (1410) Forderungen aus LuL		990,00 €

Erläuterung: Analog zu oben mindert eine Zahlung unter Skontoabzug die Erlöse.

3.2.4 Nutzungsentnahme (Privatnutzung)

Die Privatnutzung betrieblicher Gegenstände taucht regelmäßig in Abschlussprüfungen auf. Darunter fallen regelmäßig die Benutzung von Telekommunikationsanlagen sowie von betrieblichen Fahrzeugen, jeweils zu privaten Zwecken.

Nicht ausschließliche betriebliche Nutzung von Telekommunikationsgeräten

Telekommunikationsanlagen

Sofern Telekommunikationsgeräte, wie z. B. Festnetztelefone oder Handys vom Unternehmer auch privat genutzt werden, muss die private Nutzung steuerlich erfasst werden. Die steuerliche Erfassung erstreckt sich über die Einkommen- und Umsatzsteuer.

Einkommensteuerliche Behandlung: Private Nutzung als Betriebseinnahme zu erfassen

Form des Betriebsvermögens

Zunächst jedoch muss sichergestellt sein, dass die Geräte zur Telekommunikation überhaupt dem betrieblichen Vermögen zugeordnet wurden. In den allermeisten Fällen ergibt sich hierzu eine klare Vorgabe aus dem Sachverhalt. Dennoch kann die Frage der betrieblichen Zugehörigkeit einmal auftauchen. Zu unterscheiden ist „Gewillkürtes Betriebsvermögen“ vom „Notwendigen Betriebsvermögen“:

Bei einer betrieblichen Nutzung eines Handys von 10 % bis einschließlich 50 % ist das Handy Teil des **gewillkürten** Betriebsvermögens.[1] Es kann dann wahlweise **im Ganzen** als Betriebsvermögen aktiviert oder dem Privatvermögen zugeordnet werden. Würde die betriebliche Nutzung des Handys unter 10 % liegen, dann liegt notwendiges Privatvermögen vor, eine Aktivierung im Betriebsvermögen ist also nicht möglich.

Dieses Wahlrecht zum gewillkürten Betriebsvermögen fällt dann weg, wenn die private Nutzung weniger als 50 % beträgt. Dann **müssen** die Geräte als Betriebsvermögen behandelt werden („**notwendiges** Betriebsvermögen“).

1 Vgl. R 4.2 Abs. 1 Satz 6 EStR 2012.

Aufwand/Einnahme

Einkommensteuerrechtlich sind die Telekommunikationsgeräte zu bilanzieren.[1] Zu den typischen Aufwendungen gehören die Abschreibungen, Telefongebühren und ggf. Versicherungsleistungen. Alle Aufwendungen werden ohne Ausnahme auf betrieblichen Aufwand erfasst und verbucht.

Der private Nutzungsanteil erhöht den Gewinn (mindert also NICHT den Aufwand!)

Umsatzsteuerliche Behandlung: Zuordnung zum unternehmerischen Bereich

Umsatzsteuerlich ist für den privaten Nutzungsanteil zwischen der Nutzung des angeschafften Telekommunikationsgeräts und den anfallenden Kosten (z. B. Gebühren) zu unterscheiden.

Form des Betriebsvermögens

Analog zur Einkommensteuer, stellt sich auch in der Umsatzsteuer die Frage nach der Zuordnung zum Unternehmensvermögen und zum Privatvermögen des Geräts. Dabei gilt:

Beträgt die private Nutzung des Telekommunikationsgeräts 90 % oder weniger, hat besteht ein Wahlrecht:

1. Wird das Gerät nicht dem Unternehmensvermögen zugeordnet, dann: Kein Vorsteuerabzug und keine Besteuerung der privaten Nutzung als unentgeltliche Wertabgabe.
2. Wird das Gerät in vollem Umfang dem Unternehmensvermögen zugeordnet, dann: Voller Vorsteuerabzug und Besteuerung der privaten Nutzung als unentgeltliche Wertabgabe.
3. Wird das Gerät nur zum betrieblich genutzten Anteil dem Unternehmen zugeordnet (also Differenzierung betriebliche und privater Nutzungsanteil), dann: Nur anteiliger Vorsteuerabzug, keine umsatzsteuerliche Besteuerung der Privatnutzung, soweit sich beim Nutzungsverhältnis keine Änderung ergibt.

Anschaffung

In unserem Beispiel wird am 02.01.2024 ein Handy zu Anschaffungskosten von 1.000 € zzgl. 190 € (19 % USt.) beschafft, der Rechnungsbetrag wird sofort überwiesen. Der Unternehmer ordnet das Handy zu 100% seinem Unternehmen zu. Er benutzt dieses auch zu privaten Zwecken. Der private Nutzungsanteil beträgt zulässig 40 %.[2]

Volle Zuordnung zum Unternehmen

SKR 04 (03)		Soll	Haben
0650 (0410) Betriebs- u. Geschäftsausstattung		1.000,00 €	
1400 (1570) Vorsteuer		190,00 €	
	1800 (1200) Bank		1.190,00 €

Einkommensteuerlich beträgt die betriebsgewöhnliche Nutzungsdauer hier 10 Jahre, die jährliche AfA also 100 €. Umsatzsteuerlich sind 5 Jahre anzusetzen (Jahresbetrag also jährlich 200 €).

Abschreibung

SKR 04 (03)		Soll	Haben
6220 (4830) Abschreibungen		100 €	
	0650 (0410) Betriebs- u. Geschäftsausstattung		100 €

Privatanteil

Auf den jeweiligen Betrag ist der Satz der Privatnutzung, also 40 % anzuwenden. Einkommensteuerlich bedeutet dies 40 € (100 € · 40 %). Umsatzsteuerlich macht es 80 € (200 € · 40 %) aus. Die Umsatzsteuer beträgt dann (80 € · 19 % USt. =) 15,20 €. Dieser Betrag ist nicht abziehbar und erhöht daher den Entnahmewert.

1 Bei Einnahmen-Überschuss-Rechnern wären diese im Anlagenverzeichnis aufzunehmen.

2 In der Praxis empfiehlt es sich, Aufzeichnungen über die private Telefonnutzung über einen repräsentativen Zeitraum (z. B. 3 Monate) zu führen, um einer Schätzung durch das Finanzamt zu umgehen.

SKR 04 (03)		Soll	Haben
2100 (1800) Privatentnahmen		55,20 €	
	4640 (8920) Verwendung von Gegenständen für private Zwecke mit USt.		40,00 €
	3800 (1770) Umsatzsteuer		15,20 €

Die nicht unternehmerische Nutzung ist eine sonstige Leistung i. S. d. § 3 Abs. 9a Satz 1 UStG. Die Bemessungsgrundlage ergibt sich nach § 10 Abs. 4 Nr. 2 UStG.

3.2.5 Sonstige private Entnahmen

Privates und Betriebliches sind buchhalterisch streng zu trennen. Privatentnahmen sind keine Betriebsausgaben und dürfen den Gewinn eines Unternehmens nicht schmälern. Sie treten in verschiedenen Formen auf.

Entnahme von Geld

Einfache Beispiele für Geldentnahmen sind die Überweisung eines Unternehmerlohns oder die Entnahme von Bargeld durch den Unternehmer. Etwas schwieriger wird es, wenn eine betriebliche Eingangsrechnung Privates und Betriebliches enthält.

AUFGABE

A ist Gesellschafter und Geschäftsführer der A-GmbH. Die A-GmbH erhält von ihrem Steuerberater folgende Rechnung und überweist diese sofort:

Erstellung Jahresabschluss 2023	2.000 €
Körperschaftsteuererklärung 2023	300 €
Umsatzsteuererklärung 2023	300 €
Gewerbesteuererklärung 2023	200 €
Einkommensteuererklärung 2023 für A	800 €
Summe netto	3.600 €
zzgl. 19 % USt	684 €
Rechnungsbetrag	4.284 €

LÖSUNG

SKR 04 (03)		Soll	Haben
2100 (1800) Privatentnahmen		952,00 €	
6825 (4950) Rechts- und Beratungskosten		2.800,00 €	
1400 (1570) Abziehbare Vorsteuer		532,00 €	
	1800 (1200) Bank		4.284 €

Erläuterung: Die vorliegende Rechnung des Steuerberaters enthält einen betrieblichen und einen privaten Teil. Der private Teil besteht in der ESt-Erklärung für den A. Da hier eine private Veranlassung vorliegt, darf die A-GmbH hierfür keinen VSt-Abzug vornehmen. Die Entnahmebuchung auf Kto. 2100 (1800) setzt sich also aus der privaten Steuererklärung (800 €) und der Umsatzsteuer (800 € · 19 % = 152 €) zusammen.

Warenentnahme

Der Unternehmer entnimmt durch seinen Betrieb beschaffte Ware für private Zwecke.

Leistungsentnahme

Der Unternehmer unterhält Personal, um Dienstleistungen an Kunden zu erbringen. Er selbst nimmt die Dienstleistung im Rahmen einer Leistungsentnahme selbst in Anspruch (z. B. der Inhaber eines Friseursalons lässt sich die Haare schneiden).

3.2.6 Ermittlung von Anschaffungskosten im Anlagevermögen

Unter Anschaffungskosten sind sämtliche Aufwendungen zu verstehen, die geleistet werden, um einen Vermögensgegenstand zu erwerben und ihn in einen betriebsbereiten Zustand zu versetzen, soweit die Kosten einzeln zugeordnet werden können. Die Umsatzsteuer zählt zu den Anschaffungskosten, wenn ein Vorsteuerabzug ausgeschlossen ist (vgl. § 9b EStG). Im Folgenden wird im Allgemeinen auf die Ermittlung von Anschaffungs- und Herstellungskosten eingegangen. Im Anschluss daran wird der Spezialfall der Anschaffungskosten von Grund und Boden näher beleuchtet.

Anschaffungs- und Herstellungskosten im Allgemeinen

Anschaffungskosten

Nach § 255 Abs. 1 Satz 1 HGB bestehen die Anschaffungskosten aus Aufwendungen, die geleistet werden, um einen Vermögensgegenstand zu erwerben und ihn in einen betriebsbereiten Zustand zu versetzen, soweit sie dem Vermögensgegenstand einzeln zugeordnet werden können. Die Anschaffungskosten lassen sich folgendermaßen ermitteln:

Anschaffungspreis	
+	Nebenkosten
+	nachträgliche Anschaffungskosten
-	direkt zuzuordnende Preisminderungen
=	**Anschaffungskosten**

Hinweis: Für Finanzierungskosten besteht ein Ansatzverbot.

Herstellungskosten

Herstellungskosten sind gem. § 255 Abs. 2 Satz 1 HGB die Aufwendungen, die durch den Verbrauch von Gütern und die Inanspruchnahme von Diensten für die Herstellung eines Vermögensgegenstands, seine Erweiterung oder für eine über seinen ursprünglichen Zustand hinausgehende wesentliche Verbesserung entstehen. Bei den Herstellungskosten gibt es neben den verpflichtenden Wertansätzen auch Wahlrechte:

Art der Kosten	Wahlrecht?
Einzelkosten	Einbeziehungspflicht
Material- und Fertigungsgemeinkosten, Werteverzehr des Anlagevermögens (produktionsbedingt)	Einbeziehungspflicht
Produktionsbezogene allgemeine Verwaltungsgemeinkosten	Wahlrechtsausübung
angemessene Aufwendungen für soziale Einrichtungen des Betriebs, für freiwillige soziale Leistungen und für die betriebliche Altersversorgung	Wahlrechtsausübung
Fremdkapitalkosten	Einbeziehungswahlrecht, wenn Fremdkapital zur Herstellung des Vermögensgegenstandes eingesetzt wird und soweit die Fremdkapitalkosten auf den Zeitraum der Herstellung entfallen (§ 255 Abs. 3 Satz 2 HGB).
= Herstellungskosten	

Hinweis:
- Nicht produktionsbezogene allgemeine Verwaltungsgemeinkosten und
- Forschungs- und Vertriebskosten

dürfen nicht angesetzt werden.

MERKE

Entwicklungskosten müssen bei selbst geschaffenen immateriellen Vermögensgegenständen des Anlagevermögens angesetzt werden (§ 255 Abs. 2a HGB).

AUFGABE

Die H-GmbH stellt Maschinen her. Ihr ist es gelungen, einen Prototyp einer Spezialmaschine zu entwickeln, die zu einem späteren Zeitpunkt in größeren Mengen produziert und vertrieben werden soll.

Aus dem Rechnungswesen lassen sich folgende Kosten entnehmen:

Materialkosten	13.500 €
Fertigungskosten	21.800 €
Fertigungsbedingter Werteverzehr des Anlagevermögens	1.800 €
Verkaufsprovisionen	500 €
Allgemeine Verwaltungskosten (nicht zurechenbar)	600 €
Kosten der Forschung (zurechenbar)	39.700 €
Fremdkapitalkosten (zurechenbar)	400 €

Aufgabe:

Der höchstmögliche Bilanzansatz ist zu berechnen.

LÖSUNG

Da ein möglichst hoher Bilanzansatz gewünscht ist, werden die Wahlrechte bei der Ermittlung der Herstellungskosten bestmöglich ausgeschöpft.

Materialkosten	13.500 €
Fertigungskosten	+ 21.800 €
Fertigungsbedingter Werteverzehr des Anlagevermögens	+ 1.800 €
Fremdkapitalkosten (zurechenbar)	+ 400 €
= höchster Bilanzansatz	= 37.500 €

Hinweis: Verkaufsprovisionen, nicht zurechenbare Verwaltungskosten und Kosten der Forschung dürfen nicht berücksichtigt werden, vgl. § 255 HGB.

Anschaffungskosten von Grund und Gebäude

Eine wesentliche Bedeutung kommt der Berechnung der Anschaffungskosten für ein Grundstück und des darauf befindlichen Gebäudes zu. Denn ein Gebäude gehört zu den sogenannten abnutzbaren Vermögensgegenständen und unterliegt demnach den Abschreibungen. Grund und Boden hingegen gehören zum nicht abnutzbaren Anlagevermögen und werden daher nicht abgeschrieben.

Außenanlagen und Betriebsvorrichtungen

Neben den Anschaffungskosten für Gebäude und Grundstück kommen auch Anschaffungskosten für Betriebsvorrichtungen und Außenanlagen infrage. Für den Steuerpflichtigen kann das vorteilhaft sein, denn diese werden regelmäßig schneller als das Gebäude abgeschrieben, zudem unterliegen Betriebsvorrichtungen nicht der Grunderwerbsteuer.

Ermittlung der Anschaffungskosten

In der Regel liegt der Fokus jedoch in der Unterscheidung der Anschaffungskosten zwischen Gebäude und Grundstück. Dabei gibt es zwei Gruppen im Rahmen der Ermittlung der Anschaffungskosten:

- die Aufwendungen, die direkt zuzuordnen sind und
- die Aufwendungen, die in einem bestimmten Verhältnis aufzuteilen sind.

Anschaffungskosten		
Aufwandsart	**Grundstück**	**Gebäude**
Kaufpreis[1], wobei es nicht darauf ankommt, ob der Kaufpreis überhöht oder günstig ist. Der Kaufpreis kann auch die Übernahme von Verbindlichkeiten und die Zusage einer Abstandszahlung beinhalten.	Aufteilung des Kaufpreises ergibt sich meist aus der Aufgabenstellung oder ansonsten nach dem Verhältnis der Verkehrswerte.	Aufteilung des Kaufpreises ergibt sich meist aus der Aufgabenstellung oder ansonsten nach dem Verhältnis der Verkehrswerte.

1 Es gibt hierzu einen Sonderfall, der hier nicht weiterverfolgt werden soll. Eine langfristige Stundung eines Kaufpreises (mehr als ein Jahr) führt zur Abzinsung des Kaufpreisanspruchs. Anschaffungskosten sind in diesem Fall nicht das vereinbarte Entgelt, sondern der abgezinste Barwert im Zeitpunkt des Erwerbs.

Wird der **Vorsteuerbetrag** nach § 15a UStG berichtigt, sind die Mehrbeträge als Einnahmen, die Minderbeträge als Werbungskosten zu behandeln. Nach § 9b Abs. 2 EStG bleiben die Anschaffungskosten unberührt	Fälle nach § 15a UStG: Keine Auswirkung	Fälle nach § 15a UStG: Keine Auswirkung
Notargebühren	Im Verhältnis der Anschaffungskosten Gebäude/Grundstück	Im Verhältnis der Anschaffungskosten Gebäu-de/Grundstück
Auflassung/Grundbuchkosten	Im Verhältnis der Anschaffungskosten Gebäude/Grundstück	Im Verhältnis der Anschaffungskosten Gebäu-de/Grundstück
Grunderwerbsteuer	Im Verhältnis der Anschaffungskosten Gebäude/Grundstück	Im Verhältnis der Anschaffungskosten Gebäu-de/Grundstück
Finanzierungs- und Geldbeschaffungskosten	Finanzierung: Keine Auswirkung	Finanzierung: Keine Auswirkung

AUFGABE

A erwirbt vom Privatmann B zum 04.11.2024 ein bebautes Grundstück in Kaufbeuren (Bayern) zu betrieblichen Zwecken. B erhält vereinbarungsgemäß eine Zahlung von 600.000 €. Zusätzlich hat sich A verpflichtet, die auf dem Grundstück lastende Grundschuld (Wert im Zeitpunkt des Verkaufs = 50.000 €) zu übernehmen. A und B vereinbaren, dass zutreffend 120.000 € auf das Grundstück entfallen sollen, der Restbetrag soll auf das Gebäude entfallen. Alle Aufwendungen des Kaufs hat A vereinbarungsgemäß zu übernehmen. Für Leistungen des Grundbuchamts sind 600 € angefallen, die Grunderwerbsteuer beträgt 3,5 % vom Kaufpreis und an Notargebühren sind 3.200 € zzgl. 19 % USt. angefallen. Alle Beträge werden am 13.11.2024 überwiesen. A ist zum Vorsteuerabzug berechtigt. Der Erwerb ist zu verbuchen.

LÖSUNG

Zunächst sind die Anschaffungskosten zu berechnen. Die durch A übernommenen Schulden stellen Anschaffungskosten dar. Aus dem Verhältnis zu B entstehen A Anschaffungskosten von 600.000 € zzgl. 50.000 € = 650.000 €.

Kaufpreis einschl. Schuldübernahme	Netto 650.000 €	
Notargebühr	Netto 3.200 €	Vorsteuer: 608 €
Grundbuchkosten	Netto 600 €	
Grunderwerbsteuer 3,5 % (Bayern)	Netto 22.750 €	
	Netto 676.550 €	
Verteilung Gebäude/Grundstück		
Grundstück 120/650	124.902 €	
Gebäude 530/650	551.648 €	

SKR 04 (03)		Soll	Haben
0235 (0085) Bebaute Grundstücke		124.902 €	
0240 (0090) Gebäude		551.648 €	
1400 (1570) Vorsteuer		608 €	
	1800 (1200) Bank		677.158 €

3.2.7 Abschreibungen

Die folgenden Ausführungen zu Abschreibungen beinhalten zunächst die allgemeinen Regelungen hierzu und im Anschluss die Spezialitäten. Zudem sei auf die Ausführungen zu den Abschreibungen unter Kapitel B 1.2.3 verwiesen.

Allgemeine Regelungen zu Abschreibungen

Die Vorschriften zur Bestimmung der Nutzungsdauern bei Gebäuden erschließen sich dem Gesetzesanwender nicht sofort. So ergeben sich zunächst allgemeine Regelungen aus § 7 Abs. 1 EStG und an späterer Stelle Spezialregelungen, insbesondere bei Regelanwendungen für Gebäude. Zunächst zu den allgemeinen Regelungen. Gemäß § 7 Abs. 1 EStG gelten folgende allgemeine Regelungen zu Abschreibungen:

- Gleichmäßige Verteilung der Anschaffungskosten auf die Gesamtdauer der Verwendung oder Nutzung, sofern die Nutzungsdauer länger als ein Jahr beträgt (Absetzung für Abnutzung in gleichen Jahresbeträgen),
- die Absetzung bemisst sich hierbei nach der betriebsgewöhnlichen Nutzungsdauer des Wirtschaftsguts,
- im Jahr der Anschaffung oder Herstellung des Wirtschaftsguts vermindert sich für dieses Jahr der Absetzungsbetrag um jeweils ein Zwölftel für jeden vollen Monat, der dem Monat der Anschaffung oder Herstellung vorangeht. Die Abschreibung ist also monatsweise im Jahr der Anschaffung zu berechnen („pro rata temporis"). Wenn bspw. ein Fahrzeug am 20.05.2024 angeschafft wird, dann beträgt die Nutzungsdauer für 2024 8 Monate, der Anschaffungsmonat Mai wird als voller Monat gerechnet.

Abschreibungen von Gebäuden[1]

Normal-AfA bei Gebäuden

Die Normal-AfA ergibt sich aus § 7 Abs. 4 EStG. Diese Vorschrift gilt sowohl für inländische als auch für ausländische Gebäude.

Tabellarisch lässt sich die Normal-AfA für Gebäude übersichtlich darstellen:

soweit zum Betriebsvermögen gehörend und nicht Wohnzwecken dienend und mit Baugenehmigungsantrag bzw. bei Anschaffung Notarvertrag **nach dem 31.12.2000** (§ 7 Abs. 4 Nr. 1 i. V. m. § 52 Abs. 15 Satz 2 und 3 EStG)	3 %
soweit zum Betriebsvermögen gehörend und nicht Wohnzwecken dienend und mit Baugenehmigungsantrag bzw. bei Anschaffung Notarvertrag **nach dem 31.03.1985 und vor dem 01.01.2001** (§ 7 Abs. 4 Nr. 1 i. V. m. § 52 Abs. 15 Satz 2 u. 3 EStG)	4 %
ansonsten, wenn fertig gestellt **nach dem 31.12.2022** (§ 7 Abs. 4 Nr. 2 Buchst. a EStG)	3 %
ansonsten, wenn fertig gestellt **nach dem 31.12.1924** (§ 7 Abs. 4 Nr. 2 Buchst. b EStG)	2 %
ansonsten, wenn fertig gestellt **vor dem 01.01.1925** (§ 7 Abs. 4 Nr. 2 Buchst. c EStG)	2,5 %

Verkürzte Nutzungsdauer

Eher selten könnte der vorgegebene Sachverhalt eine kürzere Nutzungsdauer beinhalten. Dann sollte man wissen, dass der Ansatz der verkürzten Nutzungsdauer unter Anwendung des § 7 Abs. 4 Satz 2 EStG im Grundsatz möglich ist. Also, auf die Sachverhaltsangabe kommt es an (genau lesen!).

Degressive AfA bei Gebäuden für Altfälle vom 31.12.2003 bis 01.01.2006

Die degressive AfA nach § 7 Abs. 5 EStG ist **auslaufendes Recht, denn sie findet nur noch letztmalig Anwendung** auf Gebäude, die aufgrund eines nach dem 31.12.2003 und vor dem 01.01.2006 gestellten Bauantrags hergestellt oder eines innerhalb dieses Zeitraums abgeschlossenen obligatorischen Vertrags angeschafft worden sind (vgl. § 7 Abs. 5 Satz 1 Nr. 3 Buchst. c EStG).

Selbstverständlich ist es jedoch durchaus denkbar, dass in der Sachverhaltsangabe ein Altbestand angesprochen wird und die daraus resultierende Abschreibung zu buchen ist. Hier ein allgemeiner Überblick, der das Nachvollziehen im EStG etwas erleichtern soll:

1 Aus Gründen der Übersichtlichkeit unterbleiben die Ausführungen zu Sonderregelungen, wie z. B. zu Mietwohnungsneubauten oder zu Denkmälern.

<table>
<tr><th>Wirtschaftsgebäude</th><th>Mietwohnbauten</th><th>sonstige Gebäude</th></tr>
<tr><td>Gebäude/-teil ist Betriebsvermögen
Keine Nutzung zu Wohnzwecken
Bauantragstellung bzw. im Erwerbsfall Kaufvertragsabschluss vor dem 01.01.1994
§ 7 Abs. 5 Satz 1 Nr. 1 EStG</td><td>Gebäude/-teil rechnet zum Privatvermögen oder Betriebsvermögen
Nutzung zu Wohnzwecken
§ 7 Abs. 5 Satz 1 Nr. 1 EStG</td><td>Bauantragstellung bzw. im Erwerbsfall Kaufvertragsabschluss vor dem 1.1.1995
§ 7 Abs. 5 Satz 1 Nr. 1 EStG</td></tr>
<tr><td>↓</td><td>↓</td><td>↓</td></tr>
<tr><td rowspan="4">Höhe der AfA
4 Jahre · 10 %
3 Jahre · 5 %
18 Jahre · 2,5 %
(fiktive Nutzungsdauer 25 Jahre)</td><td>Höhe der AfA
Bauantrag oder Erwerb nach dem 31.12.1995 und vor dem 01.01.2004
Bauantrag oder Erwerb nach dem 31.12.1995 und vor dem 01.01.2004
8 Jahre · 5 %
6 Jahre · 2,5 %
36 Jahre · 1,25 %
(fiktive Nutzungsdauer 50 Jahre)</td><td rowspan="4">Höhe der AfA
8 Jahre · 5 %
6 Jahre · 2,5 %
36 Jahre · 1,25 %
(fiktive Nutzungsdauer 50 Jahre)</td></tr>
<tr><td>Bauantrag oder Erwerb vor dem 01.01.1996
4 Jahre · 7 %
6 Jahre · 5 %
6 Jahre · 2 %
24 Jahre · 1,25 %
(fiktive Nutzungsdauer 40 Jahre)</td></tr>
<tr><td>Bauantrag oder Erwerb nach dem 31.12.2003
10 Jahre · 4 %
8 Jahre · 2,5 %
32 Jahre · 1,25 %
(fiktive Nutzungsdauer 50 Jahre)</td></tr>
<tr><td>Bauantrag oder Erwerb nach dem 31.12.2005
Keine degressive AfA mehr möglich
Es kann nur noch die lineare AfA nach § 7 Abs. 4 Satz 1 Nr. 2 Buchst. a EStG mit einem Abschreibungssatz von 2 % in Anspruch genommen werden</td></tr>
</table>

Degressive Gebäude-AfA für Neufälle

Mit dem Wachstumschancengesetz wurde die degressive Gebäude-AfA wieder neu eingeführt. Diese ist in § 7 Abs. 5a EStG geregelt.

Demnach dürfen Gebäude degressiv abgeschrieben werden, soweit sie **Wohnzwecken** dienen und vom Steuerpflichtigen hergestellt oder bis zum Ende des Jahres der Fertigstellung angeschafft worden sind. Das Wahlrecht sieht vor, dass der Steuerpflichtige anstatt der linearen Abschreibung i. S. d. § 7 Abs. 4 Nr. 2 Buchstabe a EStG die Absetzung für Abnutzung in fallenden Jahresbeträgen ansetzen kann. Und zwar dann, wenn mit der Herstellung nach dem **30. September 2023 und vor dem 1. Oktober 2029** begonnen wurde oder die Anschaffung auf Grund eines nach dem 30. September 2023 und vor dem 1. Oktober 2029 rechtswirksam abgeschlossenen obligatorischen Vertrags erfolgt. Entscheidet sich der Steuerpflichtige für die degressive Abschreibung, so kommt ein **unveränderlicher** Prozentsatz in Höhe von **5 Prozent** vom jeweiligen Buchwert (Restwert) zum Tragen.

Abschreibungen von beweglichem Anlagevermögen

Degressive AfA steuerlich wieder beschränkt zulässig

Steuerlich war für bewegliche Wirtschaftsgüter des Anlagevermögens, die vor dem 31.12.2019 angeschafft wurden, lediglich die lineare Abschreibung zulässig. Unter Anwendung des § 7 Abs. 2 EStG hat sich eine Neuerung ergeben: Wirtschaftsgüter, die nach dem 31.12.2019 und vor dem 01.01.2023 angeschafft oder hergestellt worden sind, **kann** der Steuerpflichtige statt der Absetzung für Abnutzung in gleichen Jahresbeträgen die Absetzung für Abnutzung in fallenden Jahresbeträgen bemessen. Die Absetzung für Abnutzung in fallenden Jahresbeträgen kann nach einem unveränderlichen Prozentsatz vom jeweiligen Buchwert (Restwert) vorgenommen werden; der dabei anzuwendende Prozentsatz darf höchstens das Zweieinhalbfache des bei der Absetzung für Abnutzung in gleichen Jahresbeträgen in Betracht kommenden Prozentsatzes betragen und 25 % nicht übersteigen.

MERKE

Der Grundsatz der umgekehrten Maßgeblichkeit wurde bereits 2009 mit dem Bilanzrechtsmodernisierungsgesetz (BilMoG) aufgegeben wurde. Darunter ist zu verstehen, dass steuerliche Bewertungs- und Bilanzierungsansätze auf die Handelsbilanz zu übertragen waren. Seit der Abschaffung setzt der Ansatz der degressiven Abschreibung in der Steuerbilanz seit dem Veranlagungszeitraum 2009 nicht mehr voraus, dass sie auch handelsrechtlich angewendet wird.

AUFGABE

Ein Einzelunternehmer erwirbt am 10.03.2022 einen Pkw für 27.000 € zzgl. Umsatzsteuer. Die Nutzungsdauer soll 6 Jahre betragen. Wie hoch fällt die degressive AfA im Jahr 2024 aus?

LÖSUNG

Der Pkw wird degressiv abgeschrieben. Bei linearer Abschreibung ergibt sich ein Abschreibungssatz von 16,67 % (100/6 Jahre = 16,67 %). Da das 2,5-Fache dieses Satzes mehr als 25 % betragen würde (16,67 % · 2,5 = 41,67 %), darf der Pkw nur mit 25 % abgeschrieben werden.

Jahr	Buchwert	AfA	Berechnung AfA	Restwert
2022	27.000,00 €	5.625,00 €	27.000 € · 25 % für 10 Monate	21.375,00 €
2023	21.375,00 €	5.343,75 €	Restwert · 25 %	16.031,25 €
2024	16.031,25 €	4.007,81 €	Restwert · 25 %	12.023,44 €

3.2.8 Gehaltsbuchhaltung

Gehaltsabrechnung

In der Finanzbuchhaltung sind zwei Methoden zur Verbuchung von Löhnen/Gehältern zulässig: Es handelt sich hierbei um die sogenannte Netto- und die Bruttomethode. Bei Anwendung der **Nettomethode** werden die einzelnen Lohn-/Gehaltsbestandteile jeweils bei Zahlung eingebucht

Der Einzelunternehmer E zahlt am Monatsersten seinem Mitarbeiter den Lohn in Höhe von 2.000 € aus.

SKR 04 (03)		Soll	Haben
6000 (4100) Löhne u. Gehälter		2.000 €	
	1800 (1200) Bank		2.000 €

Bei der Bruttomethode spielt die Auszahlung zunächst keine Rolle, da sämtliche Lohn- und Gehaltsbuchungen nicht gegen Bank, sondern gegen Verbindlichkeiten gebucht werden. Es werden einerseits Personalaufwendungen auf der Soll-Seite und sämtliche Verbindlichkeiten auf der Haben-Seite gebucht.

TIPP

In der Abschlussprüfung werden Brutto- und Nettomethode auch mal vermischt. Das geht im Sachverhalt manchmal erst aus dem „Kleingedruckten" hervor: „Der Auszahlungsbetrag (der erst zu berechnen ist!) wird unmittelbar an den Arbeitnehmer ausbezahlt". Es werden also neben den Verbindlichkeitskonten auch das Bankkonto angesprochen.

Vom Brutto zu Netto

Im Folgenden wird der Weg vom Bruttogehalt bis zum auszuzahlenden Gehalt dargestellt, denn häufig erfordert es die Aufgabenstellung, den Auszahlungsbetrag an den Arbeitnehmer zu ermitteln:

		Anmerkungen (Jahr 2024):	Verbuchung unter ...
	Gesamtbrutto		6000 (4100) Löhne u. Gehälter
-	Lohnsteuer		3730 (1741) Verbindl. aus Lohn- u. Kirchensteuer
-	Ggf. Kirchensteuer (nur bei entsprechendem Merkmal der elektronischen Lohnsteuerabzugsmerkmale)		3730 (1741) Verbindl. aus Lohn- u. Kirchensteuer
-	SolZ		
-	AN-Anteil Krankenversicherung (nicht bei Privater Krankenversicherung)	allgemeiner Beitragssatz: 14,6 % (Arbeitnehmer und Arbeitgeber je 7,3 %)	3740 (1742) Verbindl. Im Rahmen sozialer Sicherheiten (AN-Anteil)
-	AN-Anteil Rentenversicherung	allgemeine Rentenversicherung: 18,6 % (Arbeitnehmer und Arbeitgeber je 9,3 %)	3740 (1742) Verbindl. Im Rahmen sozialer Sicherheiten (AN-Anteil)
-	AN-Anteil Arbeitslosenversicherung	AV: 2,6 % (Arbeitnehmer und Arbeitgeber je 1,3 %)	3740 (1742) Verbindl. Im Rahmen sozialer Sicherheiten (AN-Anteil)
-	AN-Anteil Pflegeversicherung (nicht bei Privater Pflegeversicherung)	Der gesetzliche Beitragssatz: 3,4 % Der Beitragszuschlag zur PV für Kinderlose: 0,60 % In Summe also für Kinderlose ab dem vollendeten 23. Lebensjahr: 4,0 % Der Beitrag wird ab dem zweiten Kind um 0,25 % pro Kind gesenkt. Die Entlastung wird auf maximal 1,0 Prozent begrenzt	3740 (1742) Verbindl. Im Rahmen sozialer Sicherheiten (AN-Anteil)
=	Nettolohn/ Nettogehalt		
+	Beitragszuschuss des AG zur privaten Krankenversicherung des AN (nur bei privater KV)		
+	Beitragszuschuss des AG zur privaten Pflegeversicherung des AN (nur bei privater PV)		

-	Vermögenswirksame Anlage		
-	Ggf. Vorschuss, falls gewährt		1340 (1530) Forderungen gegen Personal
-	Ggf. Sachbezug (geldwerter Vorteil)		
-	Lohn- bzw. Gehaltspfändung (bei Pfändungspfandrecht an der Entlohnungsforderung des Arbeitnehmers)		
+	Steuer- und beitragsfreie Reisekosten		
=	Auszahlungsbetrag		1800 (1200) Bank

AUFGABE

Die X-GmbH hat die Gehaltsabrechnung einer Mitarbeiterin (verheiratet, Lohnsteuerklasse III, konfessionslos, kinderlos) zu verbuchen. Es liegen folgende Angaben vor:

Bruttogehalt	5.000,00 €
Gewährter Vorschuss im Vormonat	300,00 €
Lohnsteuer	463,50 €
AN-Anteil Sozialversicherung	1.095,00 €
AG-Anteil Sozialversicherung	1.095,00 €

Die Gehaltsauszahlung wird unmittelbar an die Arbeitnehmerin ausbezahlt. Wie lauten die Buchungssätze?

LÖSUNG

SKR 04 (03)		Soll	Haben
6000 (4100) Löhne u. Gehälter		5.000,00 €	
6110 (4130) Gesetzlich soziale Aufwendungen		1.095,00 €	
	3730 (1741) Verbindl. aus Lohn- u. Kirchensteuer		463,50 €
	1340 (1530) Forderungen gegen Personal		300,00 €
	3740 (1742) Verbindl. Im Rahmen sozialer Sicherheiten (AG-Anteil)		1.095,00 €
	3740 (1742) Verbindl. Im Rahmen sozialer Sicherheiten (AN-Anteil)		1.095,00 €
	1800 (1200) Bank		3.141,50 €

Sonderfälle der Gehaltsbuchhaltung

Pauschale Lohnsteuer

Der Arbeitgeber hat die Möglichkeit aufgrund einer Vereinfachung des Besteuerungsverfahrens bestimmte Arbeitslöhne pauschal zu versteuern. Die Pauschsteuersätze sind in den meisten Fällen mit **festen** Prozentsätzen im EStG geregelt. **Variable** Steuersätze finden sich allerdings in § 40 Abs. 1 EStG. Gegenstand einer Prüfungsaufgabe kann neben der Verbuchung auch die **Berechnung** einer Lohnsteuerpauschale sein.

Für eine Vielzahl von betrieblichen Sozial- oder Zusatzleistungen kann der Arbeitgeber die Lohnsteuer mit einem Pauschsteuersatz von 25 % erheben. Mit einem Pauschsteuersatz von 15 % kann der Arbeitgeber die Lohnsteuer erheben für Sachbezüge in Form einer Beförderungsleistung des Arbeitgebers durch Gestellung eines Firmenwagens sowie für Zuschüsse zu den eigenen Fahrtaufwendungen des Arbeitnehmers. Dabei ist zu beachten, dass ein Wechsel der Steuerschuldnerschaft vom Arbeitnehmer auf den Arbeitgeber stattfindet. Dementsprechend ergeben sich die Konten für den Arbeitgeberaufwand und Verbindlichkeiten.

Die wesentlichen Fälle zum Pauschsteuersteuersatz i. S. d. § 40 Abs. 2 EStG:

Pauschsteuersatz nach § 40 Abs. 2 EStG (feste Prozentwerte!)	
25 %	**15 %**
Arbeitstäglich Mahlzeiten im Betrieb an die Arbeitnehmer unentgeltlich oder verbilligt abgibt	Sachbezüge in Form einer unentgeltlichen oder verbilligten Beförderung eines Arbeitnehmers zwischen Wohnung und erster Tätigkeitsstätte sowie Fahrten nach § 9 Abs. 1 Satz 3 Nummer 4a Satz 3 EStG
Wenn auf Veranlassung des Arbeitgebers ein Dritter den Arbeitnehmern anlässlich einer beruflichen Tätigkeit außerhalb seiner Wohnung und ersten Tätigkeitsstätte Mahlzeiten zur Verfügung stellt, die nach § 8 Abs. 2 Satz 8 und 9 EStG mit dem Sachbezugswert anzusetzen sind	Zuschüsse zu den Aufwendungen des Arbeitnehmers für Fahrten zwischen Wohnung und erster Tätigkeitsstätte oder Fahrten nach § 9 Abs. 1 Satz 3 Nr. 4a Satz 3 EStG, die zusätzlich zum ohnehin geschuldeten Arbeitslohn geleistet werden
Vergütungen für Verpflegungsmehraufwendungen durch den Arbeitgeber anlässlich einer Tätigkeit i. S. d. § 9 Abs. 4a Satz 2 oder Satz 4 EStG, soweit die Vergütungen die nach § 9 Abs. 4a Satz 3, 5 und 6 EStG zustehenden Pauschalen um nicht mehr als 100 Prozent übersteigen	

AUFGABE

Der konfessionslose Mitarbeitende A erhält von seinem Arbeitgeber eine Fahrtkostenerstattung i. H. v. 400 €, die der Arbeitgeber auch pauschal versteuert. Die pauschale Lohnsteuer ist zu berechnen und die entsprechende Verbuchung vorzunehmen. Ein SolZ ist dabei nicht zu berücksichtigen.

LÖSUNG

Die Fahrtkostenerstattung fällt unter die Pauschbesteuerung von 15 % gem. § 40 Abs. 2 Satz 2 EStG. Die Versteuerung beträgt also 400 € · 15 % = 60 €. Der Personalaufwand des Arbeitgebers erhöht sich entsprechend.

SKR 04 (03)		Soll	Haben
6069 (4149) Pauschale Lohnsteuer		60,00 €	
	3730 (1741) Verbindl. aus Lohn- u. Kirchensteuer		60,00 €

3.2.9 Geschenke an Geschäftspartner

Geschenke an Geschäftspartner sind in der betrieblichen Praxis weit verbreitet. Dabei ist zu beachten, dass die handelsrechtliche und steuerrechtliche Behandlung dieser Geschenke bei Überschreiten einer sogenannten Freigrenze voneinander abweichen.

Geschenke im Handelsrecht

Das Handelsrecht knüpft die Abzugsfähigkeit von Geschenken nicht an bestimmte Betragsgrenzen an. Es kommt einzig und allein darauf an, dass die Aufwendungen in einem betrieblichen Zusammenhang stehen.

Geschenke im Steuerrecht

Das Steuerrecht schränkt den Betriebsausgabenabzug für Geschenke stark ein. Gemäß § 4 Abs. 5 Nr. 1 EStG dürfen Geschenke an Geschäftspartner und deren Arbeitnehmer demnach nur dann als Betriebsausgaben abgezogen werden, wenn:

- die Aufwendungen **betrieblich** veranlasst sind,
- die Geschenkaufwendungen einzeln und getrennt von den übrigen Betriebsausgaben aufgezeichnet werden und
- ihr Wert **pro Person** und Jahr **nicht mehr als 50 €** (bis 31.12.2023: 35 €) beträgt. Dabei stellt 50 €-Grenze eine **Freigrenze** dar. Übersteigen die Anschaffungs- oder Herstellungskosten nämlich den Betrag von 50 € pro Empfänger (das können natürliche wie auch juris-

tische Personen sein) und Jahr, dann entfällt der Betriebsausgabenabzug insgesamt und nicht nur der Betrag, der über 50 € hinausgeht.

BEISPIEL

Damit der Betriebsausgabenabzug gewahrt bleibt, ist eine Verteilung der Aufwendungen auf verschiedene Jahre empfehlenswert. Wenn z. B. ein Unternehmer seinem Kunden im Januar 2024 und im Dezember 2024 jeweils ein Geschenk im Wert von 40 € macht, dann beträgt der Gesamtwert 80 €. Der Unternehmer kann also für beide Geschenke keinen Betriebsausgabenabzug steuerlich geltend machen. Verteilt er hingegen die Aufwendungen für beide Geschenke bspw. in den Dezember 2024 und in den Januar 2025, dann ist für beide Geschenke ein Betriebsausgabenabzug in voller Höhe möglich.

TIPP

Aber beachte: Das Abzugsverbot der Betriebsausgabe aufgrund Geschenke greift nicht, wenn die zugewendeten Wirtschaftsgüter beim Empfänger **ausschließlich betrieblich genutzt** werden können, vgl. EStR 2012 4.10 Abs. 2 Satz 4.

Ermittlung der Anschaffungskosten

Problematisch gestaltet sich die Frage, wann die Freigrenze von 50 € überschritten ist. Oder mit anderen Worten: wie bestimmen sich die Anschaffungs- und Herstellungskosten der Geschenke? Sollte diese Frage auf den Tisch kommen, empfiehlt es sich, auf die EStR 2012 4.10 Abs. 3 zurückzugreifen. Zu den Anschaffungs- oder Herstellungskosten eines Geschenks zählen demnach u. a. die Kosten einer Kennzeichnung des Geschenks als Werbeträger (z. B. Aufdruck des Firmenlogos) sowie die Umsatzsteuer (vgl. § 9b EStG), wenn der Abzug als Vorsteuer ohne Berücksichtigung des § 15 Abs. 1a UStG ausgeschlossen ist. Verpackungs- und Versandkosten gehören übrigens nicht zu den Anschaffungs- und Herstellungskosten.

AUFGABE

Die X-GmbH ist zum Vorsteuerabzug berechtigt. Sie überreicht am 08.05.2024 ein Geschenk aus ihrem Warenlager an ihren Geschäftspartner mit einem Wert von 55 € zzgl. 19 % USt. Am selben Tag erhält ein weiterer Geschäftspartner ein Geschenk, ebenso aus dem Warenlager, im Wert von 58 € inkl. 19 % USt. Die X-GmbH hat bei der Beschaffung der Waren die Vorsteuer in voller Höhe in Anspruch genommen. Es sind die entsprechenden Buchungen vorzunehmen.

LÖSUNG

SKR 04 (03)		Soll	Haben
6620 (4635) Geschenke nicht abzugsfähig		65,45 €	
	5200 (3200) Wareneingang		55,00 €
	1400 (1570) Vorsteuer		10,45 €

Erläuterung zum ersten Geschenk:

Der Nettowert des ersten Geschenks beträgt 55 € und liegt damit über der Freigrenze von 50 €. Gemäß § 4 Abs. 5 Nr. 1 EStG handelt es sich hierbei um eine nichtabzugsfähige Betriebsausgabe. Folglich ist nach § 15 Abs. 1a UStG ein Vorsteuerabzug hierfür ausgeschlossen. Es liegt eine nichtsteuerbare Schenkung vor, mithin kein Vorsteuerabzug möglich (vgl. hierzu auch § 3 Abs. 1b Satz 2 UStG).

SKR 04 (03)		Soll	Haben
6610 (4630) Geschenke abzugsfähig		48,74 €	
	5200 (3200) Wareneingang		48,74 €

Erläuterung zum zweiten Geschenk:

Der Wert des Geschenks ist als Betriebsausgabe abzugsfähig, da dieser den Wert von 50 € netto unterschreitet: 58 € inkl. 19 % USt = 48,74 € netto. Die Vorsteuer ist gem. § 15 Abs. 1 Nr. 1 UStG abzugsfähig. Die Schenkung ist nicht steuerbar, da Geschenk von geringem Wert vorliegt (§ 3 Abs. 1b Nr. 3 UStG).

Pauschalversteuerung

Wenn der Unternehmer die Geschenkzuwendungen pauschal mit 30 % versteuert, gehört auch die pauschale Steuer zu den Zuwendungen. Jedoch gilt, dass bei der Ermittlung des Grenzwerts von 50 € die pauschale Steuer nicht einbezogen wird.

3.3 Prüfungsschwerpunkt: Abschlussbuchungen

3.3.1 Bewertung des Inventurbestands (Umlaufvermögen)

Im Rahmen einer Inventur wird u. a. ein Warenbestand körperlich aufgenommen. Als Ergebnis liegt zunächst nur ein Mengengerüst eines Warenbestands vor. Dieser muss noch bewertet und als Mengengerüst in die Bilanz übernommen werden. Für die Bewertung ist der stets der Preis der Wiederbeschaffung am Bilanzstichtag, also i. d. R. der 31.12. eines Jahres, zu verwenden. Bei der Bewertung des Umlaufvermögens gilt das strenge Niederstwertprinzip gem. § 253 Abs. 4 Satz 1 HGB: Bei Vermögensgegenständen des Umlaufvermögens sind Abschreibungen vorzunehmen, um diese mit einem niedrigeren Wert anzusetzen, der sich aus einem Börsen- oder Marktpreis am Abschlussstichtag ergibt.

AUFGABE

Die A-OHG produziert Elektromotoren. Zum 31.12. liegen folgende Inventurwerte vor:

Konto	Anfangsbestand	Inventurwert	Beizulegender Wert/ Teilwert zum Bilanzstichtag 31.12.	Beizulegender Wert/ Teilwert zum Tag der Bilanzaufstellung im März des Folgejahrs
1140 (3980) Warenbestand	180.000,00 €	220.000,00 €	200.000,00 €	240.000,00 €

LÖSUNG

SKR 04 (03)		Soll	Haben
1140 (3980) Warenbestand		20.000,00 €	
	5200 (3200) Wareneingang		20.000,00 €

Erläuterung: Hier ist das strenge Niederstwertprinzip gem. § 253 Abs. 4 Satz 1 HGB anzuwenden. Es ist also der niedrigste beizulegende Wert anzusetzen. Zunächst ist das Stichtagsprinzip zu beachten, d. h. für die Bilanz sind die Verhältnisse des Bilanzstichtags abzubilden (§ 242 Abs. 1 HGB). Als Wertgröße kommt daher nur der Wert zum 31.12. infrage, also 200.000 €. Der Inventurwert (220.000 €) liegt in diesem Fall über dem beilzulegenden Wert. Es muss im Rahmen des strengen Niederstwertprinzips der Warenbestand (Kto. 1140; SKR 04) um 20.000 € (beizulegenden Wert abzgl. Anfangsbestand) erhöht werden.

3.3.2 Bewertung nach FiFo- und LiFo-Verfahren (§ 256 HGB)

Das Vorratsvermögen muss grundsätzlich einzeln bewertet werden. Die Herstellungskosten stellen immer die Obergrenze dar. Im Handelsrecht sieht § 256 HGB vor: Soweit es den Grundsätzen ordnungsmäßiger Buchführung entspricht, kann für den Wertansatz **gleichartiger Vermögensgegenstände des Vorratsvermögens** unterstellt werden, dass die **zuerst (FiFo-Methode) oder dass die zuletzt (LiFo-Methode)** angeschafften oder hergestellten Vermögensgegenstände zuerst verbraucht oder veräußert worden sind. Handelsrechtlich sind also:

- die Lifo-Methode, "last in – first out" und
- die Fifo-Methode, "first in – first out"

erlaubt.

MERKE

Steuerrechtlich ist nur die Lifo-Methode zulässig.

AUFGABE

Die A-GmbH hat im Geschäftsjahr 2024 regelmäßig einen Hilfsstoff beschafft. Im Einzelnen stellt sich das folgendermaßen dar:

	Stückzahl	Datum	Wert pro Stück in €
Anfangsbestand 01.01.2024	400	01.01.2024	2,40
Einkauf	200	08.05.2024	2,80
Einkauf	350	20.05.2024	2,95
Einkauf	700	07.09.2024	2,75
Endbestand 31.12.2024	900	31.12.2024	

Aufgabe:

Mit welchem Wert ist der Hilfsstoffbestand zum 31.12.2024 anzusetzen, wenn ausschließlich die steuerrechtlich zulässige Bewertung anzuwenden ist und der Tageswert zum 31.12.2024 pro Stück 2,90 € beträgt?

LÖSUNG

Das LiFo-Verfahren (last in – first out) ist das steuerrechtlich zulässige Verfahren. D.h. die Vorschrift geht davon aus, dass die zuletzt angeschafften Hilfsstoffe zuerst aus dem Lager entnommen wurden. Am 31.12.2024 sind noch 900 Stück auf Lager. Das bedeutet, da ja die zuletzt gekauften Hilfsstoffe zuerst das Lager verlassen haben (zumindest steuerrechtlich), dass die ältesten Bestände von 900 Stück auf Lager bleiben:

Stückzahl	Wert pro Stück in €	Wert gesamt
400	2,40	960 €
200	2,80	560 €
300	2,95	885 €
900		2.405 €
Tageswert: 900 Stück · 2,90 €/Stück =		2.610 €

Da in der Bilanz die Hilfsstoffe höchstens mit den Anschaffungskosten, also 2.405 €, ausgewiesen werden dürfen, entfällt der Ansatz zum Tageswert. Der Bilanzwert beträgt also 2.405 €.

3.3.3 Wertaufholungsgebot (handels- und steuerrechtlich)

Es ist möglich, dass nach Abreibungen auf einen Vermögensgegenstand (= handelsrechtlicher Begriff) bzw. Wirtschaftsgut (= steuerrechtlicher Begriff), der Grund von Abschreibungen weggefallen ist. Dann kann es zu einer Wertaufholung oder Zuschreibung kommen, d. h. der Buchwert eines Vermögensgegenstands/Wirtschaftsguts wird an die neue Entwicklung angepasst. Bei einer Wertaufholung in der Handelsbilanz handelt es sich um das Rückgängigmachen früherer **außerplanmäßiger Abschreibungen** und bei einer Wertaufholung in der Steuerbilanz um das Rückgängigmachen früherer **Teilwertabschreibungen**.

Handelsrechtliches Wertaufholungsgebot	Steuerrechtliches Wertaufholungsgebot
§ 253 Abs. 5 HGB	§ 6 Abs. 1 Nr. 1 Satz 4, Nr. 2 Satz 3 EStG
Ein niedrigerer Wertansatz darf **nicht beibehalten** werden, wenn die Gründe dafür nicht mehr bestehen. Ein **niedrigerer Wertansatz eines entgeltlich erworbenen Geschäfts- oder Firmenwertes** ist beizubehalten. Geltungsbereich ist **rechtsformunabhängig**.	Ein Wert ist aufzuholen, nach Teilwertabschreibungen von **abnutzbaren Wirtschaftsgütern des Anlagevermögens**, nach Teilwertabschreibungen von anderen Wirtschaftsgütern, z. B. **nicht abnutzbaren Wirtschaftsgütern des Anlagevermögens**, Beteiligungen, Wirtschaftsgütern des **Umlaufvermögens**, nach Absetzungen für außergewöhnliche technische oder wirtschaftliche Abnutzung von abnutzbaren Wirtschaftsgütern des Anlagevermögens.

BEISPIEL

Im Betriebsvermögen der X-KG befindet sich ein unbebautes Grundstück mit Anschaffungskosten von 150.000 €. Auf den Nachbargrundstücken wird ein Vorkommen an Erdöl vermutet. Durch die umliegenden Bohrungen nach Erdöl verliert das Grundstück unstrittig 30 % an Wert. Mit dem Buchungssatz „Außerplanmäßige Abschreibung an unbebaute Grundstücke, 45.000 €" wird dem Rechnung getragen. Nach vielen Jahren sind die Bohrungen erfolglos abgeschlossen und die Grundstücke werden renaturiert.

Die Gründe für die außerplanmäßige Abschreibung sind entfallen. Es besteht ein Wertaufholungsgebot bis zu den fortgeführten Anschaffungskosten i. H. v. 150.000 €.

3.3.4 Bewertung von Forderungen

Forderungsbewertung allgemein

Für Umlaufvermögen gilt handelsrechtlich allgemein das strenge Niederstwertprinzip. Im Fall eines niedrigeren beizulegenden Wertes ist eine Abschreibung zwingend geboten. Die Bewertung von Forderungen lässt sich aus § 253 HGB ableiten. Demnach sind Forderungen in der Handelsbilanz mit ihren Anschaffungskosten oder einem niedrigeren beizulegender Wert anzusetzen. Sie sind grundsätzlich mit dem Wert auszuweisen, mit dem sie wahrscheinlich realisiert werden können. Folglich sind mögliche Ausfälle von Risiken buchhalterisch zu berücksichtigen. Dies geschieht durch Vornahme von Einzelwert- und Pauschalwertberichtigungen (EWB, PWB).[1] Für die Bewertung von Forderungen ist es wichtig, wie werthaltig die Forderung (die Wahrscheinlichkeit der Rückzahlung) ist. Da Forderungen also nicht alle gleich werthaltig sind, ist zu unterscheiden:

- werthaltige (sog. einwandfreie),
- zweifelhafte (sog. dubiose) und
- uneinbringliche Forderungen.

Werthaltige Forderungen sind buchhalterisch problemlos: Sie sind mit ihrem Nennwert anzusetzen.

Zweifelhafte (dubiose) Forderungen

Zweifelhafte Forderungen sind mit ihrem wahrscheinlichen Wert anzusetzen. Wie hoch letztendlich die Wahrscheinlichkeit eines Forderungsausfalls ausfällt, muss durch den Bilanzierenden geschätzt werden. Ein Ausfallrisiko ist z. B. dann anzunehmen, wenn mehrfache Mahnungen unbeachtet blieben oder Mahnbescheide erlassen wurden, ohne dass bereits von der Zahlungsunfähigkeit ausgegangen werden muss.

Noch keine Realisierung des Verlusts

Bei zweifelhaften Forderungen muss also ein Verlust drohen; dieser darf aber noch nicht realisiert sein. Der Teilwert zweifelhafter Forderungen kann folglich zwischen 0 € und dem Nennwert der Forderung liegen. Forderungen, die erkennbar zweifelhaft behaftet sind, sollten auf das Konto „zweifelhafte Forderungen" (ins Soll: Kto. 1240) umgebucht werden. Das dient der Klarheit. Die Umbuchung allein führt zunächst noch zu keinem abweichenden Wertansatz. Erst die aufwandswirksame Korrektur der Forderung.

TIPP

In der schriftlichen Abschlussprüfung ergibt sich aus dem Sachverhalt eindeutig, ob die Forderung werthaltig ist oder nicht. Dagegen ist es durchaus möglich, dass in der mündlichen Prüfung danach gefragt wird, unter welchen Voraussetzungen eine Forderung nicht mehr werthaltig ist.

AUFGABE

Der Forderungsbestand aus Lieferungen und Leistungen der X-GmbH beträgt 400.000 €. Darin enthalten ist eine Forderung i. H. v. 2.380 € an einen Privatkunden. Bei Jahresabschlussarbeiten wird die Werthaltigkeit dieser Forderung auf 60 % zutreffend geschätzt.

LÖSUNG

Hier muss eine Einzelwertberichtigung vorgenommen werden. Im ersten Schritt wird der „sichere" Bestand aus Forderungen aus LuL um die zweifelhaften Forderungen reduziert. **Diese Umbuchung erfolgt inkl. der USt!**

SKR 04 (03)		Soll	Haben
1240 (1460) Zweifelhafte Forderungen		2.380,00 € ***(inkl. USt)***	
	1210 (1410) Forderungen aus LuL		2.380,00 € ***(inkl. USt)***

Die Forderung muss nun zu 40 % einzelwertberichtigt werden. Einzelwertberichtigungen bemessen sich immer am **Nettobetrag** der Forderung. Die Nettoforderung beträgt 2.380 € : 1,19 = 2.000 €. Davon 40 %: 2.000 € · 0,4 = 800 €.

SKR 04 (03)		Soll	Haben
6923 Einstellung EWB zu Forderungen		800,00 € ***(ohne USt)***	
	1240 (1460) Zweifelhafte Forderungen		800,00 € ***(ohne USt)***

Uneinbringliche Forderungen

Realisierung des Verlusts

Forderungen können auch uneinbringlich werden, nämlich dann, wenn der Schuldner zahlungsunfähig[2] geworden ist. Für den Gläubiger der Forderung stellt der Forderungsausfall hin-

1 Die Wertberichtigung auf Forderungen mangels Solvenz des Schuldners ist der Standardfall. Es kann natürlich auch andere Gründe hierfür geben. So sind Forderungen in ausländischer Währung in Euro auszuweisen. Handelsrechtlich sind Forderungen ausländischer Währung mit dem Devisenkassamittelkurs am Abschlussstichtag zu bewerten.

2 Auf Sonderfälle, die einer Wertberichtigung entgegenstehen, wird hier verzichtet. Darunter fallen z. B. Sicherheiten, die für die Forderungen bestellt werden (Grundschuld, Bürgschaft etc.) oder auch eine Versicherung gegen Forderungsausfälle – Delkredere-Versicherung –, die im abgeschlossenen Umfang wirtschaftlich die Wirkungen einer Wertminderung auffängt.

sichtlich der Forderung einen Totalverlust dar. Das wäre bspw. dann der Fall, wenn die Eröffnung eines Insolvenzverfahrens mangels Masse abgelehnt wird. Dann ist die Forderung auf 0 € abzuschreiben. Da die Umsatzsteuer vom Schuldner ebenso uneinbringlich geworden ist, muss diese über das Konto 3800 (1770) korrigiert werden.

AUFGABE

Der Forderungsbestand aus Lieferungen und Leistungen der X-GmbH beträgt 400.000 €. Darin enthalten ist eine Forderung i. H. v. 4.760 € an die A-GmbH. Es wird bekannt, dass über das Vermögen der A-GmbH überraschend das Insolvenzverfahren eröffnet werden sollte, das jedoch mangels Masse nicht zustande kam.

LÖSUNG

Hier muss eine Einzelwertberichtigung vorgenommen werden. Da die Forderung endgültig wertlos ist, muss auch die Umsatzsteuer korrigiert werden.

SKR 04 (03)		Soll	Haben
6930 (2400) Forderungsverluste		4.000,00 €	
3800 (1770) Umsatzsteuer		760,00 €	
	1210 (1410) Forderungen aus LuL		4.760,00 €

Entwicklung einer Forderung

Nicht selten hat ein Totalausfall einer Forderung eine gewisse Vorgeschichte. Das heißt, dass vor Eröffnung eines Insolvenzverfahrens der Gläubiger eine Einzelwertberichtigung bereits vorgenommen hatte, die entsprechend zu berücksichtigen ist.

AUFGABE

Die X-GmbH hat zum 31.12.2023 eine Forderung i. H. v. 4.760 € an die A-GmbH. Da die A-GmbH auf Mahnungen nicht reagiert hat, hat die X-GmbH zutreffend eine Wertberichtigung i. H. v. 40 % noch im Jahr 2023 vorgenommen. Der gesamte Forderungsbestand wurde in 2023 auf Konto 1240 Zweifelhafte Forderungen umgebucht. Im Folgejahr ist die Forderung nach Ablehnung eines Insolvenzverfahrens mangels Masse tatsächlich wertlos geworden. Wie ist im Jahr 2024 zu verfahren?

LÖSUNG

Es muss sowohl eine Einzelwertberichtigung mit Korrektur der Umsatzsteuer als auch die Korrektur der Einzelwertberichtigung aus 2023 vorgenommen werden.

SKR 04 (03)		Soll	Haben
6930 (2400) Forderungsverluste		4.000,00 €	
3800 (1770) Umsatzsteuer		760,00 €	
1246 (0998) EWB zu Forderungen		1.600,00 €	
	1240 (1460) Zweifelhafte Forderungen		4.760,00 €
	4923 (2731) Erträge aus Auflösung von EWB zu Forderungen		1.600,00 €

Erläuterung: Im Jahr 2023 war die Forderung nicht endgültig wertlos. Daher durfte zurecht auf den Nettobetrag von 4.000 € eine Einzelwertberichtigung von 4.000 € · 40 % = 1.600 € vorgenommen werden. Eine Korrektur der Umsatzsteuer war in 2023 nicht möglich. Mit Wertlosigkeit der gesamten Forderung ist die Umsatzsteuer in volle Höhe zu korrigieren. Da die gesamte Forderung von netto 4.000 € in 2024 abzuschreiben ist, muss die Einzelwertberichtigung aus dem Vorjahr über eine Ertragsbuchung (Konto 4923; SKR 04) angepasst werden.

Pauschalwertberichtigung

Unternehmen unterliegen einem gewissen Risiko, dass Forderungen ausfallen, die als „wackelige“ Forderung nicht zu erkennen sind. Durch eine Pauschalwertberichtigung (PWB) wird das allgemeine Ausfallrisiko von Forderungen berücksichtigt. Der Grundsatz der Einzelbewertung wird dadurch durchbrochen. Die PWB bemisst sich nach dem Gesamtbestand der Forderungen ohne einzelwertberichtigte Forderungen und ohne Umsatzsteuer. Das heißt, dass der Gesamtbestand nicht nur Forderungen an inländische Debitoren umfasst, sondern das weltweite Aufkommen. Die Höhe der Pauschalwertberichtigung richtet sich nach betrieblichen Erfahrungswerten.

Besonders muss auf die Umsatzsteuer geachtet werden. Eine Umsatzsteuerkorrektur kommt bei einer PWB nicht infrage. Möglichweise enthält jedoch der Forderungsbestand Forderungen z. B. an Unternehmen im EU-Gemeinschaftsgebiet. Diese beinhalten bekanntlich keine Umsatzsteuer und müssen eigens herausgerechnet werden. Das ist notwendig, da die Bemessungsgrundlage für die PWB stets ohne Umsatzsteuer zu erfolgen hat.

MERKE

Die Bemessungsgrundlage für eine PWB erfolgt stets ohne Umsatzsteuer. Eine Umsatzsteuerkorrektur ist im Rahmen einer PWB nicht erlaubt. Lediglich wenn der Forderungsausfall feststeht, ist die Umsatzsteuer zu korrigieren.

Die Berechnung des Aufwands aus der Bildung einer PWB sollte demnach nach einem festen Berechnungsschema erfolgen:

Forderungen aus Lieferungen und Leistungen
- mögliche Forderungsnachlässe, Forderungskorrekturen (Haben-Buchungen)
- steuerfreie Forderungen (z. B. aus einer innergemeinschaftlichen Lieferung)
- neue zweifelhafte Forderungen (die laut Sachverhalt ggf. zu korrigieren waren!)
= steuerpflichtigen Forderungen *(inkl. USt)*
- 19 % USt (also die Summe der steuerpflichtigen Forderungen durch 1,19)
= Forderungen *(ohne USt)*
+ steuerfreie Forderungen (z. B. aus einer innergemeinschaftlichen Lieferung)
= werthaltige Forderungen (Bemessungsgrundlage für PWB)
· pauschaler Prozentsatz auf Forderungsausfälle
- ggf. vorhandene PWB
= Erhöhung oder Senkung der PWB um ... €

Anpassungs- oder Auflösungsmethode?

Buchhalterisch kann die Berechnung der PWB auf zwei Arten erfolgen. Nach der Anpassungs- oder Auflösungsmethode. Beide Arten sind möglich, wobei die Anpassungsmethode mit einem Buchungssatz weniger auskommt.

Hierzu ein Beispiel:

Die A-GmbH weist zum 31.12.2023 eine PWB in Höhe von 200.000 € aus. Im Rahmen der Jahresabschlussarbeiten für das Jahr 2024 ermittelt die Buchhaltung eine PWB in Höhe von 230.000 €.

Nach der **Anpassungsmethode** wird lediglich die Differenz der PWB verbucht. Diese beträgt 230.000 € - 200.000 € = 30.000 €

SKR 04 (03)		Soll	Haben
6920 (2450) Einstellungen in die PWB zu Forderungen		30.000,00 €	
	1248 (0996) PWB zu Forderungen		30.000 €

Bei der **Auflösungsmethode** kommt es zu zwei Buchungssätzen. Zunächst muss die bisherige PWB (hier: 200.000 €) aufgelöst werden. Danach ist die neu berechnete PWB in voller Höhe (hier 230.000 €) einzustellen.

SKR 04 (03)		Soll	Haben
1248 (0996) PWB zu Forderungen		200.000,00 €	
	4920 (2730) Erträge aus Herabsetzung der PWB zu Forderungen		200.000,00 €

6920 (2450) Einstellungen in die PWB zu Forderungen		230.000,00 €	
	1248 (0996) PWB zu Forderungen		230.000,00 €

AUFGABE

Die H-GmbH produziert verschiedene Biersorten. Der Saldo des Kontos " Forderungen aus LuL" beträgt zum 31.12.2024 (Bilanzstichtag) 141.640 €.

Folgende Vorgänge sind noch zu berücksichtigen:

a) Die Kneipe „Beim Erwin" hat Insolvenz anmelden müssen. Das Insolvenzverfahren wurde mangels Masse eingestellt. Die Schulden der Kneipe bei der H-GmbH belaufen sich auf 4.375 €.

b) Eine weitere Forderung in Höhe von 8.223 € betrifft einen Feuerwehrverein, der sich in Zahlungsschwierigkeiten befindet. Die H-GmbH rechnet mit einem Ausfall von 75 %.

c) Für die restlichen Forderungen ist wie in den Vorjahren eine Pauschalwertberichtigung in Höhe von 3 % zu bilden. Das Konto " Pauschalwertberichtigung zu Forderungen" weist zum 31.12.2023 einen Stand in Höhe von 3.600 € auf.

Aufgabe:

Es sind die vorbereitenden Jahresabschlussbuchungen durchzuführen.

LÖSUNG

Lfd. Buchst.	Buchungssatz	Soll-Betrag in €	Haben-Betrag in €
a)	6930 (2400) Forderungsverluste	3.676,47	
	3800 (1770) Umsatzsteuer	698,53	
	an 1200 (1410) Forderungen aus LuL		4.375
b)	1240 (1460) zweifelhafte Forderungen	8.223	
	an 1210 (1410) Forderungen aus LuL		8.223
	6923 (2451) Einstellung in die Einzelwertberichtigung zu Forderungen	5.182,56	
	an 1246 (0998) Einzelwertberichtigung zu Forderungen		5.182,56
c)	1248 (0996) Pauschalwertberichtigung zu Forderungen*)	300	
	an 4920 (2730) Erträge aus der Herabsetzung der Pauschalwertberichtigung zu Forderungen		300

- *) Saldo der Forderungen aus LuL: 141.640 €, netto: 119.025,21 €
- Abzgl. Forderungsverlust „Beim Erwin" 4.375 €, netto: 3.676,47 €
- Abzgl. Anteiliger Forderungsverlust „Feuerwehrverein", netto: 5.182,56 €
- Ergibt Bemessungsgrundlage von 110.166,18 € · 3 % = 3.304,99 €, gerundet 3.300 €
- Ertrag: 3.300 € - 3.600 € = 300 €.

3.3.5 Rückstellungen

Rückstellungen im Handelsrecht

Rückstellungen sind von Verbindlichkeiten scharf zu trennen. Verpflichtungen, die dem Grunde, der Höhe bzw. dem Zeitpunkt nach noch nicht sicher feststehen, also ungewiss sind, fallen unter die Rückstellungen (entsprechend dem Vorsichtsprinzip). Sie haben Fremdkapitalcharakter und werden entsprechend auf der Passivseite der Bilanz ausgewiesen. Nach § 249 Abs. 1 HGB sind Rückstellungen zu bilden für

- ungewisse Verbindlichkeiten,
- drohende Verluste aus schwebenden Geschäften,
- im Geschäftsjahr unterlassene Aufwendungen für Instandhaltung, die im folgenden Geschäftsjahr innerhalb von drei Monaten, oder für Abraumbeseitigung, die im folgenden Geschäftsjahr nachgeholt werden,
- Gewährleistungen, die ohne rechtliche Verpflichtung erbracht werden.

Rückstellungen im Steuerrecht

Grundsätzlich sind die handelsrechtlich zwingend zu bildenden Rückstellungen auch in der Steuerbilanz zu passivieren, sofern nicht steuerrechtliche Sondervorschriften entgegenstehen. Dazu gehören bspw.:

- Rückstellungen für drohende Verluste dürfen steuerlich nicht gebildet werden
- Steuerlich Einschränkungen für Jubiläums- und Pensionsrückstellungen sind zu beachten
- Rückstellungen wegen Verletzung fremder Patent-, Urheber- oder ähnlicher Rechte dürfen in der Steuerbilanz erst gebildet werden, wenn der Rechtsinhaber entsprechende Ansprüche geltend gemacht hat oder mit einer Inanspruchnahme ernsthaft zu rechnen ist.

3.4 Handels- und Steuerbilanz

Die Zusammenhänge wischen Handels- und Steuerbilanz sind nicht einfach zu durchschauen. Um diese zu verstehen, ist es wichtig, sich die Bilanzwecke vor Augen zu führen.

Die Steuerbilanz verfolgt im Grunde genommen nur einen Zweck: Sie begründet die Höhe der Einkommen-, Körperschaft- und Gewerbesteuer. Die Handelsbilanz verfolgt hingegen den Zweck, die Finanzlage gegenüber der Geschäftsführung, der Belegschaft oder Dritten (z. B. Gesellschaftern, Investoren oder Kreditgebern) aufzuzeigen. Handels- und Steuerbilanzen stimmen im Wesentlichen überein. Denn der **Maßgeblichkeitsgrundsatz** des § 5 Abs. 1 Satz 1 EStG besagt, dass bei Gewerbetreibenden, die auf Grund gesetzlicher Vorschriften verpflichtet sind, Bücher zu führen und regelmäßig Abschlüsse zu machen für den Schluss des Wirtschaftsjahres das Betriebsvermögen anzusetzen (§ 4 Abs. 1 Satz 1 EStG), das nach den handelsrechtlichen Grundsätzen ordnungsmäßiger Buchführung auszuweisen ist.

Da der Grundsatz der Maßgeblichkeit der Handelsbilanz für die Steuerbilanz gilt – also beide Bilanzen sind im Prinzip gleich –, bedarf es für Abweichungen jeweils einer gesetzlichen Grundlage. Folgende Übersicht umfasst die wesentlichen Abweichungen zwischen Handels- und Steuerbilanzen:

HB/StB: die Abweichungen

Beschreibung	**Rechtsgrundlage**	**Beispiel**
Ein in der Handelsbilanz gewählter Ansatz ist steuerrechtlich nicht zulässig	§ 248 Abs. 2 Satz 1 HGB; § 5 Abs. 2 EStG.	z. B. Ansatz selbst geschaffener immaterieller Vermögensgegenstände (steuerrechtlich: Wirtschaftsgüter)
eine in der Handelsbilanz gewählte Bewertungsmethode ist steuerrechtlich nicht zulässig	§ 256 HGB	z. B. Bewertung des Vorratsvermögens nach der Fifo-Methode
eine steuerrechtlich bestehende Bewertungsmethode ist handelsrechtlich nicht zulässig	§ 6b EStG	z. B. Übertragung stiller Reserven bei Veräußerung bestimmter Anlagegüter
für ein handelsrechtlich bestehendes Ansatz- oder Bewertungswahlrecht besteht steuerlich kein Spielraum	§ 255 Abs. 2 HGB	z. B. bestimmte Positionen bei der Berechnung der Herstellungskosten

handels- und steuerrechtlich bestehende Ansatz- und Bewertungsregelungen weichen voneinander ab		z. B. Ansatz und Bewertung von Pensionsverpflichtungen i. S. v. § 6a EStG
für eine handelsrechtlich vorgeschriebene Regelung besteht steuerlich ein Wahlrecht	§ 253 Abs. 4 HGB; § 6 Abs. 1 Nr. 2 Satz 2 EStG	z. B. Teilwertabschreibung des Umlaufvermögens
ein Ansatz- oder Bewertungswahlrecht wird in der Steuerbilanz anders ausgeübt als in der Handelsbilanz	§ 253 HGB, § 5 Abs. 6, § 7 Abs. 2 EStG	z. B. lineare und degressive Absetzung für Abnutzung

Im Folgenden sollen die für die Abschlussprüfung typischen Abweichungen zwischen einer Handels- und Steuerbilanz beispielhaft aufgezeigt werden:

HB/StB: die Prüfungsklassiker

AUFGABE

Die A-GmbH weist einen vorläufigen handelsrechtlichen Jahresüberschuss von 350.000 € für 2024 aus. Folgende Sachverhalte sind noch nicht berücksichtigt. Wie hoch fällt das Ergebnis jeweils nach Handelsbilanz und Steuerbilanz aus? Sollte steuerlich ein Wahlrecht möglich sein, so ist der Ansatz so zu wählen, dass die Steuerbelastung möglichst gering ausfällt.

a) Die A-GmbH erwirbt zum 01.07.2024 einen Firmenwert für 200.000 €. Eine Abschreibungsdauer des Firmenwerts lässt sich nicht ermitteln.

b) Im Eigentum der A-GmbH befindet sich ein unbebautes Grundstück, das zutreffend zum 01.01.2024 mit 120.000 € zu Buche steht. Unmittelbar angrenzend zum Grundstück wird ein Militärflughafen gebaut, sodass die Lärmbelastung dauerhaft deutlich steigt. Der Zeitwert zum 31.12.2024 beträgt nur noch 30.000 €.

c) Im Jahr 2024 hätte unbedingt eine wichtige Produktionsmaschine repariert werden sollen. Aufgrund fehlender Ersatzteile konnte die Reparatur erst im März 2025 durchgeführt werden. Die Kosten werden sich nach Schätzung zum 31.12.2024 voraussichtlich zwischen 9.000 € und 13.000 € bewegen.

LÖSUNG

Fall	Lösung	HB	StB
		+ 350.000,00 €	+ 350.000,00 €
a)	Abschreibungszeitraum lt. HB 10 Jahre, Abschreibung 200.000 €/10 Jahre für 6 Monate in 2024, § 253 Abs. 3 Satz 3 u. 4 HGB[1]	- 10.000,00 €	
	Als betriebsgewöhnliche Nutzungsdauer des Geschäfts- oder Firmenwerts gilt ein Zeitraum von 15 Jahren, § 7 Abs. 1 Satz 3 EStG		- 6.667,00 €
b)	Ohne Rücksicht darauf, ob ihre Nutzung zeitlich begrenzt ist, sind bei Vermögensgegenständen des Anlagevermögens bei voraussichtlich dauernder Wertminderung außerplanmäßige Abschreibungen vorzunehmen, § 253 Abs. 3 Satz 5 HGB	- 90.000,00 €	
	Ist der Teilwert aufgrund einer voraussichtlich dauernden Wertminderung niedriger als der Buchwert, so **kann** (Wahlrecht!) dieser angesetzt werden, § 6 Abs. 1 Nr. 2 Satz 2 EStG.		- 90.000,00 €

1 Beachte: der Abschreibungszeitraum von 10 Jahren ist nur anzusetzen, wenn verlässlich kein anderer Zeitraum geschätzt werden kann.

c)	Rückstellungsbildung für unterlassene Instandhaltung (§ 249 Abs. 1 Nr. 1 HGB = Passivierungspflicht). Die Instandhaltungsarbeiten müssen innerhalb der ersten 3 Monate im folgenden Geschäftsjahr nachgeholt werden. Aufgrund des Vorsichtsprinzips ist der höhere Kostenansatz zu wählen, § 252 Abs. 1 Nr. 4 HGB, § 253 Abs. 1 Satz 2 HGB	- 13.000,00 €	
	Rückstellungspflicht, § 5 Abs. 1 Satz 1 EStG i.V. m. EStR 5.7 Abs. 11 EStG		- 13.000,00 €

3.5 Kleine Buchhaltungsfibel

Diese kleine Klausurfibel beinhaltet im Folgenden einige Erklärungen und Tipps zu Sachverhalten in der Abschlussprüfung im Rechnungswesen – kurz und knackig.

Abschreibungen: Bei abnutzbaren Wirtschaftsgütern des Anlagevermögens, deren Verwendung oder Nutzung durch den Unternehmer zur Erzielung von Einkünften sich erfahrungsgemäß auf einen Zeitraum von mehr als einem Jahr erstreckt, ist jeweils für ein Jahr der Teil der Anschaffungs- oder Herstellungskosten abzusetzen.

Anlagevermögen: Es umfasst Vermögenswerte, die dauerhaft in einem Unternehmen verwendet werden, siehe § 247 Abs. 2 HGB. Diese Gegenstände sind fest im Unternehmen gebunden und dienen nicht der kurzfristigen Veräußerung. Das Anlagevermögen befindet sich in der Kontenklasse 0 (also nicht lange im Kontenplan suchen!). Beispiele für Anlagevermögen sind Gebäude, Maschinen oder Fahrzeuge. Die Abgrenzung zum Umlaufvermögen (Kontenklasse 1) ist normalerweise ohne Probleme. Aufzupassen ist jedoch bei Wertpapieren. Diese sind sowohl im Anlagevermögen (Konto 0900) als auch im Umlaufvermögen (Konto 1510) enthalten. Es kommt also darauf an, ob das Unternehmen die Wertpapiere kurzfristig veräußern möchte bzw. könnte.

Anschaffungskosten: Nach § 255 Abs. 1 HGB sind Anschaffungskosten die Aufwendungen, die geleistet werden, um einen Vermögensgegenstand zu erwerben und ihn in einen betriebsbereiten Zustand zu versetzen, soweit sie dem Vermögensgegenstand einzeln zugeordnet werden können. Zu den Anschaffungskosten gehören auch die Nebenkosten sowie die nachträglichen Anschaffungskosten. Anschaffungspreisminderungen (z. B. aufgrund von Preisnachlässen), die dem Vermögensgegenstand einzeln zugeordnet werden können, sind abzusetzen.

Aufwand: Der betriebliche Aufwand ist in den Kontenklassen 5, 6 und 7 zu finden. Aufwendungen werden grundsätzlich als Soll-Buchung erfasst. Da jedoch z. B. Minderungen von Aufwendungen bei Beschaffungen (z. B. durch erhaltene Rabatte oder Skonto) in die Kontenklasse 5 fallen (z. B. Konto 5700; SKR 04) sind auch Haben-Buchungen dort zu finden.

Debitor: entspricht dem Begriff des „Schuldners". Also jemand, der dem buchführenden Unternehmen noch die Bezahlung einer z. B. gelieferten Ware schuldet. Ein Debitor kann sowohl eine natürliche Person als auch ein Unternehmen sein. Debitoren werden üblicherweise in einer Kontokorrentbuchhaltung geführt, d. h. für jeden Debitor wird ein eigenes Konto geführt. Hinter jedem Personenkonto wird ein Hauptkonto, das in der Bilanz erscheint, geführt.

BEISPIEL

Konto Debitor	Bezeichnung des Debitors	Bilanzielles Hauptkonto: Forderungen aus LuL
2000001	Maria Huber	1200 (SKR 04)
2000002	Karin Mayer GmbH	1200 (SKR 04)

Degressive Abschreibung: Handelsrechtlich sind folgende Formen der degressiven AfA nach § 253 Abs. 3 Satz 1 und 2 HGB zulässig: arithmetisch-degressive Abschreibung, die geometrisch-degressive Abschreibung und die degressive Abschreibung mit planmäßigem Übergang zur linearen Abschreibung. **Steuerrechtlich** ist nur die geometrisch degressive Abschreibung zulässig.

Firmenwert: Wer ein gewerbliches Unternehmen kauft, erwirbt damit i. d. R. auch einen dem Unternehmen innewohnenden Wert (z. B. Marke, Logo, Kundenstamm, bestimmtes Know-How), den so genannten Firmenwert. Steuerrechtlich ist dieser auf 15 Jahre abzuschreiben. Handelsrechtlich auf 10 Jahre, wenn keine sonstige Annahme über die Nutzungsdauer möglich. Ein unentgeltlich geschaffener Firmenwert ist nicht abschreibungsfähig.

Forderungen aus LuL: Der Vorgang um Ausgangsrechnungen kann durchaus kompliziert werden. Beispielsweise gewährt der Unternehmer seinen Kunden Skontoabzug oder einen Preisnachlass. Wenn ein solcher Fall durch Bezahlung des Kunden endgültig abgeschlossen ist, muss die Forderung nach allen Verbuchungen stets „Null" betragen.

Geringwertiges Wirtschaftsgut: Unter geringwertigen Wirtschaftsgütern sind solche zu verstehen, deren Anschaffungs- oder Herstellungskosten (ohne Umsatzsteuer) 800 €.

Gewillkürtes Betriebsvermögen: Beträgt die private Nutzung 50 % bis 90 %, **können** die entsprechenden Geräte als Betriebsvermögen behandelt werden.

Herstellungskosten: Herstellungskosten dürfen nicht mit den Anschaffungskosten gleichgestellt sein. Sie sind die Aufwendungen, die durch den Verbrauch von Gütern und die Inanspruchnahme von Diensten für die Herstellung eines Vermögensgegenstands, seine Erweiterung oder für eine über seinen ursprünglichen Zustand hinausgehende wesentliche Verbesserung entstehen.

Kreditor: entspricht dem Begriff des „Gläubigers". Buchhalterisch werden diese analog zu den Debitoren geführt (siehe Stichwort „Debitor").

Maßgeblichkeitsprinzip: Das Maßgeblichkeitsprinzip ist in § 5 Abs. 1 EStG geregelt und besagt, dass die nach den Grundsätzen ordnungsmäßiger Buchführung in der Handelsbilanz ausgewiesenen Vermögensgegenstände und Schulden auch in der Steuerbilanz (mit Einschränkungen) anzusetzen sind. Eine umgekehrte Maßgeblichkeit gibt es nicht. Daher werden steuerrechtliche Vergünstigungen auch dann beansprucht werden, wenn die entsprechenden Wahlrechte nicht in der Handelsbilanz ausgeübt worden sind, so z. B. die Sonderabschreibung nach § 7g EStG.

Notwendiges Betriebsvermögen: Beträgt die private Nutzung weniger als 50 %, **müssen** die entsprechenden Geräte als Betriebsvermögen behandelt werden.

Pauschalwertberichtigung auf Forderungen: Die Pauschalwertberichtigung berücksichtigt das allgemeine Ausfallrisiko von Forderungen. Sie stellt eine Ausnahme vom Grundsatz der Einzelbewertung dar. Bei der Berechnung ist die Umsatzsteuer stets außen vor zu lassen.

Poolabschreibung: Diese entsprechen den Abschreibungen auf Sammelposten. Die Abschreibung berechnet sich mit jährlich 20 % der Anschaffungs- oder Herstellungskosten und ist als Betriebsausgabe abzugsfähig.

Rückstellungen: Hier handelt es sich um Verpflichtungen, die dem Grunde, der Höhe bzw. dem Zeitpunkt nach noch nicht sicher feststehen.

Skonto: Prüfe stets, ob das Unternehmen tatsächlich Skonto in Anspruch genommen hat.

Verbindlichkeiten aus LuL: Hinter Eingangsrechnungen von Lieferanten stecken oftmals komplexe Sachverhalte. So erhält das Unternehmen Rabatte oder bezahlt nach Abzug von Skonto. Dazwischen liegen vielleicht auch mal Reklamationen einer Ware, worauf der Lieferant einen Nachlass gewährt. Wenn ein solcher Fall durch Bezahlung endgültig abgeschlossen ist, muss die Verbindlichkeit nach allen Verbuchungen stets „Null" betragen.

Verpackungsmaterial: Auf dem Konto „6700 Kosten der Warenabgabe" (*SKR 03: 4700*) werden die Aufwendungen für Verpackungsmaterial erfasst. Als Verpackung dient jede Umhüllung des Produkts für den Verkauf. Dabei soll das Produkt vor Beschädigung oder Verderb geschützt werden.

Vorsteuerkorrektur: Gemäß § 17 Abs. 1 Satz 1 UStG gilt: Hat sich die Bemessungsgrundlage für einen steuerpflichtigen Umsatz i. S. d. § 1 Abs. 1 Nr. 1 UStG geändert, hat der Unternehmer, der diesen Umsatz ausgeführt hat, den dafür geschuldeten Steuerbetrag zu berichtigen. Wenn sich also die Höhe der Verbindlichkeit ändert, so z. B. durch Abzug unter Skonto oder durch Preisnachlass durch den Lieferanten, dann muss die Vorsteuer entsprechend korrigiert werden.

Im Rahmen von innergemeinschaftlichen Erwerben jedoch sind bei Minderung der Anschaffungskosten durch Nachlasse oder Skonto keine Umsatzsteuerkorrekturen vorzunehmen.

Wertaufholung: Sie bedeutet, dass Vermögensgegenstände (handelsrechtlich) oder Wirtschaftsgüter (steuerrechtlich) nach einer außerplanmäßigen Abschreibung, die in einem früheren Jahresabschluss erfolgt ist, auf den tatsächlich bestehenden höheren Wert zugeschrieben werden. Die Obergrenze liegt in den Anschaffungs- und Herstellungskosten.

Wiederkehrende Leistungen: Wiederkehrend bedeutet, dass aufgrund rechtlicher Verpflichtungen (z. B. aufgrund eines Mietvertrags) die Wiederholung in bestimmten Zeitabständen von Anfang an feststeht. Entscheidend sind die wirtschaftliche Zugehörigkeit und die Zahlung innerhalb der 10-Tage-Frist.

Wirtschaftlichen Zugehörigkeit: Im Gegensatz zur Gewinnermittlung durch Einnahmen-Überschussrechnung hat ein Bilanzierer das Prinzip der wirtschaftlichen Zugehörigkeit des § 252 Nr. 5 HGB zu berücksichtigen. Danach sind Aufwendungen und Erträge des Geschäftsjahrs unabhängig von den Zeitpunkten der entsprechenden Zahlungen im Jahresabschluss zu berücksichtigen.

4. Gewinnverteilung

Bei der Berechnung der Gewinnverteilung bei Personengesellschaften muss beachtet werden, ob im Gesellschaftsvertrag eine Regelung diesbezüglich existiert oder ob die gesetzliche Regelung anzuwenden ist.

Gesetzliche Regelung der Gewinnverteilung

OHG: Rechtslage bis 31.12.2023

Bis zum **31.12.2023** erfolgte gem. § 121 HGB a. F. die Gewinnverteilung einer OHG zunächst in Höhe von 4 % des jeweiligen Kapitalanteils an die Gesellschafter (ggf. geringer, wenn kleinerer Gewinn). Ein etwaiger Restbetrag wird anschließend nach Köpfen aufgeteilt. Ebenso ist ein Verlust am Ende des Wirtschaftsjahres gesetzlich nach Köpfen zu verteilen.

Beispiel alte Rechtslage bis 31.12.2023

Die AB-OHG gehört zu 60 % dem A und zu 40 % der B. Die Beteiligungen betragen 60.000 € (Anteil des A) und 40.000 € (Anteil der B). Der Gewinn für 2022 beträgt 300.000 €. Als Gewinnverteilung ergibt sich:

Gesellschafter	Kapitalanteil	Verzinsung 4 %	Restgewinn nach Köpfen	Gesamtgewinn
A	60.000 €	2.400 €	148.000 €	150.400 €
B	40.000 €	1.600 €	148.000 €	149.600 €
Gesamt	100.000 €	4.000 €	296.000 €	300.000 €

OHG: neue Rechtslage ab 01.01.2024

Mit Wirkung zum 01.01.2024 ist § 121 HGB n. F. stark vereinfachend durch das MoPeG in Kraft getreten. Darin heißt es lediglich: Über die Feststellung des Jahresabschlusses entscheiden die Gesellschafter durch Beschluss. Die Aufstellung des Jahresabschlusses erfolgt gem. § 120 Abs. 1 Satz 1 HGB den geschäftsführungsbefugten Gesellschaftern, während im Grundsatz sämtliche Gesellschafter über die Ergebnisverwendung entscheiden. Da die Verzinsung und die Verteilung nach Köpfen ab dem 01.01.2024 wegfallen, sind gesetzliche Gewinnverteilungen einer OHG als Prüfungsaufgabe relativ „uninteressant“.

KG: Rechtslage bis 31.12.2023

Bis zum **31.12.2023** erfolgt für eine KG gem. § 168 Abs. 1 HGB ebenfalls wie bei einer OHG eine gesetzliche Gewinnverteilung von 4 % der jeweiligen Kapitalanteile. Ein etwaig übersteigender Betrag ist dagegen nach § 168 Abs. 2 HGB nach einem angemessenen Verhältnis zu verteilen.

KG: neue Rechtslage ab 01.01.2024

Zum 01.01.2024 ist § 168 HGB a. F. aus dem HGB entfernt worden. Die Gewinnermittlung erfolgt nunmehr nach den Regelungen zur Gesellschaft bürgerlichen Rechts (GbR). Für eine KG bedeutet dies, dass vorrangig auf die vereinbarten Beteiligungsverhältnisse abgezielt wird (vgl.

§ 709 Abs. 3 Satz 1 BGB). Die Gesellschafter sollten demnach dazu angehalten werden, sich bereits bei Gründung der Gesellschaft über das Beteiligungsverhältnis zu verständigen.

Gesellschaftsvertragliche Regelung der Gewinnverteilung

Aufgaben zur Gewinnverteilung beinhalten sehr häufig **Vorabvergütungen** an die Gesellschafter im Rahmen einer **Personengesellschaft**. Diese Vorabvergütungen stellen Sonderbetriebseinnahmen dar, also Erträge des Gesellschafters einer Personengesellschaft, die durch seine Beteiligung an der Gesellschaft veranlasst sind. Darunter zählen i. S. d. § 15 Abs. 1 EStG Vergütungen für:

- Die Tätigkeit des Gesellschafters im Dienst der Gesellschaft,
- die Hingabe von Darlehen oder
- die Überlassung von Wirtschaftsgütern

In Kombination mit einer gesellschaftsvertraglichen Regelung (z. B. Verzinsung der Kapitalkonten) ist häufig der steuerliche Gesamtgewinn aller Gesellschafter einer Personengesellschaft zu ermitteln.

AUFGABE

An der XY-Technik-OHG sind die Gesellschafter Xaver (X) und Yvonne (Y). X ist mit 500.000 €, Y mit 600.000 € beteiligt. Die Kapitalkonten werden als Festkonten geführt. Mit Gesellschaftsvertrag haben X und Y vereinbart, dass die Kapitalkonten mit 8 % zu verzinsen sind. Der Restgewinn nach Verzinsung der Konten soll für beide Gesellschafter jeweils zur Hälfte zugerechnet werden. X übernimmt die technische Geschäftsführung und erhält dafür 10.000 € monatlich. Y ist kaufmännische Geschäftsführerin und erhält hierfür 12.000 € monatlich. Die Aufwendungen gehen in beiden Fällen zulasten des Gewinns für 2024. X vermietet der OHG ein Verwaltungsgebäude für monatlich 4.000 €, das sich in seinem Privatvermögen befindet. Y stellte der OHG im Jahr 2022 ein Darlehen in Höhe von 1 Mio. € zu 4 % Verzinsung zur Verfügung. Das Darlehen ist in voller Höhe am Ende seiner Laufzeit endfällig. Sowohl der Mietaufwand als auch der Zinsaufwand haben sich gewinnmindernd ausgewirkt. Der Gewinn der OHG beträgt für 2024 980.000 €. Wie hoch ist der steuerliche Gewinn für die Gesellschafter X und Y?

LÖSUNG

Gesellschafter	Kapitalanteil	Verzinsung Kapitalkonto zu 8 %	Vorabvergütung	Restgewinn jeweils 50 %	Gesamtgewinn
X	500.000 €	40.000 €	120.000 €	446.000 €	654.000 €
			48.000 €		
Y	600.000 €	48.000 €	144.000 €	446.000 €	678.000 €
			40.000 €		
Gesamt	**1.100.000 €**	**88.000 €**	**352.000 €**	**892.000 €**	**1.332.000 €**

5. Effektivverzinsung/Renditeberechnung

Effektivzinssatz

Bei einem Darlehen fallen bekanntlich nicht nur Zinsaufwendungen an. Zusätzliche Aufwendungen entstehen bspw. auch dann, wenn der Auszahlungsbetrag nicht dem Rückzahlungsbetrag entspricht (Damnum oder Disagio). Der effektive Zinssatz gibt an, wie hoch die Darlehenskosten tatsächlich ausfallen. Insofern bezieht der effektive Zinssatz nicht nur die nominalen Zinsen, sondern auch weitere Aufwendungen mit ein.

AUFGABE

Der Einzelhändler E aus Augsburg nimmt am 30.09.2024 bei seiner Hausbank einen Kredit zu folgenden Konditionen auf:

Darlehenssumme	150.000 €
Zinssatz	4 %, nachträglich halbjährlich fällig
Disagio	4 %
Laufzeit des Darlehens	5 Jahre
Endfällig	

Aufgabe:

Der Effektivzinssatz ist zu berechnen.

LÖSUNG

Zunächst ist der Auszahlungsbetrag zu berechnen. Dieser beträgt 150.000 € abzgl. 4 % = 144.000 €. Im nächsten Schritt werden die Aufwendungen für die Gesamtlaufzeit des Darlehens berechnet:

Zinsen: 150.000 € · 4 % p. a. · 5 Jahre = 30.000 €

Disagio: 150.000 € · 4 % = 6.000 €.

Die gesamten Kreditkosten belaufen sich also auf 36.000 €. Diese werden zum tatsächlichen Auszahlungsbetrag für die 5-jährige Laufzeit in Relation gebracht, also:

$$\frac{36.000\,€ \cdot 100}{144.000\,€ \cdot 5\text{ Jahre}} = 5{,}0\,\%$$

Renditeberechnung

Wer Geld investiert, möchte in aller Regel auch eine entsprechende Rendite erzielen. Wenn jemand in ein Vorhaben Geld investiert, möchte er eine höhere Rendite erzielen als bspw. bei einer sicheren festverzinslichen Geldanlage. Die höhere Rendite ist quasi eine Art Vergütung für das bestehende Anlagerisiko.

Rendite

(Ertrag - Aufwand) · 100 : Anfangskapital = Rendite (in %)

BEISPIEL

A investiert 300.000 € für den Kauf einer Wohnung, die er an den B für monatlich 900 € vermieten möchte. Er rechnet mit monatlichen Aufwendungen von 150 €, die er den B nicht belasten darf. Die jährliche Rendite ergibt sich wie folgt:

(900 € - 150 €) · 12 Monate · 100 : 300.000 € = 3,0 %.

AUFGABE

M hat zu Vermietungszwecken eine Wohnung für 350.000 € (davon 10 % Bodenwertanteil) erworben. Der Eigenanteil beträgt 80.000 €, die restliche Summe musste er durch ein endfälliges Bankdarlehen mit einem festen Zinssatz von 4 % finanzieren. M hat laufende Aufwendungen pro Monat von 600 €, wovon er nur die Hälfte an den Mieter weiterberechnen darf. Die Nutzungsdauer der Wohnung soll 50 Jahre betragen. M möchte eine Rendite von 2 % über den aktuellen Zinssatz für Festgelder (3 %) erreichen. Welchen Mietzins muss M demnach verlangen?

LÖSUNG

M setzt 80.000 € an Eigenkapital ein. Die Rendite soll 3 % + 2 % = 5 % betragen, also 80.000 € · 5 % = 4.000 €.

Seine Aufwendungen betragen:

Abschreibung 2 % auf 315.000 € (90 % Gebäudeanteil von 350.000 €) = 6.300 €

Zinsaufwand Darlehen: 270.000 € · 4 % = 10.800 €

Aufwand: 12 Monate · 300 € = 3.600 €

Die Summe der Aufwendungen beträgt somit 20.700 €. Bei Berücksichtigung einer Rendite von 4.000 €, muss das Mietobjekt also Einnahmen von 24.700 € im Jahr erbringen bzw. 2.059 € pro Monat.

6. Kennzahlen und Kalkulation

6.1 Wareneinsatz

Der Wareneinsatz stellt den Wert der Ware dar, der während des Wirtschaftsjahres verbraucht wurde, um Erlöse zu erzielen. Der Wareneinkauf führt zu einer Umschichtung innerhalb des Betriebsvermögens bzw. einem Aktivtausch in der Bilanz. Der Wareneinkauf wird über das Aufwandskonto „Wareneingang" (SKR 03: 3200/SKR 04: 5200) erfasst. Dabei erhöht sich der Warenbestand erhöht, das Bankguthaben reduziert sich. Analog hierzu mindert ein Verkauf der Ware den Warenbestand. Der Warenverkauf wird über ein entsprechendes Erlöskonto (SKR 03: 8400/SKR 04: 4400) erfasst.

Der Wareneinsatz berechnet sich als Differenz zwischen dem Warenbestand am Anfang und am Ende des Geschäftsjahres zzgl. den Aufwendungen für den Erwerb von Waren:

Anfangsbestand zum 01.01.	
- Endbestand zum 31.12.	
	= Bestandsminderung oder -erhöhung
+ Warenzugänge	
+ Bezugskosten	
- Erhaltene Nachlässe	
- Erhaltene Skonti	
	= Wareneinsatz

AUFGABE

Aus dem Jahresabschluss der L-GmbH sind folgende Angaben zu entnehmen:

Warenanfangsbestand zum 01.01.2024	50.000 €
Warenzugänge 2024	654.000 €
Kosten für Warenbezug	3.500 €
Erhaltene Nachlässe	36.000 €
Erhaltenen Skonti	5.000 €
Warenendbestand zum 31.12.2024	35.000 €

Aufgabe:
Der Wareneinsatz ist zu berechnen.

LÖSUNG

Anfangsbestand zum 01.01.2024	50.000 €
- Endbestand zum 31.12.2024	- 35.000 €
= Bestandsminderung oder -erhöhung	+ 15.000 €
+ Warenzugänge 2024	+ 654.000 €
+ Bezugskosten	+ 3.500 €
- Erhaltene Nachlässe	- 36.000 €
- Erhaltene Skonti	- 5.000 €
= Wareneinsatz	**631.500 €**

6.2 Rohgewinn, Rohgewinnaufschlagsatz und Rohgewinnsatz

Der Rohgewinn ergibt sich als Differenz zwischen Umsatzerlösen und Wareneinsatz. Dabei bedarf es keiner Kalkulation aus dem internen Rechnungswesen (z. B. durch Auswertung von Kostenstellen). Die Rechengrößen können unmittelbar aus der Gewinn- und Verlustrechnung des Unternehmens ermittelt werden.

Rohgewinn

Wirtschaftlicher Rohgewinn = Wirtschaftlicher Umsatz (= Warenumsatz - Preisnachlässe - Rücksendungen) - Wirtschaftlicher Wareneinsatz

AUFGABE

Die F-GmbH weist einen Wareneinsatz von 631.500 € auf. Folgende Werte sind aus der GuV zusätzlich zu entnehmen:

Umsatzerlöse	1.350.000 €
Erlösschmälerungen	4.000 €
Gewährte Skonti	23.800 €

Aufgabe:

Der Rohgewinn oder -verlust ist zu berechnen.

LÖSUNG

Umsatzerlöse	1.350.000 €
- Erlösschmälerungen	- 4.000 €
- Gewährte Skonti	- 23.800 €
= wirtschaftlicher Umsatz	= 1.322.200 €
- Wareneinsatz	- 631.500 €
= Rohgewinn	= 690.700 €

Der Rohgewinnaufschlagsatz bezeichnet das Verhältnis aus Wareneinsatz und Rohgewinn.

Rohgewinnaufschlagsatz

$$\frac{\textit{Rohgewinn} \cdot 100}{\textit{Wareneinsatz}}$$

BEISPIEL

Der Rohgewinn aus obiger Aufgabe beträgt 690.700 €, der Wareneinsatz 631.500 €. Der Rohgewinnaufschlagsatz beträgt also:

$$\frac{690.700\,€ \cdot 100}{631.500\,€} = 109,37\,\%$$

Rohgewinnsatz (Handelsspanne)

Der Rohgewinnsatz oder auch als Handelsspanne ist das Verhältnis aus dem wirtschaftlichen Umsatz und dem Rohgewinn.

$$\frac{\textit{Rohgewinn} \cdot 100}{\textit{wirtschaftlicher Umsatz}}$$

BEISPIEL

Der Rohgewinn aus obiger Aufgabe beträgt 690.700 €. Der wirtschaftliche Umsatz beläuft sich auf 1.322.200 €. Der Rohgewinnsatz beträgt also:

$$\frac{690.700\,€ \cdot 100}{1.322.200\,€} = 52{,}24\,\%$$

TIPP

Wer gerne ohne Formeln arbeitet, kann auch einen einfachen Dreisatz anwenden:

wirtschaftlichen Umsatz	1.322.200 €	= 100 %
Rohgewinn	690.700 €	= x %
Rohgewinnsatz (Handelsspanne)		= 52,24 %

6.3 Reingewinn und Reingewinnsatz

Reingewinn

Der Reingewinn ist das Saldo aus den Erträgen und Aufwendungen eines Unternehmens und wird in der Gewinn- und Verlustrechnung ermittelt. Er entspricht dem Jahresüberschuss, also den Gewinn nach Abzug der aufgewendeten Kosten. Einfach gesprochen: der Reingewinn ist der Betrag, der als Gewinn oder Verlust mit Ablauf des Geschäftsjahrs nach Handelsrecht „übrig“ bleibt.

AUFGABE

Der Rohgewinn der F-GmbH beträgt 690.700 €. Die Geschäftskosten belaufen sich auf 710.000 €. Zu berechnen ist der Rohgewinn- bzw. -verlust.

LÖSUNG

Der Reingewinn bzw. -verlust ist die Differenz zwischen dem Rohgewinn und den Geschäftskosten, also 690.700 € - 710.000 € = - 19.300 €. Es liegt hier ein Reinverlust in Höhe von 19.300 € vor.

Reingewinnsatz

Der Reingewinnsatz ist das Verhältnis zwischen dem wirtschaftlichen Umsatz und dem Reingewinn.

$$\frac{\textit{Reingewinn} \cdot 100}{\textit{wirtschaftlicher Umsatz}}$$

BEISPIEL

Der Reingewinn beträgt 530.000 €. Der wirtschaftliche Umsatz beläuft sich auf 12.643.000 €. Der Reingewinnsatz beträgt also:

$$\frac{530.000\,€ \cdot 100}{12.643.000\,€} = 4{,}19\,\%$$

Alternative: Dreisatz

Als Dreisatz ausgedrückt:

wirtschaftlichen Umsatz	12.643.000 €	= 100 %
Reingewinn	530.000 €	= x %
Reingewinnsatz		= 4,19 %

7. Übungsaufgaben

7.1 Aufgabe „Elektroladen Lotte Strumpf"

Lotte Strumpf (S) betreibt in Herne ein Einzelhandelsgeschäft für elektronische Haushaltsgeräte. Sie versteuert ihre Umsätze nach vereinbarten Entgelten zum Regelsteuersatz und ermittelt ihren Gewinn gem. § 5 EStG. Das Betriebsvermögen beläuft sich zum 31.12.2023 auf 300.000 €. Der steuerliche Gewinn im Jahr 2023 betrug ohne Berücksichtigung von § 7g EStG 225.000 €.

Folgende Geschäftsvorfälle liegen vor:

a) Im Betriebsvermögen der S befindet sich ein unbebautes Grundstück, das mit 140.000 € (= Anschaffungskosten aus dem Jahr 2003) ausgewiesen wird. Im August 2024 kommt es aufgrund eines Verkehrsunfalls neben dem Grundstück zu einem erheblichen und dauerhaften Umweltschaden am Grundstück der S. Unstrittig ist das Grundstück nur noch 20 % der Anschaffungskosten wert.

b) Über das Vermögen des Wohnheimbetreibers W wurde ein Insolvenzverfahren mangels Masse nicht eröffnet. Die Insolvenz trifft S völlig unerwartet. Sie hatte noch 15 Waschmaschinen im Januar 2024 zu je 1.000 € zzgl. 19 % USt an W verkauft und diese korrekt als Umsatzerlöse und Umsatzsteuer verbucht. W hatte die Rechnung bislang nicht beglichen.

c) S erwirbt vom Landwirt L für 400.000 € ein unbebautes Grundstück. Zur Finanzierung des Erwerbs dieses Grundstücks nahm S mit Wertstellung auf den 01.04.2024 ein Grundschulddarlehen über 300.000 € auf. Das Darlehen wurde zu 98 % ausbezahlt bei einer Laufzeit von 10 Jahren. An Notarkosten für die Grundschuldbestellung fielen 400 € + 19 % USt an, die Eintragung der Grundschuld ins Grundbuch war mit Kosten für S von 140 € verbunden. Alle Beträge wurden durch Banküberweisung bezahlt. Buchhalterisch wurde dieser gesamte Vorgang noch nicht erfasst.

d) S rechnet nach Rücksprache mit ihrem Steuerberater E für das Wirtschaftsjahr 2023 mit einer Gewerbesteuernachzahlung in Höhe von 1.200 €. Rückstellungen wurden hierfür nicht gebildet.

e) Verkauf von 4 Spülmaschinen für ein Internat in Ettal (Bayern) zu je 500 € zzgl. 19 % USt. auf Ziel. Eine Anzahlung in Höhe von 1.200 € hat S vor zwei Wochen bereits erhalten und ordnungsgemäß gebucht.

f) S hat zum 01.11.2022 ein Fälligkeitsdarlehen in Höhe von 90.000 € bei einer Laufzeit von 5 Jahren aufgenommen. Der Zinssatz beträgt 3,0 % p. a. und ist jeweils zum Ende eines Vierteljahres von S an ihre Hausbank zu entrichten. Für das letzte Quartal 2024 wurden die Zinsen erst am 02.01.2025 vom Bankkonto der S abgebucht.

g) S erwarb unter Verwendung ihrer USt-IdNr. am 11.06.2024 vom österreichischen Kfz-Händler K einen Kleintransporter für die Auslieferung von Haushaltsgeräten für 67.000 € und bezahlte den Kaufpreis per Banküberweisung.

h) S entnimmt ihrem Warenlager eine Kühltruhe, die sie Ihrem Ehemann zum Hochzeitstag feierlich schenkt. F hat diese Kühltruhe im Februar 2022 für 900 € angeschafft. Da diese als nicht mehr energieeffizient gilt, betragen die Wiederbeschaffungskosten nur noch 380 €.

i) S beschäftigte für jeweils 8 Monate zwei „Minijobber", die ihr für Ladentätigkeiten zur Seite standen. Der Monatslohn entspricht der Verdienstgrenze von 538 € und wird monatlich überwiesen. Beide stellten keinen Antrag auf Befreiung von der Rentenversicherungspflicht. Für geringfügig Beschäftigte fallen pauschalierte Beiträge zur Kranken- und Rentenversicherung in Höhe von 13,0 % (KV) bzw. 15,0 Prozent (RV) des Entgelts an, die noch nicht überwiesen wurden. Der monatliche Anteil für die RV zu Lasten eines Minijobbers beträgt 19,91 €. Für 2024 wurde hierzu noch nichts gebucht.

j) S verkaufte ihrem Kunden K einen Wasserkocher. Als K das Gerät in Betrieb nimmt, kam es zum Kurzschluss im Haus des K, worauf sein Fernseher defekt wurde. K strebt einen Prozess an; S rechnet mit Prozesskosten von 2.380 € inkl. 19 % USt.

k) Aufgrund des 50-jährigen Firmenjubiläums beauftragt S öffentlichkeitswirksam den niederländischen Stargeiger Andreas Riö für die musikalische Begleitung der Feierlichkeiten. Für die erbrachte Leistung erteilte Riö eine ordnungsgemäße Rechnung über 2.000 €. Die Rechnung wurde bar bezahlt.

AUFGABE

Zu nennen sind die Buchungssätze für obige Geschäftsvorfälle des Jahres 2024.

Hinweise: Investitionsabzugsbeträge wurden nicht gebildet. S will einen möglichst niedrigen Gewinn ausweisen. Falls notwendig, sind Rechnungsabgrenzungsposten zu bilden. In der Lösung ist folgender Aufbau zu verwenden:

Lfd. Buchstabe	Buchungssatz	Soll-Betrag in €	Haben-Betrag in €

LÖSUNG

Lfd. Buchst.	**Buchungssatz**	**Soll-Betrag in €**	**Haben-Betrag in €**
a)	6230 (4840) außerplanmäßige Abschreibungen an 0215 (0065) unbebaute Grundstücke	112.000	 112.000
b)	6930 (2400) Forderungsverluste 3800 (1770) Umsatzsteuer an 1200 (1410) Forderungen aus LuL	15.000 2.850	 17.850
c)	0215 (0065) unbebaute Grundstücke an 1800 (1200) Bank 1800 (1200) Bank 1940 (0986) Disagio an 3150 (0650) Verbindlichkeiten gegenüber Kreditinstituten 6825 (4950) Rechts- u. Beratungskosten 1400 (1570) Vorsteuer an 1800 (1200) Bank 7300 (2100) Zinsen und ähnliche Aufwendungen an 1940 (0986) Disagio	400.000 294.000 6.000 540 76 450	 400.000 300.000 616 450
d)	7610 (4320) GewSt-Aufwand an 3035 (0956) GewSt-Rückstellung § 4 Abs. 5b EStG	1.200	 1.200
e)	1210 (1410) Forderungen LuL 3250 (1710) Erhaltene Anzahlungen 3800 (1770) Umsatzsteuer an 4000 (8000) Umsatzerlöse an 3800 (1770) Umsatzsteuer	1.180 1.008,40 191,60	 2.000 380
f)	7300 (2100) Zinsen und ähnliche Aufwendungen an 3500 (1700) Sonstige Verbindlichkeiten	675	 675

g)	0520 (0320) Fuhrpark	67.000	
	1402 (1572) VSt aus ig Erwerb	12.730	
	an 3802 (1772) Umsatzsteuer ig Erwerb		12.730
	an 1800 (1200) Bank		67.000
h)	2100 (1800) Privatentnahmen	452,20	
	an 4620 (8910) Entnahme durch Unternehmer für Zwecke außerhalb des Unternehmens mit USt		380
	an 3800 (1770) Umsatzsteuer		72,20
i)	6035 (4195) Löhne Minijobs	8.608	
	6036 (4194) Pauschale Lohnsteuer Minijobber	172,16	
	6171 (4144) Soziale Abgaben für Minijobber	2.410,24	
	an 1800 (1200) Bank		8.289,44
	an 3730 (1741) Verbindl. aus LSt		172,16
	an 3740 (1742) Verbindl. im Rahmen der sozialen Sicherheit		2.728,80
j)	6825 (4950) Rechts- und Beratungskosten	2.000 €	
	an 3070 (0970) Sonstige Rückstellungen		2.000 €
k)	6600 (4610) Werbekosten	2.000 €	
	1404(1572) i.g. Erwerb 19 %	380 €	
	an 3804 (1772) Umsatzsteuer i.g. Erwerb		380 €
	an 1600 (1000) Kasse		2.000 €

7.2 Aufgabe „Die Kanzlei Evelyn Froh“

Evelyn Froh (F) betreibt in München seit vielen Jahren eine erfolgreiche Rechtsanwaltskanzlei. Aus den Buchungsunterlagen für das Jahr 2024 gehen Betriebsausgaben i. H.v. 877.000 € und Betriebseinnahmen i. H.v. 1.025.000 € hervor. F ermittelt ihren Gewinn nach § 4 Abs. 3 EStG, ihre Umsätze werden nach vereinnahmten Entgelten zum Regelsteuersatz umsatzsteuerlich behandelt. F wünscht einen möglichst niedrigen Gewinn.

Unter Bewertung untenstehender Sachverhalte ist der endgültige Gewinn für 2024 zu berechnen. Sammelposten i. S. d. § 6 Abs. 2a EStG bildet F nicht. Alle berechneten Beträge sind nach den Rundungsregeln auf volle Euro auf- oder abzurunden. § 7g EStG ist nicht anzuwenden.

a) F liegt eine Beitragsrechnung zur Berufshaftpflichtversicherung i. H.v. 1.500 € für den Zeitraum 30.09.2024 bis 31.08.2025 vor. Dieser Sachverhalt wurde von F noch nicht berücksichtigt

b) Am 30.12.2024 erhält F von ihrem Mandanten M die Androhung einer Schadensersatzklage i. H.v. 25.000 €, weil F nach Ansicht des M eine fehlerhafte Rechtsberatung durchgeführt haben soll. Der Vorgang wurde buchhalterisch bislang nicht erfasst.

c) Die Bürotippgemeinschaft der F gewinnt 25.000 € im Lotto. Der Lottogewinn wird dem betrieblichen Girokonto gutgeschrieben. Dieser wird als Betriebseinnahme erfasst. Geplant ist allerdings, dass die Tippgemeinschaft „auf Geschäftskosten“ im Folgejahr von diesem Geld gemeinsam in Kanada Urlaub macht.

d) Am 01.01.2024 entnahm F einen hochwertigen Computer aus ihrem Privatvermögen und führte diesen dem Betriebsvermögen zu. F hatte das Gerät am 01.07.2020 für 3.000 € inkl. 19 % USt erworben. Der Teilwert betrug am 01.01.2024 bei einer Restnutzungsdauer von 2 Jahren noch 750 €. Eine Abschreibung wurde bislang noch nicht vorgenommen.

e) Anlässlich des Geburtstags eines wichtigen Mandanten erwarb F eine besondere Rotweinflasche für 400 € inkl. 19 % USt und bezahlte diese von ihrem betrieblichen Konto. Es wurde der Betrag von 400 € als Betriebsausgabe verbucht.

f) F erwirbt am 29.11.2024 einen Bürostuhl mit Massagefunktion (Nutzungsdauer 8 Jahre) für 3.000 €. Für ihren verdienten Kollegen E bestellt F den gleichen Stuhl, dessen Liefertermin für den 9.1.2025 vorgesehen ist. Als Abschreibungsbetrag wurde unter Anwendung der linearen AfA-Methode 63 € gebucht (3.000 € : 8 Jahre · 2/12).

g) F spendet an das örtliche Tierheim, das die Voraussetzungen der Gemeinnützigkeit erfüllt, 1.000 € und verbucht die Spende als Betriebsaufwand.

h) F erwarb mit Rechnung vom 29.11.2024 vom belgischen Händler B ein Kopiergerät für 5.200 €. Da F ein Altgerät für 400 € bei B in Zahlung gegeben hat, beträgt der Überweisungsbetrag 4.800 €. Die Überweisung des fälligen Betrags erfolgte noch im Dezember 2024 und wurde als Betriebsausgabe erfasst. Das Altgerät besitzt einen Restbuchwert von 230 €. Die Nutzungsdauer des neuen Geräts beträgt 6 Jahre.

LÖSUNG

Fall-Nr.	Betriebseinnahmen in Euro		Betriebsausgaben in Euro	
	+	-	+	-
	1.025.000		877.000	
a) Keine Abgrenzung, da Zuflussprinzip			1.500	
b) Vorgang nicht zahlungswirksam, keine Gewinnänderung			0	
c) Private Veranlassung, Korrektur der Einnahmen		25.000		
d) Einlage zum Teilwert, als GWG Vollabschreibung			750	
e) Geschenk an einen Geschäftsfreund über 50 €, keine Betriebsausgabe, kein VSt-Abzug				400
f) Zulässig ist die degressive AfA, 2-fache der lineare AfA, max. 20 %; Bestellung des 2. Stuhls: kein Zahlungsfluss			100 (degressive AfA, Erwerb zwischen dem 31.03.2024 und vor dem 01.01.2025)	63 (AfA-Rücknahme)
g) Spenden sind keine Betriebsausgaben				1.000

h) Kauf des Ko-pierers ist kei-ne Betriebs-ausgabe (4.800 €) VSt i.g.Erwerb (5.200 € · 19 % = 988 €) USt i.g. Erwerb = 988 € Degressive AfA auf Neu-gerät, 20 % v. 5.200 € · 11/12 = 953 € Anlagenab-gang Altgerät 230 € Inzahlung-nahme Altgerät 400 €	988 400		988 953 230	4.800
	1.026.388	25.000	881.521	6.263
	- 25.000		- 6.263	
	1.001.388		875.258	
Gewinn:	126.130			

7.3 Kalkulation

E und F sind Gesellschafter der EF-OHG, die Spezialwerkzeuge herstellt und direkt an die Kunden vertreibt. Um an „frisches" Kapital zu kommen, möchte E und F einen weiteren Gesellschafter aufnehmen. G ist interessiert, fordert aber einen Rohgewinnaufschlagsatz von 25 %. Die OHG weist für 2024 folgende Werte auf:

Wareneinsatz	1.377.500 €
Erlöse aus Warenverkauf	1.511.300 €

Wie hoch war der Rohgewinn im Jahr 2024 und wie hoch müsste er sein, wenn ein Rohgewinnaufschlagsatz von 25 % angestrebt wird bei gleichbleibendem Wareneinsatz?

AUFGABE

LÖSUNG

Der Rohgewinn ist die Differenz aus Umsatz abzgl. Wareneinsatz. Also: 1.511.300 € - 1.377.500 € = 133.800 €

Der Rohgewinnaufschlagsatz ist das Verhältnis aus Wareneinsatz und Rohgewinn.

$$\frac{Rohgewinn \cdot 100}{Wareneinsatz}$$

Der Rohgewinnaufschlagsatz beträgt hier:

$$\frac{133.800\,€ \cdot 100}{1.377.500\,€} = 9{,}71\,\%$$

Bei gleichbleibendem Wareneinsatz von 1.377.500 € und einem geforderten Rohgewinnaufschlagsatz von 25 %, müsste der Rohgewinn 344.490 € betragen:

Dreisatz anwenden:

Ursprünglicher Rohgewinn	133.800 €	= 9,71 %
Rohgewinn		= 25,00 %

(Rechenschritte: 133.800 € : 9,71 · 25,00 = 344.490 €)

Aus dem Jahresabschluss für 2024 der EF-OHG sind folgende Angaben zu entnehmen

Umsatzerlöse	480.390 €
Warenzugänge	274.200 €

Kosten für Warenbezug	3.500 €
Erhaltener Mengenrabatt	36.000 €
Rückerstattung von Warenumsätzen aufgrund Reklamationen durch Kunden	39.420 €
Erhaltenen Skonti	5.000 €

Der Warenbestand zum 01.01.2024 beträgt 79.833 €. Zum Stichtag 31.12.2024 wird nach ordnungsgemäß durchgeführter Inventur ein Bestand von 55.333 € festgestellt.

AUFGABE

Der Wareneinsatz, Rohgewinn, Rohgewinnaufschlagssatz und Rohgewinnsatz sind für 2024 zu berechnen.

LÖSUNG

Anfangsbestand 01.01.2024		79.833 €
-	Endbestand 31.12.2024	- 55.333 €
=	**Bestandsminderung**	**= 24.500 €**
+	Warenzugänge	+ 274.200 €
+	Kosten für Warenbezug	+ 3.500 €
-	erhaltene Skonti	- 5.000 €
-	erhaltene Mengenrabatte (Nachlässe)	- 36.000 €
=	**Wareneinsatz 2024**	**= 261.200 €**
Umsatzerlöse		480.390 €
-	Rückerstattungen von Warenumsätzen aufgrund Reklamationen durch Kunden	- 39.420 €
-	Wareneinsatz (siehe oben)	- 261.200 €
=	**Rohgewinn**	**= 179.770 €**

Rohgewinnaufschlagsatz:

$$\frac{179.770\,€ \cdot 100}{261.200\,€} = 68{,}82\,\%$$

Rohgewinnsatz:

$$\frac{179.770\,€ \cdot 100}{(480.390\,€ - 39.420\,€)} = 40{,}77\,\%$$

7.4 Gewinnverteilung

Die Schwestern A und B betreiben in der Rechtsform einer OHG in Köln erfolgreich einen Laden für hochwertige Mode. A ist zu 70 % an der OHG beteiligt, B gehören die restlichen Anteile. Der handelsrechtliche Gewinn für 2024 beträgt 344.000 €.

B ist Geschäftsführerin und leitet den Bereich „Mode und Trend". Sie erhält dafür eine monatliche Vergütung von 3.300 € zzgl. ein Weihnachtsgeld von 1.500 €. A ist ebenso Geschäftsführerin und leitet den kaufmännischen Bereich. Hierfür erhält sie eine monatliche Vergütung von 2.900 € zzgl. ein Weihnachtsgeld von 1.320 €.

A vermietet an die OHG ein Gebäude, das ausschließlich als Auslieferungslager dient, für monatlich 800 €. Für Grundsteuer musste A im Jahr 2024 vierteljährlich je 36 € aufbringen. Für die Dachsanierung fielen 2.500 € an, für Gebäudeversicherung 350 €. A finanzierte alle Aufwendungen aus privaten Mitteln.

AUFGABE

Zu berechnen sind der steuerliche Gewinn der OHG und die Gewinnanteile der A und B. Die Vergütungen aus Geschäftsführungstätigkeiten und die Gebäudemiete wurden als Aufwand der OHG gebucht.

LÖSUNG

Gewinn lt. Handelsbilanz		344.000 €
+ Gehalt A (12 Monate · 2.900 € + 1.320 €)	+ 36.120 €	
+ Mieteinnahmen an A (12 Monate · 800 €)	+ 9.600 €	
- Sonderbetriebsausgaben durch A (2.500 € + 4 · 36 € + 350 €)	- 2.994 €	+ 42.726 €
+ Gehalt B (12 Monate · 3.300 € + 1.500 €)	+ 41.100 €	+ 41.100 €
= steuerliche Gewinn der OHG		427.826 €

Gesellschafter	Vorweggewinn	Restgewinn	Gesamtgewinn
A (zu 70 %)	42.726 €	240.800 €	283.526 €
B (zu 30 %)	41.100 €	103.200 €	144.300 €
	83.826 €	344.000 €	427.826 €

C. Prüfungsteil Wirtschafts- und Sozialkunde

Der dritte Prüfungsteil umfasst die Wirtschafts- und Sozialkunde. Hierunter fallen Auszüge aus dem BGB-Recht, dem Arbeits- und Sozialrecht, dem Handels- und Gesellschaftsrecht und dem Bereich der Investition und Finanzierung.

1. Allgemeiner Teil, Schuld- und Sachenrecht

Das deutsche Rechtssystem besteht aus dem öffentlichen und privaten Recht. Im Bereich des öffentlichen Rechts werden Beziehungen zwischen staatlichen Organisationen, wie z. B. einem Bundesland, mit den Bürgern geregelt. Das öffentliche Recht ist geprägt durch Unter- und Überordnung, es kann von Bürgern nicht gestaltet werden.

AUFGABE

Welches Rechtssubjekt liegt in den folgenden Fällen vor?

a) FC Bayern München e.V.
b) Rechtsanwalt R
c) Steuerberaterkammer Hannover
d) Commerzbank

LÖSUNG

Sachverhalt	Lösung
a) FC Bayern München e.V.	Juristische Person des privaten Rechts
b) Rechtsanwalt R	Natürliche Person
c) Steuerberaterkammer Hannover	Juristische Person des öffentlichen Rechts
d) Commerzbank	Juristische Person des privaten Rechts

BEISPIEL

Der Steuerpflichtige A gibt seine ESt-Erklärung 2021 am 20.05.2024 bei seinem Wohnsitz-Finanzamt ab. Gemäß § 152 Abs. 2 Nr. 1 AO muss gegen den A ein Verspätungszuschlag festgesetzt werden, da sich seine Steuererklärung auf ein Kalenderjahr bezieht und A nicht binnen 14 Monaten nach Ablauf des Kalenderjahrs 2021 seine Erklärung abgegeben hat. A muss den Verspätungszuschlag bezahlen.

Das Privatrecht umfasst die Rechtsbeziehungen der Bürger untereinander. Zum Privatrecht gehören bspw. das Bürgerliche Recht und das Handelsrecht.

Die folgenden Ausführungen beinhalten den allgemeinen Teil des Bürgerlichen Rechts, die verschiedenen Vertragsarten, sowie das Schuld- und Sachenrecht. Aufgrund der Schnittstellen zu anderen Gesetzen (z. B. KSchG, MuSchG) wird das Arbeitsrecht unter einem eigenen Kapitel behandelt.

1.1 Allgemeiner Teil des BGB

Der Allgemeine Teil des BGB ist sehr umfangreich (§ 1 bis § 240a BGB). Häufiger Prüfungsgegenstand sind davon die Regelungen über das Zustandekommen und die Wirksamkeit von Verträgen oder deren Anfechtbarkeit oder Nichtigkeit.

Rechtsfähigkeit

Rechtsfähigkeit bedeutet, selbstständiger Träger von Rechten und Pflichten zu sein. Die Rechtsfähigkeit jeder **natürlichen** Person beginnt gem. § 1 BGB mit der Vollendung der Geburt des Menschen.

Neben **juristischen** Personen können auch einige **Personengesellschaften** (z. B. die Offene Handelsgesellschaft oder die Kommanditgesellschaft) Rechtsfähigkeit erlangen. Durch das Gesetz zur Modernisierung des Personengesellschaftsrechts vom 17.08.2021 (MoPeG) wird die am Rechtsverkehr teilnehmende **GbR** per Gesetz (§ 705 Abs. 2 BGB) rechtsfähig.

Wirksamkeit von Verträgen

Die Überprüfung, ob ein Vertrag wirksam ist, erfolgt gedanklich in drei Schritten:

Erster Schritt:

Liegen Angebot und Annahme vor und passen diese zusammen, damit ein Vertrag geschlossen werden kann? Ein Vertrag ist ein **zweiseitiges Rechtsgeschäft**, das **zwei übereinstimmende Willenserklärungen** erfordert. Zwischen den Vertragsparteien muss eine Einigung bestehen. Hierzu bedarf es einer Willenserklärung durch den jeweiligen Vertragspartner. Eine Willenserklärung ist eine Willensäußerung, die auf das Herbeiführen einer Rechtsfolge gerichtet ist.

Erforderlich ist hierfür ein Handlungswille. Wenn bspw. jemand unter Zwang handelt, ist das Kriterium des freien Handlungswillens nicht erfüllt. Es liegt keine Willenserklärung zum Abschluss eines Vertrags vor.

AUFGABE

Ist für folgende Fälle ein Kaufvertrag zustande gekommen?

a) Die 19-jährige S geht in den Supermarkt, sucht sich eine Tafel Schokolade aus und bezahlt.

b) Der Einzelunternehmer E benötigt einen Drucker. Er sucht sich ein Modell beim Händler H aus, das mit 300 € zzgl. 19 % USt bepreist ist. E teilt dem H mit, er würde das Gerät für 300 € inkl. 19 % USt kaufen wollen.

c) Der 25-jährige U schlendert an einem Schaufenster des Elektrohändlers E vorbei und entdeckt dort einen Rasierapparat für 49 €. Kurz entschlossen geht U in den Laden und erklärt dem E, dass er den Rasierapparat kaufen möchte. E allerdings verlangt 59 €, worauf ihn U darauf aufmerksam macht, dass der Preis im Schaufenster verbindlich ist.

d) Der Einzelhändler E benötigt einen Kühlschrank für seine betriebliche Küche. Der Großhändler G bietet ein geeignetes Gerät für 500 € zzgl. 19 % USt. an. E bietet 450 € zzgl. 19 % USt. G erklärt sich damit einverstanden.

LÖSUNG

Sachverhalt	Lösung
a) Kauf Schokolade	Ja, da zwei übereinstimmende Willenserklärungen nach §§ 145 ff. BGB vorliegen.
b) Kauf Drucker	Nein, es liegen keine zwei übereinstimmenden Willenserklärungen vor, da E den ausgewiesenen Verkaufspreis nicht bezahlen möchte. Sein Preisangebot von 300 € inkl. 19 % USt ist ein neues Angebot an H.
c) Kauf Rasierer	Nein, der Preis im Schaufenster ist keine verbindliche Willenserklärung (kein Angebot), sondern die Aufforderung zur Abgabe eines Angebots.
d) Kauf Kühlschrank	Ja (und zwar ein Kaufvertrag als zweiseitiger Handelskauf), E hat ein Angebot abgegeben, in dem er bereit ist, 450 € netto für den Kühlschrank zu bezahlen. G ist einverstanden. Es liegen zwei übereinstimmende Willenserklärungen vor.

Zweiter Schritt:

Gibt es Wirksamkeitserfordernisse? Diese könnten z. B. beim Vertragsschluss durch einen Vertreter (§ 177 BGB) oder unter Beteiligung eines beschränkt Geschäftsfähigen auftreten (§§ 107, 108 BGB).

Dritter Schritt:

Gibt es Wirksamkeitshindernisse? Ein Beispiel hierfür ist die Formnichtigkeit eines Grundstückskaufvertrages (§ 125 Satz 1 i. V. m. § 311b Abs. 1 BGB)

Schwebende Unwirksamkeit von Verträgen

Es ist möglich, dass ein Rechtsgeschäft zunächst unwirksam ist. Das ist bspw. dann der Fall, wenn ein 17-Jähriger einen Mietvertrag über eine eigene Wohnung abschließt. Wenn jedoch seine Eltern die Zustimmung zur Anmietung der Wohnung erteilen, kann der Mietvertrag seine Gültigkeit bekommen.

Ein Rechtsgeschäft gilt als schwebend unwirksam, wenn es aufgrund eines Mangels oder einer fehlenden Voraussetzung **vorläufig** unwirksam ist, jedoch durch eine **nachträgliche Genehmigung oder Erfüllung der Voraussetzungen** seine Gültigkeit erlangen kann. Das Rechtsgeschäft wird geheilt.

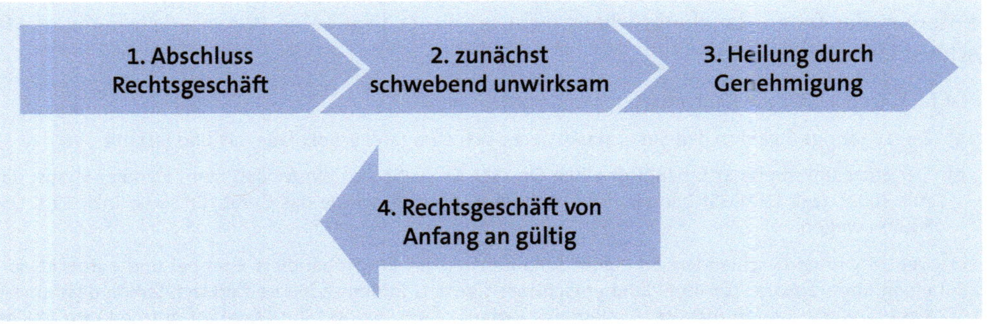

Minderjährige

Fälle mit Beteiligung von Minderjährigen erfreuen sich einer gewissen Beliebtheit. Rechtsgeschäfte, die von Minderjährigen (**nach Vollendung des 7. Lebensjahres, aber vor Vollendung des 18. Lebensjahres**) abgeschlossen werden, sind schwebend unwirksam, bis sie von den gesetzlichen Vertretern genehmigt werden. Bei Genehmigung wird das Rechtsgeschäft rückwirkend gültig, bei Verweigerung bleibt es unwirksam (vgl. § 107 ff. BGB).

Arbeitsverhältnis Minderjähriger

Der Schutz des Minderjährigen wird zum Teil durch die Regelung des § 113 BGB zugunsten von mehr Handlungsfreiheit und Rechtssicherheit für den Minderjährigen gemindert. Bei einem Dienst- oder Arbeitsverhältnis – wenn eine Ermächtigung durch den gesetzlichen Vertreter des Minderjährigen vorliegt – ist der Minderjährige für solche Rechtsgeschäfte unbeschränkt geschäftsfähig, welche die Eingehung oder Aufhebung eines Dienst- oder Arbeitsverhältnisses der gestatteten Art oder die Erfüllung der sich aus einem solchen Verhältnis ergebenden Verpflichtungen betreffen.

Nichtigkeit von Verträgen

Zunächst muss man sich über die Bedeutung einer Nichtigkeit von Verträgen im Klaren sein. Die Nichtigkeit von Rechtsgeschäften bezeichnet die Unwirksamkeit eines abgeschlossenen Geschäfts. Dabei muss es zu einem Fehler beim Zustandekommen oder einem Verstoß gegen gesetzliche Bestimmungen gekommen sein. Ein nichtiges Rechtsgeschäft ist von Anfang an unwirksam und hat somit keine rechtlichen Auswirkungen. Mit anderen Worten: man tut so, als sei z. B. eine Vereinbarung niemals getroffen worden.

Nichtigkeit => RG von Anfang an unwirksam

Zu den wichtigsten Gründen, weshalb ein Rechtsgeschäft nichtig ist, gehören Fragen zur Geschäftsunfähigkeit oder zum Formmangel, insbesondere im Bereich von Grundstücksgeschäften.

Geschäftsunfähigkeit

Geschäftsunfähig i. S. d. § 104 BGB ist derjenige, der nicht das **siebente** Lebensjahr vollendet hat oder wer dauerhaft in seiner Geistestätigkeit gestört ist. Es gibt also eine Geschäftsunfähigkeit aufgrund des Alters und aufgrund eines geistigen Zustands.

AUFGABE

Die 6-jährige Evelyn kauft Schokolade für 2 €. Das Geld wurde ihr von ihrem Großvater Ernst geschenkt.

LÖSUNG

Evelyn hat das siebte Lebensjahr nicht vollendet, sie ist also geschäftsunfähig i. S. d. § 104 Nr. 1 BGB. Die Geschäftsunfähigkeit verhindert, dass ein rechtswirksamer Kaufvertrag abgeschlossen worden ist. Die von Evelyn abgegebenen Willenserklärungen sind nichtig.

Ausnahme bei Geschäftsunfähigkeit

Grundsätzlich liegt Geschäftsunfähigkeit für Personen vor, deren Geistestätigkeit dauerhaft gestört ist. Liegt jedoch ein Geschäft des täglichen Lebens vor (z. B. Kauf von Lebensmitteln) im geringen Umfang vor, ist eine Ausnahme gegeben. Nach § 105a BGB kann ein wirksamer Vertrag aus einem Geschäft des täglichen Lebens auch von einem volljährigen Geschäftsunfähigen geschlossen werden. Also genau prüfen: Volljährigkeit, Geschäft des täglichen Lebens und Einsatz von geringwertigen Mitteln müssen gemeinsam gegeben sein!

Beurkundung durch Notar

Von wesentlicher Bedeutung ist auch die Nichtigkeit wegen **Formmangels**. Dabei spielen § 311b BGB „Verträge über Grundstücke, das Vermögen und den Nachlass" eine große Rolle. Wird nämlich bspw. ein Grundstück ohne notarielle Beurkundung übertragen, tritt die Nichtigkeit wegen Formmangels nach § 125 BGB i. V. m. § 311b Abs. 1 Satz 1 BGB ein.

BEISPIEL

A und B schließen am 20.05. einen schriftlichen Kaufvertrag über 200 m² Grund ab. A überlegt es sich am nächsten Tag anders und möchte den Kaufvertrag rückgängig machen. B meint hingegen, es wäre ein wirksamer Kaufvertrag zustande gekommen. Da jedoch keine notarielle Beurkundung vorliegt, ist der Kaufvertrag wegen Formmangels i. S. d. § 311b Abs. 1 Satz 1 BGB nichtig (beachte die Falle in diesem Beispiel: Es gibt keinen Hinweis auf das Fehlen der notariellen Beurkundung im Sachverhalt!).

Hier ist dennoch Vorsicht geboten! Denn nach § 311b Abs. 1 Satz 2 BGB ist ein geschlossener Vertrag auch **ohne notarielle Beurkundung** gültig, wenn die **Auflassung** und die **Eintragung in das Grundbuch** erfolgt sind.

In diesem Kontext sollen die Begriffe „Auflassung" und „Grundbuch" näher erläutert werden:

Auflassung

Mit Auflassung ist die Einigung über den Eigentumswechsel eines Grundstücks zwischen veräußernden und erwerbenden Personen nach § 925 BGB gemeint. Diese Einigung ist zu **unterscheiden** von einer Einigung im Kaufvertrag. Beispiel: Der Verkäufer V verkauft in einem notariellen Kaufvertrag ein Grundstück an K. Im selben Notartermin einigen sich beide darüber, dass das Eigentum an dem Grundstück von V an K übergehen soll. Nur diese Einigung wird Auflassung genannt.

Grundbuch

Das Grundbuch gehört in den Bereich der **öffentlichen Register**. Es ist ein Verzeichnis aller Grundstücke des jeweiligen **Amtsgerichtsbezirks**. Nach § 873 Abs. 1 BGB ist zur Übertragung des Eigentums an einem Grundstück neben der Einigung der Vertragsparteien die **Eintragung** der Rechtsänderung in das Grundbuch erforderlich. Dabei genießt das Grundbuch nach § 892 Abs. 1 BGB einen öffentlichen Glauben. Das heißt, es ist davon auszugehen, dass im Grundbuch die tatsächlichen Verhältnisse richtig abgebildet sind. Das Grundbuch besteht aus drei Abteilungen:

Abteilung I	Verhältnis über das Eigentum
Abteilung II	Beschränkungen und Lasten am Grundstück (z. B. durch Wege- und Wohnrechte)
Abteilung III	Grundpfandrechte (Grundschuld, Hypothek)[1]

Anfechtbarkeit von Verträgen

Jeder Vertragspartei steht es zu gegen einen Vertrag vorzugehen. Sofern eine Anfechtung wirksam ist, werden Verträge und Geschäfte nach § 142 BGB grundsätzlich **rückwirkend** nichtig. Wenn jedoch ein Arbeits- oder ein Gesellschaftsvertrag erfolgreich angefochten worden ist, dann wirkt eine Anfechtung erst ab Zugang der Anfechtungserklärung, also nicht rückwirkend, sondern für die Zukunft.

Erfolgreiche Anfechtung => Nichtigkeit von Verträgen

Im allgemeinen Teil des BGB gibt es vier Anfechtungsgründe. Das sind:

- § 119 Abs. 1 BGB: Inhalts- oder Erklärungsirrtum,
- § 119 Abs. 2 BGB: Eigenschaftsirrtum,
- § 120 BGB: falsche Übermittlung und
- § 123 BGB: arglistige Täuschung oder Drohung.

AUFGABE

Ein Kaufmann K möchte 100 Spezialschrauben beschaffen. Dazu füllt er ein Bestellformular aus. Dabei trägt er die Bestellmenge 100 in das Feld „Verpackungseinheit" ein. Er übersieht dabei, dass der Händler pro Verpackungseinheit 100 Stück vorsieht.

LÖSUNG

Bei der Bestellung durch K stimmen Wille und Erklärung unbewusst nicht überein. K unterliegt einer Fehlvorstellung von der Wirklichkeit. Der Kaufvertrag ist somit gem. § 119 Abs. 1 BGB wegen Irrtums über den Inhalt einer Willenserklärung anfechtbar.

AUFGABE

A kauft seiner Freundin F das Damenparfum „Schanell No. 5" für 137 €. Was A nicht wissen konnte: F reagiert nach dem Auftragen des Parfums mit starken Hautreizungen. A möchte den Kaufvertrag anfechten. Nennen Sie zwei Anfechtungsgründe! Welche Rechtsfolgen ergeben sich aus einer Anfechtung? Wird A Erfolg haben?

LÖSUNG

Als Anfechtungsgründe kommen z. B. Inhaltsirrtum (§ 119 Abs. 1 BGB) oder arglistige Täuschung (§ 123 BGB) infrage. Sofern die Anfechtung erfolgreich ist, wird das ihr zugrundeliegende Rechtsgeschäft nichtig (§ 142 Abs. 1 BGB). A wird mit der Anfechtung keinen Erfolg haben, denn ihm unterläuft ein Motivirrtum.

1 Siehe zu den Grundpfandrechten Kap. 5.1.6.

Ein Eigenschaftsirrtum (anstelle eines Motivirrtums) liegt deswegen nicht vor, da A genau dieses Parfum kaufen wollte und dieses auch erworben hat.

Erfüllungsorte

Der Erfüllungsort ist nach § 269 Abs. 1 BGB der Ort, an welchem der Schuldner zur Zeit der Entstehung des Schuldverhältnisses seinen Wohnsitz hatte. Bspw. entstehen bei einem zweiseitigen Handelskauf Geld- und Warenschulden. Erfüllungsort von Warenschulden ist der Ort bzw. Sitz (§ 269 Abs. 2 BGB) des Lieferanten. Für Geldschulden ist der Erfüllungsort der Ort bzw. Sitz des Bestellers.

Warum ist die Bestimmung des Erfüllungsorts wichtig? Der Erfüllungsort bestimmt nämlich den besonderen Gerichtsstand gem. § 29 Abs. 1 ZPO: Für Streitigkeiten aus einem Vertragsverhältnis und über dessen Bestehen ist das Gericht des Ortes zuständig, an dem die strittige Verpflichtung zu erfüllen ist.

AUFGABE

Der Einzelunternehmer A mit Sitz in München erwirbt beim Hamburger Großhändler O ein Elektrogerät. A bezahlt die Rechnung des O nicht. Eine Vereinbarung über den Gerichtsstand wurde nicht getroffen. Welcher Gerichtsstand ist hier zutreffend?

LÖSUNG

Da A die Rechnung des O nicht bezahlt hat, liegt eine Geldschuld vor. Erfüllungsort ist der Sitz des A, also München. Nach § 29 Abs. 1 ZPO liegt der Gerichtsstand somit auch in München.

MERKE

Nach § 270 Abs. 1 BGB hat der Schuldner Geld im Zweifel auf seine Gefahr und seine Kosten dem Gläubiger an dessen Wohnsitz zu übermitteln. Wenn also bei einer Überweisung etwas schiefgeht und das Geld kommt beim Gläubiger nicht an, kann der Gläubiger weiterhin die Bezahlung verlangen.

Gerichtliches Mahnverfahren

Sofern ein Gläubiger gegenüber seinem Schuldner auch nach Anwendung außergerichtlicher Maßnahmen (z. B. durch ein Mahnverfahren) erfolglos bleibt, kann dieser unmittelbar gerichtliche Maßnahmen einleiten. Hierfür kommt die Beantragung eines Mahnbescheids infrage. Sachlich zuständig ist das jeweilige Amtsgericht. Die örtliche Zuständigkeit liegt beim zentralen Mahngericht der Bundesländer. Einige Bundesländer haben länderübergreifend gemeinsame Mahngerichte eingerichtet.

Hemmung der Verjährung

Durch die Zustellung eines Mahnbescheids durch den Gläubiger an den Schuldner wird die Verjährung gem. § 204 Abs. 1 Nr. 3 BGB gehemmt.

Verjährung

Allgemein gilt: Eine Verjährung oder Verjährbarkeit bezieht sich auf den Zeitraum, in dem ein Anspruch auf eine rechtliche Durchsetzung besteht. Die Verjährungsfrist beginnt i. d. R. gem. § 199 Abs. 1 Nr. 1 BGB mit dem **Ende des Jahres**, in dem der jeweilige Anspruch entstanden ist. Nach § 212 Abs. 1 BGB beginnt die Verjährung erneut, wenn

Verjährungsfristen und Neubeginn der Verjährung

- der Schuldner dem Gläubiger gegenüber den Anspruch durch Abschlagszahlung, Zinszahlung, Sicherheitsleistung oder in anderer Weise anerkennt oder
- eine gerichtliche oder behördliche **Vollstreckungshandlung** vorgenommen oder beantragt wird.

Gemäß § 214 Abs. 1 BGB ist der Schuldner nach Eintritt der Verjährung berechtigt, die Leistung zu verweigern. Er macht die sogenannte **Einrede der Verjährung**[1] geltend. Die **regelmäßige** Verjährungsfrist beträgt nach § 195 BGB **drei Jahre**.

AUFGABE

Unternehmer U stellt am 09.03.2023 eine Rechnung an den Kunden K. Wann verjährt die Forderung?

LÖSUNG

Die Forderung verjährt gem. § 195 BGB nach 3 Jahren. Nach § 199 Abs. 1 Nr. 1 BGB beginnt die Verjährungsfrist am 31.12.2023 zu laufen. Mithin ist die Verjährung mit Ablauf des 31.12.2026 (24:00 Uhr) eingetreten.

Das BGB sieht jedoch auch Sondervorschriften zur Verjährung vor:

Nach § 196 BGB verjähren Ansprüche auf Übertragung des Eigentums an einem **Grundstück** sowie auf Begründung, Übertragung oder Aufhebung eines Rechts an einem Grundstück oder

---

1 Die Einrede der Verjährung ist übrigens bei Steuerschulden nicht notwendig. Nach § 232 AO erlöschen durch die Verjährung der Anspruch aus dem Steuerschuldverhältnis und die von ihm abhängenden Zinsen.

auf Änderung des Inhalts eines solchen Rechts sowie die Ansprüche auf die Gegenleistung in **zehn Jahren**.

Eine **dreißigjährige** Verjährungsfrist sieht § 197 BGB für bestimmte Fälle vor. Diese sind bspw. Schadensersatzansprüche, die auf der vorsätzlichen Verletzung des Lebens oder Herausgabeansprüche aus Eigentum abzielen.

Leistung nach Verjährung

Was ist rechtlich zu beachten, wenn eine Leistung nach Eintritt der Verjährung geleistet wird? Kann der Schuldner aufgrund der Verjährung seiner Leistung diese zurückfordern? Nein, das geht nicht. Denn nach § 214 Abs. 2 BGB kann das zur Befriedigung eines verjährten Anspruchs Geleistete nicht zurückgefordert werden, auch wenn es in Unkenntnis der Verjährung geleistet worden ist.

Hemmung der Verjährung

Außergerichtliche Mahnungen, also Zahlungsaufforderungen, hemmen die laufende Verjährung der Ansprüche **nicht**, auch wenn sie schriftlich und in Form eines eingeschriebenen Briefs erfolgen. Dagegen führt ein **Mahnbescheid** im Rahmen eines gerichtlichen Mahnverfahrens nach § 204 Abs. 1 Nr. 3 BGB zur Hemmung der Verjährung. **Verhandlungen** über einen Anspruch hemmen ebenfalls nach § 203 BGB die Verjährung. Die Hemmung durch Verhandlungen endet aber, wenn die Verhandlungen von beiden Seiten nicht fortgesetzt werden. Feste Fristen, wann Verhandlungen einschlafen, bestehen nicht. Sie hängen vom Gegenstand der Verhandlungen und der Verhandlungssituation ab.

AUFGABE

A betreibt einen Werkzeughandel. Er fragt, inwiefern sich folgende Sachverhalte auf die Verjährung auswirken.

a) Gegen den Kunden B hat A ein gerichtliches Mahnverfahren eingeleitet
b) Der Kunde C ist finanziell angeschlagen. Er bittet den A um Zahlungsaufschub von 8 Wochen.
c) Kunde D verhandelt seit geraumer Zeit über den Kaufpreis einer bereits gelieferten Ware mit A.
d) Kunde E hat vor 2 Jahren mit A über den Kaufpreis einer gelieferten Ware verhandelt. Seit über einem Jahr sprechen A und E kein Wort miteinander, die Fronten sind verhärtet.

LÖSUNG

Sachverhalt	Lösung
a) gerichtliches Mahnverfahren Kunde B	Hemmung der Verjährung, § 204 Abs. 1 Nr. 3 BGB
b) Bitte um Zahlungsaufschub Kunde C	Neubeginn der Verjährung, § 212 Abs. 1 Nr. 1 BGB
c) Verhandlung Kunde D	Hemmung der Verjährung, § 203 BGB
d) Verhandlung Kunde E	Ursprünglich Hemmung der Verjährung durch Verhandlung. Da die Verhandlungen nicht fortgeführt werden können, ist die Verjährung nicht mehr gehemmt.

1.2 Vertragsarten

Im Folgenden werden die wichtigsten Vertragsarten des BGB kurz vorgestellt. Im Prüfungsfall wird nicht selten nach den Pflichten der jeweiligen Vertragspartner gefragt. Diese müssen nicht auswendig gelernt werden, ein Blick ins Gesetz – wie so oft – genügt.

Kaufvertrag, § 433 BGB

Aus § 433 BGB ergeben sich vertragstypische Pflichten beim Kaufvertrag. Demnach wird der **Verkäufer** einer Sache verpflichtet, dem Käufer die Sache zu übergeben und das Eigentum an der Sache zu verschaffen. Der Verkäufer hat dem Käufer die Sache frei von Sach- und Rechtsmängeln zu verschaffen. Der **Käufer** wiederum ist verpflichtet, dem Verkäufer den vereinbarten Kaufpreis zu zahlen und die gekaufte Sache abzunehmen.

MERKE

Eigentum und Besitz sind zu unterscheiden. **Eigentum** beinhaltet die rechtliche Herrschaft über eine Sache i. S. d. § 90 BGB.[1] **Besitz** dagegen umfasst nach § 854 Abs. 1 BGB die Erlangung der tatsächlichen Gewalt über eine Sache.

Zu beachten sind im Kaufvertragsrecht die Regelungen zum **gutgläubigen Erwerb**. Nach § 932 Abs. 1 BGB wird nämlich der Erwerber auch dann Eigentümer, wenn die Sache nicht dem Veräußerer gehört, es sei denn, dass er nicht in gutem Glauben war. Ein gutgläubiger Erwerb ist

1 Im Steuerrecht mit Blick auf § 39 AO muss das Eigentum nicht immer mit der steuerlichen Zurechnung übereinstimmen.

nach § 935 Abs. 1 BGB jedoch nicht möglich, wenn die Sache dem Eigentümer gestohlen worden ist. Wenn bspw. der A dem B ein Fahrrad stiehlt und dieses dem gutgläubigen C verkauft, dann ist C nicht Eigentümer des Fahrrads geworden.

Mietvertrag, § 535 BGB

Nach § 535 BGB wird der Vermieter durch den Mietvertrag verpflichtet, dem Mieter den Gebrauch der Mietsache während der Mietzeit zu gewähren. Der Vermieter hat die Mietsache dem Mieter in einem zum vertragsgemäßen Gebrauch geeigneten Zustand zu überlassen und sie während der Mietzeit in diesem Zustand zu erhalten. Der Mieter ist verpflichtet, dem Vermieter die vereinbarte Miete zu entrichten. Zu den wohl wichtigsten Formen des Mietvertrags gehört der Wohnraum als Mietgegenstand.[1]

Pachtvertrag, § 581 BGB

Gemäß § 581 gehören zu den vertragstypischen Pflichten aus Pachtvertrag für den Verpächter, dem Pächter den Gebrauch des verpachteten Gegenstands und den Genuss der Früchte, soweit sie nach den Regeln einer ordnungsmäßigen Wirtschaft als Ertrag anzusehen sind, während der Pachtzeit zu gewähren. Der Pächter wiederum ist verpflichtet, dem Verpächter die vereinbarte Pacht zu entrichten.

Pacht- und Mietvertrag sind voneinander zu trennen. Miete oder Pacht? Miete sieht den Gebrauch einer überlassenen Sache (z. B. Wohnung) vor. Pacht hingegen beinhaltet den Gebrauch und Fruchtgenuss einer Sache (z. B. Gaststätte).

Sachdarlehensvertrag, § 607 BGB

Ein Sachdarlehen i. S. d. §§ 607 ff. BGB ist von einem Gelddarlehen (vgl. §§ 488 ff. BGB) zu unterscheiden. Das Sachdarlehen ist ein Vertrag, der dadurch gekennzeichnet ist, dass der Darlehensgeber dem Darlehensnehmer eine vereinbarte vertretbare Sache (§ 91 BGB) überlassen muss. Der Darlehensnehmer ist im Gegenzug zur Zahlung eines Entgelts verpflichtet und bei Fälligkeit zur Rückerstattung von Sachen gleicher Art, Güte und Menge.

Werkvertrag, § 631 BGB

Vertragstypische Pflichten beim Werkvertrag sind im § 631 BGB geregelt: Durch den Werkvertrag wird der Unternehmer zur Herstellung des versprochenen Werkes, der Besteller zur Entrichtung der vereinbarten Vergütung verpflichtet. Gegenstand des Werkvertrags kann sowohl die Herstellung oder Veränderung einer Sache als auch ein anderer durch Arbeit oder Dienstleistung herbeizuführender Erfolg sein.

AUFGABE

Gegeben sind folgende Sachverhalte. Ordnen Sie diese einer Vertragsart zu.

a) Kauf eines PCs
b) Überlassung einer Wiese mit Obstbäumen zur Nutzung gegen Bezahlung
c) Verleih eines Fahrzeugs gegen Entgelt an einem Urlaubsort
d) A „leiht" dem B eine Flasche Trinkwasser an einem heißen Tag mit der Vereinbarung, dass B dem A bei Gelegenheit eine volle Flasche Trinkwasser zurückgibt.

LÖSUNG

Sachverhalt	Lösung
a) Kauf eines PCs	Kaufvertrag
b) Überlassung einer Wiese mit Obstbäumen zur Nutzung gegen Bezahlung	Pachtvertrag
c) Verleih eines Fahrzeugs gegen Entgelt an einem Urlaubsort	Mietvertrag (Achtung: kein Leihvertrag i. S. d. § 598 BGB, da die „Verleihung" gegen Entgelt erfolgt)
d) A „leiht" dem B eine Flasche Trinkwasser an einem heißen Tag mit der Vereinbarung, dass B dem A bei Gelegenheit eine volle Flasche Trinkwasser zurückgibt.	Sachdarlehensvertrag

1.3 Formvorschriften

Die Einhaltung von Formvorschriften ist von großer Bedeutung. Denn gem. § 125 Satz 1 BGB ist ein Rechtsgeschäft, dem es der durch Gesetz vorgeschriebenen Form ermangelt, nichtig. Formvorschriften können zum einen durch ein Rechtsgeschäft zwischen den Parteien verein-

1 Steuerlich sind Mietverträge besonders unter Angehörigen bzw. nahestehende Personen kritisch zu beurteilen. So kann ein verminderter Mietpreis dazu führen, dass der Werbungskostenabzug nicht vollständig vorgenommen werden darf.

bart werden und zum anderen ergeben sich diese unmittelbar aus dem Gesetz. Zu den Formarten gehören:

- Die Schriftform, § 126 BGB
- Elektronische Form, § 126a BGB
- Textform, § 126b BGB
- Die öffentliche Beglaubigung der Unterschrift, § 129 BGB
- Die notarielle Beurkundung, § 128 BGB.

Im Folgenden werden die prüfungsrelevanten gesetzlichen Formvorschriften kurz vorgestellt:

Arbeitsvertrag	Bei Kündigung und Auflösung von Arbeitsverhältnissen: Schriftform nach § 623 BGB	Grundsätzlich sind Arbeitsverhältnisse jedoch formfrei.
Grundstückskaufverträge	Beurkundung durch einen Notar nach § 311b Abs. 1 i. V. m. § 128 BGB	Hier gilt die strengste gesetzlich vorgesehene Form.
Mietverträge	► Das Schriftformerfordernis gilt nur bei Mietverträgen über **Wohnraum und über Grundstücke und Räume**. Ein Mietvertrag über Wohnraum bedarf der Schriftform (§ 550 BGB). Auch die Kündigung eines Mietverhältnisses muss schriftlich erfolgen (§ 568 Abs. 1 BGB). ► Bei Mietverträgen über **sonstige Sachen**, z. B. einen E-Scooter, gilt das Schriftformerfordernis daher nicht.	Mietverträge können grundsätzlich mündlich, schriftlich oder in notariell beurkundeter Form geschlossen werden. Wird ein Mietvertrag über Wohnraum für längere Zeit als ein Jahr nicht in schriftlicher Form geschlossen, so gilt er für unbestimmte Zeit, vgl. § 550 Satz 1 BGB. Die Kündigung ist jedoch dann frühestens zum Ablauf eines Jahres nach Überlassung des Wohnraums zulässig.
Schenkungsvertrag	Ein **Schenkungsversprechen** muss notariell beurkundet werden. Andernfalls ist der gesamte Schenkungsvertrag unwirksam.	Grundsätzlich ist ein Schenkungsvertrag formfrei.

AUFGABE

Ordnen Sie jeweils zwei Beispiele eines Rechtsgeschäfts für folgende Formvorschriften zu: Formfreiheit, öffentliche Beglaubigung, Schriftform, notarielle Beurkundung.

LÖSUNG

Formfreiheit	Gewöhnliche Kaufverträge für den täglichen Bedarf, Dienstleistungserträge (z. B. Kosmetikstudio)
öffentliche Beglaubigung	Ausschlagung einer Erbschaft, Anmeldung zur Eintragung in das Handelsregister
Schriftform	Kündigung eines Arbeitsverhältnisses, Bürgschaftserklärung unter Privatleuten
notarielle Beurkundung	Kauf eines Grundstücks, Abschluss eines Gesellschaftsvertrags

1.4 Schuldrecht BGB

Das Schuldrecht besteht nach einfacher Unterteilung aus einem Allgemeinen Schuldrecht (§ 241 bis § 432 BGB) und einem Besonderen Schuldrecht (§ 433 bis § 853 BGB). Während das Allgemeine Schuldrecht den Rahmen eines Schuldverhältnisses vorgibt, bspw. sind das das Entstehen und Erlöschen eines Schuldverhältnisses, umfasst das Besondere Schuldrecht gesetzliche und vertragliche Schuldverhältnisse.

Schuldverhältnis im Allgemeinen

Ein Schuldverhältnis liegt dann vor, wenn mindestens zwei Personen in einem Rechtsverhältnis stehen, kraft dessen der eine (sog. Gläubiger) von dem anderen (sog. Schuldner) eine Leistung fordern darf.

Gesetzliches Schuldverhältnis

Gesetzliche Schuldverhältnisse entstehen zwischen (mindestens) zwei Personen (Gläubiger und Schuldner). Hier wird im Gegensatz zu den vertraglichen Schuldverhältnissen zwischen den Parteien eben kein Vertrag abgeschlossen. Wenn also ein bestimmtes Verhalten im Alltag auftritt, welches einen gesetzlichen Tatbestand erfüllt und dadurch automatisch die normierte Rechtsfolge auslöst, entsteht ein gesetzliches Schuldverhältnis.

BEISPIEL

A und B geraten in einen Streit. Dabei fügt A dem B eine Verletzung zu. Nach § 823 Abs. 1 BGB kommt ein Schadensersatz durch A infrage. Denn wer vorsätzlich oder fahrlässig den Körper eines anderen widerrechtlich verletzt, ist dem anderen zum Ersatz des daraus entstehenden Schadens verpflichtet.

Vertragliches Schuldverhältnis

Wie der Name schon sagt, entstehen vertragliche Schuldverhältnisse dann, wenn von den Parteien autonom ein Vertrag geschlossen wird. Dies kann z. B. ein Kauf- oder ein Mietvertrag sein.

BEISPIEL

A verkauft an B seine wertvolle Sammlung von Goldmünzen für 5.000 €. Es ist ein Kaufvertrag zustande gekommen, in der A sich verpflichtet, dem B die Goldmünzen zu übergeben und das Eigentum daran zu übertragen. B verpflichtet sich im Gegenzug, den vereinbarten Kaufpreis i. H. v. 5 000 € zu entrichten und die Sache entgegenzunehmen. A und B sind somit ein vertragliches Schuldverhältnis eingegangen.

In den folgenden Ausführungen stehen die vertraglichen Schuldverhältnisse im Mittelpunkt.

1.4.1 Gewährleistung

Ein Schuldner hat dafür zu sorgen, dass seine Leistung frei von Mängeln ist. Die Gewährleistung ist die gesetzliche Verpflichtung hierfür. Im BGB existieren spezielle Regelungen zur Gewährleistung in den Bereichen Kauf-, Miet- und Werkvertragsrecht. Im Folgenden sollen die verschiedenen Rechte des Gläubigers einer Leistung aufgezeigt werden, wenn eine Leistung mit Mängeln behaftet ist.

VORSICHT

Achtung! Gewährleistung und Garantie sind nicht das gleiche. Gewährleistungen bestehen aufgrund gesetzlicher Vorschriften. Garantie ist eine freiwillige Leistung durch den Hersteller.

1.4.2 Rechte des Käufers bei Mängeln

Treten bei einer Sache Mängel auf, stehen dem Käufer verschiedene Rechte zu. Die dazu gehörende gesetzliche Grundlage des § 437 BGB ist jedoch irritierend. Nach dieser Vorschrift stehen dem Käufer bei mangelhafter Sache folgende Rechte zu:

- Nacherfüllung nach § 439 BGB (§ 437 Nr. 1 BGB)
- Rücktritt vom Vertrag nach den §§ 440, 323 und 326 Abs. 5 BGB oder Minderung des Kaufpreises nach § 441 BGB (§ 437 Nr. 2 BGB)
- Schadensersatz nach den §§ 440, 280, 281, 283 und 311a BGB oder Ersatz vergeblicher Aufwendungen nach § 284 BGB (§ 437 Nr. 3 BGB).

Zunächst sollte man nach dem Wortlaut des § 437 BGB annehmen, der Käufer habe eine Auswahl aus obigen Möglichkeiten. Tatsächlich soll der Verkäufer aber vorrangig eine zweite Chance zur Erfüllung seiner Pflicht auf mangelfreie Leistung erhalten.

MERKE

Der Verkäufer genießt den Vorrang der Nacherfüllung. Er erhält eine zweite Chance. Für den Käufer bedeutet dies, dass er zuerst das Recht auf Nacherfüllung dem Verkäufer zugestehen muss. Erst danach kann er die weitergehenden Rechte in Form von Vertragsrücktritt, Minderung des Kaufpreises, Schadensersatz und Ersatz der vergeblichen Aufwendungen dem Verkäufer gegenüber geltend machen (wenn im Prüfungsfall nach den Rechten des Käufers nach der Nacherfüllung durch den Verkäufer gefragt wird: die Alternativen einfach aus § 437 BGB [= kleine Checkliste] abschreiben!).

AUFGABE

Autohändler A verkauft der Privatperson P einen neuen Sportwagen. Nach 5 Wochen funktioniert die Heizung nicht mehr. Der Mangel war für A trotz intensiver Prüfung nicht zu erkennen. Welche Rechte kann P gegen A **vorrangig** geltend machen?

LÖSUNG

P kann vorrangig Nacherfüllung, also Beseitigung des Mangels oder Lieferung einer mangelfreien Ware verlangen (§ 437 i.V.m. § 439 Abs. 1 BGB).

Verjährung der Mängelansprüche

Der Beginn und die Dauer bis zur Verjährung ergeben sich aus § 438 BGB:

Beginn der Verjährung aus Mängelansprüchen	Die Verjährung beginnt bei **Grundstücken** mit der **Übergabe**, im **Übrigen** (gemeint sind u.a. Sachen, Ware, Gegenstände) mit der **Ablieferung** der Sache.		
Zeitraum bis Verjährung aus Mängelansprüchen eintritt …	in **30 Jahren**, wenn der Mangel in einem dinglichen Recht eines Dritten, auf Grund dessen Herausgabe der Kaufsache verlangt werden kann, oder in einem sonstigen Recht, das im Grundbuch eingetragen ist (§ 438 Abs. 1 Nr. 1 BGB)	in **fünf Jahren** bei einem Bauwerk und bei einer Sache, die entsprechend ihrer üblichen Verwendungsweise für ein **Bauwerk** verwendet worden ist und dessen Mangelhaftigkeit verursacht hat (§ 438 Abs. 1 Nr. 2 BGB)	In allen sonstigen Fällen: in **zwei Jahren** (§ 438 Abs. 1 Nr. 3 BGB)

AUFGABE

A betreibt in Herne eine Augenarztpraxis. Er bestellt am 15.11.2024 für seine Praxis neue Vorhänge, die am 20.11.2024 an ihn geliefert werden. Da A für seinen Augenarztkollegen B neben seiner eigentlichen Tätigkeit auch noch die Urlaubsvertretung für B machen muss, kommt er erst am 10.12.2024 dazu, sich die Vorhänge anzusehen. Mit Schrecken stellt A fest, dass die Vorhänge beschädigt sind. A will seine Ansprüche aus Mängellieferung geltend machen. Was hat er zu beachten?

LÖSUNG

Da A als Freiberufler keine Kaufmannseigenschaft besitzt, ist die Anwendung aus § 377 HGB nicht möglich. Seine Ansprüche ergeben sich aus § 437 BGB. Zunächst aber muss A gegenüber dem Lieferanten die Nacherfüllung verlangen (§ 437 Nr. 1 BGB i.V.m. § 439 BGB). Die Nacherfüllung kann aus einer Neulieferung oder Reparatur bestehen. Sofern die Nacherfüllung erfolglos sein sollte, kommt für A Rücktritt vom Vertrag, Minderung des Kaufpreises, Schadensersatz oder Ersatz vergeblicher Aufwendungen infrage. Zudem muss A prüfen, bis wann er spätestens seine Ansprüche geltend gemacht haben muss. Die Verjährungsfrist beginnt am folgenden Tag nach Übergabe der Vorhänge (Beginnfrist, der Tag der Anlieferung wird nicht mitgezählt!), also ab dem 21.11.2024 (0:00 Uhr). Auf den Tag, wann A den Mangel entdeckt hat, kommt es nicht an. Die Dauer bis Eintritt der Verjährung beträgt 2 Jahre (§ 438 Abs. 1 Nr. 3 i.V.m. § 438 Abs. 2 BGB). Damit tritt die Verjährung mit Ablauf des 20.11.2026 (24:00 Uhr) ein.

1.4.3 Besondere Rügepflicht unter Kaufleuten

Eine Besonderheit ergibt sich aufgrund der Untersuchungs- und Rügepflicht i.S.d. § 377 HGB. Hier gilt nach Abs. 1: ist der Kauf für **beide Teile ein Handelsgeschäft**, so hat der Käufer die Ware **unverzüglich** nach der Ablieferung durch den Verkäufer, soweit dies nach ordnungsmäßigem Geschäftsgange tunlich ist, zu **untersuchen** und, wenn sich ein **Mangel** zeigt, dem Verkäufer **unverzüglich** Anzeige zu machen. Gemäß § 377 Abs. 2 HGB gilt weiterhin: Unterlässt der Käufer die Anzeige, so gilt die Ware als genehmigt, es sei denn, dass es sich um einen Mangel handelt, der bei der Untersuchung nicht erkennbar war.

MERKE

Wenn also ein Mangel bei einer Leistung auftritt und dieser i. S. d. § 377 HGB geltend gemacht werden soll, **müssen alle Vertragsparteien Kaufleute** sein.[1] Sofern ein Freiberufler, z. B. ein Arzt oder Anwalt, am Erwerb einer Leistung beteiligt ist, ist § 377 HGB nicht anwendbar. Hier würden dann die Regelungen aus dem BGB einschlägig werden. Weiterhin sieht die Anwendung des § 377 HGB vor, dass die Untersuchung unverzüglich nach der Ablieferung zu erfolgen hat, wie es unter gewissenhaften Kaufleuten (vgl. § 347 HGB) üblich ist, also kein schuldhaftes Zögern.

1.4.4 Verzug und seine Rechtsfolgen

Ein Verzug liegt dann vor, wenn ein Schuldner auf eine fällige und einredefreie Forderung trotz Mahnung schuldhaft seine Leistung nicht erbringt. Das kann z. B. dann vorliegen, wenn ein Warenempfänger seine Rechnung nicht begleicht. Oder wenn ein Lieferant entgegen der Liefervereinbarung seine Waren nicht anliefert.

Verwechslungsgefahr

Kein Verzug liegt bei einer mangelhaften Leistung vor. Denn hier erbringt der Schuldner nämlich eine Leistung, auch wenn diese mangelhaft ist. Damit Verzug vorliegen kann, darf der Schuldner überhaupt nicht leisten. Des Weiteren ist der Verzug abzugrenzen von der Unmöglichkeit der Leistung. Bei der Unmöglichkeit kann der Schuldner (z. B. ein Blitzschlag zerstört die Lagerhalle) nicht leisten, beim Verzug kann er leisten, er tut es aber nicht.

Verzug setzt voraus, dass überhaupt eine Forderung des Gläubigers gegen den Schuldner vorliegt, die fällig und einredefrei ist. Dabei kann es sich um eine Forderung auf Zahlung eines Geldbetrages oder auch auf Lieferung einer Gattungs- oder Stücksache handeln. Sofern die Vertragsparteien über die Fälligkeit ihrer Forderungen keine Vereinbarung getroffen haben, tritt gem. § 271 BGB die Fälligkeit mit Abschluss des Vertrages ein. Eine weitere Voraussetzung für den Verzug ist, dass der Gläubiger den Schuldner gemahnt hat (§ 286 Abs. 1 BGB). Allerdings bedarf es einer Mahnung nach § 286 Abs. 2 Nr. 1 BGB bspw. dann nicht, wenn die Leistung nach dem Kalender bestimmt ist.

Verzug nach 30 Tagen?

Oft wird mit Blick auf § 286 Abs. 3 BGB angenommen, dass ein Schuldner 30 Tage nach Erhalt der Rechnung ohne Weiteres in Verzug gerät. Dies stimmt in dieser Allgemeinheit jedoch nicht. Gemäß § 286 Abs. 3 BGB ist zwar bestimmt, dass 30 Tage nach Fälligkeit und Rechnungszugang Verzug automatisch eintritt, ohne dass es einer Mahnung bedarf. Dies gilt jedoch nur gegenüber Kaufleuten. Ein Verzug nach 30 Tagen gegenüber einem Verbraucher ist nur dann möglich, wenn dieser **ausdrücklich** darauf hingewiesen wurde (§ 286 Abs. 3 Satz 1 BGB).

AUFGABE

Der Fahrradhändler F verkauft an die Privatperson P am 09.12.2024 ein Fahrrad zum Preis von 2.500 €. P leistet sofort eine Anzahlung i. H. v. 1.500 € und verspricht, den offenen Betrag von 1.000 € umgehend zu bezahlen. Die Rechnung des F sieht kein Zahlungsziel vor. Ein Hinweis auf die gesetzlichen Folgen eines Zahlungsverzugs ist auf der Rechnung deutlich enthalten. Nachdem P die Restsumme immer noch nicht bezahlt hat, schickt F ein Erinnerungsschreiben am 30.12.2024 an P. Am 15.01.2025 übergibt P dem F den offenen Betrag in bar. Welche Störung des Kaufvertrags liegt hier vor? Befindet sich P in Verzug und wenn ja, wie hoch wären die Verzugszinsen unter Berücksichtigung des § 288 Abs. 1 BGB, wenn der Basiszinssatz 0,9 % betragen würde?

LÖSUNG

Mit dem Zahlungsverzug kommt es zur Störung des Kaufvertrags (vgl. §§ 286 f. BGB). Ein Zahlungsziel wurde nicht vereinbart. Da P ausdrücklich i. S. d. § 286 Abs. 3 Satz 1 BGB auf die Folgen eines Zahlungsverzugs hingewiesen wurde, gilt hier die 30-Tage-Regelung. Also 09.12.2024 + 30 Tage = 08.01.2025. Ab dem 08.01.2025 (24:00 Uhr) kommt P in Zahlungsverzug. Der Zinssatz beträgt 5 % abzgl. Basiszinssatz 0,9 % = 4,1 %.

$$\text{Zinsen} = \frac{1.000\,€ \cdot 4{,}1 \cdot 6\ \textit{Tage}}{100 \cdot 360\ \textit{Tage}} = 0{,}68\,€$$

1 Zur Kaufmannseigenschaft siehe auch Kap. 4.6.

Rechtsfolgen des Verzugs

Befindet sich ein Vertragspartner in Verzug, so muss er für den vorhandenen **Schaden** eintreten.

Sonderproblem Fixgeschäft

Ein Sonderproblem liegt im Abschluss von sogenannten **Fixgeschäften** zwischen Käufer und Verkäufer (vgl. § 323 Abs. 2 BGB). Ein Fixgeschäft liegt vor, wenn wesentlicher Inhalt des Rechtsgeschäfts gerade in der Erfüllung zu einem **bestimmten Termin** oder **innerhalb einer bestimmten Frist** liegt.

AUFGABE

Einzelhändler E betreibt im Stadtzentrum von Herne den Verkauf von Süßigkeiten. Bereits im Januar bestellt er beim Schokoladenhersteller S 2.000 Osterhasen aus Schokolade, um diese in der Osterzeit in den Handel zu bekommen. Die Lieferung sollte nach ausdrücklicher Vereinbarung bis 15.03. durch S geliefert werden. S kann jedoch bis zu den Osterfeiertagen nicht liefern, da eine Verpackungsmaschine defekt geworden ist. Kann E ohne Nachfristsetzung vom Kaufvertrag zurücktreten?

LÖSUNG

E kann in diesem Fall gem. § 323 Abs. 2 BGB vom Kaufvertrag zurücktreten. Hier liegt ein Fixgeschäft vor, für das die fristgerechte Lieferung für E wesentlich war.

Zinspflicht

Ab dem Tag des Eintritts des Verzuges ist eine Geldleistung gem. § 288 Abs. 1 BGB zu verzinsen und zwar für Ansprüche von Verbrauchern mit 5 %-Punkten über dem jeweiligen Basiszinssatz. Bei Unternehmern beträgt der Zinssatz gem. § 288 Abs. 2 BGB 9 %-Punkte über dem Basiszinssatz. Die Zinspflicht beginnt mit dem der Mahnung (wenn kein Zahlungsdatum vereinbart wurde!) oder nach Ablauf des Tages des Zahlungsziels und dauert bis zur Bezahlung.

AUFGABE

Der Unternehmer U erhält am 06.05. eine Rechnung vom 05.05. seines Lieferanten L. Als Zahlungsbedingung wurde vereinbart: Zahlbar innerhalb 30 Tagen ab Rechnungsdatum. Ab wann käme U in den Zahlungsverzug?

LÖSUNG

Die Rechnung sieht ein konkretes Zahlungsdatum vor. Eine Mahnung ist für den Zahlungsverzug also nicht erforderlich. Die Berechnung erfolgt kalendergenau: also 05.05. zzgl. 30 Tage = 04.06. Der Zahlungsverzug tritt mit Ablauf des 04.06. (24:00 Uhr) ein.

Verzugsschaden

Der Gläubiger kann gegenüber dem Schuldner bei Zahlungsverzug Rechte geltend machen:

Verzugsschaden nach § 280 Abs. 2 BGB	Die Bezahlung des Schuldners bleibt aus, der Gläubiger muss den fehlenden Geldbetrag zwischenfinanzieren. Er zahlt mehr Zinsen, als die gesetzliche Zinspflicht gem. § 288 BGB ersetzt. Diesen nicht gedeckten Teil kann er als Verzugsschaden geltend machen.
Rücktritt vom Vertrag nach § 323 Abs. 1 BGB	Für den Gläubiger besteht die Möglichkeit, gem. § 323 Abs. 1 BGB vom Vertrag zurückzutreten, wenn er nach oder mit Verzugseintritt dem Schuldner eine Frist gesetzt und ihn aufgefordert hat, innerhalb dieser Frist zu leisten.
Schadensersatz nach § 281 BGB	Schadensersatz wegen Nichtleistung

1.5 Fristberechnung nach dem BGB

Eine Frist ist ein Zeitraum, innerhalb dessen bestimmte Rechte wahrgenommen oder geltend gemacht werden können. Oftmals ist für eine Fristwahrung eine Handlung erforderlich. Typisches Beispiel ist die Frist zur Einlegung eines Widerspruchs oder im Steuerrecht die Einlegung eines Einspruchs. Zudem gibt es Kündigungsfristen, Verjährungsfristen oder Meldefristen.

Beginn/Ende/Dauer

Eine **Beginnfrist** (Terminfrist) beginnt an einem festen Datum um null Uhr an diesem Termin. Eine **Ereignisfrist** hängt vom Eintritt eines Ereignisses ab, dessen Datum nicht im Voraus feststeht (zum Beispiel eine Kündigung). Nach § 187 Abs. 1 BGB beginnt die Ereignisfrist erst am auf das Ereignis folgenden Tag um null Uhr. Eine Ausnahme liegt bspw. bei der Berechnung der **regelmäßigen Verjährungsfrist** vor, denn hier beginnt die Frist erst mit dem Schluss des Jahres, an dem der Anspruch entstanden ist, zu laufen (vgl. § 199 Abs. 1 Nr. 1 BGB).

Das BGB sieht bei der Fristberechnung grundsätzlich volle Tage vor. Daher beginnt eine Frist mit dem Beginn eines Tages (0.00 Uhr) und endet mit Ablauf eines Tages (24.00 Uhr). Nach § 193 BGB kann eine Frist nicht an einem Samstag (Sonnabend), Sonntag oder Feiertag enden. Sie verlängert sich nach § 193 BGB automatisch auf den nächsten Werktag.

TIPP

Wenn das Ende einer Frist zu berechnen ist, ist der Wochentag des Fristendes anzugeben. So erkennt der Korrektor der Aufgabe, dass i. S. d. § 193 BGB geprüft wurde, ob das Ende einer Frist auf einen Samstag, Sonntag oder Feiertag gefallen wäre.

2. Arbeitsrecht

Was ist eigentlich „Arbeitsrecht" überhaupt? „Arbeitsrecht" ist zunächst so zu verstehen, dass es sich nicht um ein bestimmtes Gesetz handelt. Es besteht aus dem Kollektivarbeitsrecht und dem Individualarbeitsrecht. Hinter diesen stehen wieder eine Reihe von deutschen Gesetzen, Richtlinien und EU-Verordnungen. Obwohl es eine Vielzahl an gesetzlichen Regeln gibt, spielt doch das sogenannte „Richterrecht" eine große Rolle. Dieses füllt Regelungslücken im Gesetz aus.

Kollektivarbeitsrecht

Das Kollektivarbeitsrecht enthält Regelungen über die Beziehungen zwischen Gewerkschaften und Arbeitnehmervertretungen (z. B. Betriebsräte) zu Arbeitgebern oder Arbeitgeberverbänden. Von besonderer Bedeutung sind folgende Gesetze:

- Betriebsverfassungsgesetz (BetrVG)
- Mitbestimmungsgesetz (MitbestG)
- Tarifvertragsgesetz (TVG)

Individualarbeitsrecht

Das Individualarbeitsrecht umfasst das Verhältnis zwischen einem Beschäftigten mit dessen jeweiligen Arbeitgeber. Zu den wichtigsten Gesetzen hierzu fallen u. a.:

- Berufsbildungsgesetz (BBiG)
- Bundesurlaubsgesetz (BurlG)
- Entgeltfortzahlungsgesetz (EFZG)
- Kündigungsschutzgesetz (KSchG)
- Mindestlohngesetz (MiLoG)
- Teilzeit- und Befristungsgesetz (TzBfG)

2.1 Entstehung Arbeitsverhältnis

Wann entsteht ein Arbeitsverhältnis? Seit dem Jahr 2017 wird der Arbeitsvertrag in § 611a BGB geregelt. Nach dieser Vorschrift wird der Arbeitnehmer durch den Arbeitsvertrag im Dienst eines anderen zur Leistung weisungsgebundener, fremdbestimmter Arbeit in persönlicher Abhängigkeit verpflichtet. Der Arbeitnehmer ist weisungsgebunden, z. B. über den Inhalt, Durchführung, Zeit und Ort der Tätigkeit. Im Gegenzug ist der Arbeitgeber zur Zahlung der vereinbarten Vergütung verpflichtet.

Mündliche Vereinbarung

Dabei muss der Arbeitsvertrag nicht schriftlich geschlossen werden. Denn ein Arbeitsverhältnis kann auch stillschweigend und ohne schriftlichen Arbeitsvertrag begründet werden. Nimmt der Arbeitnehmer seine Arbeit in einem Betrieb auf und erfüllt eine Leistung, entsteht ein Arbeitsverhältnis mit beiderseitigen Rechten und Pflichten.

AUFGABE

A interessiert sich für eine Anstellung im Unternehmen der B. Sie stellt sich am 20.05. in der Personalabteilung unter Anwesenheit der B vor. Nachdem man sich über alle Konditionen problemlos geeinigt hat, vereinbaren A und B mündlich den Arbeitsbeginn 01.07. Am 09.06. findet A den Arbeitsvertrag in ihrem Briefkasten, den sie sofort unterschreibt und der B zukommen lässt. Wann gilt der Arbeitsvertrag als geschlossen?

LÖSUNG

A und B haben sich bereits am 20.05. mündlich auf ein Arbeitsverhältnis geeinigt. An diesem Tag gilt der Arbeitsvertrag als geschlossen.

Vorstellungsgespräch

Bevor ein mögliches Arbeitsverhältnis entsteht, stellt sich ein Interessent in aller Regel beim potenziellen Arbeitgeber vor. Naturgemäß möchte der Arbeitgeber viel über seinen Kandidaten erfahren. Es geht nicht nur darum, die fachliche Qualifikation zu prüfen. Beispielsweise möchte der Arbeitgeber auch herausfinden, ob eine längere Ausfallzeit (durch Schwangerschaft oder mögliche Erkrankung etc.) droht oder ob der Kandidat nicht ins Team passt (durch dessen politische Ansichten oder sexuelle Orientierung etc.). Auch wenn das Bedürfnis des Arbeitgebers durchaus legitim ist, sind Fragen zur Person, Familienplanung oder gesundheitlichen Situation rechtlich unzulässig. Einige Beispiele:

Frage	Rechtlich zulässig?
Welche Gehaltsvorstellungen haben Sie?	Ja
Glauben Sie an Jesus Christus?	Nein
Erwarten Sie ein Baby?	Nein
Gehören Sie einer Partei an?	Nein
Sprechen Sie Spanisch?	Ja

Inhalt Arbeitsvertrag (ein MUSS!)

Grundsätzlich können die Inhalte eines Arbeitsvertrags zwischen den Vertragsparteien frei vereinbart werden. Allerdings muss ein Arbeitsvertrag gewisse Mindestregelungen enthalten (vgl. § 2 Abs. 1 NachwG). Diese sind u. a.:

- der Name und die Anschrift der Vertragsparteien,
- der Zeitpunkt des Beginns des Arbeitsverhältnisses,
- bei befristeten Arbeitsverhältnissen: das Enddatum oder die vorhersehbare Dauer des Arbeitsverhältnisses,
- der Arbeitsort oder, falls der Arbeitnehmer nicht nur an einem bestimmten Arbeitsort tätig sein soll, ein Hinweis darauf, dass der Arbeitnehmer an verschiedenen Orten beschäftigt werden oder seinen Arbeitsort frei wählen kann,
- eine kurze Charakterisierung oder Beschreibung der vom Arbeitnehmer zu leistenden Tätigkeit,
- **sofern vereinbart (!)**, die Dauer der Probezeit,
- die Zusammensetzung und die Höhe des Arbeitsentgelts einschließlich der Vergütung von Überstunden, der Zuschläge, der Zulagen, Prämien und Sonderzahlungen sowie anderer Bestandteile des Arbeitsentgelts, die jeweils getrennt anzugeben sind, und deren Fälligkeit sowie die Art der Auszahlung,
- die vereinbarte Arbeitszeit, vereinbarte Ruhepausen und Ruhezeiten sowie bei vereinbarter Schichtarbeit das Schichtsystem, der Schichtrhythmus und Voraussetzungen für Schichtänderungen,
- **sofern vereinbart (!)**, die Möglichkeit der Anordnung von Überstunden und deren Voraussetzungen,
- die Dauer des jährlichen Erholungsurlaubs.

Probezeit

Ob Arbeitgeber und Arbeitnehmer zueinander passen, zeigt sich erst im Laufe der Zusammenarbeit. Die Probezeit dient dazu, das herauszufinden. Eine Probezeit ist nicht zwingend vom Gesetzgeber vorgeschrieben (siehe oben), wird jedoch häufig im Arbeitsvertrag verankert. Das Arbeitsverhältnis kann während der Probezeit **von beiden Seiten** mit einer **Frist von 2 Wochen** (§ 622 Abs. 3 BGB) gekündigt werden. Die Probezeit darf **maximal 6 Monate** (§ 622 Abs. 3 BGB) betragen.

Anders verhält es sich in einem **Berufsausbildungsverhältnis.** Gemäß § 20 BBiG beginnt das Berufsausbildungsverhältnis mit der Probezeit. Sie muss mindestens einen Monat und darf höchstens vier Monate betragen.

BEISPIEL

Grundfall: Arbeitnehmer A und Unternehmer U schließen einen Arbeitsvertrag, der eine Probezeit von 6 Monaten vorsieht. Arbeitsbeginn ist der 01.05. Ist die Kündigung für die folgenden Fälle wirksam?

Sachverhalt	Lösung
A kündigt am 06.05. mündlich gegenüber U	Kündigung unwirksam, da Schriftform durch A nicht eingehalten wurde

U kündigt dem A am 10.10. zum 31.10. schriftlich das Arbeitsverhältnis ohne Angabe von Gründen	Kündigung wirksam, Schriftform erfüllt, Kündigungsfrist von 2 Wochen eingehalten, eine Begründung ist nicht erforderlich
A kündigt schriftlich am 20.10. zum 31.10. das Arbeitsverhältnis	Kündigung unwirksam, Schriftform zwar erfüllt, Kündigungsfrist von 2 Wochen jedoch nicht eingehalten

2.2 Beendigung Arbeitsverhältnis

Die Gründe für eine Beendigung eines Arbeitsverhältnisses sind vielseitig. Das kann zum einen durch Befristung, Erreichen des Rentenalters[1] oder Tod geschehen und zum anderen durch Kündigung. Zu den prüfungsrelevanten Möglichkeiten zur Beendigung eines Arbeitsverhältnisses gehört die Kündigung. Diese kann ordentlich (fristgerecht) oder als außerordentlich (fristlos) erfolgen. Die Gründe einer Kündigung können im Verhalten des Arbeitsnehmers liegen. Infrage kommen auch eine personenbedingte oder betriebsbedingte Kündigung. Um einer Kündigung zuvorzukommen, einigen Arbeitsgeber und Arbeitnehmer sich häufig und schließen einen Aufhebungsvertrag.

2.2.1 Aufhebungsvertrag und Kündigung

Um einer Kündigung zu entgehen, kann ein Aufhebungsvertrag (Auflösungsvertrag) als eine freiwillige Vereinbarung zwischen Arbeitnehmer und Arbeitgeber geschlossen werden. Falls eine derartige Vereinbarung nicht zustande kommen sollte, müsste der Arbeitgeber – um sich von seinem Mitarbeiter trennen zu können – triftige Gründe vorlegen, um eine Kündigung rechtfertigen zu können.

MERKE

Für die Wirksamkeit einer Kündigung des Arbeitsverhältnisses genügt eine Willenserklärung, entweder durch den Arbeitnehmer oder durch den Arbeitgeber. Es liegt also ein einseitiges Rechtsgeschäft vor. Wesen eines einseitigen Rechtsgeschäfts ist, dass sich dieses nicht auf eine andere Willenserklärung bezieht, wie dies bei Verträgen – also zweiseitigen Rechtsgeschäften – der Fall ist. Ein Aufhebungsvertrag benötigt zwei übereinstimmende Willenserklärungen. Es liegt ein zweiseitiges Rechtsgeschäft vor.

Unterschiede

Es gibt im Wesentlichen drei Unterschiede zwischen einer Kündigung und einem Aufhebungsvertrag. Diese Unterschiede basieren darauf, dass der Arbeitnehmer auf wesentliche Rechte freiwillig verzichtet. Im Gegenzug wird er in aller Regel eine Abfindung erhalten und/oder vom Dienst gegen Bezahlung freigestellt. Womöglich macht sich eine Aufhebung besser im Lebenslauf und Arbeitszeugnis des Arbeitnehmers. Die Unterschiede zwischen Aufhebungsvertrag und Kündigung im Einzelnen:

a) Keine Kündigungsfrist: Bei einem Aufhebungsvertrag fallen die üblichen Kündigungsfristen weg.

b) Kein Kündigungsschutz: Der Arbeitgeber muss bei einem Aufhebungsvertrag keine Verpflichtungen aus dem Kündigungsschutzgesetz einhalten. Diese sind:
   - Sonziale Kriterien (Sozialauswahl), die z. B. bei einer betriebsbedingten Kündigung von Bedeutung wären,
   - Schwangerschaft, Elternzeit oder bei Schwerbehinderung.

c) Kein Betriebsrat: es existiert kein Mitspracherecht eines Betriebsrats bei einem Aufhebungsvertrag nicht, wie es bei einer Kündigung der Fall wäre.

2.2.2 Ordentliche und außerordentliche Kündigung

Eine ordentliche Kündigung liegt dann vor, wenn die gesetzliche, tarifliche oder vertraglich vereinbarte Kündigungsfrist eingehalten wird. Ein besonders wichtiger Kündigungsgrund ist nicht erforderlich. Die außerordentliche Kündigung verlangt einen wichtigen Grund, ist jedoch nicht an eine Kündigungsfrist gebunden.

1 Der Renteneintritt ist im Sozialgesetzbuch (SGB), sechstes Buch geregelt.

Unterschiede

	Einzuhaltende Kündigungsfrist?	Kündigungsgrund erforderlich?
Ordentliche Kündigung (vgl. § 622 BGB)	Ja	Nein
Außerordentliche Kündigung (vgl. § 626 BGB)	Nein	Ja

Für eine außerordentliche Kündigung bedarf es also eines wichtigen Grundes. Ob der Grund zur Kündigung genügt, muss in der Praxis sorgfältig abgewogen werden. Die Interessen des Arbeitnehmers und des Arbeitgebers müssen gegeneinander abgewogen werden. Die Maßnahme einer außerordentlichen Kündigung muss im richtigen Verhältnis stehen. Eine außerordentliche Kündigung sollte nur dann zulässig sein, wenn alle anderen, nach den Umständen des konkreten Falls mögliche und angemessenen milderen Mittel, die geeignet sind, das in der bisherigen Form nicht mehr tragbare Arbeitsverhältnis fortzusetzen, erschöpft sind.

Zu den Abwägungspunkten gehören z. B. die Dauer der Betriebszugehörigkeit, die Höhe eines Schadens oder das Maß des beschädigten Vertrauens. Gründe für eine außerordentliche Kündigung können bspw. Körperverletzung oder Diebstahl sein.

BEISPIEL

V arbeitet als Verkäufer in einer Boutique. Da er Geldsorgen hat, nimmt er unregelmäßig Bargeld aus der Kasse. Nachdem dies dem Arbeitgeber bekannt wurde, erhält V zu Recht die außerordentliche Kündigung seines Arbeitsverhältnisses.

2.2.3 Fristen bei ordentlicher Kündigung

Die Fristen bei ordentlicher Kündigung werden in § 622 BGB geregelt. Hier werden die einzuhaltenden Fristen und Termine beim Ausspruch einer ordentlichen Kündigung des Arbeitsverhältnisses, dessen Dauer weder bestimmt noch aus der Beschaffenheit oder dem Zweck der Dienstleistung zu entnehmen ist (§ 620 Abs. 2 BGB), aufgeführt. Der § 622 BGB gilt für alle Arten der ordentlichen Kündigung einschließlich der Änderungskündigung.

Fristen Kündigung Arbeitnehmer

Nach § 622 Abs. 1 BGB kann das Arbeitsverhältnis eines Arbeiters oder eines Angestellten (**Arbeitnehmers**) mit einer Frist von vier Wochen zum Fünfzehnten oder zum Ende eines Kalendermonats gekündigt werden.

MERKE

Nach § 622 Abs. 6 BGB darf für die Kündigung des Arbeitsverhältnisses durch den Arbeitnehmer **keine längere Frist** vereinbart werden als für die Kündigung durch den Arbeitgeber.

AUFGABE

J ist seit 3 Jahren in der Rechtsanwaltskanzlei des R beschäftigt. Sie möchte am 01.10. zur Kanzlei des Rechtsanwalts S wechseln, da dieser ihr ein deutlich höheres Gehalt angeboten hat. Bis wann muss J gegenüber dem R die Kündigung ausgesprochen haben? Ist eine Formvorschrift zu beachten?

LÖSUNG

Die Kündigung des Arbeitsverhältnisses bedarf gem. § 623 BGB der Schriftform. Das Arbeitsverhältnis kann mit einer Frist von vier Wochen zum Fünfzehnten oder zum Ende eines Kalendermonats gekündigt werden. Damit J am 01.10. ihre neue Stelle antreten kann, muss diese bis spätestens 02.09. gekündigt haben.

Fristen Kündigung Arbeitgeber

Sofern der **Arbeitgeber** kündigt, gelten die folgenden Kündigungsfristen (Gesetz aufschlagen: § 622 BGB):

Beschäftigungsdauer	**Kündigungsfrist**	**zum**
bis 6 Monate (vereinbarte Probezeit)	2 Wochen	(täglich)
bis 2 Jahre	4 Wochen	15. oder Monatsende
2 – 4 Jahre	1 Monat	Monatsende
5 – 7 Jahre	2 Monate	Monatsende
8 – 9 Jahre	3 Monate	Monatsende

10 – 11 Jahre	4 Monate	Monatsende
12 – 14 Jahre	5 Monate	Monatsende
15 – 19 Jahre	6 Monate	Monatsende
20 Jahre und mehr	7 Monate	Monatsende

Besondere Kündigungsfristen

Während – wie obig dargestellt – im § 622 BGB die regelmäßigen Kündigungsfristen angeführt werden, gibt es noch eine Reihe von Ausnahmeregelungen. Diese hängen mit der Person des Arbeitnehmers zusammen und finden sich in anderen Gesetzen. Hier ein paar Fälle:

Ausbildungsverhältnisse

Für die Kündigung eines Ausbildungsverhältnisses gilt § 22 BBiG. Gemäß § 22 Abs. 1 BBiG kann das Ausbildungsverhältnis während der vereinbarten Probezeit, die zwischen einem und vier Monaten liegen kann (§ 20 BBiG), jederzeit ohne Einhaltung einer Kündigungsfrist gekündigt werden.

Schwerbehinderte Menschen

Bei schwerbehinderten Menschen, deren Arbeitsverhältnis mehr als sechs Monate bestanden hat (§ 173 Abs. 1 Nr. 1 SGB IX), hat der Arbeitgeber bei Ausspruch einer ordentlichen Kündigung gem. § 169 SGB IX eine Mindestfrist von vier Wochen einzuhalten.

Insolvenzverfahren

Im Rahmen eines Insolvenzverfahrens kann ein Arbeitsverhältnis sowohl vom Verwalter als auch vom Arbeitnehmer ohne Rücksicht auf eine vereinbarte Vertragsdauer oder einen vereinbarten Ausschluss des Rechts zur ordentlichen Kündigung gekündigt werden.

Beispiele

In nachfolgenden Fällen soll die ordentliche Kündigungsfrist ermittelt werden. Wann ist der letzte Arbeitstag des betroffenen Arbeitnehmers?

A arbeitet als Verkäuferin seit 6 Jahren in einer Bäckerei. Ihr Arbeitgeber kündigt ihr am 30.04.2024.

Bei 6-jähriger Beschäftigung beträgt die Kündigungsfrist 2 Monate zum Monatsende. Der letzte Arbeitstag der A ist also der 30.06.2024 (Sonntag), obwohl ihr letzter Arbeitstag auf ein Wochenende fällt. Der § 193 BGB, wonach die Frist bei einem Wochenende oder Feiertag auf den nächstmöglichen Werktag fällt, findet bei Kündigungen keine Anwendung.

B arbeitet seit 5 Jahren als angestellte Friseurin bei C. Am 18.11.2024 kündigt sie.

Gemäß § 622 Abs. 1 BGB kann das Arbeitsverhältnis eines Arbeiters oder eines Angestellten (Arbeitnehmers) mit einer Frist von vier Wochen zum Fünfzehnten oder zum Ende eines Kalendermonats gekündigt werden.

Die Anzahl der Beschäftigungsjahre ist hier, also im Fall der Kündigung durch die Arbeitnehmerin unerheblich. Die Frist beträgt 4 Wochen zum 15. bzw. Ende des Monats. Der letzte Arbeitstag ist der 31.12.2024.

D arbeitet als Steuerfachangestellter seit 17 Monaten bei Steuerberater E. Er kündigt am 08.08.2024.

Die Frist beträgt vier Wochen zum 15. des Monats oder Ende des Monats. Der letzte Arbeitstag für D ist der 31.08.2024.

2.2.4 Kündigungsschutz

Arbeitnehmer genießen einen allgemeinen und einen besonderen Kündigungsschutz.

Allgemeiner Kündigungsschutz

Denn nach § 1 Abs. 1 KSchG ist die Kündigung des Arbeitsverhältnisses gegenüber einem Arbeitnehmer, dessen Arbeitsverhältnis in demselben Betrieb oder Unternehmen ohne Unterbrechung **länger als sechs Monate** bestanden hat, rechtsunwirksam, wenn sie sozial ungerechtfertigt ist. Nach § 1 Abs. 2 Satz 1 KSchG ist die Kündigung sozial ungerechtfertigt, wenn sie nicht durch Gründe, die in der Person oder in dem Verhalten des Arbeitnehmers liegen, oder durch dringende betriebliche Erfordernisse, die einer Weiterbeschäftigung des Arbeitnehmers in diesem Betrieb entgegenstehen, bedingt ist. Weitere Voraussetzung für den allgemeinen Kündigungsschutz ist, dass im Betrieb **mehr als 10 Arbeitnehmer** beschäftigt sein müssen (§ 23 Abs. 1 KSchG).

Besonderer Kündigungsschutz

Ein besonderer Kündigungsschutz kann dann vorliegen, wenn bspw. der Arbeitnehmer Betriebsrat ist oder wenn familiäre Gründe (Elternzeit, Pflegezeit, Mutterschutz) vorliegen. Spricht der Arbeitgeber trotz des besonderen Kündigungsschutzes eine Kündigung aus, muss der betroffene Arbeitnehmer dennoch reagieren. Denn gem. § 7 KSchG muss die Rechtsunwirksamkeit einer Kündigung rechtzeitig (innerhalb von 3 Wochen, vgl. § 4 Satz 1 KSchG) durch den Arbeitnehmer geltend gemacht werden.

Mutterschutz

Gemäß § 1 Abs. 2 MuSchG genießen Mutterschutz alle Frauen, die in einem Beschäftigungsverhältnis stehen. Die Kündigung eines Arbeitsverhältnisses gegenüber einer Frau ist nach § 17 MuSchG u. a. unzulässig, wenn diese **während der Schwangerschaft** oder **bis zum Ende ihrer Schutzfrist nach der Entbindung, mindestens jedoch bis zum Ablauf von vier Monaten nach der Entbindung**, wenn dem Arbeitgeber zum Zeitpunkt der Kündigung die Schwangerschaft oder die Entbindung bekannt ist oder wenn sie ihm innerhalb von **zwei Wochen** nach Zugang der Kündigung mitgeteilt wird.

AUFGABE

Frau E wird am 04.07. während ihrer Probezeit ohne Angaben von Gründen zum 31.07. gekündigt. Am 05.07. erfährt E von ihrer Schwangerschaft und teilt dies unmittelbar ihrem Arbeitgeber mit. Ist die Kündigung wirksam?

LÖSUNG

E ist schwanger und Schwangere genießen einen besonderen Kündigungsschutz i. S. d. Mutterschutzgesetzes. Der Arbeitgeber wurde am 05.07. rechtzeitig innerhalb von 2 Wochen nach Zugang der Kündigung (04.07.) über die Schwangerschaft informiert.

Pflegezeit

Arbeitnehmer können unter bestimmten Bedingungen Pflegezeit in Anspruch nehmen. Nach § 3 Abs. 1 PflegeZG sind Beschäftigte von der Arbeitsleistung vollständig oder teilweise freizustellen, wenn sie einen pflegebedürftigen nahen Angehörigen in häuslicher Umgebung pflegen (Pflegezeit). Die Pflegezeit beträgt für jeden pflegebedürftigen nahen Angehörigen **längstens sechs Monate**. Allerdings besteht dieser Anspruch nicht gegenüber Arbeitgebern mit in **der Regel 15 oder weniger Beschäftigten**. Nach § 5 PflegeZG gilt während der Pflege- und Familienpflegezeit ein besonderer Kündigungsschutz.

Elternzeit

Arbeitnehmer in Elternzeit genießen einen besonderen Kündigungsschutz. Nach § 18 BEEG darf der Arbeitgeber das Arbeitsverhältnis ab dem Zeitpunkt, von dem an Elternzeit verlangt worden ist, nicht kündigen.

Anhörung des Betriebsrats

Der Betriebsrat ist nach § 102 Abs. 1 BetrVG vor jeder Kündigung zu hören. Der Arbeitgeber hat ihm die Gründe für die Kündigung mitzuteilen, und zwar bei betriebsbedingter Kündigung einschließlich der Gründe, die zu der sozialen Auswahl i. S. d. § 1 Abs. 3 KSchG geführt haben. Eine ohne die Anhörung des Betriebsrats ausgesprochene Kündigung ist nach § 102 Abs. 1 BetrVG unwirksam. Dies gilt für ordentliche wie auch für außerordentliche Kündigungen. Allerdings muss der Betriebsrat zur Wirksamkeit der Kündigung nicht zustimmen.

2.3 Urlaub, Mehrarbeit und Pausenzeiten

Der Gesetzgeber sieht u. a. Regelungen zum Urlaub, Mehrarbeit („Überstunden") und Pausenzeiten vor. Dabei werden bei den Gruppen von Mitarbeitenden Unterschiede gemacht, z. B. zwischen jugendlichen Arbeitnehmern (unter 18 Jahren) und volljährigen Arbeitnehmern.

Urlaub volljährige Arbeitnehmer

Der Urlaubsanspruch richtet sich nach dem Mindesturlaubsgesetz für Arbeitnehmer. Wie der Name „MINDESTurlaubsgesetz" schon vermuten lässt, sind Vereinbarungen über mehr Urlaubstage möglich. Gesetzlich beträgt die Dauer des Urlaubs gem. § 3 BUrlG mindestens 24 Tage. Jeder Arbeitnehmer hat in jedem Kalenderjahr diesen Mindestanspruch auf bezahlten Erholungsurlaub. Nach § 2 BurlG gilt diese für **Arbeiter und Angestellte** sowie die zu ihrer **Berufsausbildung Beschäftigten (über 18 Jahre)**.

Urlaub minderjährige Arbeitnehmer

Der Urlaubsanspruch für minderjährige Arbeitnehmer, also Arbeitnehmer, die das 18. Lebensjahr noch nicht vollendet haben, richtet sich nach dem § 19 Abs. 2 JArbSchG:

- mindestens 30 Werktage, wenn der Jugendliche zu Beginn des Kalenderjahrs noch nicht 16 Jahre alt ist,
- mindestens 27 Werktage, wenn der Jugendliche zu Beginn des Kalenderjahrs noch nicht 17 Jahre alt ist,
- mindestens 25 Werktage, wenn der Jugendliche zu Beginn des Kalenderjahrs noch nicht 18 Jahre alt ist.

MERKE

Ob das JArbSchG anzuwenden ist, hängt nicht davon ob, ob der Arbeitnehmer sich in einer Ausbildung befindet. Es kommt nur auf das Alter des Beschäftigten an.

AUFGABE

Paula ist im Mai 16 Jahre alt geworden und beginnt zum 01.08. eine Ausbildung beim Rechtsanwalt R. Welcher Urlaubsanspruch steht Paula im ersten Jahr der Ausbildung (01.08. bis 31.12.) zu?

LÖSUNG

Paula ist zu Beginn des Kalenderjahres noch nicht 16 Jahre alt. Ihr stehen also für das Jahr gesehen 30 Werktage Urlaub zu. Die Ausbildung beginnt im August, d. h. bis Jahresende dauert der Arbeitseinsatz noch 5 Monate.

Also: 30 Tage : 12 Monate · 5 Monate = 12,5 Werktage, gerundet 13 Werktage.

Mehrarbeit volljähriger Arbeitnehmer

Mehrarbeit ist die Arbeit, die über die allgemeine vereinbarte Arbeitszeitgrenze hinausgeht. Die werktägliche Arbeitszeit beträgt grundsätzlich acht Stunden. In bestimmten Fällen ist die Überschreitung dieser Grenze zulässig. Die maßgebliche Regelarbeitszeit kann sich aus dem Arbeitsvertrag, einem Tarifvertrag, einer Betriebsvereinbarung oder einem Gesetz ergeben. Mehrarbeit und Überstunden (die Arbeit, die der Arbeitnehmer über die für sein Beschäftigungsverhältnis individuell geltende Arbeitszeit hinaus leistet) können sich überschneiden.

Mehrarbeit minderjähriger Arbeitnehmer

Gemäß § 8 Abs. 1 JArbSchG dürfen Jugendliche nicht mehr als **acht Stunden** täglich und **nicht mehr als 40 Stunden wöchentlich** beschäftigt werden. Der § 8 Abs. 1 JArbSchG enthält ein an den Arbeitgeber gerichtetes **Beschäftigungsverbot**, wonach Jugendliche nicht mehr als acht Stunden täglich und nicht mehr als 40 Stunden wöchentlich arbeiten dürfen (gesetzliche Höchstarbeitszeit).

Ruhepausen volljähriger Arbeitnehmer

Nach § 4 ArbZG müssen bei einer Arbeitszeit von mehr als 6 bis zu 9 Stunden mindestens 30 Minuten und bei einer Arbeitszeit von mehr als 9 Stunden mindestens 45 Minuten Pause gemacht werden.

Ruhepausen für minderjährige Arbeitnehmer

Für die Pausenzeiten von Jugendlichen gilt anstelle des § 4 ArbZG die Regelung für des § 11 JArbSchG. Demnach müssen nach Abs. 1 die Ruhepausen bei einer Arbeitszeit von mehr als 4,5 Stunden 30 Minuten und bei mehr als 6 Stunden 60 Minuten mindestens betragen. Eine Ruhepause muss mindestens 15 Minuten betragen. Pausen müssen nach § 11 Abs. 2 JArbSchG in angemessener zeitlicher Lage, frühestens eine Stunde nach Beginn und eine Stunde vor Arbeitsende, gewährt werden. Jugendliche dürfen nicht länger als 4,5 Stunden ohne Ruhepause beschäftigt werden.

3. Sozialrecht

3.1 Sozialversicherung

Schon seit Beginn der 1880iger Jahren des 19. Jahrhunderts ist die Sozialversicherung das Kernelement für die soziale Absicherung der Gesellschaft. Sie ermöglicht die finanzielle Absicherung bei Krankheit, Mutterschaft, Pflegebedürftigkeit, Arbeitsunfall, Berufskrankheit, Arbeitslosigkeit, Erwerbsminderung, Alter und Tod. Dafür wurden in Deutschland die Kranken-, Unfall-, Renten-, Arbeitslosen- und Pflegeversicherung eingeführt.

3.1.1 Krankenversicherung

Die wichtigste Funktion der Krankenversicherung liegt in der Übernahme der vollen oder teilweisen Kosten bei einer Erkrankung. Darin enthalten ist das **Krankengeld**, eine sog. Lohnersatzleistung, d. h. es wird gezahlt, wenn nach **6 Wochen** kein Anspruch (mehr) auf Entgeltfortzahlung durch den Arbeitgeber besteht.

Die Krankenversicherung ist sowohl gesetzlich als auch privat möglich. Die Pflichtversicherung zur gesetzlichen Krankenversicherung (und Pflegeversicherung) tritt dann ein, wenn das Bruttoeinkommen eines Arbeitnehmers unter die **Versicherungspflichtgrenze** fällt. Nach Überschreiten der Versicherungspflichtgrenze besteht die Möglichkeit einer privaten Krankenversicherung. Eine private Krankenversicherung ist also nicht für alle möglich. Sie versichert insbesondere Beamte, Selbstständige, Landwirte, Künstler oder eben Angestellte, die mit ihrem

Gehalt über der Jahresarbeitsentgeltgrenze liegen. Für das Jahr 2023 lag diese Grenze bei 66.600 € brutto jährlich, für 2024 liegt die Grenze bei 69.300 €. Bei Angestellten übernimmt der Arbeitgeber die Hälfte der Prämie, allerdings nur bis zum Höchstsatz eines gesetzlich Versicherten.

MERKE

Die **Versicherungspflichtgrenze** bestimmt, ab welchem Bruttoeinkommen ein Arbeitnehmer nicht mehr für Kranken- und Pflegeversicherung pflichtversichert ist. Diese ist zu unterscheiden von der **Beitragsbemessungsgrenze.** Diese beinhaltet, dass für den Teil des Gehalts, der über die Beitragsbemessungsgrenze entfällt, keine weiteren Sozialabgaben entfallen.

AUFGABE

E war als Steuerberater 10 Jahre in seiner eigenen Kanzlei tätig. Während dieser Zeit war E privat krankenversichert. Aufgrund eines Augenleidens kann E dieser Tätigkeit nicht mehr nachgehen und nimmt die Stelle ab dem 01.01.2024 als Hilfsarbeiter in einer Gärtnerei an. Dafür erhält er ein monatliches Bruttogehalt von 1.900 €. E möchte weiterhin privat krankenversichert bleiben. Ist das möglich?

LÖSUNG

Als Arbeitnehmer in der Gärtnerei zählt E nunmehr zu den gesetzlich pflichtversicherten Personen. Bei einem Monatsgehalt von 1.900 € bleibt E deutlich unter der Jahresarbeitsentgeltgrenze (für 2024: 69.300 €).

3.1.2 Gesetzliche Unfallversicherung

Die gesetzliche Unfallversicherung ist ein Versicherungszweig der gegliederten Sozialversicherung. Sie zeichnet sich aus:

- Dass ihre Aufgabe darin besteht, Arbeitsunfälle, Berufskrankheiten und arbeitsbedingte Gesundheitsgefahren zu verhüten und nach dem Eintritt von Versicherungsfällen die Gesundheit und die berufliche Leistungsfähigkeit wieder herzustellen,
- Träger dieses Sozialversicherungszweigs sind die Berufsgenossenschaften,
- Beitragszahlungen gehen zu Lasten des Arbeitgebers
- Die Höhe der Beitragszahlungen richtet sich nach dem Grad der Unfallgefahr (Gefahrenklasse) und der Lohnsumme.

3.1.3 Arbeitslosenversicherung

Die Arbeitslosenversicherung ist eine weitere gesetzliche Sozialversicherung. Sie bietet Leistungen zur Arbeitsförderung und zum Lohnersatz im Fall einer Arbeitslosigkeit. Zu den Leistungen der Arbeitslosenversicherung gehören z. B.:

- Arbeitslosengeld I und II
- Kurzarbeitergeld
- Insolvenzgeld
- Umschulungsmaßnahmen.

Die Beiträge zur Arbeitslosenversicherung für versicherungspflichtige Arbeitnehmer übernehmen grundsätzlich je zur Hälfte Arbeitgeber und Arbeitnehmer.

3.1.4 Rentenversicherung

Die gesetzliche Rentenversicherung dient hauptsächlich der **Altersvorsorge** von Beschäftigten. Darin enthalten ist auch die Rente bei **krankheitsbedingter Erwerbsunfähigkeit**. Rentenversicherungsträger ist die Deutsche Rentenversicherung.

Die Beiträge zur Rentenversicherung für versicherungspflichtige Arbeitnehmer sind grundsätzlich je zur Hälfte von Arbeitgeber und Arbeitnehmer zu leisten.

3.1.5 Pflegeversicherung

Die Pflegeversicherung sichert das Risiko der Pflegebedürftigkeit ab.

BEISPIEL

A erhält aus der Pflegeversicherung Leistungen, da sie die häusliche Pflege ihres pflegebedürftigen Vaters übernommen hat.

Der Beitragssatz zur sozialen Pflegeversicherung wird von Arbeitgeber und Arbeitnehmer zu gleichen Teilen getragen. Kinderlose Arbeitnehmer werden durch einen Beitragszuschlag zusätzlich belastet.

3.2 Entgeltfortzahlung

Grundsätzlich gilt i. S. d. § 326 Abs. 1 BGB: „Ohne Arbeit gibt es keinen Lohn". Naturgemäß ist es nicht immer möglich, zu arbeiten, auch wenn man möchte. Dies gilt vor allem im Krankheitsfall. Zudem soll dem Arbeitnehmer auch an Feiertagen ein entsprechender Lohn zufließen. Hier greift das Entgeltfortzahlungsgesetz (EFZG), denn gem. § 1 Abs. 1 EFZG regelt das EFZG die Zahlung des Arbeitsentgelts an gesetzlichen Feiertagen und die Fortzahlung des Arbeitsentgelts im Krankheitsfall an Arbeitnehmer. Anspruch auf Entgeltfortzahlung im Krankheitsfall haben alle Arbeitnehmer, Arbeiter, Angestellte sowie die zur Berufsausbildung Beschäftigten.

Dabei ist beachten, dass eine Entgeltzahlung im Krankheitsfall sowohl unter die Lohnsteuer fällt als auch unter die Sozialversicherung:

Entgeltfortzahlung im Krankheitsfall	Lohnsteuer?	Sozialversicherungspflichtig?
	Ja	Ja

Dauer der Fortzahlung

Der Anspruch auf Entgeltfortzahlung bei Arbeitsunfähigkeit besteht für 6 Wochen. Die Berechnung erfolgt nach den §§ 187 f. BGB. Sie beginnt bei einem Arbeitnehmer, der während des Arbeitstags wegen Arbeitsunfähigkeit die Arbeit niederlegen muss, erst am folgenden Tag zu laufen. Wenn also ein Arbeitnehmer am 18.11.2024 in die Arbeit kommt und diese krankheitsbedingt am selben Tag verlassen muss, beginnt die Fortzahlung ab dem 19.11.2024 und ist auf 6 Wochen (42 Kalendertage) begrenzt.

BEISPIEL

Ein Arbeitnehmer wird im Laufe des 06.08. arbeitsunfähig und beendet seine Arbeit nach drei Stunden. Die Arbeitsunfähigkeit dauert bis zum 10.10. Die Sechs-Wochen-Frist beginnt am 07.08. und endet am 17.09. (42 Kalendertage). Bis zu diesem Tag ist der Arbeitgeber zur Entgeltfortzahlung verpflichtet.

4. Handels- und Gesellschaftsrecht

Im Mittelpunkt des Prüfungsabschnitts des Handels- und Gesellschaftsrechts stehen die verschiedenen Rechtsformen mit ihren Besonderheiten und Abgrenzungsmerkmalen und die Ausführungen zur Vertretungsmacht.

4.1 Vertretungsmacht

Im BGB sind unter den §§ 164 ff. BGB die Regelungen zur allgemeinen Stellvertretung enthalten. Das HGB sieht spezielle Vertretungsmöglichkeiten, wie Handlungsvollmacht oder Prokura, vor, um den Erfordernissen des Wirtschaftsverkehrs Rechnung zu tragen. Die besonderen Vertretungsbefugnisse aus dem jeweiligen Gesellschaftsverhältnis sind in den Ausführungen zu den Rechtsformen (siehe Kap. 4.2, 4.3 und 4.4) enthalten.

4.1.1 Handlungsvollmacht

Die Vorschriften über die Handlungsvollmacht finden sich in den §§ 54 ff. HGB. In der betrieblichen Praxis erhalten einzelne Mitarbeiter häufig eine Handlungsvollmacht, um bestimmte Geschäfte, wie z. B. den Einkauf von Waren oder das Abschließen eines Arbeitsvertrags, tätigen zu dürfen. Die Erteilung einer Handlungsvollmacht geschieht durch den Kaufmann.

Formvorschriften, Erteilung, Handelsregister	Eine konkludente Erteilung reicht aus; eine Schriftform ist nicht erforderlich; kein Eintrag im Handelsregister.
Gesetzliche Regelung	§§ 54 ff. HGB

Umfang	Der Umfang der Handlungsvollmacht kann von demjenigen, der sie erteilt, gestaltet und bestimmt werden.
Handlungsspielraum	Der Handlungsbevollmächtigte darf lediglich einzelne oder bestimmte Rechtshandlungen oder Geschäfte ausführen.
Übertragbarkeit	Mit Zustimmung kann die Handlungsvollmacht übertragen werden.
Unterzeichnung	Dem Namen des Bevollmächtigten muss der Zusatz „i.V. = in Vollmacht" voranstehen.

BEISPIEL

Zur Entlastung der Geschäftsleitung wird die Angestellte A ermächtigt, alle Geschäfte und Rechtshandlungen vorzunehmen, die im Rahmen der gewöhnlichen Geschäftstätigkeit anfallen. Hier liegt eine Handlungsvollmacht zu, die formfrei ist. Es ist gesetzlich nicht erforderlich, andere Geschäftspartner über die Erteilung der Handlungsvollmacht zu informieren.

AUFGABE

A ist eine hervorragende Mitarbeiterin. Deswegen erteilt ihr der Inhaber I eine allgemeine Handlungsvollmacht. Darf A die folgenden Rechtsgeschäfte abschließen?

a) Ankauf von Waren, die zum Verkauf bestimmt sind
b) Darlehensaufnahme in erheblicher Größe
c) Kündigung des Arbeitsverhältnisses der Mitarbeiterin M, die von A beim Diebstahl ertappt worden ist

LÖSUNG

Sachverhalt	Lösung
Ankauf von Waren	Ja, es liegt ein gewöhnliches Rechtsgeschäft vor, § 54 Abs. 1 HGB.
Darlehensaufnahme	Nein, dazu bräuchte A eine besondere Ermächtigung, § 54 Abs. 2 HGB.
Kündigung der M	Ja, da hier ein gewöhnliches Rechtsgeschäft vorliegt, § 54 Abs. 1 HGB.

4.1.2 Prokura

Die Prokura ist von der Handlungsvollmacht streng zu trennen. Aus § 48 Abs. 1 HGB wird ersichtlich, dass die Prokura eine Sonderform der Vollmacht im kaufmännischen Bereich ist.

Formen der Prokura

Einzelprokura

Die Einzelprokura sieht vor, dass einer einzelnen Person die Vertretungsmacht in Form der Prokura erteilt wird, d. h. der Prokurist übernimmt in diesem Fall allein die Vertretung des Kaufmanns.

Gesamtprokura

Eine Gesamtprokura liegt dann vor, wenn die Prokura durch den Geschäftsherrn an mehrere Personen gemeinschaftlich erteilt wird. Die sog. Gesamtprokuristen müssen grundsätzlich bei jedem Geschäft zusammenwirken. Es gibt auch die sogenannte unechte Gesamtprokura. Diese liegt dann vor, wenn der Prokurist nur gemeinsam mit dem Vertretungsorgan der Handelsgesellschaft (z. B. einem GmbH-Geschäftsführer) vertretungsberechtigt ist.

Filialprokura

Filialprokura ist für ein Unternehmen mit mehreren Niederlassungen denkbar. Hier kann der Geschäftsherr die Prokura auf den Betrieb einer Niederlassung beschränken.

Person des Erteilenden

Nach § 48 Abs. 1 HGB kann die Prokura nur von dem Inhaber des Handelsgeschäfts oder seinem gesetzlichen Vertreter und nur mittels ausdrücklicher Erklärung erteilt werden. Was ist denn konkret ein Inhaber? Dieser richtet sich nach der allgemeinen Kaufmannseigenschaften: Inhaber eines Handelsgeschäfts ist, wer Kaufmann i. S. d. §§ 1 – 6 HGB ist. Soweit eine Eintragung im Handelsregister vorliegt, besteht jedenfalls die Kaufmannseigenschaft kraft Eintragung gem. § 5 HGB.

AUFGABE

A und B sind Geschäftsführer der AB Architekten-GmbH. Beide sind zu je 50 % an der GmbH beteiligt, die Beteiligung entspricht der Stimmrechtsverteilung. A möchte einen Prokuristen bestellen, um ihn zu entlasten. Bedarf es der Zustimmung durch B?

LÖSUNG

Eine Prokuraerteilung durch A wäre nicht rechtswirksam, da bei mehreren Geschäftsführern eine Gesamtvertretungsbefugnis i. S. d. § 35 Abs. 1 und 2 GmbHG besteht. Zudem wäre A nicht berechtigt, Prokura zu erteilen, da hierzu ein Mehrheitsbeschluss durch alle Gesellschafter notwendig wäre.

Person des Prokuristen

Nur **natürliche** Personen, nicht auch juristische Personen können Prokurist werden. Der Prokurist muss eine Beziehung zum Unternehmen haben, d. h. er erscheint als Teil des Unternehmens, was bei einem Anstellungsverhältnis, einer Gesellschafterstellung und einem familiär bedingten Gefälligkeitsverhältnis der Fall ist. Die Bestellung eines Geschäftsunfähigen zum Prokuristen ist gem. § 165 BGB unzulässig. Eine Person mit **beschränkter Geschäftsfähigkeit** kann jedoch gem. § 165 BGB grundsätzlich wirksam vertreten und daher Prokurist sein.

Umfang der Prokura

Nach § 49 Abs. 1 HGB ermächtigt die Prokura zu allen Arten von gerichtlichen und außergerichtlichen Geschäften und Rechtshandlungen, die der Betrieb eines Handelsgewerbes mit sich bringt. Der Umfang der Prokura ist also sehr weit gefasst. Es gibt jedoch eine wichtige Ausnahme, die in § 49 Abs. 2 HGB geregelt ist. Demnach braucht der Prokurist eine besondere Befugnis, wenn Grundstücke veräußert und belastet werden sollen.

AUFGABE

Die Partnerschaftsgesellschaft Dr. Marius und Partner, Rechtsanwalt und Steuerberater möchte einer Mitarbeiterin Prokura erteilen. Ist dies zulässig?

LÖSUNG

Eine Partnerschaftsgesellschaft betreibt kein Handelsgewerbe.[1] Da die Voraussetzungen des § 48 Abs. 1 HGB dadurch nicht erfüllt sind, ist die Erteilung einer Prokura nicht möglich.

Auf einen Blick

Erteilung, Handelsregister	Wird ausdrücklich erklärt; Eintrag im Handelsregister (§ 53 HGB)
Gesetzliche Regelung	§§ 48 ff. HGB
Umfang	Umfang der Prokura ergibt sich aus § 49 HGB
Handlungsspielraum	Die Prokura berechtigt den Prokuristen, alle außergerichtlichen und gerichtlichen Rechtshandlungen und Geschäfte auszuführen, die für irgendein Handelsgewerbe anfallen können. Allerdings bedarf es einer besonderen Befugnis, wenn Grundstücke verkauft oder belastet werden sollen.
Übertragbarkeit	Nicht übertragbar

4.2 Kapitalgesellschaften

Zu den Kapitalgesellschaften gehören insbesondere die Aktiengesellschaften (AG), Kommanditgesellschaften auf Aktien, Gesellschaften mit beschränkter Haftung (GmbH) und die Europäische Gesellschaft (vgl. § 1 Abs. 1 Nr. 1 KStG). Die Rechtsformen der GmbH und der AG werden hier näher beschrieben.

4.2.1 Gesellschaft mit beschränkter Haftung (GmbH)

Die Rechtsform einer GmbH erfreut sich großer Beliebtheit. Das liegt u. a. daran, dass bei Gründung vergleichsweise wenig Eigenkapital aufgebracht werden muss, die Satzungsgestaltung flexibel erfolgen kann und sich die Haftung in aller Regel auf das Unternehmensvermögen beschränkt.

MERKE

Eine GmbH haftet mit ihrem Unternehmensvermögen, nicht mit ihrem Stammkapital.

1 Siehe Kap. 4.4.

4.2.1.1 Gründungsvorgang einer GmbH

Im ersten Abschnitt des GmbHG (§§ 1 bis 12 GmbHG) ist die Errichtung der Gesellschaft geregelt. Eine Gründung kann als Bargründung und als Sachgründung erfolgen. Beide Gründungsformen können auch in gemischter Form vorliegen (gemischte Sachgründung). Bei der Sachgründung tätigt der Gesellschafter eine Sacheinlage, die häufig dazu bestimmt ist, verkauft zu werden, um Liquidität ins Unternehmen zuzuführen.

MERKE

Eine Sachgründung im Rahmen einer **Unternehmergesellschaft** ist gem. § 5a Abs. 2 Satz 2 GmbHG jedoch nicht möglich.

Bevor eine GmbH existent wird, muss diese die Gründungsphase durchlaufen. Zu dieser gehören die Phasen der

- Vorgründungs-GmbH
- Vor-GmbH, GmbH in Gründung.

Die GmbH als juristische Person entsteht erst mit der Eintragung im zuständigen Handelsregister (Abteilung B). Die Eintragung hat **konstitutive** Wirkung. Damit endet die Gründungsphase und es beginnt die Existenz der eigentlichen GmbH.

Vorgründungs-GmbH

Für eine Vorgründungs-GmbH müssen **mindestens zwei Gesellschafter** mit dem Ziel, eine GmbH zu gründen, beteiligt sein. Der Zusammenschluss kann zur Rechtsform der **Gesellschaft bürgerlichen Rechts (GbR)** führen oder wenn bereits ein Handelsgewerbe betrieben wird, das nach Art und Umfang einen in kaufmännischer Weise eingerichteten Geschäftsbetrieb erfordert, eine **OHG** sein. Die Vorgründungsgesellschaft endet mit notarieller Errichtung der GmbH.

Vor-GmbH, GmbH in Gründung

Eine Vor-GmbH entsteht, wenn die Gesellschafter die GmbH vor dem Notar[1] errichten. Die Vor-GmbH ist ein Personenzusammenschluss mit besonderen Folgen: Die Vor-GmbH muss bereits für Verbindlichkeiten einstehen, sie ist rechtsfähig, sie kann schon Rechtsgeschäfte tätigen, also bspw. Verträge schließen oder Anlagevermögen erwerben.

Die GmbH-Gesellschafter treffen im Verhältnis zur GmbH die Verpflichtung, etwa ge Verluste in **unbegrenzter Höhe** auszugleichen. Der Geschäftsführer ist in der Regel nur zu Handlungen ermächtigt, die zur Eintragung der späteren GmbH im Handelsregister führen. Für größere Befugnisse müssen die Gesellschafter ausdrücklich und einstimmig den Geschäftsführer ermächtigen. Die Gesellschafter haften gegenüber der Vor-GmbH für entstandene Verluste. Nach § 11 Abs. 2 GmbHG gilt: Ist vor der Eintragung im Namen der Gesellschaft gehandelt worden, so haften die Handelnden persönlich und solidarisch (sog. Handelndenhaftung).

Die Vor-GmbH ist der GmbH steuerrechtlich gleichgestellt, d. h. sie ist **körperschaftsteuer- und gewerbesteuerpflichtig.**

Gesellschaftsvertrag

Nach § 2 Abs. 1 GmbHG bedarf der Gesellschaftsvertrag (Satzung) der notariellen Form und ist von sämtlichen Gesellschaftern zu unterzeichnen. Dabei ist zu beachten, dass der Gesellschaftsvertrag zwingende und wahlweise Bestandteile enthält. Hier einige Beispiele:

Inhalt eines Gesellschaftsvertrags (Beispiele)	
Zwingend, vgl. § 3 Abs. 1 GmbHG	**wahlweise**
Firma: Name + Zusatz „GmbH“	Beirat/Aufsichtsrat
Sitz	Mehrheitserfordernisse/Organisation der Gesellschafterversammlung
Gegenstand des Unternehmens	Zustimmung bei Anteilsübertragungen, Vorkaufsrechte
Höhe des Stammkapitals	Nebenleistungspflichten der Gesellschafter (z. B. Leistungen an die GmbH)
Stammeinlage durch jeden Gesellschafter	Wettbewerbsverbote

1 Die notarielle Beurkundung kann auch mittels Videokommunikation erfolgen.

Stammkapital

Gemäß § 5 Abs. 1 GmbHG muss das Stammkapital der Gesellschaft mindestens 25.000 € betragen. Damit die Gesellschaft im Handelsregister eingetragen werden darf, ist jedoch die volle Einzahlung des Stammkapitals nicht notwendig.

Bei Gründung: keine volle Einzahlung des Stammkapitals notwendig

Denn nach § 7 Abs. 2 GmbHG darf die Anmeldung im Handelsregister erst erfolgen, wenn auf **jeden Geschäftsanteil** ein **Viertel** des Nennbetrags eingezahlt ist. **Insgesamt** muss auf das Stammkapital mindestens so viel eingezahlt sein, dass der Gesamtbetrag der eingezahlten Geldeinlagen die **Hälfte** des Mindeststammkapitals gem. § 5 Abs. 1 GmbHG erreicht.

Wenn also danach gefragt wird, ob die Mindesteinlagen vor Eintragung im Handelsregister erfüllt wurden, muss einerseits auf der Ebene pro Gesellschafter geprüft werden, ob für den Geschäftsanteil ein Viertel des Nennbetrags eingezahlt wurde und andererseits, ob auf der Ebene der Gesellschaft die Hälfte des Mindeststammkapitals eingezahlt wurde.

AUFGABE

Die Architekten A und B möchten die AB-Architektur-GmbH gründen. Das Stammkapital soll 25.000 € betragen. Die Anteile sollen jeweils auf 50 % pro Gesellschafter laufen. A kann derzeit nur 3.000 € aufbringen, dem B hingegen stehen 12.500 € zur Verfügung. Sind die Voraussetzungen für eine Mindesteinlage erfüllt?

LÖSUNG

Nach § 7 Abs. 2 GmbHG muss die Einzahlung jedes Gesellschafters mindestens ein Viertel (25 %) seiner Stammeinlage entsprechen. Auf A entfallen demnach 25.000 €, davon 50 % auf seinen Anteil, also 12.500 €. Die Mindesteinlage beträgt 12.500 € · 25 % = 3.125 €. A erfüllt nicht die Voraussetzung der Mindesteinzahlung (3.000 € < 3.125 €). Ein Eintrag im Handelsregister ist daher nicht möglich, obwohl die andere Voraussetzung, 50 % des Stammkapitals müssen einbezahlt werden, erfüllbar wäre.

4.2.1.2 Vertretung der GmbH

Die GmbH hat als Kapitalgesellschaft **zwei notwendige Organe**, nämlich die Gesellschafterversammlung und die Geschäftsführer. Der oder die Geschäftsführer vertreten eine GmbH. Als Geschäftsführungsorgan der Gesellschaft sind sie sowohl intern als auch extern das Vertretungsorgan, durch das die Gesellschaft nach außen handeln kann. Geschäftsführer vertreten die GmbH gem. § 35 GmbHG gerichtlich und außergerichtlich. Die Vertretungsmacht geht sehr weit, denn sie bezieht sich auf alle Handlungen der GmbH nach außen. Zu beachten ist, dass die Vertretung im Außenverhältnis nicht zeitlich oder auf bestimmte Geschäfte beschränkt werden kann.

MERKE

Der Gesellschafter einer GmbH haftet nicht persönlich für die Verbindlichkeiten der GmbH. Wenn bspw. eine GmbH seinen Zahlungsverpflichtungen nicht nachkommt, kann der Gläubiger sich nicht an den Gesellschafter wenden. Nur die GmbH haftet mit ihrem Gesellschaftsvermögen.

Mehrere Geschäftsführer

Es ist möglich, dass mehrere Geschäftsführer bestellt werden. Gemäß § 35 Abs. 2 GmbHG sind für einen derartigen Fall alle Geschäftsführer nur **gemeinschaftlich** zur Vertretung der Gesellschaft befugt, es sei denn, dass der Gesellschaftsvertrag etwas anderes bestimmt. Ist der Gesellschaft gegenüber eine Willenserklärung abzugeben, genügt die Abgabe gegenüber einem Vertreter der Gesellschaft i. S. d. § 35 Abs. 1 GmbHG.

AUFGABE

Die ABC-Architekten-GmbH beschäftigt die Gesellschafter A, B und C als Geschäftsführer. Geschäftsführer B erwarb ohne Rücksprache mit den anderen Geschäftsführern auf einer Messe einen hochmodernen 3-D-Drucker. Ist der Kaufvertrag für die GmbH gültig?

LÖSUNG

Gemäß § 35 Abs. 1 und 2 GmbHG besteht für eine GmbH bei mehreren Geschäftsführern eine Gesamtvertretungsbefugnis. Da die Geschäftsführer A und C vom Kauf nichts wussten, liegt eine Gesamtvertretungsbefugnis nicht vor. Der Kaufvertrag ist für die GmbH nicht gültig.

4.2.1.3 Unternehmergesellschaft – UG (haftungsbeschränkt)

Die Unternehmergesellschaft (UG) ist keine eigenständige Rechtsform. Sie ist eine Sonderform der GmbH. Ihr Vorteil liegt darin, dass das für GmbHs gesetzlich vorgeschriebene Mindeststammkapital von 25.000 € zur Gründung nicht aufgebracht werden muss: Mit einem Euro ist das erforderliche Mindeststammkapital erfüllt. Allerdings muss die Gesellschaft gem. § 5a Abs. 3 Satz 1 GmbHG eine gesetzliche Rücklage bilden, in die jährlich mind. 25 % des um den Verlustvortrag aus dem Vorjahr geminderten Jahresüberschusses einzustellen ist, bis die Mindesteinlage der GmbH von 25.000 € erreicht ist. Sie wird bei Erreichen der Mindesteinlage zur GmbH. Zusammenfassend lassen sich die Gemeinsamkeiten und Unterschiede der UG im Vergleich zur GmbH wie folgt darstellen:

UG vs. GmbH

Gemeinsamkeiten GmbH/UG:	
Allgemein gilt:	Die UG ist eine Sonderform der GmbH. Grundsätzlich gelten alle Regeln, die auch für eine herkömmliche GmbH gelten.
Haftung	Haftungsmasse ist grundsätzlich das Gesellschaftsvermögen. Sollte ein Gesellschafter seine Einlage noch nicht vollständig erbracht haben, beschränkt sich die Haftung auf den noch ausstehenden Betrag.
Gründung	Gründung durch eine oder mehrere Personen möglich. Es bedarf eines Gesellschaftsvertrags, der von einem Notar beurkundet werden muss. Gesellschaftsverträge dürfen individuell gestaltet werden oder alternativ ist das als Anlage zum GmbHG beigefügte „Musterprotokoll" verwendbar.
Geschäftsführer	Mindestens ein Geschäftsführer ist notwendig. Mehrere Geschäftsführer sind sowohl bei der UG als auch bei der GmbH möglich.
Wesentliche Unterschiede GmbH/UG	
Mindestkapital	Zur Gründung einer UG ist ein Stammkapital von weniger als 25.000 € ausreichend.
Bezeichnung im Geschäftsverkehr	Eine UG darf sich nicht als „GmbH" bezeichnen. Sie muss den Zusatz „Unternehmergesellschaft (haftungsbeschränk)t" oder „UG (haftungsbeschränkt)" tragen. Auch wenn die UG eine Rücklage von 25.000 € erreicht, wird die Bezeichnung nicht automatisch zur „GmbH". Hierfür wäre wiederum ein Eintrag im Handelsregister notwendig.
Sacheinlagen	Sacheinlagen sind bei der UG-Gründung nicht möglich, bei der GmbH hingegen schon.

4.2.2 Aktiengesellschaft (AG)

Aktiengesellschaften sind meistens dann anzutreffen, wenn das Unternehmen eine erhebliche Größe einnimmt und der Kapitalbedarf entsprechend groß ist. Nach § 1 AktG gehört zum Wesen einer Aktiengesellschaft,

- dass sie eine Gesellschaft mit eigener Rechtspersönlichkeit ist,
- dass sie für die Verbindlichkeiten nur mit dem Gesellschaftsvermögen gegenüber den Gläubigern haftet und,
- dass das Grundkapital in Aktien zerlegt ist.

4.2.2.1 Gründungsvorgang einer AG

Die Gründung einer AG ist vergleichbar mit der Gründung einer GmbH. Die AG hat ein in Aktien zerlegtes Grundkapital, das gem. § 7 AktG mindestens 50.000 € betragen muss. Gemäß § 8 Abs. 1 AktG können Aktien entweder als Nennbetragsaktien oder als Stückaktien ausgegeben werden, wobei Nennbetragsaktien auf mindestens 1 € lauten müssen (vgl. § 8 Abs. 2

Satz 1 AktG) und der auf eine Stückaktie entfallende anteilige Betrag des Grundkapitals nach § 8 Abs. 3 Satz 3 AktG 1 € nicht unterschreiten darf.

Vorgründungsgesellschaft AG

Sie entsteht zwischen der Entscheidung der Gesellschafter, eine AG gründen zu wollen bis zur Beurkundung des Gesellschaftsvertrages durch den Notar. Bei der Vorgründungsgesellschaft handelt es sich i. d. R. um eine Gesellschaft bürgerlichen Rechts (GbR). Sofern bereits ein Handelsgewerbe nach § 1 Abs. 2 HGB geführt wird, handelt es sich aber um eine OHG. Zweck der Vorgründungsgesellschaft ist der Abschluss des Gesellschaftsvertrages (Satzung).

Vorgesellschaft

Eine Vorgesellschaft liegt dann vor, wenn zwar der Gesellschaftsvertrag in Form einer Satzung abgeschlossen wurde (die Satzung ist notariell zu beurkunden!), die Gesellschaft jedoch noch nicht im Handelsregister eingetragen wurde.

Rechtsfähigkeit

Mit Eintrag im Handelsregister entsteht die AG, sie ist dann vollständig rechtsfähig. Mit der Eintragung der Gesellschaft haften die Gesellschafter nicht mehr für neu hinzukommende Verbindlichkeiten (vgl. hierzu § 1 Abs. 1 Satz 2 AktG).

4.2.2.2 Vertretung der AG

Das Aktienrecht sieht drei Organe einer AG vor:

- Vorstand: vertritt die Gesellschaft nach Außen und führt nach Innen die Geschäfte)
- Aufsichtsrat: kontrolliert vorrangig den Vorstand
- Hauptversammlung: Hier treffen die Aktionäre der AG zusammen, um über die unternehmerischen Belange und Vorgänge informiert zu werden und um Beschlüsse zu fassen.

Diese Organe unterliegen einer strikten Funktionsteilung und stehen sich unabhängig gegenüber. Vorstand und Aufsichtsrat stellen üblicherweise den Jahresabschluss fest. Im Rahmen einer solchen Feststellung dürfen Vorstand und Aufsichtsrat nach den gesetzlichen Regelungen einen Teil des Jahresüberschusses, höchstens jedoch die Hälfte, in die anderen Gewinnrücklagen einstellen. Etwas anderes kann jedoch in der Satzung vereinbart werden. Die Hauptversammlung beschließt u. a. die Verwendung des Bilanzgewinns.

4.2.2.3 Kommanditgesellschaft auf Aktien (KGaA)

Die KGaA gehört zu den Kapitalgesellschaften, ist aber als eine Art Mischform zwischen einer Kommandit- und einer Aktiengesellschaft zu sehen. Für diese Gesellschaftsform gelten jedoch grundsätzlich die Vorschriften über die Aktiengesellschaft. Wesentlich für die KGaA ist, dass mindestens ein persönlich haftender Gesellschafter unbeschränkt mit seinem gesamten Vermögen haftet. Die übrigen Gesellschafter sind an dem in Aktien aufgeteilten Grundkapital ohne persönliche Haftung beteiligt.

Die KGaA weist einige „Spezialitäten“ auf, z. B.:

- Zur Geschäftsführung und Vertretung befugt sind nur die persönlich haftenden Gesellschafter, die den Bestimmungen für die Kommanditgesellschaft unterliegen (§ 278 Abs. 2 AktG),
- die persönlich haftenden Gesellschafter haben in der Hauptversammlung nur ein Stimmrecht, wenn sie selbst Aktien besitzen,
- bei der Eintragung der KGaA im Handelsregister sind anstelle der Mitglieder des Vorstands die persönlich haftenden Gesellschafter anzugeben,
- die persönlich haftenden Gesellschafter müssen keine Aktien übernehmen. Übernehmen sie Aktien, haben sie gleichzeitig die Stellung von Kommanditaktionären.

4.3 Personengesellschaften

In den folgenden Kapiteln werden die Rechtsformen der OHG und der KG näher betrachtet. Beide Rechtsformen gehören zur Gruppe der Personengesellschaften. Personengesellschaften zeichnen sich im Allgemeinen dadurch aus, dass sie

- auf der **Gesellschaft bürgerlichen Rechts** aufbauen,

- durch Abschluss eines Gesellschaftsvertrags entstehen, ohne dass dabei eine **Schriftform** einzuhalten ist,
- mindestens **zwei Gesellschafter** benötigt,
- im Grundsatz die persönliche **Mitarbeit** durch einen Gesellschafter und die **persönliche Haftung aller Gesellschafter** vorsehen.

AUFGABE

Im Rahmen der Gründung einer Personengesellschaft schließen die natürlichen Personen A, B und C am 06.05. einen Gesellschaftsvertrag und nehmen am selben Tag die betriebliche Tätigkeit eines Handelsgewerbes auf. Der Eintrag im Handelsregister erfolgt erst am 09.06. Wann ist die Gesellschaft im Innen- und Außenverhältnis entstanden?

LÖSUNG

Die Gesellschaft entstand im Innenverhältnis am 06.05. mit Abschluss des Gesellschaftsvertrags. Da das Handelsgewerbe nicht nach dem 06.05. aufgenommen wurde, entstand die Gesellschaft auch im Außenverhältnis am 06.05. Auf den späteren Eintrag im Handelsregister kommt es nicht an.

4.3.1 Offene Handelsgesellschaft (OHG)

Die Offene Handelsgesellschaft ist der Grundtyp für die Personenhandelsgesellschaften, d. h. Gesellschaften, die ein Handelsgewerbe unter einer gemeinsamen Firma betreiben.

Registerpflicht und ihre Wirkung

Die OHG ist – sofern sie ein Handelsgewerbe betreibt – Formkaufmann i. S. d. § 6 HGB. Sie hat die Verpflichtung zum Eintrag im Handelsregister. Der Eintrag im Handelsregister wirkt jedoch nur deklaratorisch, denn die OHG besitzt bereits mit Aufnahme ihrer Tätigkeit die Kaufmannseigenschaften.

Entstehen einer OHG

Eine OHG entsteht im **Innenverhältnis** mit Abschluss des Gesellschaftsvertrags nach den Regeln der Beschlussfassung i. S. d. § 109 HGB. Im **Außenverhältnis** entsteht die OHG gem. § 123 Abs. 1 HGB mit Eintragung im Handelsregister.

AUFGABE

Die Gesellschafter A, B und C beschließen eine OHG zu gründen. Dazu schließen sie am 07.01. einen Gesellschaftsvertrag ab. Nachdem am 07.03. die Gesellschaft im Handelsregister eingetragen wurde, mietet die OHG zum 01.04. Büroräume an, schließt die ersten Kauf- und Verkaufsverträge ab und beginnt Personal zu akquirieren. Wann ist die OHG im Innen- und Außenverhältnis entstanden?

LÖSUNG

Im Innenverhältnis entstand die OHG mit Abschluss des Gesellschaftsvertrags, also am 07.01. Mit Eintragung im Handelsregister entsteht die OHG im Außenverhältnis. Auf das Datum der tatsächlichen Geschäftsaufnahme kommt es nicht an.

Eigenkapital, Aufbringung von Kapital

Im Gegensatz zu bspw. einer GmbH müssen die Gesellschafter einer OHG kein Mindestkapital aufbringen. Sie können frei vereinbaren, wie hoch das Eigenkapital und wie hoch die verschiedenen Anteile an der OHG je Gesellschafter ausfallen sollen.

Geschäftsführung und Vertretung – Befugnis

Jeder Gesellschafter einer OHG ist im Grundsatz zur Geschäftsführung berechtigt und verpflichtet. Die Befugnis wird allerdings durch § 116 Abs. 2 HGB eingeschränkt: Die Befugnis zur Geschäftsführung erstreckt sich nach dieser Vorschrift auf alle Geschäfte, die der **gewöhnliche** Betrieb des Handelsgewerbes der Gesellschaft mit sich bringt. Zur Vornahme von Geschäften, die darüber hinausgehen, ist ein Beschluss aller Gesellschafter erforderlich.

AUFGABE

Der AB-OHG gehören die Gesellschafter A und B an. Hinsichtlich der Befugnis zur Geschäftsführung wurden keine Vereinbarungen im Gesellschaftsvertrag getroffen. A nimmt für die OHG ohne Rücksprache mit B ein hohes Darlehen auf. Durfte A das Darlehen allein aufnehmen? Ist der Kreditvertrag rechtswirksam?

LÖSUNG

Die Aufnahme eines großen Darlehens geht über den Rahmen eines Geschäfts, die ein gewöhnlicher Betrieb mit sich bringt, hinaus. Gemäß § 116 Abs. 2 HGB durfte A den Darlehensvertrag nicht allein abschließen. Der Kreditvertrag ist allerdings wirksam. Nach § 126 HGB haften die Gesellschafter für die Verbindlichkeiten der Gesellschaft den Gläubigern als Gesamtschuldner persönlich. Eine entgegenstehende Vereinbarung ist Dritten gegenüber unwirksam.

Allerdings können hierzu andere Vereinbarungen im Gesellschaftsvertrag getroffen werden. Die Geschäftsführungsbefugnis kann beliebig erweitert und eingeschränkt werden (z. B. Begrenzung auf bestimmte Geschäfte).

Im **Außenverhältnis** gilt der Grundsatz der umfassenden Einzelvertretungsbefugnis jedes Gesellschafters, d. h. jeder Gesellschafter vertritt die Gesellschaft mit Außenwirkung (vgl. § 124 Abs. 1 HGB). Abweichende Vertretungsregelungen, z. B. können die Gesellschafter abweichend eine gemeinschaftliche Vertretung mit anderen Gesellschaftern vereinbaren, bedürfen einer Eintragung im **Handelsregister**. Andere Beschränkungen der Vertretungsbefugnis können Dritten gegenüber nicht geltend gemacht werden.

Haftung durch die Gesellschafter

Die Gesellschafter haften persönlich, unbeschränkt und akzessorisch. Akzessorische Haftung der Gesellschafter in einer Gesellschaft bedeutet, dass die Gesellschafter für die Schulden der Gesellschaft haften. Die Haftung beschränkt sich auf die bestehenden Gesellschaftsschulden. Haftungsbeschränkungen kommen nur durch eigene Vereinbarungen mit Gläubigern oder durch Zwischenschaltung von beschränkt haftenden Gesellschaften in Betracht.

Gesellschafterwechsel

Fasst ein OHG-Gesellschafter den Entschluss, die OHG zu verlassen, muss er seine Mitgliedschaft gem. § 132 Abs. 1 HGB unter Einhaltung einer Frist von **sechs Monaten** zum Ablauf des Geschäftsjahrs gegenüber der Gesellschaft kündigen, sofern er das Gesellschaftsverhältnis auf **unbestimmte Zeit** eingegangen ist.

Eine Nachhaftung des ausgeschiedenen Gesellschafters sieht § 728b BGB[1] vor: Scheidet ein Gesellschafter aus der Gesellschaft aus, so haftet er für deren bis dahin begründete Verbindlichkeiten, wenn sie vor Ablauf von **fünf Jahren** nach seinem Ausscheiden fällig sind.

Tritt ein neuer Gesellschafter in die OHG ein, ist dieser von der Haftung betroffen. Dies gilt nicht nur für danach begründete Schulden, sondern gem. § 721a BGB auch für sog. Altverbindlichkeiten der OHG.

Ergebnisverwendung

Die bisher gesetzlich vorgesehene – aber durch Vereinbarung zwischen Gesellschaftern änderbare - Vorabverzinsung gem. § 121 HGB der alten Fassung i. H. v. 4 % der Kapitalanteile (sog. Vorabdividende) ist mit der Neufassung der §§ 120 bis 122 HGB ersatzlos entfallen. Auf den Punkt gebracht, erfolgt die Ergebnisverwendung bei einer OHG regelmäßig nach den Vereinbarungen des Gesellschaftsvertrags. Danach erhalten üblicherweise zunächst die mitarbeitenden Gesellschafter ein Arbeitsentgelt, das den zur Verteilung verbleibenden Gewinn kürzt. Der Restgewinn wird entsprechend den Vereinbarungen verteilt. Sollte der Gesellschaftsvertrag allerdings keine Regelungen hinsichtlich der Ergebnisverwendung enthalten, gelten die gesetzlichen Bestimmungen der §§ 120 bis 122 HGB und des § 105 Abs. 3 HGB i. V. m. § 709 Abs. 3 BGB, also Gewinnverteilung i. d. R. nach Beteiligungsverhältnissen.

4.3.2. Kommanditgesellschaft (KG)

Zur Gründung einer Kommanditgesellschaft schließen sich mindestens zwei natürliche oder juristische Personen zusammen. Die gesellschaftsrechtlichen Grundlagen zur KG sind in §§ 161 bis 179 HGB enthalten. Ergänzend gelten die Regelungen zur OHG der §§ 105 bis 152 HGB.

Besonderheit bei Gründung und Haftung

Analog zur OHG werden für die Gründung mindestens zwei Gesellschafter benötigt; dies können bei der KG sowohl natürliche als auch juristische Personen sein. Als Besonderheit einer KG muss jedoch mindestens ein Gesellschafter die Stellung eines persönlich haftenden Gesellschafters – des Komplementärs – einnehmen und ein weiterer Gesellschafter die eines Kommanditisten. Bei Kommanditisten ist die Haftung gegenüber den Gesellschaftsgläubigern also auf den Betrag einer bestimmten Vermögenseinlage beschränkt ist, während bei Komplementären eine Beschränkung der Haftung nicht stattfindet (persönlich haftende Gesellschafter).

Eine weitere Besonderheit liegt in der Rechtsform einer GmbH & Co. KG. Sie ist dem Wesen nach eine Personengesellschaft. Die Stellung als Komplementär übernimmt in diesem Fall aber eine GmbH, die wiederum als Kapitalgesellschaft nur mit ihrem Betriebsvermögen haftet. Eine Haftung mit Privatvermögen sieht diese Rechtsform also nicht vor.

Zwingend im Gesellschaftsvertrag anzuführen ist die rechtliche Stellung, welche die jeweiligen Gesellschafter einnehmen. Es muss festgelegt sein, wer Komplementär und wer Kommanditist

1 Die Nachhaftung war vor 2024 in § 160 Abs. 1 HGB geregelt.

in der KG ist. Auch die Höhe der zu erbringenden Einlagen – einen bestimmten Betrag (Haftsumme) – der einzelnen Gesellschafter ist im Gesellschaftsvertrag zu erfassen.

AUFGABE

In welcher Form kann ein Gesellschaftsvertrag einer KG abgeschlossen werden?

LÖSUNG

Bei Personengesellschaften bedarf es zwingend keiner Schriftform. Der Gesellschaftsvertrag kann also mündlich oder schriftlich geschlossen werden.

Registerpflicht und ihre Wirkung

Die Angaben zu den Gesellschaftern und deren Haftsumme sind im Handelsregister einzutragen. Die Anmeldung zum Eintrag im Handelsregister erfolgt nach Abschluss des Gesellschaftsvertrags. Der Eintrag im Handelsregister wirkt wie bei der OHG jedoch nur deklaratorisch, denn die KG betreibt mit Aufnahme ihrer Tätigkeit ein Handelsgewerbe. Eine wirksame Haftungsbeschränkung der Kommanditisten erfordert allerdings den Eintrag im Handelsregister.

AUFGABE

Im Rahmen der Gründung einer KG (Fahrradhandel) wird der Gesellschaftsvertrag am 01.11. geschlossen. Der Beginn der Geschäftstätigkeit entfällt ebenfalls auf den 01.11. Der Eintrag im Handelsregister erfolgt am 20.11. Wann ist die KG im Innen- und Außenverhältnis entstanden?

LÖSUNG

Im Innenverhältnis entstand die KG mit Abschluss des Gesellschaftsvertrags (01.11.). Im Außenverhältnis entstand die KG ebenso am 01.11. mit Aufnahme der Geschäftstätigkeit und hierdurch bereits ein Handelsgewerbe vorliegt

Geschäftsführung und Vertretung

Wer persönlich haftet, dem steht die Geschäftsführung zu. Die Geschäftsführung einer KG steht also allein den persönlich haftenden Gesellschaftern zu. Jeder der Komplementäre kann allein handeln, soweit es sich um Geschäfte handelt, die der gewöhnliche Betrieb des Handelsgewerbes mit sich bringt (vgl. §§ 116, 161 Abs. 2, 164 HGB).

Die Kommanditisten sind nicht zur Geschäftsführung berechtigt (§ 164 1. Halbsatz HGB).

AUFGABE

Die X&Y KG besteht aus der Komplementärin X und dem Kommanditisten Y. Die KG stellt u. a. Schrauben her. Y erwirbt 10 Tonnen Eisen zur Schraubenproduktion. Ist der Kaufvertrag rechtswirksam geschlossen worden?

LÖSUNG

Der Kaufvertrag ist nicht rechtswirksam geschlossen worden, da Y als Kommanditist keine Vertretungsbefugnis besitzt (§ 170 HGB).

Soweit es sich jedoch um Geschäftsvorfälle handelt, die den Rahmen eines normalen Geschäftsbetriebs übersteigen, billigt auch das Gesetz gem. § 164 Halbsatz 2 HGB den Kommanditisten ein Mitspracherecht zu, wie z. B. bei einer Erweiterung des Geschäftsbetriebs, größeren Baumaßnahmen bzw. der Aufnahme höherer Darlehen.

Im Rahmen der Vertragsfreiheit kann dieser gesetzliche Ausschluss der Geschäftsführung anders geregelt werden. Dann kann auch ein Kommanditist die Geschäftsführung übernehmen.

Jeder Komplementär ist gem. der §§ 124, 161 HGB allein zur Vertretung der KG befugt (Einzelvertretungsbefugnis). Diese können für die KG Willenserklärungen wirksam abgeben bzw. empfangen.

AUFGABE

Die A&B KG besteht aus der Komplementärin A und dem Kommanditisten B. Die KG betreibt einen Handel mit Fahrrädern. A erwirbt 10 Fahrräder des neuen Herstellers „Radler" zum Verkauf für die Sommersaison. Zudem nimmt A ein großes Darlehen für die KG auf, um den Geschäftsbetrieb zum Verkauf von Motorrädern zu erweitern. B ist verärgert und fragt, ob A berechtigt ist, diese Verträge zu schließen.

LÖSUNG

Komplementärin A ist berechtigt Kaufverträge (hier der Kauf von 10 Fahrrädern) abzuschließen, denn sie hat Einzelvertretungsbefugnis und es liegt ein gewöhnliches Rechtsgeschäft im Rahmen des Fahrradhandels vor. Bezüglich des Darlehens und der Geschäftserweiterung steht dem B allerdings ein Mitspracherecht zu, da dies über die gewöhnliche Geschäftstätigkeit hinausgeht. Gegebenenfalls steht B ein interner Schadensersatzanspruch zu.

Ergebnisverwendung

Hinsichtlich der Ergebnisverwendung galt bis 2023, sofern vertraglich nichts anderes vereinbart wurde: Zunächst bekommt jeder Gesellschafter 4 % auf seinen Kapitalanteil verzinst, der Rest wird nach Köpfen verteilt.

Ab 2024 hat sich dies grundlegend geändert: Der Gesetzgeber hat festgeschrieben, dass sich der Anteil am Gewinn und Verlust vorrangig nach den vereinbarten Beteiligungsverhältnissen richtet (Anteilsquote), vgl. § 709 Abs. 3 Satz 1 BGB i. V. m. §§ 105 Abs. 3, 120 Abs. 1, 161 Abs. 2 HGB. Wie bei der OHG, können die Gesellschafter abweichend vom Gesetz eine individuelle Vereinbarung zur Ergebnisverwendung treffen.

4.4 Partnerschaftsgesellschaften (PartG)

Nach § 1 PartGG ist die Partnerschaft eine Gesellschaft[1],

- in der sich Angehörige freier Berufe zur Ausübung ihrer Berufe zusammenschließen,
- die kein Handelsgewerbe ausübt und
- deren Angehörige einer Partnerschaft nur natürliche Personen sind.

Die PartG gehört zur Rechtsformgruppe der Personengesellschaften. Aufgrund ihrer Besonderheit, da sie u. a. keine Handelsgeschäfte betreibt und nicht selten einen Zusammenschluss von Berufsträgern beinhaltet, wird die PartG nicht unter den Ausführungen zu den Personengesellschaften betrachtet. Die PartG weist in ihrer Rechtsstellung eine gewisse Ähnlichkeit zur OHG auf.

Gründung

Wer darf überhaupt Partner in dieser Gesellschaftsform sein? Nach § 1 Abs. 2 PartGG ist der Zugang in eine PartG nur für Angehörige der freien Berufe möglich. Dazu gehören bspw. Ärzte, Rechtsanwälte, Wirtschaftsprüfer, Steuerberater, Ingenieure oder Architekten.[2] Aber darf ein Rechtsanwalt mit einem Steuerberater sich zu einer PartGG zusammenschließen? Das ist möglich. Denn das PartGG erlaubt sog. **interprofessionelle Partnerschaften**, also eine Zusammenarbeit unterschiedlicher freier Berufsgruppen in einer PartG. Allerdings müssen hierbei die jeweiligen berufsrechtlichen Vorschriften beachtet werden.

Eine Mitarbeit aus einem nicht sozietätsfähigen Beruf in einer PartG ist übrigens möglich, wenn diese Person weisungsgebunden unter der fachlichen Aufsicht und beruflichen Verantwortung z. B. eines Steuerberaters tätig ist.

Bis **zum Jahr 2023** war für den Gesellschaftsvertrag – dieser wird bei der PartG als „Partnerschaftsvertrag" bezeichnet – die **Schriftform** vorgeschrieben (§ 3 PartGG a. F.). Ein Partnerschaftsvertrag musste zwingend die folgenden Punkte beinhalten:

- der Name und der Sitz der Partnerschaft,
- für jeden Partner dessen Vornamen, Namen, Wohnort und der ausgeübte Beruf sowie
- den Gegenstand der Partnerschaft.

Ab 2024 wurde der § 3 PartGG a. F. geändert, sodass für den Inhalt und Form eines Partnerschaftsvertrags die Regelungen für die Gesellschaft bürgerlichen Rechts gelten. Das heißt, dass bspw. die Schriftform nicht mehr zwingend notwendig ist.

Ein **bestimmtes Kapital** als Einlage durch die Partner sieht das Gesetz nicht vor: weder im PartGG noch bei den Grundregeln der §§ 705 ff. BGB. Das Gründungskapital orientiert sich also nach dem Finanzbedarf der PartG.

Eine Partnerschaftsgesellschaft führt gem. § 2 Abs. 1 PartGG keine Firma, sondern einen **Namen**. Jedoch sind für die Bildung des Namens der Partnerschaft die Vorschriften des HGB für die Firma weitgehend anwendbar.

AUFGABE

Rechtsanwalt Dr. Marius und die beiden Steuerberater Huch und Stumm schließen sich zu einer PartG zusammen. Welche Namen kommen bspw. infrage?

---

1 Steuerlich gelten die allgemeinen Regeln für die Gewinnermittlung nach den §§ 4ff. EStG, zu den Einkünften aus selbstständiger Arbeit nach § 18 Abs. 1 Nr. 1 EStG und zur Mitunternehmerschaft in § 15 Abs. 1 Satz 1 Nr. 2 EStG.

2 Es herrscht eine weitgehende Übereinstimmung zwischen dem PartGG und der Abgrenzung der freiberuflichen und nicht freiberuflichen Tätigkeit i. S. d. § 18 Abs. 1 Nr. 1 EStG („Katalogberufe").

LÖSUNG

Mögliche Namen der Partnerschaft i. S. d. § 2 Abs. 1 PartGG sind z. B. „Dr. Marius und Partner, Rechtsanwalt und Steuerberater" oder „Dr. Marius, Huch & Sturm, Partnerschaft, Rechtsanwalt und Steuerberater".

Registerpflicht und ihre Wirkung

Die Partner einer PartG sind nach § 4 Abs. 1 PartGG **verpflichtet**, die neu gegründete PartG zur Eintragung in das **Partnerschaftsregister** anzumelden. Die Anmeldung muss gem. § 5 Abs. 2 PartGG öffentlich beglaubigt sein, es genügt damit eine schriftliche Anmeldung mit einer Beglaubigung durch einen **Notar**. Nach § 5 Abs. 1 PartGG gehören zu den Pflichtangaben des Partnerschaftsregisters:

- den Namen und den Sitz der Partnerschaft;
- den Namen, den Vornamen, das Geburtsdatum und den Wohnort jedes Partners;
- den in der Partnerschaft ausgeübten Beruf jedes Partners;
- den Gegenstand der Partnerschaft;
- die Angabe der Vertretungsbefugnis der Partner.

Gemäß § 7 Abs. 1 PartGG wird die Partnerschaft im Verhältnis zu Dritten (also im Außenverhältnis) erst mit ihrer **Eintragung in das Partnerschaftsregister wirksam**. Die Eintragung im Partnerschaftsregister wirkt daher **konstitutiv** (beachte den Unterschied bspw. zur KG oder OHG, hier wirkt die Eintragung im Handelsregister nur deklaratorisch), d. h. erst mit der Eintragung entsteht die PartG im Außenverhältnis. Wenn bereits vor einer Eintragung der PartG Geschäfte getätigt werden, gelten Im Außenverhältnis die Regelungen für Gesellschaften des bürgerlichen Rechts.

Im **Innenverhältnis** entsteht die PartG mit Abschluss des Partnerschaftsvertrags.

Geschäftsführung und Vertretung

Zur Geschäftsführung ist grundsätzlich jeder Partner berechtigt; dies kann jedoch im Partnerschaftsvertrag abweichend vereinbart werden. Entsprechend der Berechtigung zur Geschäftsführung ist nach § 7 Abs. 3 PartGG i. V. m. § 124 Abs. 1 HGB. grundsätzlich auch jeder Partner berechtigt, die Partnerschaftsgesellschaft allein zu vertreten.

Es ist zu beachten, dass die Partner ihre beruflichen Leistungen jeweils eigenverantwortlich und unabhängig erbringen, diese jedoch unter das jeweilige Berufsrecht fallen.

Ergebnisverwendung

Üblicherweise werden im Partnerschaftsvertrag, obwohl es keine gesetzliche Verpflichtung hierfür gibt, Regelungen zur Verteilung des Gewinns bzw. Verlustes aufgenommen. Sollte eine solche Regelung nicht getroffen werden, kommt die Grundregel aus dem GbR-Recht zum Ansatz: das Ergebnis der PartG wird nach dem vereinbarten Beteiligungsverhältnis, im Verhältnis der vereinbarten Werte der Beiträge oder hilfsweise nach gleichen Anteilen verteilt (vgl. § 709 Abs. 3 BGB).

AUFGABE

Die PartG Dr. Rauscher, Dr. Hofer & Dr. Weibel, Partnerschaft, Rechtsanwalt und Steuerberater erzielt einen Gewinn von 120.000 €. Eine Regelung zur Gewinnverteilung wurde nicht getroffen. Welcher Gewinnanteil steht den Partnern zu?

LÖSUNG

Nach § 1 Abs. 4 PartGG finden auf die Partnerschaft die Vorschriften des Bürgerlichen Gesetzbuchs über die Gesellschaft entsprechende Anwendung. Die Gewinnverteilung erfolgt i. S. d. § 709 Abs. 3 BGB nach Köpfen, also 40.000 € pro Partner.

Haftung

Für Verbindlichkeiten einer PartG steht diese nach § 8 Abs. 1 PartGG zunächst mit ihrem Gesellschaftsvermögen ein. Es haften dem Grunde nach alle Partner. Diese Haftung erfolgt jeweils gesamtschuldnerisch und auch unbeschränkt. Durch diese Haftungsregelung würde für viele Freiberufler die Rechtsform der PartG als sinnvolle Alternative wohl wegfallen. Deshalb sieht § 8 Abs. 2 PartGG die so genannte **Handelndenhaftung** vor: Waren nur einzelne Partner mit der Bearbeitung eines Auftrags befasst, so haften nur sie gem. § 8 Abs. 1 PartGG für berufliche Fehler neben der Partnerschaft.

Die Einschränkung auf die Handelndenhaftung ist ein entscheidender **Vorteil**, wenn die Wahl zwischen einer PartG oder einer GbR als Rechtsform für den Zusammenschluss ansteht.

AUFGABE

A ist Partner der Steuerberatung A, B & C Partnerschaft. Der langjährige Kunde K wird nur vor C betreut. C unterläuft eine Falschberatung, woraus dem K ein hoher Schaden entsteht. Wie sind die Haftungsverhältnisse?

LÖSUNG

Für den Schaden haftet die Partnerschaft und daneben nur der C. Die Privatvermögen von A und B bleiben vor einem Zugriff des K im Haftungswege geschützt, vgl. § 8 Abs. 2 PartGG.

4.5 Firma

Firma entspricht dem Namen

Im allgemeinen Sprachgebrauch werden die Begriffe „Firma", „Betrieb" oder „Unternehmen" häufig gleich behandelt. Dabei kommt der „Firma" eine völlig andere Bedeutung zu als z. B. bei einem „Unternehmen". Denn nach § 17 HGB versteht man unter einer „Firma" den **Namen eines Kaufmanns**, unter dem er seine Geschäfte betreibt und die Unterschrift abgibt. Ein Kaufmann kann unter seiner Firma klagen und verklagt werden. Der Einzelkaufmann darf zwei, unter Umständen verschiedene Namen, nämlich die Firma als Handelsname und den bürgerlichen Namen verwenden (z. B. „Gesangsstudio Helena Fischer"). Handelsgesellschaften haben dagegen nur einen Namen, die Firma (z. B. Name einer Supermarktkette). Weiterhin muss gem. § 18 Abs. 1 HGB die Firma zur **Kennzeichnung** des Kaufmanns geeignet sein und **Unterscheidungskraft** besitzen. Die Firma darf keine Angaben enthalten, die geeignet sind, irrezuführen (§ 18 Abs. 2 HGB).

Eine PartG führt keine Firma, sondern einen Namen.

Rechtsformzusatz für Einzelkaufleute, OHG, KG

Gemäß § 19 HGB müssen alle Kaufleute in ihrer Firma einen Rechtsformzusatz führen. Für Einzelkaufleute, OHG oder KG gilt i. S. d. § 19 HGB daher:

- bei Einzelkaufleuten die Bezeichnung „eingetragener Kaufmann", „eingetragene Kauffrau" oder eine allgemein verständliche Abkürzung dieser Bezeichnung, insbesondere „e. K.", „e. Kfm." oder „e.Kfr.",
- bei einer offenen Handelsgesellschaft die Bezeichnung „offene Handelsgesellschaft" oder eine allgemein verständliche Abkürzung dieser Bezeichnung, insbesondere „OHG",
- bei einer Kommanditgesellschaft die Bezeichnung „Kommanditgesellschaft" oder eine allgemein verständliche Abkürzung dieser Bezeichnung, insbesondere „KG".

Vorteile einer Firma liegen darin, dass das Unternehmen einen Wiedererkennungswert, einen Bekanntheitsgrad und guten Ruf bei Kunden aufweist.

GmbH, UG

Eine Besonderheit gilt für eine GmbH: Nach § 4 GmbHG muss die Firma der Gesellschaft die Bezeichnung „Gesellschaft mit beschränkter Haftung" oder eine allgemein verständliche Abkürzung dieser Bezeichnung enthalten (Verkehrsschutz). Allerdings gibt es für die besondere Rechtsformvariante der Unternehmergesellschaft (haftungsbeschränkt) oder auch als „UG (haftungsbeschränkt)" bezeichnet, eine Sondervorschrift. Nach § 5a Abs 1 GmbHG gilt für die UG eine besondere Firmierung.

AUFGABE

A und B gründen eine GmbH, deren Geschäftsinhalt aus der Herstellung und Vertrieb elektronischer Bauteile besteht. Sie beschließen den Firmennamen „A & B Elektroteile". Ist dies möglich?

LÖSUNG

Die gewählte Firmenbezeichnung ist nicht möglich, da die Rechtsformangabe „GmbH" i. S. d. § 4 GmbHG unterblieben ist.

Weiterführung der Firma

Darf eine Firma weitergeführt werden, wenn ein bestehendes Handelsgeschäft von einem Dritten erworben wurde? Denkbar wäre dies bspw., wenn der bisherige Inhaber seine Tätigkeit altersbedingt beendet oder verstirbt und ein Dritte die Geschäfte übernehmen möchte. Die Weiterführung ist nach § 22 Abs. 1 HGB nur dann möglich, wenn der bisherige Geschäftsinhaber oder dessen Erbe ausdrücklich die **Einwilligung** erteilen.

4.6 Kaufmann

Das HGB kennt verschiedene Arten von Kaufleuten. Das sind:

- Istkaufmann (§ 1 HGB)
- Kannkaufmann (§ 2 HGB)
- Fiktivkaufmann (§ 5 HGB)
- Formkaufmann (§ 6 HGB).

Istkaufmann (§ 1 HGB)

Nach § 1 Abs. 1 HGB ist jeder, der ein Handelsgewerbe betreibt, Kaufmann. Die Rechtswirkung der Kaufmannseigenschaft tritt hier automatisch und unmittelbar allein durch das Betreiben eines Handelsgewerbes ein.

Eintrag im Handelsregister deklaratorisch

Zu beachten ist, dass der Eintrag im Handelsregister zwar gem. § 29 HGB gesetzlich vorgeschrieben ist, allerdings hat die Eintragung nur deklaratorische Wirkung. Die Kaufmannseigenschaft wird dadurch nicht berührt.

Voraussetzung für die Istkaufmannseigenschaft ist allerdings das Vorliegen eines Handelsgewerbes. Nach § 1 Abs. 2 HGB ist Handelsgewerbe

- jeder Gewerbebetrieb,
- der nach Art oder Umfang einen in kaufmännischer Weise eingerichteten Geschäftsbetrieb erfordert.

Beginn/Ende

Istkaufmann ist man mit dem Beginn des Betreibens des Handelsgeschäfts. Das Betreiben fängt schon mit Vorbereitungshandlungen – z. B. Gewinnung von Personal oder Anschaffung von Geschäftsausstattung – an. Die Zeit als im Handelsregister eingetragener Istkaufmann endet mit Aufgabe der Gewerbetätigkeit oder mit Löschung, nicht aber mit dem Absinken der Gewerbetätigkeit auf ein Kleingewerbe.

Kannkaufmann (§ 2 HGB)

Ein Kannkaufmann ist Kaufmann kraft Eintragung im Handelsregister. Wer also ein Handelsgewerbe betreibt, das jedoch seiner Art oder dem Umfang nach keinen in kaufmännischer Weise eingerichteten Geschäftsbetrieb erfordert, erfüllt nicht die Voraussetzungen des § 1 Abs. 1 HGB. Die **freiwillige** Eintragung im Handelsregister führt gem. § 2 HGB dennoch zur Kaufmannseigenschaft.

Beginn/Ende

Kannkaufmann ist man mit der Eintragung in das Handelsregister. Mit Löschung aus dem Handelsregister endet die Zeit als Kannkaufmann.

Fiktivkaufmann (§ 5 HGB)

Gemäß § 5 HGB gilt für den Fall, dass eine Firma im Handelsregister eingetragen ist; so kann gegenüber demjenigen, welcher sich auf die Eintragung beruft, nicht geltend gemacht werden, dass das unter der Firma betriebene Gewerbe kein Handelsgewerbe sei. Mit anderen Worten: im Interesse der Rechtssicherheit und des Vertrauensschutzes wird das Vorliegen eines Handelsgewerbes durch Eintrag im Handelsregister fingiert („Fiktivkaufmann").

Formkaufmann (§ 6 HGB)

Gemäß § 6 Abs. 1 HGB sind Handelsgesellschaften allein kraft Rechtsform Kaufleute. Dazu zählen insbesondere Kapitalgesellschaften (z. B. AGs und GmbHs), weil ihnen durch gesetzliche Vorschriften die Kaufmannseigenschaft zugeschrieben wird. Ob sie ein Handelsgewerbe betreiben oder nicht, ist unerheblich. Auch Personengesellschaften wie die OHG oder KG besitzen Kaufmannseigenschaft, da sie nach §§ 105 Abs. 1, 161 Abs. 2 HGB ein Handelsgewerbe betreiben.

AUFGABE

Für nachfolgende Fälle ist die Kaufmannseigenschaft zu bestimmen. Ist der Eintrag im Handelsregister zwingend erforderlich?

a) Landwirt L betreibt eine große Milchwirtschaft mit 250 Kühen. Die Landwirtschaft erfordert eine kaufmännische Organisation.
b) Architekt A betreibt sein Architektenbüro als eine „Ein-Mann-GmbH".
c) Rechtsanwalt R beschäftigt drei Rechtsanwaltsfachangestellte und einen Auszubildenden.
d) Frau Obstler betreibt mehrere Obstgeschäfte an verschiedenen Orten im Allgäu. Sie beschäftigt 12 Mitarbeitende, davon zwei in der Verwaltung.

LÖSUNG

Sachverhalt	Lösung
a) Landwirt	Kein Kaufmann, da eine Landwirtschaft und eben kein Gewerbebetrieb vorliegt; Eintragung im Handelsregister wäre möglich; konstitutive Wirkung der Eintragung wäre dann gegeben.
b) Architekt	Formkaufmann, da Rechtsform einer GmbH; Pflicht zur Eintragung im Handelsregister; konstitutive Wirkung der Eintragung.
c) Rechtsanwalt	Kein Kaufmann, als Freiberufler betreibt R keinen Gewerbebetrieb. Eintrag im Handelsregister nicht möglich.

d) Obsthandel	Istkaufmann, Gewerbebetrieb erfordert einen nach Art und Umfang eingerichteten Geschäftsbetrieb; Pflicht zur Eintragung im Handelsregister; Eintragung mit deklaratorischer Wirkung.

5. Investition und Finanzierung

5.1 Möglichkeiten der Finanzierung und Absicherung

Um ein Unternehmen betreiben zu können, bedarf es der Versorgung mit Kapital durch Finanzierungsmaßnahmen. Die Art und Weise, wie Unternehmen an Kapital gelangen, ist höchst vielfältig. Im Folgenden sollen neben der allgemeinen Differenzierung von Finanzierungsblöcken (Kap. 5.1.1) die gängigen Finanzierungsarten aufgezeigt werden (Kap. 5.1.2 bis 5.1.7).

5.1.1 Die großen Finanzierungsblöcke

Die großen Finanzierungsblöcke lassen sich in Eigen- und Fremdfinanzierung und Innen- und Außenfinanzierung unterteilen.

Finanzierungsblock	Inhalt	Beispiele
Eigenfinanzierung	Die Finanzierung von Investitionen und anderen Anschaffungen erfolgt mit Eigenkapital. Das Eigenkapital kann dabei durch eigene Mittel oder von außen in das Unternehmen einfließen.	► Die Gesellschaft verzichtet auf eine Gewinnausschüttung und erhöht die freien Rücklagen. ► Ein Gesellschafter erhöht seine eigene Beteiligung.
Fremdfinanzierung	Finanzierung eines Unternehmens durch Fremdkapital. Ein Kapitalgeber überlässt dem Unternehmen Geldmittel, i. d. R. werden Vereinbarungen über Zinsleistungen und Tilgungen getroffen.	Das Unternehmen nimmt einen Kredit bei seiner Hausbank auf.
Innenfinanzierung	Finanzmittel werden nicht von außen über Beteiligungen oder Kredite bereitgestellt, sondern durch die Unternehmung selbst über den Umsatzprozess erwirtschaftet.	► Das Unternehmen bildet eine Rückstellung. D. h. der Aufwand erhöht sich, das zu versteuernde Einkommen sinkt und das Ausschüttungspotenzial von Gewinnen an Gesellschafter wird reduziert. ► Das Unternehmen bildet Abschreibungen mit analogen Folgen.
Außenfinanzierung	Darunter fallen alle Finanzierungsmaßnahmen, die der externen Zuführung von Kapital dienen.	► Kreditfinanzierung von Banken ► Öffentliche Förderung ► Factoring ► Leasing ► Lieferantenkredit

AUFGABE

Die X-GmbH stellt Schlauchboote her. Sie möchte ihren Produktionsbetrieb erweitern. Gegeben sind hierzu folgende Sachverhalte. Welche Finanzierungsarten liegen vor (jeweils zwei Nennungen)?

- Die GmbH verwendet Gewinne aus den Vorjahren zur Finanzierung einer Produktionsmaschine

- Es soll ein weiterer GmbH-Gesellschafter aufgenommen werden.
- Betriebliches Anlagevermögen soll veräußert werden.
- Die Hausbank wird nach einem Kredit angefragt
- Ein Gesellschafter könnte der GmbH ein Darlehen zur Verfügung stellen

LÖSUNG

Gewinnverwendung	Eigen- und Innenfinanzierung durch Gewinnthesaurierung
Neuer Gesellschafter	Eigen- und Außenfinanzierung durch externe Zuführung von Kapital durch einen Gesellschafter
Verkauf Anlagevermögen	Eigen- und Innenfinanzierung, da Finanzmittel nicht von außen zugeführt werden.
Kredit Hausbank	Fremd- und Außenfinanzierung durch einen externen Darlehensgeber mit Anspruch auf Tilgung und Verzinsung.
Darlehen Gesellschafter	Fremd- und Außenfinanzierung durch ein Gesellschafterdarlehen

5.1.2 Bankdarlehen und Kontokorrentkredit

Die Finanzierung einer Investition über ein **Bankdarlehen** gehört wohl zu den gängigsten Finanzierungsformen. Zwischen Darlehensgeber und Darlehensnehmer wird ein Darlehensvertrag abgeschlossen. In diesem werden u. a. die Tilgungsleistungen und die Zinskonditionen vereinbart. Hinsichtlich Zinsen, Tilgung und Gesamtbelastung können unterschiedliche Vereinbarungen getroffen werden. So kommen ein Abzahlungsdarlehen (Ratendarlehen) und Annuitätendarlehen infrage.

Ein **Kontokorrentkredit** kann dazu dienen, den finanziellen Spielraum kurzfristig zu erweitern. Damit erhält das Unternehmen die Möglichkeit, sein Girokonto bis zu einem vereinbarten Betrag zu überziehen mit entsprechend hoher Zinsbelastung.

Abzahlungsdarlehen (Ratendarlehen)

Ein Abzahlungsdarlehen sieht einen konstanten Tilgungsanteil vor bei einem fortlaufend sinkenden Zinsanteil. Die Gesamtbelastung ist somit zu Beginn der Laufzeit des Darlehens relativ hoch und nimmt aufgrund der geringer werdenden Zinslast kontinuierlich ab.

Annuitätendarlehen

Ein Annuitätendarlehen stellt einen Kredit mit gleichbleibenden Raten dar. Die einzelnen Raten bezeichnet man als Annuitäten, welche sich aus einem Zinsanteil und einem Tilgungsanteil zusammensetzen. Da die Raten der Höhe nach gleichbleiben, ist die Gesamtbelastung pro Jahr entsprechend gleich. Allerdings nimmt der Anteil der Zinsen immer mehr ab und der Anteil der Tilgungen immer mehr zu.

5.1.3 Leasing

Eine Definition, was unter „Leasing“ konkret zu verstehen ist, findet sich weder im Steuerrecht noch im Zivilrecht. Typisch für einen Leasingvertrag ist die zeitlich begrenzte Überlassung eines Wirtschaftsguts gegen regelmäßige Zahlungen oder Einmalzahlung. Vom Grundgedanken her kommt das Leasing aufgrund des Austausches wechselseitiger Leistung einem Gebrauchsüberlassungsvertrag sehr nahe.

Formen des Leasings

Die Formen des Leasings sind sehr vielseitig. Im Folgenden sollen die wichtigsten Vertragsformen kurz erläutert werden. Auf die steuerliche Behandlung von Leasingverträgen kann nicht näher eingegangen werden.[1]

Voll- und Teilamortisationsvertrag

Leasingvereinbarungen können hinsichtlich der Voll- oder Teilamortisation so gestaltet werden, ob in der Laufzeit des Vertrags die Kosten des Leasinggebers durch die Leasingraten ge-

1 Entscheidend für die steuerliche Bewertung ist, wem der Leasinggegenstand zuzurechnen ist. Wenn bspw. der Gegenstand dem Leasinggeber zugeordnet wird, dann sind die Leasingraten für den Leasingnehmer Betriebsausgaben, der Leasinggeber hat den Gegenstand dann bei sich zu bilanzieren, die Leasingraten sind dann bei ihm Betriebseinnahmen.

deckt sind. Bei einem Vollamortisationsvertrag entspricht die Summe der Leasingraten während der Grundmietzeit den Anschaffungs- bzw. Herstellungskosten des Wirtschaftsguts. Wird ein Teilamortisationsvertrag geschlossen, werden die Kosten des Leasinggebers nur teilweise gedeckt. Oftmals besteht hier die Möglichkeit, dass der Leasingnehmer das Wirtschaftsgut nach Ablauf der Grundmietzeit übernehmen kann.

Operating-Leasing

Bei dieser Form des Leasings wird der Leasinggegenstand im Vergleich zur Nutzungsdauer relativ kurz überlassen. Ein Operating-Leasing kommt einem Mietvertrag dem Wesen nach sehr nahe.

Mobilien- bzw. Immobilien-Leasing

Eine weitere Differenzierung von Leasingarten kann mithilfe des Leasinggegenstands erfolgen: Bei beweglichen Wirtschaftsgütern spricht man von Mobilien-Leasing (z. B. Kfz-Leasing). Ist der Leasinggegenstand ein unbewegliches Wirtschaftsgut, spricht man vom Immobilien-Leasing.

Indirektes und direktes Leasing

Leasinggeber, Leasingnehmer und der Hersteller des Leasinggegenstands bilden ein Dreiecksverhältnis. Wenn der Leasinggeber das Leasingobjekt vom Hersteller erwirbt und dieses dann vom Leasingnehmer geleast wird, liegt ein **indirektes** Leasing vor. Ist der Hersteller jedoch gleichzeitig Leasinggeber, liegt ein **direktes** Leasing vor.

Leasing mit und ohne Option

Wenn die Laufzeit eines Leasingvertrags abläuft, stellt sich die Frage, ob oder wie das Leasingverhältnis weiterläuft. Sofern die Leasingvereinbarung keine Vertragsverlängerung vorsieht oder den Kauf des Leasingobjekts ausschließt, liegt Leasing ohne Option vor. Sofern die Vereinbarung ein Kaufrecht zugunsten des Leasingnehmers beinhaltet, liegt Leasing mit Kaufoption vor. Ist es möglich, dass das Leasing nach Ablauf der Grundmietzeit fortgesetzt werden kann, liegt Leasing mit Vertragsverlängerungsoption vor.

Vor- und Nachteile des Leasings

Leasing bringt Vor- und Nachteile:

Leasing	
Vorteile	**Nachteile**
Dem Leasingnehmer stehen Wirtschaftsgüter nach dem modernsten bzw. dem neuesten technischen Stand zur Verfügung.	Leasing ist i. d. R. kostenintensiver als ein Ratenkauf.
Es bedarf keiner banküblichen Sicherheiten.	Im Vergleich zum Erwerb eines Wirtschaftsguts erwirbt der Leasingnehmer i. d. R. kein Eigentum.
Bei Anschaffung geht viel Liquidität verloren im Gegensatz zu den Leasingraten.	Häufig lange vertragliche Bindung bei (hohen) Fixkosten im Rahmen des Leasings.
Exakte Kalkulation der Aufwendungen möglich.	

TIPP

Die Aufgabenstellung zu „Leasing" ist sehr genau zu lesen. Zunächst wird häufig einführend gefragt: Was ist Leasing im Allgemeinen? Standardantwort: Gebrauchsüberlassung von Wirtschaftsgütern gegen Entgelt, einer Miete oder Pacht sehr nahe. Danach – neben den Vor- und Nachteilen des Leasings – wird nach den besonderen Formen von Leasing nach einem bestimmten Kriterium (kann man schnell überlesen!) gefragt. Zum Beispiel: „Unterscheiden Sie Leasing nach der Stellung des Leasing**GEBERS**!" Hier kommt das indirekte und direkte Leasing zum Ansatz. Soll Leasing nach **Art des Gegenstands** unterschieden werden, so kommt ein Mobilien- bzw. Immobilienleasing infrage. Wird nach **Optionen** im Rahmen des Leasings gefragt, so ist die Antwort: Leasing ohne Option, Leasing mit Kaufoption und Leasing mit Vertragsverlängerungsoption.

5.1.4 Bürgschaft

Das Recht der Bürgschaft ist in den §§ 765 bis 778 BGB geregelt. Gemäß § 765 Abs. 1 BGB verpflichtet sich durch den Bürgschaftsvertrag der Bürge gegenüber dem Gläubiger eines Dritten, für die Erfüllung der Verbindlichkeit des Dritten einzustehen. Mit anderen Worten: Bürgschaft bedeutet, dass der Bürge die Zahlungen übernimmt, falls der Hauptschuldner seiner Verpflichtungen nicht nachkommt. Da der Bürge als Person in Anspruch genommen wird, spricht man auch von Personalsicherheit.

Schriftform mit Ausnahme

Da auf den Bürgen erhebliche Zahlungsverpflichtungen zukommen könnten, muss dem Bürgen dieses Risiko in besonderer Weise vor Augen geführt werden. Deshalb sieht § 766 BGB für die Bürgschaft die Schriftform vor, eine elektronische Erteilung der Bürgschaftserklärung ist aber nicht möglich. Der Bürge wird durch die Schriftform gewarnt und vor Übereilung geschützt. Eine Besonderheit unter Kaufleuten ist allerdings zu berücksichtigen:

Ausnahme Handelsbürgschaft i. S. d. § 350 HGB: die Schriftform ist verzichtbar, sofern die Bürgschaft auf der Seite des Bürgen ein Handelsgeschäft ist.

Heilung des Formmangels

Wenn jedoch der Bürge die Zahlung tätigt, obwohl keine Schriftform eingehalten wurde, wird dieser Formmangel geheilt. Also: die Bürgschaft ist gültig. Die Erfüllung der Zahlungsverpflichtung durch den Bürgen heilt deshalb den Formmangel (vgl. § 766 Satz 3 BGB).

Besondere Arten der Bürgschaft (durch Gesetz geregelt)

Das BGB regelt drei besondere Bürgschaftsformen:

- selbstschuldnerische Bürgschaft i. S. d. § 773 BGB,
- die Mitbürgschaft i. S. d. § 769 BGB und die
- die Zeitbürgschaft i. S. d. § 777 BGB.

Selbstschuldnerische Bürgschaft

Bei einer selbstschuldnerischen Bürgschaft wird die sog. „Einrede der Vorausklage" ausgeschlossen, ohne dass dies ausdrücklich vereinbart werden muss. Das bedeutet, dass der Bürge bereits in Anspruch genommen werden kann, ohne dass erst erfolglos Zwangsvollstreckungsmaßnahmen gegen den Hauptschuldner versucht worden sind.

Mitbürgschaft

Bei einer Mitbürgschaft bürgen mehrere Personen einem Gläubiger für die gleiche Zahlungsverpflichtung. Die Mitbürgen können die Bürgschaft gemeinschaftlich in einem Vertrag, aber auch ohne Wissen voneinander, abgeben. In beiden Fällen haften sie dem Gläubiger als Gesamtschuldner.

Zeitbürgschaft

Der Bürge verpflichtet sich gegenüber dem Gläubiger für eine bestehende Zahlungsverpflichtung für eine bestimmte Zeit. Nach Ablauf der vereinbarten Zeit entfällt für den Bürgen die Verpflichtung aus der Bürgschaft.

5.1.5 Factoring

Unter den Begriff des „Factoring" versteht man den Verkauf von eigenen Forderungen (i. d. R. aus Lieferungen und Leistungen) als Factor-Kunde an einen Forderungskäufer (Factor). Die Finanzierungswirkung kommt dadurch zustande, dass durch den Verkauf der Forderungen an den Factor Außenstände in Barmittel bzw. Bankguthaben umgewandelt werden. Der Factor, der das Risiko eines Forderungsausfalls i. d. R. trägt („echtes Factoring"), erhält hierfür entsprechende Vergütungen.

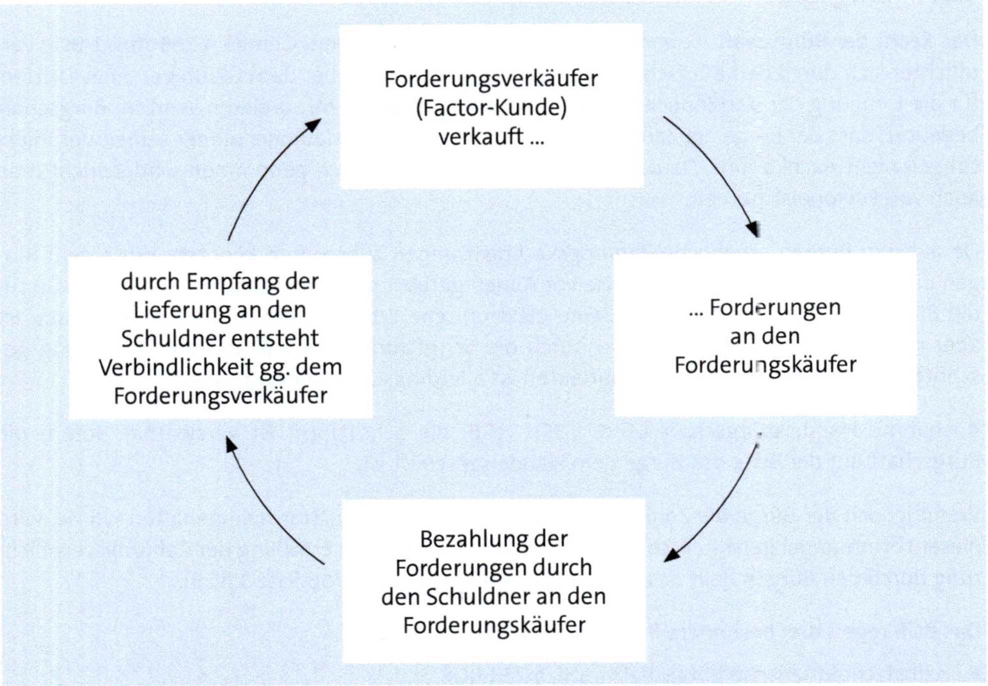

Vor- und Nachteile des Factorings

Der Hauptvorteil des Factorings liegt insbesondere darin, eigene Forderungen schnell in flüssige Mittel umzuwandeln. Es gibt hierfür weitere Vorteile, aber auch Nachteile. Einige Beispiele:

Factoring	
Vorteile	**Nachteile**
Schneller Erhalt von Liquidität	Provisionszahlungen, Zinsen, Gebühren
Kein Risiko bei Forderungsausfall beim Kunden. Dies gilt aber nur beim echten Factoring (wird ein unechtes Factoring vereinbart, trägt der Verkäufer der Forderung auch das Ausfallrisiko).	Beeinträchtigung des Kundenkontakts
Entlastung der Verwaltung, z. B. durch Wegfall des Forderungsmanagements	Imageschaden, denn der Verkauf von Forderungen deutet auf eine schwache Liquiditätslage beim Forderungsverkäufer hin.

5.1.6 Absicherung von Darlehen

Häufig verlangen Kreditgeber von ihren Schuldnern Sicherheiten, um das Risiko eines Zahlungsausfalls zu verringern. Dabei gibt es neben den Personalsicherheiten (z. B. über eine Bürgschaft[1]) auch die Sachsicherheiten, von denen die wichtigsten kurz erläutert werden sollen.[2]

Im Rahmen von Sachsicherheiten werden reale Vermögensgegenstände als Sicherheit für den Kredit hinterlegt. Diese Vermögensgegenstände können im Falle eines Zahlungsausfalls verwertet werden, um die ausstehenden Schulden zu begleichen.

Eigentumsvorbehalt bei Lieferantenkrediten

Im Vergleich zu den nachfolgenden Kreditsicherheiten stellt der Eigentumsvorbehalt keine schuldrechtliche, sondern eine sachrechtliche Kreditsicherung dar. Der Eigentumsvorbehalt ist in § 449 BGB geregelt. Demnach gilt für den Eigentumsvorbehalt, dass der Kreditgeber bis zur vollständigen Bezahlung des Kaufpreises Eigentümer der Ware bleibt. Gegenstand eines Eigentumsvorbehalts sind bewegliche Sachen. Der Besitz geht an den Kreditnehmer. Als Varianten

1 Siehe Kapitel 5.1.3.
2 Auf die Rentenschuld i. S. d. §§ 1199 BGB wird hier nicht näher eingegangen.

des Eigentumsvorbehalts kommen der **verlängerte Eigentumsvorbehalt** und der **erweiterte Eigentumsvorbehalt** zum Tragen. Beim verlängerten Eigentumsvorbehalt werden vom Käufer diejenigen Forderungen, die der Käufer durch eine Weiterveräußerung der Ware erhält, an den Verkäufer abgetreten. Beim erweiterten Eigentumsvorbehalt ist der Eigentumsübergang vom Verkäufer auf den Käufer davon abhängig, ob alle sonstigen Verpflichtungen des Käufers, die nicht aus dem Kaufvertrag stammen, erfüllt worden sind.

Sicherungsübereignung

Die Sicherungsübereignung ist in den §§ 931 ff. BGB geregelt und stellt eine Form der Kreditsicherung dar, bei der der Kreditnehmer dem Kreditgeber das Eigentum an einer Sache oder einem Recht überträgt, um den Kredit abzusichern. Im Falle eines Zahlungsausfalls erhält der Kreditgeber das Eigentum zurück, um die ausstehenden Schulden zu begleichen. Beispielsweise überträgt ein Steuerberater (Sicherungsgeber) das Eigentum an seine goldenen Uhren an seine Bank (Sicherungsnehmer), um eine neue Büroausstattung finanzieren zu können. Zur Finanzierung eines neuen Autos überträgt ein Sicherungsgeber der Bank (Sicherungsnehmer) das Eigentum an einer wertvollen Uhr. Nachdem der Sicherungsgeber die Kreditraten nicht mehr bedienen kann, ist die Bank berechtigt, die Uhren zu verkaufen und den erzielten Gewinn für sich zu verbuchen.

Grundpfandrechte

Grundpfandrechte beinhalten die Hinterlegung eines Grundstücks oder einer Immobilie als Sicherheit für einen Kredit. Fällt die Tilgungszahlung durch den Kreditnehmer aus, kann der Kreditgeber die Immobilie versteigern, um die ausstehenden Schulden zu begleichen. Zu den wesentlichen Sicherungsinstrumenten gehören die Hypothek (§§ 1113ff. BGB) und die Grundschuld (§§ 1191ff. BGB).

Hypothek

Eine **Hypothek** kann nur entstehen oder bestehen, wenn sie der Sicherung einer bestimmten Geldforderung dient („Akzessorität“, d. h. die Hypothek ist an eine Forderung gebunden). Einfach ausgedrückt: Existiert keine Forderung, dann existiert auch die Hypothek nicht. Weiteres Merkmal einer Hypothek ist, dass diese nur so lange läuft, wie die Forderung vorhanden ist. Die Hypothek entsteht durch

- Einigung zwischen dem Kreditgeber und dem Grundstückseigentümer und
- Eintragung der Hypothek in das **Grundbuch** unter Nennung des Gläubigers,
- des Geldbetrags der Forderung, des Zinssatzes und etwaiger Nebenleistungen.

Die Hypothek muss zwingend vor einem **Notar** bestellt werden.

Der Gläubiger (Kreditgeber) besitzt durch die Hypothek einen persönlichen Haftungsanspruch gegen den Schuldner (Kreditnehmer) und einen dinglichen Haftungsanspruch gegenüber dem Grundstück. Der Schuldner haftet dinglich mit seinem Grundstück und persönlich mit seinem Vermögen. Der Gläubiger kann aufgrund seines dinglichen Anspruches seine Forderungen aus dem Grundstück befriedigen.

Grundschuld

Im Gegensatz zur Hypothek ist eine **Grundschuld** nicht an eine bestehende Forderung gebunden („Grundschuld ohne Schuldgrund“). Erst durch den Sicherungsvertrag wird die Grundschuld dann auch zum Sicherungsmittel. Dadurch, dass die Grundschuld nicht an einer bestimmten Forderung gebunden ist, hat sie gegenüber der Hypothek einen bedeutenden **Vorteil**: Denn wird im Sicherungsvertrag ein weit gefasster Sicherungszweck vereinbart, so kann die Grundschuld auch zur Sicherung zukünftiger oder laufender Forderungen eingesetzt werden. Sie ist ein gutes Sicherungsinstrument für laufende Kreditverhältnisse mit schwankenden Forderungsbeständen. Die Grundschuld ist damit flexibler einsetzbar als eine Hypothek.

Unterschiede Hypothek/Grundschuld (Zusammenfassung)

Hypothek	Grundschuld
Bindung an eine Forderung	Nicht an eine bestimmte Forderung gebunden
Erlöschen nach Zahlung	Bleibt bestehen auch nach Rückzahlung der Forderung
Haftung dinglich mit dem Grundstück und mit dem persönlichen Vermögen	Dingliche Haftung des Grundstücks allein

AUFGABE

B betreibt ein Sanitärfachgeschäft. Da das Interesse an seinen Produkten ständig steigt, möchte er in einen neuen Showroom investieren. Dazu bietet seine Hausbank einen Kredit in Höhe von 300.000 € an. Als Sicherheiten kann B Folgendes der Bank anbieten:

Betriebliches Grundstück	200.000 €
Betriebliches Fahrzeug	15.000 €
Forderungen aus LuL	2.000 €
Seine Sammlung an Goldmünzen	10.000 €

Welche Art von Kreditsicherung ist geeignet?

LÖSUNG

Betriebliches Grundstück	Grundschuld oder Hypothek
Betriebliches Fahrzeug	Sicherungsübereignung
Forderungen aus LuL	Forderungsabtretung (Verkauf von Forderungen)
Seine Sammlung an Goldmünzen	Verpfändung

5.1.7 Stiller Gesellschafter

Eine weitere Möglichkeit einer Finanzierungsquelle liegt in der Aufnahme eines stillen Gesellschafters. Die stille Beteiligung an einem Handelsgewerbe ist in den §§ 230–236 HGB geregelt. Nach § 230 Abs. 1 HGB hat ein stiller Gesellschafter an einem Handelsgewerbe, das ein anderer betreibt, die Einlage so zu leisten, dass sie in das Vermögen des Inhabers des Handelsgeschäfts übergeht. Damit erhält das Handelsgewerbe zusätzliche flüssige Mittel, um bspw. die Anschaffung einer Maschine finanzieren zu können. Neben der Beschaffung von Liquidität hat die Aufnahme eines stillen Gesellschafters weitere Vorteile für die Gesellschaft:

Vorteile

- Der stille Gesellschafter beteiligt sich nicht an der Geschäftsführung. Er mischt sich also nicht ein. Die stille Gesellschaft ist eine reine Innengesellschaft. Nach außen führt der Geschäftsführer bzw. Geschäftsinhaber das Unternehmen wie bisher fort
- Es ist kein Eintrag im Handelsregister erforderlich
- Der stille Gesellschafter ist nicht am Betriebsvermögen (an den stillen Reserven) des Geschäftsinhabers beteiligt, er entfaltet keine Mitunternehmerinitiative
- Dem stillen Gesellschafter stehen nur geringe Kontrollrechte zu, so z. B. durch das Recht auf Einsicht in die Bücher.

Nachteile

Nachteile können sein:

- Abfluss von Liquidität aus Gewinnbeteiligung. Denn: Der Gesellschafter ist (zwingend) am Gesellschaftsergebnis beteiligt. Eine feste Verzinsung allein reicht nicht aus. Eine Mindestverzinsung des Kapitals spricht ebenso wie eine Mindestgewinngarantie nicht gegen die Annahme einer stillen Gesellschaft
- Im Verlustfall: Der stille Gesellschafter kann an Verlusten nur bis zur Höhe seiner (eingezahlten oder rückständigen) Einlage teilnehmen

AUFGABE

Die A-GmbH beabsichtigt die Erweiterung ihrer Produktionsanlagen. Privatperson P, die über erhebliche Finanzmittel verfügt, bietet der A-GmbH eine stille Beteiligung an. Da P gewöhnlich seinen Wohnsitz in Estepona (Spanien) hat und sich beruflich nicht mehr engagieren möchte, lehnt er eine Mitarbeit als Gesellschafter ab. Ist die Beteiligung des P als stiller Gesellschafter möglich? Wenn keine GmbH vorliegen würde und stattdessen eine GbR: Wäre dann eine stille Beteiligung möglich?

LÖSUNG

Eine stille Beteiligung an der A-GmbH wäre möglich, denn jede natürliche und juristische Person kann sich an einem Handelsgewerbe beteiligen. Nach § 230 Abs. 1 HGB ist die Einlage so zu leisten, dass sie in das Vermögen des Inhabers des Handelsgeschäfts übergeht. Eine stille Beteiligung an einer GbR ist dagegen nicht möglich, da eine GbR kein Handelsgewerbe betreibt.

5.2 Jahresabschlüsse auswerten

In der praktischen Ausbildung zum Steuerfachangestellten liegt in aller Regel der Schwerpunkt in der Einnahmen-Überschuss-Rechnung i. S. d. § 4 Abs. 3 EStG. Das Aufstellen und Interpretation einer Bilanz dürfte in der betrieblichen Praxis eher von geringerer Bedeutung sein. Gleichwohl ist es wichtig, eine Bilanz in ihren Grundzügen zu verstehen und die richtigen Schlüsse aus dem Zahlenwerk zu ziehen.

Hier eine stark vereinfachte Bilanz der X-Produktions-GmbH:

Aktiva			Passiva		
	01.01.	31.12.		01.01.	31.12.
Anlagevermögen:			*Eigenkapital:*		
Grundstücke	100.000 €	250.000 €	Stammkapital	25.000 €	25.000 €
Gebäude	500.000 €	490.000 €	Freiwillige Rücklagen	350.000 €	650.000 €
Maschinen	65.000 €	80.000 €			
Summe Anlagevermögen:	**665.000 €**	**820.000 €**	**Summe Eigenkapital**	**375.000 €**	**675.000 €**
Umlaufvermögen:			Steuerrückstellungen	0	95.000 €
Waren	60.000 €	30.000 €	*Verbindlichkeiten:*		
Forderungen	35.000 €	55.000 €	Langfr. Bankdarlehen	550.000 €	388.000 €
Bank	180.000 €	255.000 €	Verbindlichkeiten aus LuL	15.000 €	2.000 €
Summe Umlaufvermögen	**275.000 €**	**340.000 €**	**Summe Verbindlichkeiten**	**565.000 €**	**390.000 €**
Bilanzsumme	**940.000 €**	**1.160.000 €**		**940.000 €**	**1.160.000 €**

An dieser Stelle soll keine detaillierte Bilanzanalyse erfolgen. Vielmehr wollen wir einfach einmal laut denken: was können wir aus der Bilanz herauslesen mit der Methode des scharfen Hinsehens? Welche Vermutungen können wir aufstellen?

Der Bilanzwert der Grundstücke ist um 150.000 € auf 250.000 € gestiegen. Grundstücke unterliegen nicht der Abschreibung, im Ergebnis wurden also 150.000 € in Summe in das Grundvermögen investiert.

Der Buchwert an Gebäuden sank geringfügig auf 490.000 €. Dies deutet darauf hin, dass nicht oder kaum in Gebäude investiert wurde. Abschreibungen haben den Bilanzwert gemindert.

Die Bilanzposition Maschinen stieg trotz Abschreibungen auf 80.000 €. Die GmbH hat also in Maschinen investiert. Dies könnte dafürsprechen, dass die Geschäftsleitung eine positive Geschäftsentwicklung erwartet.

Der Warenbestand konnte halbiert werden. Damit einhergehend sind auch die Verbindlichkeiten aus Lieferungen und Leistungen auf 2.000 € gesunken.

Der Forderungsbestand ist auf 55.000 € gestiegen. Zum Stichtagsvergleich wurden also mehr Produkte auf Ziel verkauft als im Vorjahr.

Die Liquidität hat sich im Betrachtungsjahr gut entwickelt. Zum einen ist der Bankbestand um 75.000 € erhöht, während zum anderen die langfristigen Darlehen auf 388.000 € gesenkt werden konnten. Letzteres deutet darauf hin, dass die Investitionen aus laufender Liquidität finanziert werden konnten.

Das Mindeststammkapital ist vollständig einbezahlt. Es blieb unverändert, mithin ist kein zusätzlicher Gesellschafter in das Unternehmen eingetreten.

Die freiwilligen Rücklagen sind aufgrund erzielter Gewinne deutlich um 300.000 € gestiegen, die sich offenbar auf die Liquidität positiv ausgewirkt haben.

Im Vorjahr wurden keine Steuerrückstellungen gebildet, was für ein schwieriges Geschäftsjahr spricht. Mit Bildung einer Steuerrückstellung i. H. v. 95.000 € wird die gute Geschäftsentwicklung entsprechend berücksichtigt.

5.2.1 Kennzahlen zum Jahresabschluss

Mit Hilfe einer Bilanzanalyse wird der Jahresabschluss eines Unternehmens näher untersucht. Verschiedene Informationen werden hierfür ausgewertet und miteinander in Beziehung gesetzt. Dabei werden vor allem Kennzahlen eingesetzt. Die wichtigsten Kennzahlen werden nunmehr erläutert:

Eigenkapitalrentabilität

$$\text{Eigenkapitalrentabilität (in \%)} = \frac{\textit{Gewinn (Jahresüberschuss)} \cdot 100}{\textit{Eigenkapital}}$$

Die Eigenkapitalrentabilität gibt die Rendite des eingesetzten Eigenkapitals an.

Verschuldungsgrad

$$\text{Verschuldungsgrad (in \%)} = \frac{\textit{Fremdkapital} \cdot 100}{\textit{Eigenkapital}}$$

Der Verschuldungsgrad gibt Auskunft über die Finanzierungsstruktur eines Schuldners. Mit steigendem Verschuldungsgrad geht eine Erhöhung des Kreditrisikos für Gläubiger einher. Dieser könnte sich dieses Risiko bspw. im Rahmen einer Zinsvereinbarung vergüten lassen oder zu Maßnahmen zur Kreditsicherung greifen.

Umsatzrentabilität

$$\text{Umsatzrentabilität (in \%)} = \frac{\textit{Betriebsergebnis} \cdot 100}{\textit{Umsatz(erlöse)}}$$

Die Umsatzrentabilität setzt das Betriebsergebnis ins Verhältnis zum Umsatz. Diese Kennzahl zeigt, wie produktiv ein Unternehmen arbeitet. Mit anderen Worten: wieviel Prozent eines umgesetzten Euros bleiben als Gewinn hängen? Es werden nur Umsätze berücksichtigt, die aus der gewöhnlichen Geschäftstätigkeit erzielt werden. Als Betriebsergebnis gilt der Jahresüberschuss vor Steuern und Zinsen.

Anlagendeckungsgrad I

$$\text{Anlagendeckungsgrad I (in \%)} = \frac{\textit{Eigenkapital} \cdot 100}{\textit{Anlagevermögen}}$$

Der Anlagendeckungsgrad 1 zeigt, inwieweit das Anlagevermögen durch Eigenkapital gedeckt ist. Ein Anlagendeckungsgrad 1 von bspw. 50 % bedeutet, dass das Anlagevermögen zu 50 % mit Eigenkapital gedeckt ist.

Anlagendeckungsgrad II

$$\text{Anlagendeckungsgrad II (in \%)} = \frac{\textit{(Eigenkapital + langfristiges Fremdkapital)} \cdot 100}{\textit{Anlagevermögen}}$$

Der Anlagendeckungsgrad 2 gibt die Höhe des Anteils des Anlagevermögens an, der durch eigene Mittel (Eigenkapital) und durch langfristige Fremdmittel gedeckt ist. Die Finanzierung des Anlagevermögens kann dabei sowohl in Form von reinem Eigenkapital erfolgen als auch gemeinsam mit Fremdkapital. Beachte: zum langfristigen Fremdkapital gehören auch die gebildeten Rückstellungen.

Gegeben ist folgende Bilanz des Einzelunternehmers A zum 31.12.:

AUFGABE

Aktiva		Passiva	
Anlagevermögen		*Eigenkapital*	970.000 €
Grundstücke	100.000 €		
Gebäude	800.000 €		
Maschinen	130.000 €		
Summe Anlagevermögen	**1.030.000 €**		
Umlaufvermögen		*Fremdkapital*	
Waren	160.000 €	Langfristige Verbindlichkeiten	300.000 €
Forderungen	20.000 €	Kurzfristige Verbindlichkeiten	20.000 €
Bank	80.000 €	**Summe Fremdkapital**	**320.000 €**
Summe Umlaufvermögen	**260.000 €**		
Bilanzsumme	**1.290.000 €**		**1.290.000 €**

Zu berechnen ist

a) Der Verschuldungsgrad und

b) Die Anlagendeckung I und II

a)

LÖSUNG

$$\text{Verschuldungsgrad (in \%)} = \frac{\textit{Fremdkapital} \cdot 100}{\textit{Eigenkapital}}$$

= (320.000 € · 100) : 970.000 € = 32,99 %

b)

$$\text{Anlagendeckungsgrad I (in \%)} = \frac{\textit{Eigenkapital} \cdot 100}{\textit{Anlagevermögen}}$$

= (970.000 € · 100) : 1.030.000 € = 94,17 %

c)

$$\text{Anlagendeckungsgrad II (in \%)} = \frac{(\textit{Eigenkapital + langfristiges Fremdkapital}) \cdot 100}{\textit{Anlagevermögen}}$$

= [(970.000 € + 300.000 €) · 100] : 1.030.000 € = 123,30 %

5.2.2 Goldene Bilanzregel

Die goldene Bilanzregel sieht vor, dass die langfristig an das Unternehmen gebundenen Anlagegüter (Bilanzposition „Anlagevermögen“) durch langfristiges Kapital – in erster Linie durch Eigenkapital – gedeckt sein müssen, während das Umlaufvermögen durch kurzfristiges Fremdkapital (z. B. Lieferantenkredite) gedeckt sein kann.

Eine Maschinenfabrik erweitert ihren Fuhrpark. Es sind drei Lkws mit einer Abschreibungsdauer von jeweils acht Jahren angeschafft. Zur Finanzierung der Fahrzeuge nimmt der Unternehmer bei seiner Hausbank einen Kredit mit einer Laufzeit von 10 Jahren auf. Der vereinbarte Zinssatz beträgt 4 % p. a. Wurde die goldene Bilanzregel eingehalten?

AUFGABE

Durch die Finanzierung über das Darlehen hat der Unternehmer langfristiges Fremdkapital zur Finanzierung der Lkws eingesetzt. Die Kapitalüberlassungsdauer beträgt in dem Beispiel zehn Jahre und übersteigt damit die Kapitalbindungsdauer aus der Nutzungsdauer der LKWs. Die goldene Bilanzregel wurde beachtet.

LÖSUNG

AUFGABE

Das Eigenkapital der C-GmbH beträgt 105.000 €. Das Fremdkapital setzt sich aus einem Darlehen in Höhe von 50.000 € und einer Steuerrückstellung in Höhe von 5.000 € zusammen. Der Buchwert des Anlagevermögens der C-GmbH beträgt 130.000 €. Wurde die goldene Bilanzregel eingehalten?

LÖSUNG

Es muss das Verhältnis aus der Summe aus Eigenkapital und langfristiges Fremdkapital zum Anlagevermögen ermittelt werden. Ist das Ergebnis größer oder gleich „Eins", dann ist die goldene Bilanzregel erfüllt.

Allgemeine Formel (entspricht dem Anlagendeckungsgrad II) =

$$\frac{(\textit{Eigenkapital} + \textit{langfristiges Fremdkapital}) \cdot 100}{\textit{Anlagevermögen}}$$

Hier:

$$\frac{(105.000\,€ + 50.000\,€ + 5.000\,€) \cdot 100}{130.000\,€} = 1{,}23\ (> 1)$$

Das Unternehmen hat die Voraussetzung der goldenen Bilanzregel erfüllt.

STICHWORTVERZEICHNIS

Die angegebenen Zahlen verweisen auf die Seiten.